# 谜题阶梯训练

廖 然
徐 艳 著
黄中华

第 1 册

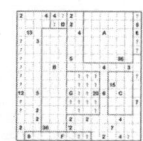
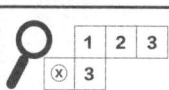

天津出版传媒集团
天津科学技术出版社

图书在版编目（CIP）数据

谜题阶梯训练：全6册 / 廖然，徐艳，黄中华著
. -- 天津：天津科学技术出版社，2021.6
　ISBN 978-7-5576-9083-0

Ⅰ.①谜… Ⅱ.①廖…②徐… Ⅲ.③黄… Ⅲ.①智力游戏 Ⅳ.①G898.2

中国版本图书馆CIP数据核字(2021)第070729号

谜题阶梯训练：全6册
MITI JIETI XUNLIAN : QUAN 6 CE
责任编辑：胡艳杰
编辑助理：马妍吉

| 出　　版： | 天津出版传媒集团 |
| --- | --- |
| | 天津科学技术出版社 |
| 地　　址： | 天津市西康路35号 |
| 邮　　编： | 300051 |
| 电　　话： | （022）23332695 |
| 发　　行： | 新华书店经销 |
| 印　　刷： | 唐山市铭诚印刷有限公司 |

开本 880×1230　1/32　印张 20　字数 300 000
2021年6月第1版第1次印刷
定价：108.00元（全6册）

# 序言 1

我自幼就喜欢动脑筋，喜欢独立去解决一些难题，这个习惯沿袭至今。谜题，对我来说，是一个很高大上的范畴，凡是需要杀死脑细胞的脑力活动，应该都包含在"谜题"这两个简单的汉字里。包括做高难度的数学题、报纸杂志上的推理题，拼2000块的拼图，还有看侦探小说时，也会在阅读过程中，根据已知线索去推断凶手到底是谁。总之，我乐此不疲。

那么，到底什么算是谜题呢？我查询过不少资料，并没有明确的定义，反倒发现了它的博大精深。我们平时可能只会看到猜谜语、推理谜题、几何谜题、汉字谜题、思辨逻辑谜题、数字谜题等谜题的枝叶，越深入越发现：谜题是一座宝藏，我们就好像站在宝藏门口的寻宝人一样，被宝藏的耀眼光芒晃得连眼睛都睁不开。

不过，如果不考虑谜题的种种外在表现形式，单单把解谜的过程剥离出来，那当然是一种非常享受、非常过瘾的经历：你要调动你所拥有的知识储备，运用你具备的脑力，将一个很复杂的谜面导向全盘破解的结果。在心神全力投入的状态下，谜题破解的那一瞬间，自然而然地，你将到达一种颅内高潮的境界。

这个过程，既不能以脑筋急转弯的肤浅去表达，也不同于其他形式所描述的欣喜感。我个人的体会在于两点：或者是独享的超级快感，或者是对抗胜出的巨大成就感。其过程和结果都是无比迷人的。

世上的谜题千变万化，那么我们今天要介绍的谜题到底是一个怎样的事物呢？在这里，我采用老朋友桂勇介绍给我的一个大致定义，可能更为贴切。这个定义是这样的：约束满足谜题，有时也称为世界智力谜题锦标赛（World Puzzle Championship，WPC）风格的谜题，是一种通常只需要使用逻辑推理而不需要其他文化背景知识就可以解答的纸笔谜题。其大意是，WPC中出现的谜题是与语言和文化无关的，比如基于逻辑、视觉、数字等的谜题。如果谜题中用到了词语，这些词语应该是用在类似于填写或者搜索等不需要知道词语意思的地方。这里除了提到与语言和文化无关，并没有对谜题进行其他限制。

这里出现了WPC的身影，顺便解释一下。先说一下世界智力谜题联合会（World Puzzle Federation，WPF），它是一个民间组织，于1992年在美国纽约组织举办了第1届世界智力谜题锦标赛，简称WPC，是每个年度如期举办的赛事。这个比赛我有幸参加过，赛场上汇集了全世界的解谜精英们，每年的比赛周，差不多要经过3天的多轮比赛，最终胜出者，将会成为这一年里世界上公认最能解谜的人。

从2006年起，WPC单独把谜题的一个比较成熟的分支拿出来，在谜题世锦赛的举办同期和同地，也举办一次数独世锦赛，简称WSC（World Sudoku Championship）。

通常是先进行WSC，大约两天时间。一般比赛包括团体赛，总轮次在15轮左右，然后休息1天，接下来就是3天的年度盛会——WPC。赛程非常紧凑，比赛过程很艰苦，从日出比到日落，大约要比20多轮。对于像我这样智力水平一般的人，比赛结束后的1个月内，身心会超级疲惫，处于一种脑力枯竭的状态，任何谜题都不想再碰。但是，比赛的过程却让人极其享受，如果不是成绩和假期的限制，每年我都想去参加。

我尤其想说两点。

第一点是谜题和数独的区别。应该说谜题的范畴大而广，数独是小而专。谜题的比赛题型，不算变形题和结合题的话，有好几百种基本题型，每年的WPC还都会有新的原创题型；数独因为是谜题的其中一种，也具有它独特的魅力，变形题也非常多。不过，对于标准数独，我解谜的兴趣其实并不高。标准数独其实是一道规则非常简单的图形题，比到最后，其实只是在比速度和熟练度，基本失去了解谜的乐趣。当然，一些含有其他谜题要素的数独变形题，我还是非常喜欢的。

第二点是和这几年的热门综艺——《最强大脑》有关。因为我几乎每一季都会去看，所以也有些个人体会。最初的两季，应该是更偏重于即时记忆方面的内容，选手们以参加世界记忆锦标赛的队员为主。而记忆力，只是人的基本能力之一，它并非解决问题的能力，所以节目看上去很美、很热闹、很精彩，但是离普通人要遥远一些。记忆力一般是天赋，或者通过后天的艰苦训练，才能提高和超出常人，所以说记忆力超常是不是等同于最强的大脑，似乎并无定论。因此说，解谜能力和最强大脑两者之间应该是有所区别的，解决难题，人定胜天，才是谜题的真谛。

那么，这次为什么要推荐一些WPC范畴的谜题给脑力玩家呢？这和中国的谜题比赛的现状和水平有关系。当前在谜题和数独这个玩家圈子里，已被公认的是我们中国的数独水平，通过多年的努力耕耘，已经达到了世界前三的水平，甚至可以说，如果从人才储备的厚度上讲，已经是世界第一了。而谜题方面，因为之前的这些年来，普及工作没有扎实落地，所以带来的后果就是：知者不多，玩者甚少，人才稀缺。其实，以中国人的聪明程度和勤奋程度，只要略加重视，很快就能大幅度提高解谜水平和成绩，这一点毋庸置疑。

我们在2007年成立的甜菜智力谜题俱乐部（Beet Puzzle Club），圈子内又称甜菜团，是一个民间组织，多年来在智力谜题领域默默耕耘，也取得了一些不错的成绩。甜菜团成员们共享心得体会，相互竞技提高，往往会事半功倍。这些年来，多名甜菜团成员进入了谜题及数独国家队，能代表中国打比赛，为国争光。其中最优秀的邱言哲，是连续3年的世界谜题锦标赛青年组的冠军，充分诠释了少年强则中国强的道理。

中国的希望在孩子们身上，只要接触谜题的孩子数量增多，有天分、有能力的孩子就会出现，这几乎是必然。

这次特意遴选了12种常见的谜题题型推荐给大家，这里面也涵盖了WPC谜题中的3种基本范畴：数字（计算）类谜题，选取了坦纳、数方、汇总和数和；画线类谜题，选取了架桥、珍珠、数回和四风；摆放（填充）类谜题，选取了战舰、星战、水族箱和美术馆这4种。今后，如果条件允许，还会介绍更多更好玩的题型给大家。

这些都是常见的题型，每个题型会用一道例题的破解过程来讲解，并同时介绍该类题目中最基本的破解要素和最基础的技巧，然后会用青铜、白银和黄金来代表谜题难度的级别，每个题型的50道练习题从易到难，循序渐进。

本系列题集由简入难，如果你能做完，说明你已经从新手起步，到达了中级的解题水平。"师傅领进门，修行在个人。"从我个人玩谜题的经历来说，如果没有成千上万道练习题的积累，不可能一飞冲天。大量的练习和摸索总结，是达到更高水平的必经之路。

其实，还有很多解题的技巧和攻略，不可能全盘拿出来分享。首先，内容太多，还有些技巧是特殊情况下才会使用，不具备普遍性；其次，如果没有到达一定的阶段水平，对于那些高阶技巧，也不能完全领会和理解；最后，玩谜题是个极其享受的过程，这种难以言表的解谜乐趣，委实不愿意去破坏。

我坚信，凡是玩过谜题的人，都不会离开这个领域，因为它实在太好玩了。

廖然

2020年5月

# 序言 2

对我来说，谜题、甜菜团、廖然几乎是同时认识的。

那是2009年底，当时我还是一个接触数独时间不长的新人，偶尔会在独·数之道网站上参加PK。有一天，我突然看见一个通知，说是北京一个叫甜菜团的组织要举办第二届甜菜杯数独邀请赛。那时的我水平很菜，但是莫名其妙就打电话给徐艳报名参赛了。到了赛场后，看到参赛的其他人都在看几块板上贴着的一些题，我也凑过去看了一下，原来是通知下一周会继续举办谜题比赛，板上贴着的是例题。

这是我第一次接触到数独之外的谜题，却仿佛打开了另一扇窗，让我感觉到非常欣喜，毫不犹豫地又报名了谜题赛。那次的比赛是廖然和徐艳组织的，所有谜题都由廖然提供，题型非常丰富，题目也很精彩，最终我好像数独和谜题都是第7名，不过这一点没有影响我对谜题的喜爱。

那次比赛极有可能是国内第一次组织的谜题比赛，廖然和徐艳作为甜菜团的组织者功不可没。从那之后，廖然和徐艳又组织了一些甜菜团的活动，数独的占多数，也有谜题的，我都尽量参加了，逐渐踏入了数独/谜题圈，结识了越来越多的圈内朋友。

2010年10月，廖然、徐艳、陈岑和我一起参加了在波兰举行的第19届谜题世锦赛，那是中国第一次参加谜题世锦赛。那次比赛我们虽然顶着中国队的名头，实际上并没有经过选拔，也没有得到当时国内官方组织——数独联盟的支持，更多的是以个人身份参加。那次比赛的冠军被时年49岁的日本人有松太郎获得，这是历年谜题赛冠军年龄的最高纪录，迄今未被打破，也直接使该赛事后来将老年组比赛年龄线设置为50岁。这也体现了数独和谜题的不同：数独世锦赛冠军基本都是20几岁甚至不到20岁的年轻人，而谜题冠军则经常可以看到30甚至40岁以上的"高龄"选手。

2012年，廖然和我商量着搞一个类似印度谜题月赛的谜题比赛，在国内进行谜题推广。2012年底，我们的谜题月赛正式开始。这个比赛持续到了2014年12月，得到了很多朋友的支持。中国谜题队的成员，基本上都参与过这个比赛。谜题月赛由甜菜团和独·数之道网站联合主办，分成线上和线下两部分。线上赛由独·数之道网站提供场地，线下则辗转了好多地方，最惨的时候曾经在廖然公司的格子间和商场地下的冷饮店举办。那段时间，我们也曾经通过网络联络到一些不在谜题圈的谜题爱好者，包括多次为谜题月赛出题的红叶和bobbyliu。在月赛持续期间，廖然还在2013年和2014年分别组织了第三届、第四届共两次甜菜杯的比赛，由廖然负责数独赛出题，我负责谜题赛出题。2013年的第三届甜菜团谜题赛应该是国内第一次完全自主出题的谜题赛。

2014年后，由于各种原因，我渐渐远离了谜题圈。廖然和徐艳各自忙于工作，甜菜团除了举办一些数独活动外，谜题活动举办得比较少。从偶尔了解的情况看，相对国内数独人才层出不穷，谜题似乎停滞不前，每年谜题选拔赛入选的国家队员也没有新面孔。大约还是因为国内的谜题基础不够，爱好者数量太少吧。因此，当廖然告诉我他决定要推出这套谜题书籍时，我立即表示支持。

谜题种类繁多，可以说无穷无尽，即便不计各种变形或者多规则嫁接的题型，基础题型也是多如繁星，而且每年还会诞生出很多新的题型。因此，要想写一套全面的谜题书籍是不可能的。对于初入谜题之路的爱好者来说，了解一些相对常见和具有代表性的谜题类型，摸索和掌握其解题规律、方法，并形成自己的解题思路，便可以逐步提高水平，即使面对一些新的题型也不会束手无策。廖然的这套书精选了12种基础谜题类型，覆盖了连线/回路、区域划分、放置、计算、涂色等各种类型，对锻炼观察、推理、计算、空间想象力都大有裨益。希望读者能从本书中找到乐趣，打开自己的那扇窗，真正踏入谜题的世界。

桂勇

# 目 录
## contents

**第一章**
- 坦纳 Tenner Grid .................. 001
- 例题及题型说明 .................. 002
- 练习题 .................. 007

**第二章**
- 数方 Shikaku .................. 025
- 例题及题型说明 .................. 026
- 练习题 .................. 035

**答案**
- 第一章 坦纳 Tenner Grid .................. 078
- 第二章 数方 Shikaku .................. 084

# 第一章　坦纳 Tenner Grid

| 0  |    | 5  | 2  | 8  | 4  | 6  |    | 7  |    |
|----|----|----|----|----|----|----|----|----|----|
| 9  | 2  |    | 1  |    |    |    |    |    | 4  |
|    | 8  | 5  |    |    |    |    | 6  | 0  |    |
| 0  |    |    | 2  |    | 5  |    | 7  |    |    |
|    |    | 4  | 7  |    |    |    | 8  | 1  | 2  |
| 1  | 0  | 6  | 8  | 4  |    | 7  | 5  |    | 3  |
| 17 | 27 | 28 | 29 | 39 | 12 | 32 | 38 | 29 | 19 |

## 第一册　谜题阶梯训练

### 📝 例题：

|   |   | 3 |   |   |   |   | 8 |   |   |
|---|---|---|---|---|---|---|---|---|---|
| 2 | 1 |   | 6 | 8 | 5 | 0 |   | 4 | 7 |
|   |   |   |   |   |   |   |   |   |   |
| 7 | 5 | 15 | 15 | 10 | 20 | 11 | 13 | 21 | 18 |

### ❗ 题型说明：

1. 谜题由一个宽度为10列的多行矩形数字格子组成。
2. 将格子填满，每一行要包含从0到9的不重复数字。
3. 最底部一行数字代表它上方所有数字之和。
4. 填写的数字在它周围一圈最多8个格子里不能重复。
5. 在同一列中，数字可以重复使用。

### 📄 背景资料：

坦纳格（Tenner Grid），数字谜题的一种，也称为"从1到10""Zehner gitter""网格十"。Zehner gitter是德语，意为伸展的格子，可以大致推测其起源于德国。

第一章　坦纳 Tenner Grid

 例题答案：

| 0 | 4 | 3 | 2 | 1 | 6 | 7 | 8 | 9 | 5 |
|---|---|---|---|---|---|---|---|---|---|
| 2 | 1 | 9 | 6 | 8 | 5 | 0 | 3 | 4 | 7 |
| 5 | 0 | 3 | 7 | 1 | 9 | 4 | 2 | 8 | 6 |
| 7 | 5 | 15 | 15 | 10 | 20 | 11 | 13 | 21 | 18 |

 例题解答：

**解题技巧①：熟记数字组合。**

两行谜题的一种或两种数字组合，比如17=8+9组合，16=7+9组合，15=6+9或7+8组合，14=5+9或6+8组合，1=0+1组合，2=0+2组合，3=0+3或1+2组合，4=0+4或1+3组合，5则不止两种组合。

三行谜题的一种或两种组合更多样化，增加了数字0以及重复数字的参与，比如26=9+8+9组合，25=9+7+9或8+9+8组合，24=7+8+9或9+6+9组合，23的组合不止两种。1=0+1+0组合，2=0+2+0或1+0+1组合，3的组合也不止两种。

**解题技巧②：周围排除法，在某格排除不能放的数字。**

比如例题第2行，显然因为左边的空格不能填3（数字周围不重复），所以填9，接下来再根据和来填数字3和2（新填数字放大表示）。

| | | 3 | | | | | 8 | | |
|---|---|---|---|---|---|---|---|---|---|
| 2 | 1 | **9** | 6 | 8 | 5 | 0 | 3 | 4 | 7 |
| | | **3** | | | | | **2** | | |
| 7 | 5 | 15 | 15 | 10 | 20 | 11 | 13 | 21 | 18 |

**解题技巧③：组合排除法，在某些格找到唯一组合。**

比如例题第9列是8+9组合，上面不能放8，所以9上8下；接下来是第6列，因为第1行和第3行的两个8都出现了，所以排除15=7+8这个组合，只剩15=6+9，因为第一行已经有9，那么上6下9；再接下来是第10列，因为11＝2+9或3＋8或4+7组合已无可能，所以上5下6。

第一章　坦纳 Tenner Grid

|   | 　 | 3 |   |   | 6 |   | 8 | 9 | 5 |
|---|---|---|---|---|---|---|---|---|---|
| 2 | 1 | 9 | 6 | 8 | 5 | 0 | 3 | 4 | 7 |
|   |   | 3 |   |   | 9 |   | 2 | 8 | 6 |
| 7 | 5 | 15 | 15 | 10 | 20 | 11 | 13 | 21 | 18 |

**解题技巧④：运用单数法，找两数和为单数的组合。**

有没有注意到上述挑选的组合都是和为单数的情况？这样能排除重复数的干扰。如果是第5列，就会出现1+8+1或0+8+2或2+0+8三种组合，排除组合的难度会更大一些。

**解题技巧⑤：候选数标注法，标注所有可能的数字。**

当你把全部可能标注好了之后，有些线索也就浮现出来了。比如因为第1列的和为7，那么上下的数字由于周围1和2的存在只剩下0和5，接着第2列不能是1+3和2+2，只剩下0和4，第7列在排除了2+9或3+8或5+6后，剩下数字4和7组合，根据左边数字就能定位。剩下的更简单，你可以自行推导。

## 第一册 谜题阶梯训练

| 0 | 4 | 3 |    |    | 6  | 47 | 8  | 9  | 5  |
|---|---|---|----|----|----|----|----|----|----|
| 2 | 1 | 9 | 6  | 8  | 5  | 0  | 3  | 4  | 7  |
| 5 | 0 | 3 |    |    | 9  | 47 | 2  | 8  | 6  |
| 7 | 5 | 15| 15 | 10 | 20 | 11 | 13 | 21 | 18 |

**解题技巧⑥：已知数字推展法，看看它能放哪格。**

我们已经从上图看到第1行的数字1肯定在第5列。如果我们把标注的数字都去掉，有一种方法同样可以确定1的位置。观察第2行的数字1，因为它所处的位置，那么第1行中，第1格和第2格已经不能放1，第4格你尝试放一下，发现第3行第4格不可能是8，还是能够确定应把1放在第1行第5格。

| 0 | 4 | 3 | 2 | 1 | 6 | 7 | 8 | 9 | 5 |
|---|---|---|---|---|---|---|---|---|---|
| 2 | 1 | 9 | 6 | 8 | 5 | 0 | 3 | 4 | 7 |
| 5 | 0 | 3 | 7 | 1 | 9 | 4 | 2 | 8 | 6 |
| 7 | 5 | 15| 15| 10| 20| 11| 13| 21| 18|

例题已经解决，在下面的解题过程中，你将会发现和总结出更多的解题窍门。

第一章 坦纳 Tenner Grid

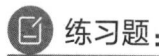练习题：

### 青铜

01

|   | 5 |   | 7 |   |   | 8 |   | 2 |   |
|---|---|---|---|---|---|---|---|---|---|
| 9 |   | 8 |   |   |   |   | 1 |   | 4 |
| 9 | 7 | 11 | 12 | 9 | 7 | 11 | 5 | 9 | 10 |

02

| 9 |   |   | 1 | 6 | 4 | 8 |   |   | 0 |
|---|---|---|---|---|---|---|---|---|---|
|   | 6 |   |   |   |   |   |   | 8 |   |
| 10 | 11 | 5 | 1 | 13 | 9 | 11 | 11 | 10 | 9 |

03

|   |   |   |   | 4 | 8 |   |   |   |   |
|---|---|---|---|---|---|---|---|---|---|
| 3 | 8 |   | 5 |   |   | 0 |   | 7 | 6 |
| 8 | 15 | 4 | 6 | 6 | 17 | 6 | 3 | 16 | 9 |

## 第一册　谜题阶梯训练

**04**

| 8 |   | 3 |   |   |   |   | 5 |   | 4 |
|---|---|---|---|---|---|---|---|---|---|
|   | 5 |   |   |   |   |   |   | 2 |   |
| 17 | 12 | 11 | 1 | 6 | 10 | 9 | 12 | 2 | 10 |

**05**

| 0 |   | 9 |   | 4 | 3 |   | 6 |   | 2 |
|---|---|---|---|---|---|---|---|---|---|
|   |   |   |   |   |   |   |   |   |   |
| 6 | 11 | 14 | 3 | 13 | 3 | 13 | 7 | 15 | 5 |

**06**

| 6 |   | 5 |   |   |   |   | 9 |   | 4 |
|---|---|---|---|---|---|---|---|---|---|
|   |   |   | 2 | 4 |   |   |   |   |   |
| 15 | 3 | 11 | 15 | 3 | 7 | 7 | 16 | 8 | 5 |

**07**

|   |   | 7 |   | 4 | 0 |   | 8 |   |   |
|---|---|---|---|---|---|---|---|---|---|
| 3 |   |   |   |   |   |   |   |   | 8 |
| 12 | 3 | 11 | 9 | 9 | 2 | 13 | 17 | 5 | 9 |

# 第一章 坦纳 Tenner Grid

## 08

| | | | | 8 | 9 | | | | |
|---|---|---|---|---|---|---|---|---|---|
| | 0 | 7 | | | | | 2 | 9 | |
| 9 | 4 | 9 | 11 | 11 | 13 | 4 | 8 | 16 | 5 |

## 09

| | | | | | | | | | |
|---|---|---|---|---|---|---|---|---|---|
| 4 | | 3 | | | | | 0 | | 7 |
| 4 | 8 | 12 | 6 | 16 | 13 | 4 | 8 | 11 | 8 |

## 10

| | 0 | | | | | | | 8 | |
|---|---|---|---|---|---|---|---|---|---|
| | | | | 9 | 3 | | | | |
| 13 | 2 | 5 | 12 | 15 | 5 | 4 | 9 | 9 | 16 |

## 11

| 7 | | | | | | | | | 6 |
|---|---|---|---|---|---|---|---|---|---|
| | | | 2 | | | 8 | | | |
| 10 | 6 | 4 | 10 | 11 | 16 | 11 | 6 | 1 | 15 |

第一册 谜题阶梯训练

12

|  |  | 0 |  |  |  | 5 |  |  |
|---|---|---|---|---|---|---|---|---|
|  | 3 |  |  |  |  |  | 2 |  |
| 6 | 4 | 8 | 7 | 16 | 8 | 11 | 5 | 11 | 14 |

13

|  |  |  | 8 | 6 |  |  |  |  |
|---|---|---|---|---|---|---|---|---|
|  |  | 0 |  |  | 2 |  |  |  |
| 5 | 3 | 7 | 11 | 17 | 13 | 14 | 2 | 9 | 8 |

14

|  | 2 |  |  |  |  |  | 3 |  |
|---|---|---|---|---|---|---|---|---|
| 6 |  |  |  |  |  |  |  | 4 |
| 15 | 2 | 9 | 11 | 12 | 7 | 16 | 2 | 11 | 5 |

15

|  |  |  | 0 |  |  | 8 |  |  |  |
|---|---|---|---|---|---|---|---|---|---|
|  |  |  |  | 6 | 4 |  |  |  |  |
| 2 | 11 | 8 | 2 | 11 | 5 | 17 | 7 | 10 | 17 |

# 第一章 坦纳 Tenner Grid

## 白银

16

| 9 | 8 |   |   |   |   |   |   | 7 | 3 |
|---|---|---|---|---|---|---|---|---|---|
|   | 5 | 1 |   | 3 | 7 |   | 0 | 8 |   |
|   |   |   | 7 | 9 | 2 | 5 |   |   |   |
| 23 | 16 | 1 | 13 | 13 | 11 | 15 | 6 | 19 | 18 |

17

| 6 |   |   |   | 4 | 1 |   |   |   | 9 |
|---|---|---|---|---|---|---|---|---|---|
| 3 | 1 |   | 8 | 7 | 0 | 9 |   | 2 | 4 |
| 7 |   | 0 |   |   |   | 4 |   |   | 9 |
| 16 | 13 | 9 | 14 | 17 | 4 | 13 | 17 | 10 | 22 |

18

|   | 8 |   | 2 |   | 9 |   | 0 |   |   |
|---|---|---|---|---|---|---|---|---|---|
|   |   |   |   |   |   |   |   |   |   |
| 6 | 9 | 8 | 2 | 7 | 1 | 4 | 0 | 5 | 3 |
| 7 | 20 | 20 | 5 | 17 | 15 | 14 | 2 | 20 | 15 |

19

| 6 | 5 | 4 | 9 | 0 | 1 | 8 | 2 | 7 | 3 |
|---|---|---|---|---|---|---|---|---|---|
|   | 1 |   |   |   |   |   |   | 6 |   |
| 3 |   |   |   |   |   |   |   |   | 9 |
| 17 | 11 | 8 | 14 | 10 | 10 | 23 | 8 | 20 | 14 |

20

| 5 |   |   |   | 9 | 8 |   |   |   | 7 |
|---|---|---|---|---|---|---|---|---|---|
|   | 4 | 2 | 6 |   |   | 3 | 7 | 9 |   |
|   |   |   |   | 2 | 9 |   |   |   |   |
| 18 | 10 | 2 | 14 | 16 | 18 | 15 | 10 | 18 | 14 |

21

|   | 0 | 6 | 4 |   |   | 7 | 3 | 9 |   |
|---|---|---|---|---|---|---|---|---|---|
| 2 |   |   |   | 5 | 0 |   |   |   | 6 |
|   |   | 5 |   |   |   |   | 6 |   |   |
| 11 | 7 | 14 | 21 | 15 | 8 | 16 | 13 | 13 | 17 |

# 第一章 坦纳 Tenner Grid

22

|  |  |  |  | 2 | 1 |  |  |  |  |
|---|---|---|---|---|---|---|---|---|---|
| 5 | 0 | 2 | 6 |  |  | 8 | 3 | 1 | 9 |
|  |  |  | 5 |  |  | 2 |  |  |  |
| 13 | 13 | 9 | 15 | 12 | 11 | 19 | 12 | 6 | 25 |

23

| 9 |  | 7 |  |  |  |  | 4 |  | 3 |
|---|---|---|---|---|---|---|---|---|---|
|  |  |  | 1 | 9 | 7 | 2 |  |  |  |
| 0 |  | 6 |  |  |  |  | 8 |  | 5 |
| 12 | 17 | 17 | 9 | 18 | 9 | 5 | 17 | 23 | 8 |

24

|  |  |  |  | 4 | 2 |  |  |  |  |
|---|---|---|---|---|---|---|---|---|---|
| 5 | 2 | 0 |  |  |  |  | 6 | 8 | 4 |
|  |  |  | 6 | 4 | 3 | 0 |  |  |  |
| 22 | 13 | 15 | 18 | 9 | 12 | 10 | 10 | 20 | 6 |

## 第一册 谜题阶梯训练

**25**

|   | 6 |   | 9 |   |   |   | 5 |
|---|---|---|---|---|---|---|---|
|   | 0 |   | 9 |   | 4 |   | 8 |   |
| 3 |   |   |   | 6 |   |   | 0 |   |
| 14 | 11 | 15 | 19 | 16 | 17 | 7 | 5 | 19 | 12 |

**26**

|   |   | 6 | 2 |   |   | 3 | 0 |   |   |
|---|---|---|---|---|---|---|---|---|---|
| 3 | 9 |   |   |   |   |   |   | 8 | 7 |
|   |   | 3 | 9 |   |   | 0 | 4 |   |   |
| 12 | 21 | 13 | 16 | 10 | 22 | 5 | 5 | 17 | 14 |

**27**

|   | 8 |   |   |   |   |   | 3 |   |
|---|---|---|---|---|---|---|---|---|
| 3 |   | 0 | 2 |   |   | 1 | 4 |   | 9 |
| 4 |   |   |   | 6 | 7 |   |   |   | 8 |
| 11 | 17 | 15 | 4 | 20 | 15 | 13 | 6 | 12 | 22 |

# 第一章 坦纳 Tenner Grid

**28**

| 3 |   |   |   |   | 9 |   | 0 | 8 |
|---|---|---|---|---|---|---|---|---|
|   |   |   | 1 | 6 | 2 |   | 7 | 5 |
|   | 7 |   |   |   |   | 1 |   |   |
| 6 | 18 | 23 | 5 | 16 | 6 | 23 | 9 | 9 | 20 |

**29**

| 4 |   | 9 |   |   |   | 6 | 1 |   |   |
|---|---|---|---|---|---|---|---|---|---|
| 9 | 7 | 5 |   |   |   |   |   |   | 8 |
|   |   | 1 |   | 4 | 8 | 5 |   |   |   |
| 19 | 17 | 15 | 16 | 11 | 12 | 9 | 13 | 12 | 11 |

**30**

|   |   |   | 6 |   | 0 | 1 | 5 | 9 |   |
|---|---|---|---|---|---|---|---|---|---|
|   |   |   | 0 |   |   |   | 3 |   |   |
|   |   | 1 |   | 4 |   |   |   |   | 2 |
| 19 | 14 | 13 | 15 | 10 | 10 | 15 | 13 | 17 | 9 |

## 31

| 7 | 2 |   |   |   |   |   |   | 8 | 5 |
|---|---|---|---|---|---|---|---|---|---|
|   | 8 |   |   | 5 |   |   | 3 |   |   |
|   | 5 |   |   |   | 4 | 1 | 0 |   | 6 |
| 17 | 15 | 9 | 17 | 11 | 13 | 8 | 12 | 20 | 13 |

## 32

|   | 3 | 2 |   |   | 7 |   | 0 |   |   |
|---|---|---|---|---|---|---|---|---|---|
| 0 |   |   | 1 | 8 |   |   | 4 | 7 |   |
|   |   |   |   |   |   |   |   | 6 |   |
| 11 | 10 | 12 | 19 | 13 | 10 | 25 | 7 | 14 | 14 |

## 33

|   |   |   |   |   | 8 | 2 | 4 | 3 |   |
|---|---|---|---|---|---|---|---|---|---|
|   | 0 |   | 6 | 4 |   | 1 |   |   |   |
|   |   | 5 |   |   |   |   |   | 3 |   |
| 23 | 12 | 15 | 12 | 12 | 11 | 11 | 11 | 13 | 15 |

34

| | | | | | | | | | |
|---|---|---|---|---|---|---|---|---|---|
| 6 | | | 8 | 1 | | | | 5 | 9 |
| | | | | | 5 | | | 3 | |
| 2 | | | | 4 | 8 | | | | |
| 12 | 17 | 8 | 10 | 12 | 15 | 22 | 15 | 9 | 15 |

35

| | | | | | | | | | |
|---|---|---|---|---|---|---|---|---|---|
| | | | 4 | | | 5 | | 7 | |
| 6 | 3 | 5 | 7 | | | | | | |
| | | | | | 1 | 9 | | | |
| 23 | 9 | 6 | 14 | 23 | 6 | 18 | 3 | 20 | 13 |

## 黄金

36

| 6 | 0 | 7 |   |   |   |   |   |   |
|---|---|---|---|---|---|---|---|---|
| 8 | 2 |   |   | 0 | 9 | 7 |   | 3 |
| 9 |   |   | 4 | 7 | 5 |   | 1 | 0 |
|   |   |   |   |   |   | 3 | 7 | 9 |
| 31 | 10 | 18 | 9 | 13 | 28 | 14 | 19 | 17 | 21 |

37

|   |   | 2 | 7 | 3 |   | 1 |   |   |
|---|---|---|---|---|---|---|---|---|
|   | 0 | 4 |   |   |   | 6 | 9 | 3 |
| 9 | 2 |   |   | 6 |   |   |   |   |
| 1 |   |   | 3 | 8 | 4 | 2 | 7 |   |
| 22 | 8 | 22 | 26 | 11 | 28 | 7 | 15 | 17 | 24 |

第一章 坦纳 Tenner Grid

**38**

| 8 |   | 2 |   | 5 | 4 |   | 9 |   | 6 |
|---|---|---|---|---|---|---|---|---|---|
|   | 3 |   | 6 |   |   | 8 |   | 5 |   |
| 8 |   | 5 | 0 |   |   | 6 | 1 |   | 3 |
|   | 6 |   |   | 1 | 2 |   |   | 5 |   |
| 17 | 18 | 25 | 15 | 17 | 15 | 24 | 15 | 17 | 17 |

**39**

|   | 3 | 6 | 9 | 8 | 4 | 5 | 7 | 0 |   |
|---|---|---|---|---|---|---|---|---|---|
|   |   |   |   |   |   |   |   |   |   |
| 3 | 9 | 6 |   | 8 | 5 |   | 1 | 7 | 2 |
|   |   |   | 1 |   |   | 4 |   |   |   |
| 14 | 16 | 22 | 14 | 30 | 13 | 15 | 19 | 19 | 18 |

**40**

| 9 | 2 | 7 | 0 | 5 |   |   |   |   |   |
|---|---|---|---|---|---|---|---|---|---|
|   |   |   |   | 2 |   |   | 5 | 1 | 0 |
| 2 | 1 | 0 |   | 6 |   |   |   |   |   |
|   |   |   |   | 0 | 3 | 7 | 1 | 2 | 5 |
| 25 | 16 | 22 | 15 | 13 | 19 | 25 | 15 | 13 | 17 |

41

| | | | | | | | | | |
|---|---|---|---|---|---|---|---|---|---|
| 3 | 1 | | 8 | 9 | 0 | 6 | | 4 | |
| 7 | | | 5 | | | | | | |
| | | | | | | 6 | | | 7 |
| | 9 | | 0 | 2 | 4 | 8 | | 5 | 6 |
| 13 | 22 | 12 | 22 | 16 | 17 | 23 | 15 | 22 | 18 |

42

| | | | | | | | | | |
|---|---|---|---|---|---|---|---|---|---|
| | 1 | 3 | 8 | 0 | | 6 | | | 7 |
| | | | | | 1 | | | 3 | 8 |
| 3 | 7 | | | 0 | | | | | |
| 5 | | | 7 | | 9 | 3 | 1 | 0 | |
| 18 | 18 | 14 | 29 | 11 | 20 | 26 | 5 | 18 | 21 |

43

| | | | | | | | | | |
|---|---|---|---|---|---|---|---|---|---|
| | 8 | | 3 | 6 | | | 7 | | 4 |
| 4 | | 6 | | 1 | | | 2 | 3 | |
| 6 | | | | | | | | | |
| | 8 | | 2 | | 9 | 7 | 6 | | 4 |
| 18 | 27 | 16 | 17 | 12 | 25 | 16 | 24 | 12 | 13 |

第一章　坦纳 Tenner Grid

**44**

|   |   |   | 6 |   |   |   | 1 | 8 |
|---|---|---|---|---|---|---|---|---|
| 1 | 8 | 9 | 2 | 5 |   |   |   |   |
|   |   |   |   | 1 |   | 2 | 5 | 9 |
| 5 | 0 | 3 |   |   |   | 1 |   | 4 |
| 20 | 16 | 16 | 14 | 11 | 22 | 12 | 25 | 21 | 23 |

**45**

| 2 |   |   | 4 |   | 5 |   |   | 0 | 3 |
|---|---|---|---|---|---|---|---|---|---|
| 8 |   |   |   |   |   | 0 |   |   |   |
| 4 | 5 |   |   |   | 8 | 9 |   | 0 | 1 |
|   | 9 |   | 1 | 0 | 6 |   |   |   |   |
| 21 | 29 | 10 | 16 | 12 | 25 | 19 | 25 | 4 | 19 |

**46**

| 2 |   |   |   |   |   | 3 | 1 | 0 |
|---|---|---|---|---|---|---|---|---|
| 3 |   |   |   | 7 | 6 |   | 2 |   | 5 |
| 5 |   | 2 |   | 1 | 9 |   |   |   | 8 |
| 9 | 0 | 5 |   |   |   |   |   | 3 | 1 |
| 19 | 11 | 21 | 15 | 21 | 29 | 19 | 14 | 17 | 14 |

47

|   | 7 | 6 |   | 0 |   | 8 |   |   |
|---|---|---|---|---|---|---|---|---|
|   |   |   | 5 | 6 |   | 7 | 2 | 0 |
| 0 |   | 2 |   |   |   |   |   | 8 |
| 4 | 8 |   | 7 |   | 6 |   | 3 |   |
| 21 | 20 | 19 | 24 | 16 | 19 | 10 | 24 | 16 | 11 |

48

|   | 0 |   |   |   | 2 |   | 1 | 3 | 9 |
|---|---|---|---|---|---|---|---|---|---|
| 6 | 7 | 3 |   | 1 |   |   |   |   |   |
|   |   |   |   |   |   | 1 | 4 |   | 7 |
|   | 1 | 4 | 6 |   | 0 |   |   | 3 | 9 |
| 23 | 17 | 20 | 17 | 20 | 14 | 12 | 10 | 20 | 27 |

第一章 坦纳 Tenner Grid

49

| 2 | 0 |   | 1 |   |   |   |   | 8 | 7 |
|---|---|---|---|---|---|---|---|---|---|
|   |   | 9 |   |   |   |   | 1 | 2 |   |
| 2 | 5 |   |   |   |   | 4 |   | 7 |   |
|   |   |   | 0 |   |   | 2 |   | 5 | 6 |
| 14 | 19 | 28 | 5 | 30 | 10 | 14 | 21 | 22 | 17 |

50

|   | 6 | 3 |   |   | 1 | 7 | 8 |   |   |
| 7 |   | 1 | 6 | 3 |   | 9 |   |   | 2 |
|   |   |   |   |   |   |   | 3 |   |   |
| 7 |   | 6 |   |   | 9 |   |   | 5 | 1 |
| 20 | 23 | 15 | 23 | 12 | 18 | 20 | 14 | 22 | 13 |

# 第一册  谜题阶梯训练

附赠

| 0 |   | 5 | 2 | 8 | 4 | 6 |   | 7 |   |
|---|---|---|---|---|---|---|---|---|---|
| 9 | 2 |   | 1 |   |   |   |   |   | 4 |
|   | 8 | 5 |   |   |   |   | 6 | 0 |   |
| 0 |   |   | 2 |   | 5 |   | 7 |   |   |
|   |   | 4 | 7 |   |   |   | 8 | 1 | 2 |
| 1 | 0 | 6 | 8 | 4 |   | 7 | 5 |   | 3 |
| 17 | 27 | 28 | 29 | 39 | 12 | 32 | 38 | 29 | 19 |

## 第二章　数方 Shikaku

第一册 谜题阶梯训练

 例题：

| 2 |   | 4 | 4 |   | 2 |   |   |   |   |
|---|---|---|---|---|---|---|---|---|---|
|   |   |   |   |   | 2 |   |   |   | 5 |
|   | 13|   |   |   | 4 |   |   |   |   |
|   |   | 3 |   |   |   |   |   |   |   |
|   |   |   |   | 5 |   |   | 36|   |   |
|   |   |   |   |   |   | 4 |   | 3 |   |
|   |   |   |   |   |   |   | 15|   |   |
| 12|  5|   |   |   |20 | 6 |   |   |   |
|   |   |   |   |   |   |   |   |   | 7 |
|   |   | 2 |   |   |   |   |   |   |   |
|   |   | 2 |   | 2 | 2 |   |   | 4 |   |
| 2 |   |36 |   | 2 |   |   | 7 |   |   |
|   | 8 |   |   |   |   | 2 |   | 4 |   |

① 题型说明：

1. 谜题由一个内含数字的矩形格子题图构成。

2. 解谜是将题图划分成多个长方形或正方形。

3. 每一个长方形或正方形都包含唯一的一个已知数。

4. 给出的已知数字正好等于所有长方形或正方形的格子总数。

5. 格子的总数=该长方形或正方形的长度×该长方形或正方形的宽度。

# 第二章 数方 Shikaku

## 背景资料：

数方（Shikaku在日语中的汉字写作"四角"，意为长方形）。该题型在日语中的全称为"四角に切れ"（意为分割成长方形）。数方首次发表于《谜题通信nikoli尼科利》第27期（1989年秋季刊），作者是安福良直（现主编，当年还是读者）。

## 例题答案：

## 例题解答：

| | | | | | | | | | | | | | | |
|---|---|---|---|---|---|---|---|---|---|---|---|---|---|---|
| 2 | | | 4 | 4 | | 2 | | | | | | | | |
| | | | | | | 2 | | | | | | | | 5 |
| | 13 | | | | | | 4 | | | | | | | |
| | | 3 | | | | | | | | | | | | |
| | | | | | | | | | | | | | | |
| | | | | | | 5 | | | | | | 36 | | |
| | | | | | | | | | | 4 | | | 3 | |
| | | | | | | | | | | | | | | |
| | | | | | | | | | | | 15 | | | |
| 12 | | 5 | | | | | | | 20 | 6 | | | | |
| | | | | | | | | | | | | | | 7 |
| | | 2 | | | | | | | | | | | | |
| | | 2 | | | | 2 | | 2 | | | | 4 | | |
| 2 | | | 36 | | | 2 | | | | | 7 | | | |
| | 8 | | | | | | | | | 2 | | 4 | | |

**解题技巧①：大数字。**

解题的一个技巧：从较大的数字开始。

针对本道15格大小的例题，有15、20和36这几个大数，可从已知的15=1×15或3×5，20=2×10或4×5，36=6×6或4×9或3×12入手。

第二章 数方 Shikaku

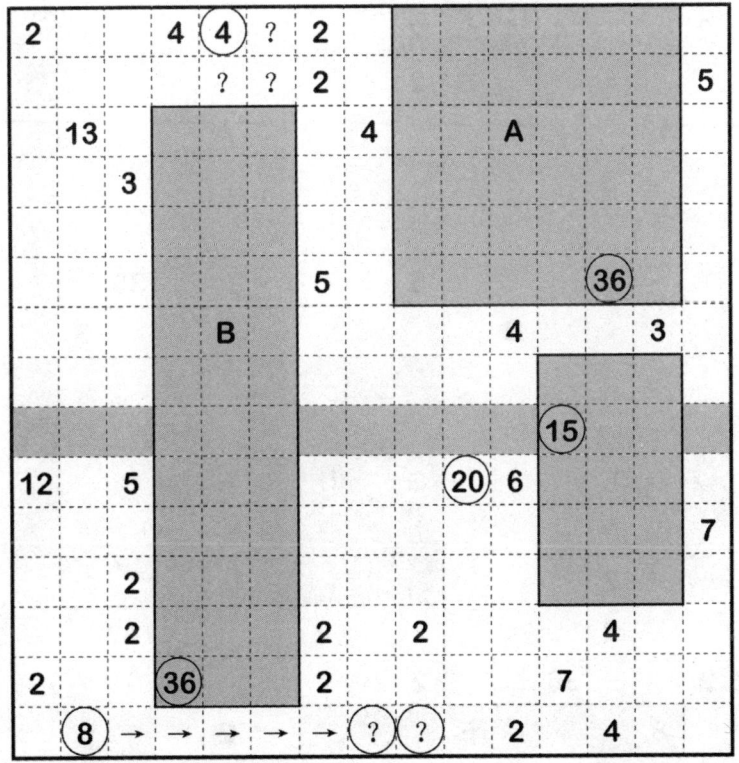

**解题技巧②：定区域。**

接下来尽量确定大数可能的区域。

右上方的A区立刻可确定。而左下方B区随之确定。这里有一个小技巧是：区域可上下浮动时观察周边的数字，B区再往上，上方的4周围的格子就不够了，再往下，8就不够地方（注意：图中最下面一行的两个标有圆圈的问号格只能属于8）。

解题技巧③：格找数。

观察某些格子，特别是边角格和数字的斜角格。

判定这个格子属于哪个数字的领地，并把它和数字连起来。当数字管辖的格子达到要求后，就可确定边界，如D区、E区、F区和G区的边界；没达到数量的可以先用线连接。

**解题技巧④：顶边法。**

根据已确定的区域边界，继续找寻更多的格子。右上角的5区域确定后，下面的数字7所在矩形的一个上边界就确定了，那么按照7个格子数出来则可确定下边界。另外，还能确定几个数字2的区域。

接着观察，线索会越来越多。

**解题技巧⑤：分界法。**

在明显属于两个不同区域的格子之间，可以直接划分界线。

这样的分界线可以更直观地表明区域的走向。像最左边的12所处区域，因为单列已经有9个格子，明显不能排成两列，所以可和13所在区域分隔开。

**解题技巧⑥：数格子。**

接下来会越来越简单。

通过分界线和前面已经确定的一些区域的边界，你能找到更多的可确定因素，这时候，不断数格子是必经之路。

同时，你会反复使用解题技巧③④⑤。

**解题技巧⑦：灵活运用。**

通过反复练习，灵活运用以上技巧。

其实也完全可以从小的数字开始解谜，这并没有一定之规。

总之，注意边角的格子，尤其是寻找那些只对应某个特定数字的格子，这需要很好的观察力。

这道例题不算难，在下面的解题过程中，你还会碰到更大的盘面。

第二章　数方 Shikaku

**练习题：**

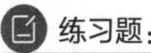　青铜

01
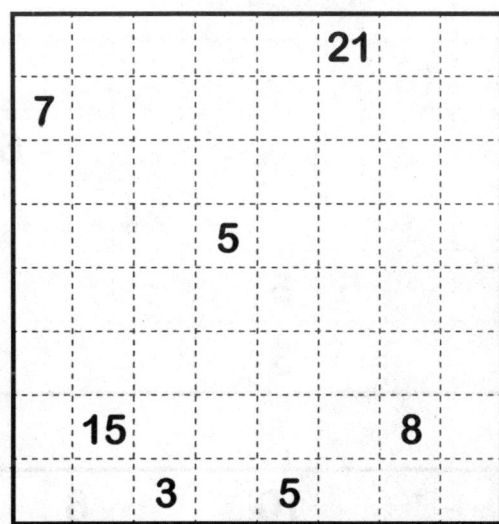

02
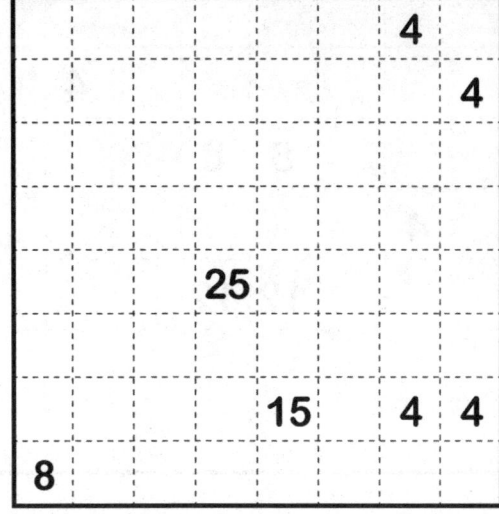

第一册 谜题阶梯训练

03

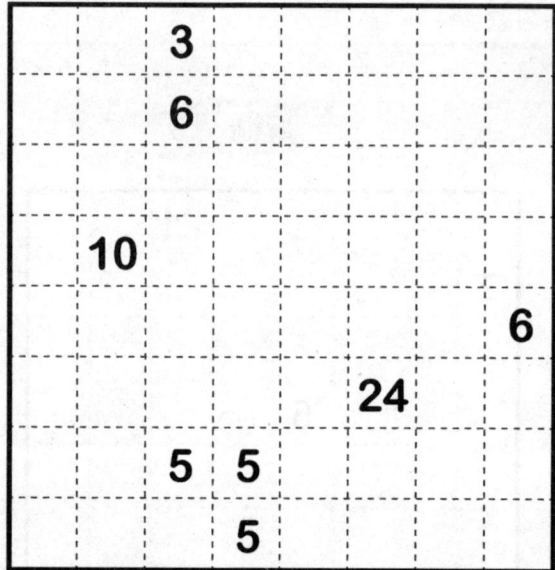

04

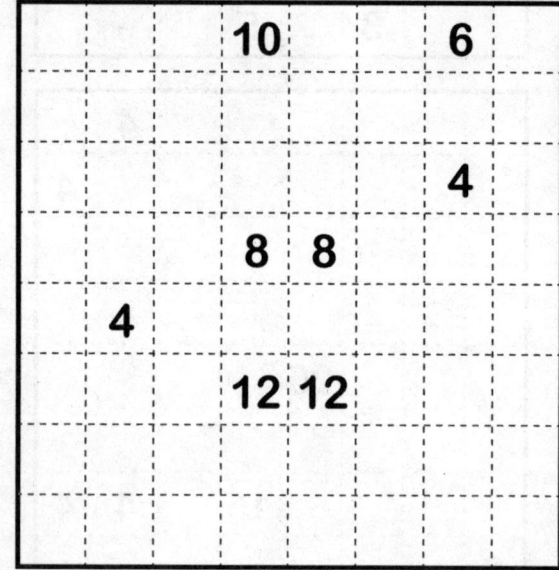

第二章 数方 Shikaku

05

06

第一册　谜题阶梯训练

07

|   | 2 | 6 |   |   |   |   |
|---|---|---|---|---|---|---|
| 6 |   | 12|   |   |   |   |
|   |   |   |   |   |   | 15|
|   |   |   |   | 16|   | 4 |
|   | 3 |   |   |   |   |   |

08

| 10|   |   |   |   | 6 |   |
| 5 |   |   |   |   |   |   |
|   |   |   | 10|   |   |   |
|   |   |   |   | 8 |   |   |
|   |   | 15|   |   |   |   |
|   |   |   |   |   |   | 10|

038

第二章 数方 Shikaku

09

| 4 | | 5 | | | | |
|---|---|---|---|---|---|---|
| | | | | 3 | | |
| 10 | | | | | | |
| | | | | | 6 | |
| | | 12 | | | 8 | 8 |
| 4 | | | | | | |
| | | | 4 | | | |

10

| 3 | | | | 5 | | |
|---|---|---|---|---|---|---|
| | 6 | | | | | |
| | | | | | | 7 |
| | | | 4 | | | |
| 5 | | | | | 18 | |
| | 6 | | | | | |
| 6 | | | | | | |
| | | | 4 | | | |

11

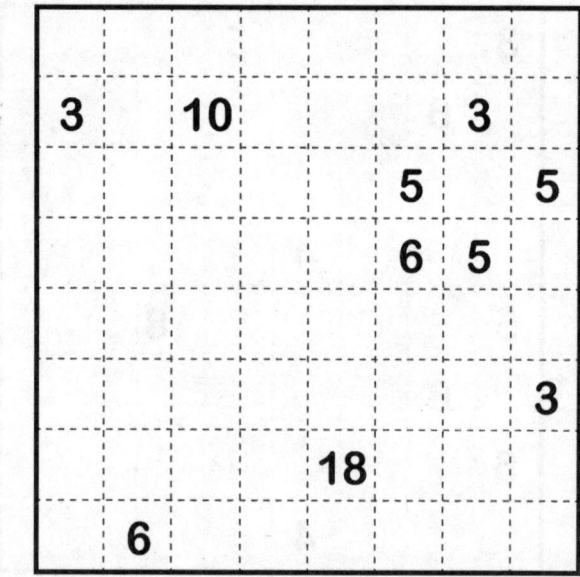

12

第二章 数方 Shikaku

13

14

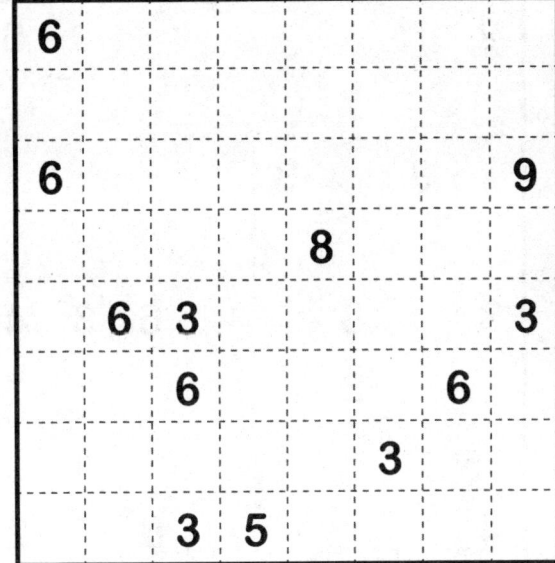

041

第一册 谜题阶梯训练

15

|   |   |   | 3 |   | 4 |   |   |
|---|---|---|---|---|---|---|---|
|   |   | 12|   | 4 |   |   |   |
|   |   |   |   |   |   |   |   |
|   |   |   | 5 |   | 2 |   |   |
| 3 |   |   |   |   |   |   | 14|
|   | 6 |   |   |   |   |   |   |
| 3 |   |   |   |   |   |   |   |
|   |   |   |   |   | 5 | 3 |   |

16

| 2 |   |   |   |   |   |   | 6 |
|---|---|---|---|---|---|---|---|
|   |   | 7 |   |   |   |   |   |
|   | 3 |   | 3 |   |   |   |   |
|   |   |   |   |   |   |   |   |
| 3 |   | 6 |   |   | 6 | 3 | 4 |
|   |   | 3 |   |   |   |   |   |
|   |   |   |   |   |   | 4 |   |
| 4 |   |   |   |   | 8 |   | 2 |

042

第二章　数方 Shikaku

17

|   | 3 |   |   | 3 |   |   |   |   |
|---|---|---|---|---|---|---|---|---|
|   |   |   |   |   |   |   | 3 |   |
|   |   |   |   | 6 |   |   |   | 5 |
|   |   | 4 |   |   | 8 |   | 2 |   |
|   |   |   |   | 6 |   |   |   |   |
|   |   | 3 |   | 4 |   |   |   |   |
|   |   |   |   |   |   |   |   | 4 |
|   | 3 |   |   | 8 |   |   | 2 |   |

18

|   |   |   |   |   |   |   | 6 |   |
|---|---|---|---|---|---|---|---|---|
|   |   |   |   |   |   |   | 4 |   |
|   |   |   | 4 |   |   |   |   | 6 |
|   |   |   |   |   |   |   |   |   |
| 12|   |   |   |   | 8 |   | 4 |   |
|   |   |   |   |   |   | 4 | 2 |   |
|   |   |   | 3 |   |   |   |   |   |
| 3 |   |   |   | 2 | 4 |   |   | 2 |

19

## 第二章 数方 Shikaku

20

21

| | | | | | 6 | | | | |
|---|---|---|---|---|---|---|---|---|---|
| | | 12 | | | | | | | |
| | 6 | | | | 24 | | | | |
| | | 15 | | | | | | | |
| | | | | | | | | | |
| | | | | | | | 18 | | |
| | | | 6 | 16 | | | | 18 | |
| | | | | | | | | | |
| | | | 6 | 8 | | | | | |
| | | | | | | | | | |
| | | | 9 | | | 12 | | | |
| | 18 | | | | | | | | |
| | | | | 6 | | | | | |
| | | 10 | | | 6 | | | | |

22

23

24

|   | 6 |   |   |   |   |   |   |   |   |
|---|---|---|---|---|---|---|---|---|---|
|   |   |   | 16|   |   |   |   |   |   |
| 14|   | 6 |   |   |   |   |   |   |   |
|   |   | 8 |   |   | 24|   |   |   | 5 |
|   |   | 9 |   |   |   |   |   |   | 4 |
|   |   |   |   |   |   | 12|   |   |   |
|   |   |   |   |   |   |   |   |   | 4 |
|   |   |   | 15|   |   |   |   |   |   |
|   | 8 | 8 |   |   |   |   | 16|   |   |
|   |   | 16| 5 |   |   |   |   |   |   |
|   |   |   |   | 20|   |   |   |   |   |

25

|   |   |   |   |   |   |   |   | 13 |   |
|---|---|---|---|---|---|---|---|----|---|
| 3 |   |   | 7 |   |   | 6 |   |    |   |
|   |   |   |   |   | 11|   |   |    |   |
|   |   |   | 21|   |   |   | 4 |    |   |
|   |   |   |   |   |   |   |   |    | 8 |
|   |   |   |   |   |   |   |   | 24 |   |
|   |   |   |   |   |   |   |   |    |   |
|   |   |   | 28|   |   |   |   |    | 12|
|   |   |   |   | 14|   |   |   |    |   |
| 10|   |   |   |   | 6 |   |   |    |   |
|   |   |   |   |   |   |   |   |    |   |
|   |   |   |   |   |   |   | 8 |    |   |
|   |   |   |   |   |   |   | 8 |    | 6 |
|   |   |   | 7 |   |   |   |   |    |   |

26

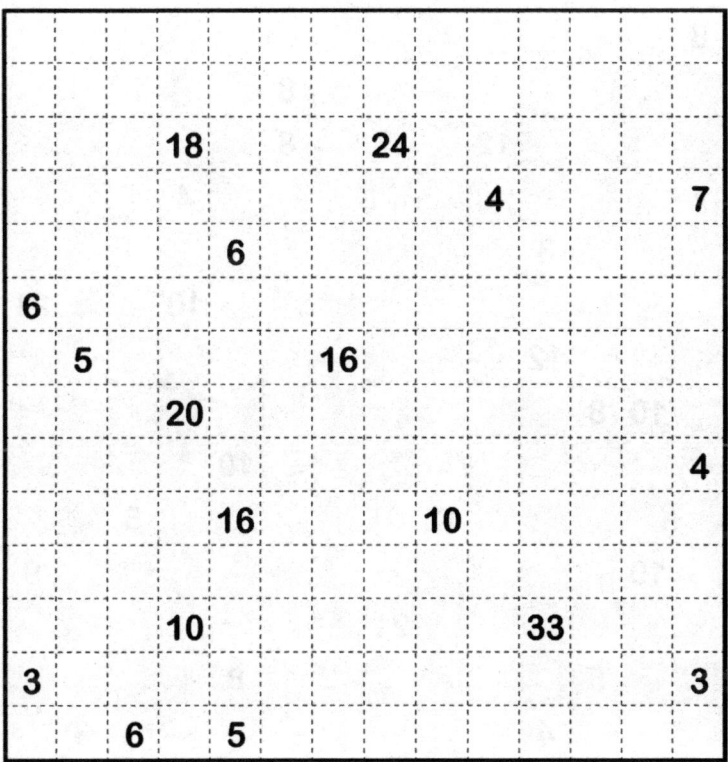

051

27

28

|   |   |   |   | 6 |   |   |   | 3 |   |
|---|---|---|---|---|---|---|---|---|---|
|   | 6 | 3 |   |   |   | 15|   |   |   |
| 12|   | 12|   |   |   |   |   |   |   |
|   |   |   |   | 15|   | 6 |   | 6 |   |
|   |   | 5 |   |   |   | 6 |   | 3 |   |
|   | 8 |   |   |   |   |   |   |   |   |
| 14| 10|   |   |   |   |   |   |   |   |
|   |   |   |   |   | 5 | 6 |   |   |   |
|   |   | 15|   |   |   | 4 |   | 21| 7 |
|   |   |   | 5 |   | 3 |   |   |   |   |

29

| | | 5 | | | | 5 | | | | |
|---|---|---|---|---|---|---|---|---|---|---|
| | | | | | | | | | | |
| 10 | | | | | | | | | 12 | |
| | | 12 | | 16 | | | | | | |
| | | 3 | | | 4 | | | 15 | | |
| | | | | 8 | | 10 | | 4 | | |
| | 6 | | | | | | | | | 3 |
| 3 | | | | 8 | | | | 2 | | |
| | | 3 | 6 | | | | | | 2 | |
| | 8 | | | | | | 14 | | | 4 |
| | | 4 | | | 7 | | | 4 | | |
| | | | | | 10 | | | 8 | | |

30

(Shikaku puzzle grid with clues:)

| | | | | | | 11 | | |
|4| | |3| | |7 | | |
| | |9| | | | | | |
| | | | | | |18| | |
| | |24|5| | |8 | | |
| | | | |6| | |14| |
| | | | | | | |5 | |
| |6| |5|10| |15| |7|
|6| | | | | | |10| |
| |4| | | | | | | |
| | |8| | | | | | |
| |4| | | | | |7 | |

31

| | | | | | | 13 | | | |
|---|---|---|---|---|---|---|---|---|---|
| 3 | | | | 22 | | | | | |
| | | 8 | | 3 | | | | 4 | 4 |
| | | | | | 6 | | | | |
| | | | | | 9 | | | | |
| | 12 | 4 | | | | 6 | | 8 | |
| 8 | | | 2 | | | | | | |
| | | | | | | | | | 15 |
| | | | 8 | 6 | | 8 | | | |
| | 9 | | | | 9 | | 16 | | |
| | | 9 | | | | | | | 4 |

32

| 5 | | | | | | | | 5 | |
|---|---|---|---|---|---|---|---|---|---|
| | | | | | | | | | |
| | | | 21 | | | | 6 | | |
| | | | | | | 4 | 3 | | |
| | 6 | | | 8 | | 5 | | | 2 |
| | | | | | 5 | | 4 | | |
| | | | | | | | | | |
| | 9 | | 4 | | | | | 12 | |
| | | | | | | | 9 | | |
| | | 18 | | | | 14 | 5 | | |
| | | | | | | | | | |
| | | | | | | | 8 | | |
| | | | | 21 | | | 8 | | 4 |
| | | 5 | | | 5 | | | | |

33

| | | | | | 5 | | | |
|---|---|---|---|---|---|---|---|---|
| | | | | 16 | | | | |
| | | | 6 | | 6 | | 18 | |
| | | | 15 | | | | | |
| | | | | 8 | | | | |
| 4 | | | | | | | | |
| | | | 7 | | | | 18 | |
| | 8 | 3 | 8 | | | | | 12 |
| | | | | | | | | |
| | 4 | | | 4 | | | | |
| 6 | 6 | | | | | | | |
| | | | | | 10 | 6 | | |
| 4 | | | | 6 | | | 3 | |
| | 2 | | 5 | | 3 | | 3 | |

34

## 第二章　数方 Shikaku

(Shikaku puzzle grid with clues:
- Row 1: 6 at col 2, 5 at col 5
- Row 2: 2 at col 6, 4 at col 7, 4 at col 10
- Row 3: 21 at col 3, 8 at col 5, 4 at col 8
- Row 4: 12 at col 4, 8 at col 5
- Row 6: 24 at col 10
- Row 7: 2 at col 3, 5 at col 6
- Row 8: 10 at col 1, 5 at col 4
- Row 9: 14 at col 4, 4 at col 6, 4 at col 7
- Row 11: 8 at col 5, 14 at col 8
- Row 12: 8 at col 2, 6 at col 3
- Row 13: 5 at col 5
- Row 14: 7 at col 2, 2 at col 7, 2 at col 8, 2 at col 9)

35

|   |   |   |   | 4 |   |   | 5 |   |   |
|---|---|---|---|---|---|---|---|---|---|
| 5 |   |   |   |   |   | 12 | 15 |   |   |
|   |   |   |   |   |   |   |   |   |   |
|   |   | 16 |   |   |   |   |   |   |   |
|   |   |   | 12 |   |   |   |   |   |   |
| 5 | 6 | 8 |   |   |   |   |   |   |   |
|   |   |   |   |   |   |   |   |   |   |
|   |   | 20 |   |   |   |   | 16 |   |   |
|   |   |   |   |   | 8 | 10 |   |   |   |
|   |   |   |   |   |   |   | 4 |   | 2 |
|   | 2 |   |   |   | 2 |   |   |   | 2 |
| 2 |   |   |   | 9 |   |   |   | 3 |   |
|   |   |   | 4 |   | 4 |   |   | 2 | 3 |
|   |   |   |   | 9 |   |   | 2 |   | 4 |

## 第二章 数方 Shikaku

36

## 黄金

37

| | | | | | | | | | | | | | | | | | | | |
|---|---|---|---|---|---|---|---|---|---|---|---|---|---|---|---|---|---|---|---|
| | | | | | | | | | | | | | | | | | | | |
| | | | | | 48 | | | | | | | | | | | | | | 9 |
| | | | | | | | | | | | | | | | | | | | |
| | | | | | | | | | | | | | | 18 | | | | | |
| | 12 | | | | | | 14 | | | | | | | | | | | | |
| | | 6 | | | | | 6 | | 2 | | | | | | | | | | |
| | | 8 | | | | | | | | | | | | | | | | | |
| | | | | | | | | 20 | | | | 12 | 9 | | | 9 | | | |
| | | | 4 | | | | | | | | | | | 6 | | | | | |
| | | | | | | | | | 4 | 14 | | | | | | | | | 6 |
| | | | | | | | | | | | | | | | | | | | |
| | | | | | | | | | | | | | | 40 | | | | | |
| 12 | | | | | | | | 28 | | 12 | | | | | | | | | |
| | | | | | | | | | 6 | | | | | | | | | | |
| | | | | | | | | | | | | | | | | | | | |
| | | | | | | | | | | | | | | | | | | | |
| | | | 22 | 7 | | | | | | | | | | | | | | | |
| | | | | | 12 | | | | | 12 | | | | | 21 | | | | |
| | 10 | | | | | | | | | | | | | | | | | | |
| | | | | | | | | | | | | | | | 7 | | | | 4 |

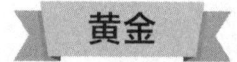

38

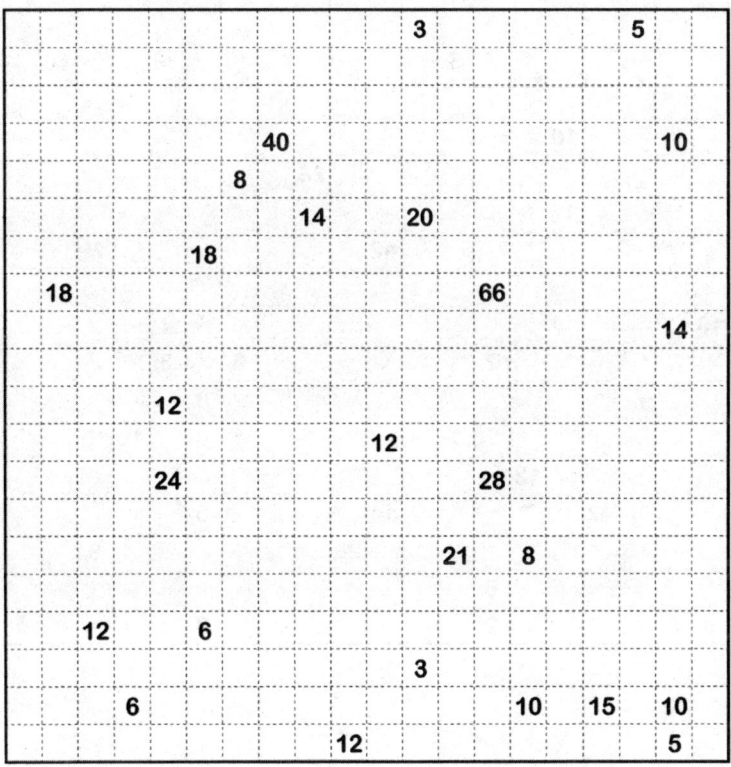

39

40

41

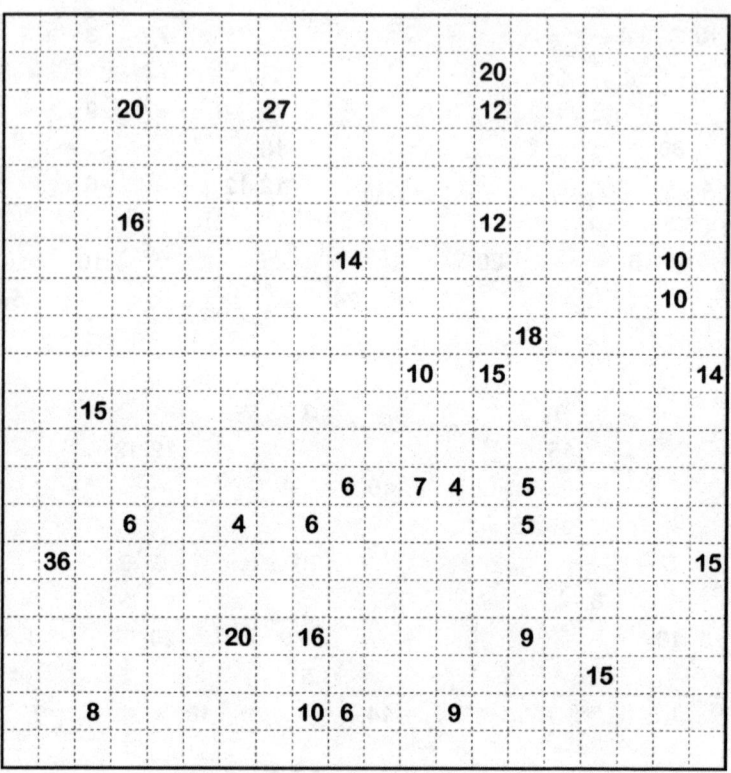

42

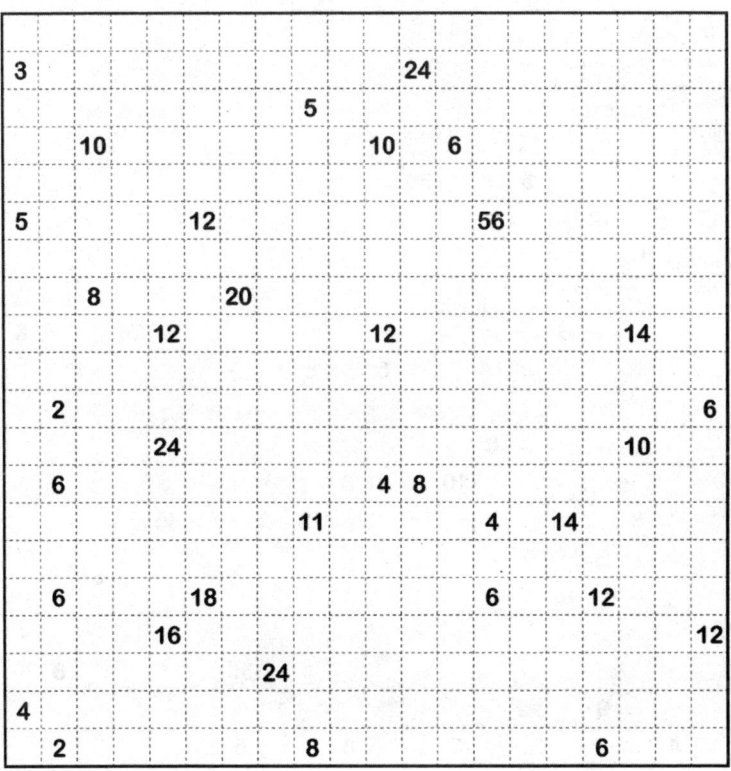

43

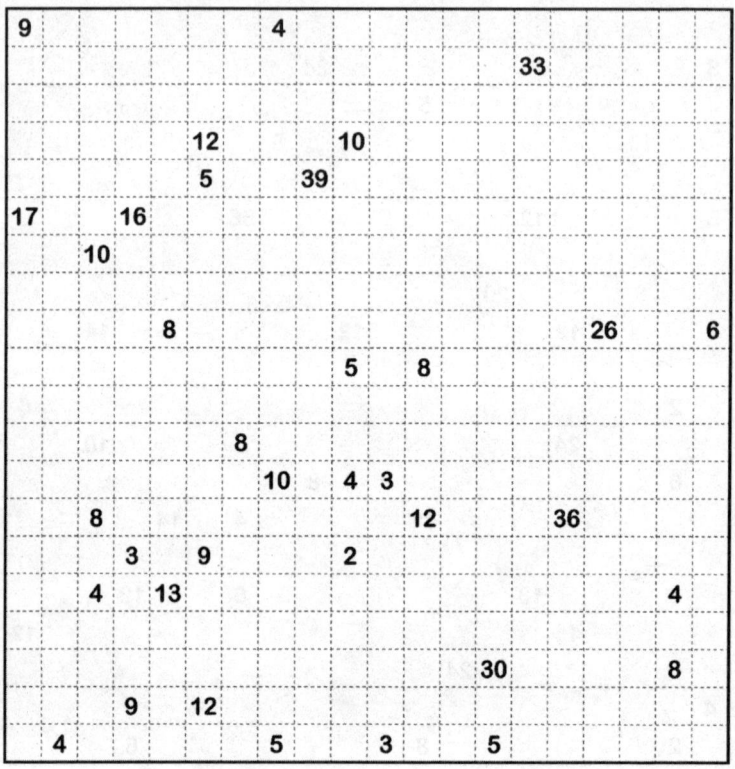

44

## 45

| | | | | | | | | | | | | | | 32 | | 3 |
|---|---|---|---|---|---|---|---|---|---|---|---|---|---|---|---|---|
| 2 | | | | | | | | | | | | | | | | |
| | | | | | | | 48 | | | | | | | | | |
| | | 6 | | | | | | | | | | | | | | |
| | | | | | | | | | | 3 | | 4 | | | | 2 |
| | | | | | | | | 3 | | | | | | | | |
| | | | 8 | | | | 5 | | 5 | | | | 8 | 6 | | |
| | | | | 9 | | | 6 | | | | | | | | | |
| | | 4 | | | | | | | | | | | | | | 14 |
| 14 | 10 | | | | | 3 | | | | | | | 2 | | | |
| | | | | 4 | | | | | 3 | | 50 | | | | | |
| | 6 | | | | | | | | | | | | | | | |
| | 7 | | | | | | | | | | | | 8 | | | |
| | | | | | | 35 | | | | | | | | | | |
| | | | | | | | | | | | | | 3 | | | |
| | | 21 | | | | | | | | | | | | | | |
| | | | | | | | | | | | | | | | | 3 |
| | | | | | 39 | | | | | | | | | | | 4 |
| | 5 | | | | | | 7 | | | | | | | | | 8 |

46

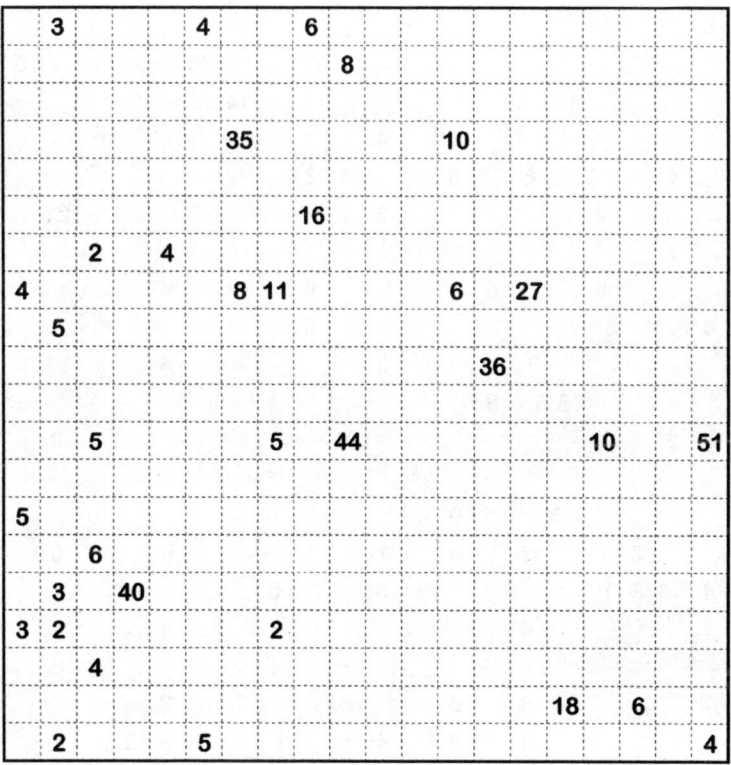

# 第一册 谜题阶梯训练

47

48

49

## 50

# 第一册 谜题阶梯训练

## 附赠

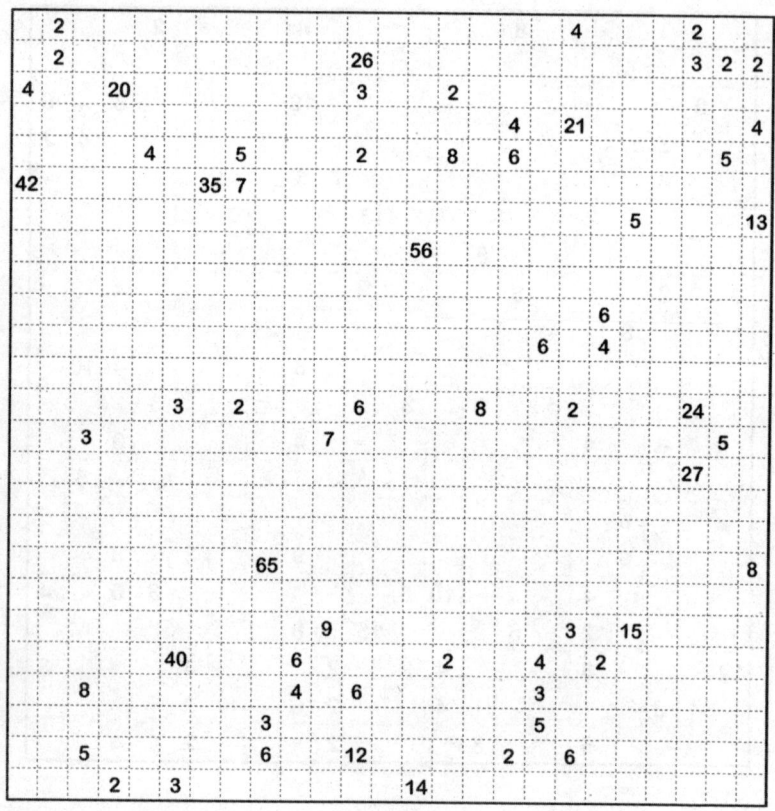

# 答　案

| 0 | 3 | 5 | 2 | 8 | 4 | 6 | 9 | 7 | 1 |
|---|---|---|---|---|---|---|---|---|---|
| 9 | 2 | 7 | 1 | 6 | 0 | 5 | 3 | 8 | 4 |
| 4 | 8 | 5 | 9 | 7 | 1 | 2 | 6 | 0 | 3 |
| 0 | 9 | 1 | 2 | 8 | 5 | 3 | 7 | 4 | 6 |
| 3 | 5 | 4 | 7 | 6 | 0 | 9 | 8 | 1 | 2 |
| 1 | 0 | 6 | 8 | 4 | 2 | 7 | 5 | 9 | 3 |
| 17 | 27 | 28 | 29 | 39 | 12 | 32 | 38 | 29 | 19 |

# 第一册　谜题阶梯训练

## 第一章　坦纳 Tenner Grid

**01**

| 0 | 5 | 3 | 7 | 9 | 1 | 8 | 4 | 2 | 6 |
|---|---|---|---|---|---|---|---|---|---|
| 9 | 2 | 8 | 5 | 0 | 6 | 3 | 1 | 7 | 4 |
| 9 | 7 | 11 | 12 | 9 | 7 | 11 | 5 | 9 | 10 |

**02**

| 9 | 5 | 3 | 1 | 6 | 4 | 8 | 7 | 2 | 0 |
|---|---|---|---|---|---|---|---|---|---|
| 1 | 6 | 2 | 0 | 7 | 5 | 3 | 4 | 8 | 9 |
| 10 | 11 | 5 | 1 | 13 | 9 | 11 | 11 | 10 | 9 |

**03**

| 5 | 7 | 0 | 1 | 4 | 8 | 6 | 2 | 9 | 3 |
|---|---|---|---|---|---|---|---|---|---|
| 3 | 8 | 4 | 5 | 2 | 9 | 0 | 1 | 7 | 6 |
| 8 | 15 | 4 | 6 | 6 | 17 | 6 | 3 | 16 | 9 |

**04**

| 8 | 7 | 3 | 1 | 2 | 9 | 6 | 5 | 0 | 4 |
|---|---|---|---|---|---|---|---|---|---|
| 9 | 5 | 8 | 0 | 4 | 1 | 3 | 7 | 2 | 6 |
| 17 | 12 | 11 | 1 | 6 | 10 | 9 | 12 | 2 | 10 |

**05**

| 0 | 7 | 9 | 1 | 4 | 3 | 5 | 6 | 8 | 2 |
|---|---|---|---|---|---|---|---|---|---|
| 6 | 4 | 5 | 2 | 9 | 0 | 8 | 1 | 7 | 3 |
| 6 | 11 | 14 | 3 | 13 | 3 | 13 | 7 | 15 | 5 |

**06**

| 6 | 0 | 5 | 7 | 1 | 3 | 2 | 9 | 8 | 4 |
|---|---|---|---|---|---|---|---|---|---|
| 9 | 3 | 6 | 8 | 2 | 4 | 5 | 7 | 0 | 1 |
| 15 | 3 | 11 | 15 | 3 | 7 | 7 | 16 | 8 | 5 |

**07**

| 9 | 2 | 7 | 3 | 4 | 0 | 6 | 8 | 5 | 1 |
|---|---|---|---|---|---|---|---|---|---|
| 3 | 1 | 4 | 6 | 5 | 2 | 7 | 9 | 0 | 8 |
| 12 | 3 | 11 | 9 | 9 | 2 | 13 | 17 | 5 | 9 |

**08**

| 1 | 4 | 2 | 5 | 8 | 9 | 3 | 6 | 7 | 0 |
|---|---|---|---|---|---|---|---|---|---|
| 8 | 0 | 7 | 6 | 3 | 4 | 1 | 2 | 9 | 5 |
| 9 | 4 | 9 | 11 | 11 | 13 | 4 | 8 | 16 | 5 |

**09**

| 0 | 2 | 9 | 4 | 7 | 5 | 3 | 8 | 6 | 1 |
|---|---|---|---|---|---|---|---|---|---|
| 4 | 6 | 3 | 2 | 9 | 8 | 1 | 0 | 5 | 7 |
| 4 | 8 | 12 | 6 | 16 | 13 | 4 | 8 | 11 | 8 |

**10**

| 5 | 0 | 1 | 7 | 6 | 2 | 4 | 3 | 8 | 9 |
|---|---|---|---|---|---|---|---|---|---|
| 8 | 2 | 4 | 5 | 9 | 3 | 0 | 6 | 1 | 7 |
| 13 | 2 | 5 | 12 | 15 | 5 | 4 | 9 | 9 | 16 |

答　案　数方 Shikaku

**11**

| 7 | 1 | 4 | 8 | 5 | 9 | 3 | 2 | 0 | 6 |
|---|---|---|---|---|---|---|---|---|---|
| 3 | 5 | 0 | 2 | 6 | 7 | 8 | 4 | 1 | 9 |
| 10 | 6 | 4 | 10 | 11 | 16 | 11 | 6 | 1 | 15 |

**12**

| 2 | 1 | 0 | 6 | 7 | 3 | 4 | 5 | 9 | 8 |
|---|---|---|---|---|---|---|---|---|---|
| 4 | 3 | 8 | 1 | 9 | 5 | 7 | 0 | 2 | 6 |
| 6 | 4 | 8 | 7 | 16 | 8 | 11 | 5 | 11 | 14 |

**13**

| 1 | 2 | 7 | 4 | 8 | 6 | 9 | 0 | 3 | 5 |
|---|---|---|---|---|---|---|---|---|---|
| 4 | 1 | 0 | 8 | 9 | 7 | 5 | 2 | 6 | 3 |
| 5 | 3 | 7 | 12 | 17 | 13 | 14 | 2 | 9 | 8 |

**14**

| 9 | 2 | 4 | 8 | 5 | 6 | 7 | 0 | 3 | 1 |
|---|---|---|---|---|---|---|---|---|---|
| 6 | 0 | 5 | 3 | 7 | 1 | 9 | 2 | 8 | 4 |
| 15 | 2 | 9 | 11 | 12 | 7 | 16 | 2 | 11 | 5 |

**15**

| 2 | 4 | 3 | 0 | 5 | 1 | 8 | 6 | 7 | 9 |
|---|---|---|---|---|---|---|---|---|---|
| 0 | 7 | 5 | 2 | 6 | 4 | 9 | 1 | 3 | 8 |
| 2 | 11 | 8 | 2 | 11 | 5 | 17 | 7 | 10 | 17 |

**16**

| 9 | 8 | 0 | 4 | 1 | 2 | 6 | 5 | 7 | 3 |
|---|---|---|---|---|---|---|---|---|---|
| 6 | 5 | 1 | 2 | 3 | 7 | 4 | 0 | 8 | 9 |
| 8 | 3 | 0 | 7 | 9 | 2 | 5 | 1 | 4 | 6 |
| 23 | 16 | 1 | 13 | 13 | 11 | 15 | 6 | 19 | 18 |

**17**

| 6 | 7 | 3 | 5 | 4 | 1 | 2 | 8 | 0 | 9 |
|---|---|---|---|---|---|---|---|---|---|
| 3 | 1 | 6 | 8 | 7 | 0 | 9 | 5 | 2 | 4 |
| 7 | 5 | 0 | 1 | 6 | 3 | 2 | 4 | 8 | 9 |
| 16 | 13 | 9 | 14 | 17 | 4 | 13 | 17 | 10 | 22 |

**18**

| 1 | 8 | 5 | 2 | 6 | 9 | 4 | 0 | 7 | 3 |
|---|---|---|---|---|---|---|---|---|---|
| 0 | 3 | 7 | 1 | 4 | 5 | 6 | 2 | 8 | 9 |
| 6 | 9 | 8 | 2 | 7 | 1 | 4 | 0 | 5 | 3 |
| 7 | 20 | 20 | 5 | 17 | 15 | 14 | 2 | 20 | 15 |

**19**

| 6 | 5 | 4 | 9 | 0 | 1 | 8 | 2 | 7 | 3 |
|---|---|---|---|---|---|---|---|---|---|
| 8 | 1 | 0 | 3 | 4 | 9 | 7 | 5 | 6 | 2 |
| 3 | 5 | 4 | 2 | 6 | 0 | 8 | 1 | 7 | 9 |
| 17 | 11 | 8 | 14 | 10 | 10 | 23 | 8 | 20 | 14 |

**20**

| 5 | 3 | 0 | 4 | 9 | 8 | 6 | 2 | 1 | 7 |
|---|---|---|---|---|---|---|---|---|---|
| 8 | 4 | 2 | 6 | 5 | 1 | 3 | 7 | 9 | 0 |
| 5 | 3 | 0 | 4 | 2 | 9 | 6 | 1 | 8 | 7 |
| 18 | 10 | 2 | 14 | 16 | 18 | 15 | 10 | 18 | 14 |

## 第一册 谜题阶梯训练

### 21

| 5 | 0 | 6 | 4 | 8 | 1 | 7 | 3 | 9 | 2 |
|---|---|---|---|---|---|---|---|---|---|
| 2 | 7 | 3 | 9 | 5 | 0 | 8 | 4 | 1 | 6 |
| 4 | 0 | 5 | 8 | 2 | 7 | 1 | 6 | 3 | 9 |
| 11 | 7 | 14 | 21 | 15 | 8 | 16 | 13 | 13 | 17 |

### 22

| 7 | 6 | 3 | 4 | 2 | 1 | 9 | 0 | 5 | 8 |
|---|---|---|---|---|---|---|---|---|---|
| 5 | 0 | 2 | 6 | 7 | 4 | 8 | 3 | 1 | 9 |
| 1 | 7 | 4 | 5 | 3 | 6 | 2 | 9 | 0 | 8 |
| 13 | 13 | 9 | 15 | 12 | 11 | 19 | 12 | 6 | 25 |

### 23

| 9 | 2 | 7 | 6 | 5 | 1 | 0 | 4 | 8 | 3 |
|---|---|---|---|---|---|---|---|---|---|
| 3 | 8 | 4 | 1 | 9 | 7 | 2 | 5 | 6 | 0 |
| 0 | 7 | 6 | 2 | 4 | 1 | 3 | 8 | 9 | 5 |
| 12 | 17 | 17 | 9 | 18 | 9 | 5 | 17 | 23 | 8 |

### 24

| 8 | 6 | 7 | 9 | 4 | 2 | 1 | 3 | 5 | 0 |
|---|---|---|---|---|---|---|---|---|---|
| 5 | 2 | 0 | 3 | 1 | 7 | 9 | 6 | 8 | 4 |
| 9 | 5 | 8 | 6 | 4 | 3 | 0 | 1 | 7 | 2 |
| 22 | 13 | 15 | 18 | 9 | 12 | 10 | 10 | 20 | 6 |

### 25

| 4 | 2 | 6 | 3 | 8 | 9 | 1 | 0 | 7 | 5 |
|---|---|---|---|---|---|---|---|---|---|
| 7 | 0 | 1 | 9 | 2 | 3 | 4 | 5 | 8 | 6 |
| 3 | 9 | 8 | 7 | 6 | 5 | 2 | 0 | 4 | 1 |
| 14 | 11 | 15 | 19 | 16 | 17 | 7 | 5 | 19 | 12 |

### 26

| 7 | 5 | 6 | 2 | 9 | 8 | 3 | 0 | 4 | 1 |
|---|---|---|---|---|---|---|---|---|---|
| 3 | 9 | 4 | 5 | 0 | 6 | 2 | 1 | 8 | 7 |
| 2 | 7 | 3 | 9 | 1 | 8 | 0 | 4 | 5 | 6 |
| 12 | 21 | 13 | 16 | 10 | 22 | 5 | 5 | 17 | 14 |

### 27

| 4 | 8 | 6 | 1 | 9 | 0 | 7 | 2 | 3 | 5 |
|---|---|---|---|---|---|---|---|---|---|
| 3 | 7 | 0 | 2 | 5 | 8 | 1 | 4 | 6 | 9 |
| 4 | 2 | 9 | 1 | 6 | 7 | 5 | 0 | 3 | 8 |
| 11 | 17 | 15 | 4 | 20 | 15 | 13 | 6 | 12 | 22 |

### 28

| 3 | 7 | 6 | 2 | 5 | 4 | 9 | 1 | 0 | 8 |
|---|---|---|---|---|---|---|---|---|---|
| 0 | 4 | 9 | 1 | 6 | 2 | 8 | 7 | 5 | 3 |
| 3 | 7 | 8 | 2 | 5 | 0 | 6 | 1 | 4 | 9 |
| 6 | 18 | 23 | 5 | 16 | 6 | 23 | 9 | 9 | 20 |

### 29

| 4 | 8 | 9 | 7 | 2 | 5 | 0 | 6 | 1 | 3 |
|---|---|---|---|---|---|---|---|---|---|
| 9 | 7 | 5 | 6 | 0 | 3 | 1 | 2 | 4 | 8 |
| 6 | 2 | 1 | 3 | 9 | 4 | 8 | 5 | 7 | 0 |
| 19 | 17 | 15 | 16 | 11 | 12 | 9 | 13 | 12 | 11 |

### 30

| 2 | 8 | 7 | 6 | 4 | 0 | 1 | 5 | 9 | 3 |
|---|---|---|---|---|---|---|---|---|---|
| 9 | 6 | 5 | 0 | 2 | 7 | 8 | 3 | 1 | 4 |
| 8 | 0 | 1 | 9 | 4 | 3 | 6 | 5 | 7 | 2 |
| 19 | 14 | 13 | 15 | 10 | 10 | 15 | 13 | 17 | 9 |

## 答 案 坦纳 Tenner Grid

### 31

| 7 | 2 | 6 | 1 | 4 | 3 | 0 | 9 | 8 | 5 |
|---|---|---|---|---|---|---|---|---|---|
| 1 | 8 | 0 | 9 | 5 | 6 | 7 | 3 | 4 | 2 |
| 9 | 5 | 3 | 7 | 2 | 4 | 1 | 0 | 8 | 6 |
| 17 | 15 | 9 | 17 | 11 | 13 | 8 | 12 | 20 | 13 |

### 32

| 4 | 3 | 2 | 9 | 5 | 7 | 8 | 0 | 1 | 6 |
|---|---|---|---|---|---|---|---|---|---|
| 0 | 5 | 6 | 1 | 8 | 2 | 9 | 4 | 7 | 3 |
| 7 | 2 | 4 | 9 | 0 | 1 | 8 | 3 | 6 | 5 |
| 11 | 10 | 12 | 19 | 13 | 10 | 25 | 7 | 14 | 14 |

### 33

| 6 | 5 | 9 | 1 | 7 | 0 | 8 | 2 | 4 | 3 |
|---|---|---|---|---|---|---|---|---|---|
| 8 | 0 | 2 | 6 | 4 | 5 | 3 | 1 | 7 | 9 |
| 9 | 7 | 4 | 5 | 1 | 6 | 0 | 8 | 2 | 3 |
| 23 | 12 | 15 | 12 | 12 | 11 | 11 | 11 | 13 | 15 |

### 34

| 6 | 3 | 4 | 8 | 1 | 2 | 7 | 0 | 5 | 9 |
|---|---|---|---|---|---|---|---|---|---|
| 4 | 9 | 1 | 2 | 7 | 5 | 6 | 8 | 3 | 0 |
| 2 | 5 | 3 | 0 | 4 | 8 | 9 | 7 | 1 | 6 |
| 12 | 17 | 8 | 10 | 12 | 15 | 22 | 15 | 9 | 15 |

### 35

| 9 | 2 | 1 | 4 | 8 | 3 | 5 | 0 | 7 | 6 |
|---|---|---|---|---|---|---|---|---|---|
| 6 | 3 | 5 | 7 | 9 | 2 | 4 | 1 | 8 | 0 |
| 8 | 4 | 0 | 3 | 6 | 1 | 9 | 2 | 5 | 7 |
| 23 | 9 | 6 | 14 | 23 | 6 | 18 | 3 | 20 | 13 |

### 36

| 6 | 0 | 7 | 3 | 4 | 8 | 1 | 2 | 5 | 9 |
|---|---|---|---|---|---|---|---|---|---|
| 8 | 2 | 5 | 1 | 0 | 9 | 7 | 6 | 4 | 3 |
| 9 | 3 | 6 | 4 | 7 | 5 | 2 | 8 | 1 | 0 |
| 8 | 5 | 0 | 1 | 2 | 6 | 4 | 3 | 7 | 9 |
| 31 | 10 | 18 | 9 | 13 | 28 | 14 | 19 | 17 | 21 |

### 37

| 5 | 6 | 2 | 7 | 3 | 9 | 1 | 4 | 0 | 8 |
|---|---|---|---|---|---|---|---|---|---|
| 7 | 0 | 4 | 8 | 1 | 5 | 2 | 6 | 9 | 3 |
| 9 | 2 | 7 | 5 | 4 | 6 | 0 | 3 | 1 | 8 |
| 1 | 0 | 9 | 6 | 3 | 8 | 4 | 2 | 7 | 5 |
| 22 | 8 | 22 | 26 | 11 | 28 | 7 | 15 | 17 | 24 |

### 38

| 8 | 7 | 2 | 1 | 5 | 4 | 3 | 9 | 0 | 6 |
|---|---|---|---|---|---|---|---|---|---|
| 1 | 3 | 9 | 6 | 7 | 0 | 8 | 2 | 5 | 4 |
| 8 | 2 | 5 | 0 | 4 | 9 | 6 | 1 | 7 | 3 |
| 0 | 6 | 9 | 8 | 1 | 2 | 7 | 3 | 5 | 4 |
| 17 | 18 | 25 | 15 | 17 | 15 | 24 | 15 | 17 | 17 |

### 39

| 2 | 3 | 6 | 9 | 8 | 4 | 5 | 7 | 0 | 1 |
|---|---|---|---|---|---|---|---|---|---|
| 1 | 4 | 5 | 0 | 7 | 2 | 6 | 8 | 3 | 9 |
| 3 | 9 | 6 | 4 | 8 | 5 | 0 | 1 | 7 | 2 |
| 8 | 0 | 5 | 1 | 7 | 2 | 4 | 3 | 9 | 6 |
| 14 | 16 | 22 | 14 | 30 | 13 | 15 | 19 | 19 | 18 |

### 40

| 9 | 2 | 7 | 0 | 5 | 4 | 1 | 6 | 3 | 8 |
|---|---|---|---|---|---|---|---|---|---|
| 6 | 4 | 9 | 3 | 2 | 7 | 8 | 5 | 1 | 0 |
| 2 | 1 | 0 | 8 | 6 | 5 | 9 | 3 | 7 | 4 |
| 8 | 9 | 6 | 4 | 0 | 3 | 7 | 1 | 2 | 5 |
| 25 | 16 | 22 | 15 | 13 | 19 | 25 | 15 | 13 | 17 |

## 第一册　谜题阶梯训练

### 41

| 3 | 1 | 2 | 8 | 9 | 0 | 6 | 7 | 4 | 5 |
|---|---|---|---|---|---|---|---|---|---|
| 7 | 4 | 6 | 5 | 2 | 8 | 3 | 1 | 9 | 0 |
| 2 | 8 | 1 | 9 | 3 | 5 | 6 | 0 | 4 | 7 |
| 1 | 9 | 3 | 0 | 2 | 4 | 8 | 7 | 5 | 6 |
| 13 | 22 | 12 | 22 | 16 | 17 | 23 | 15 | 22 | 18 |

### 42

| 4 | 1 | 3 | 8 | 0 | 5 | 6 | 2 | 9 | 7 |
|---|---|---|---|---|---|---|---|---|---|
| 6 | 2 | 4 | 5 | 7 | 1 | 9 | 0 | 3 | 8 |
| 3 | 7 | 1 | 9 | 0 | 5 | 8 | 2 | 6 | 4 |
| 5 | 8 | 6 | 7 | 4 | 9 | 3 | 1 | 0 | 2 |
| 18 | 18 | 14 | 29 | 11 | 20 | 26 | 5 | 18 | 21 |

### 43

| 5 | 8 | 2 | 3 | 6 | 9 | 0 | 7 | 1 | 4 |
|---|---|---|---|---|---|---|---|---|---|
| 4 | 9 | 6 | 5 | 1 | 7 | 8 | 2 | 3 | 0 |
| 6 | 2 | 3 | 7 | 4 | 0 | 1 | 9 | 8 | 5 |
| 3 | 8 | 5 | 2 | 1 | 9 | 7 | 6 | 0 | 4 |
| 18 | 27 | 16 | 17 | 12 | 25 | 16 | 24 | 12 | 13 |

### 44

| 7 | 2 | 0 | 6 | 3 | 4 | 9 | 5 | 1 | 8 |
|---|---|---|---|---|---|---|---|---|---|
| 1 | 8 | 9 | 2 | 5 | 6 | 0 | 7 | 4 | 3 |
| 7 | 6 | 4 | 0 | 1 | 3 | 2 | 5 | 9 | 8 |
| 5 | 0 | 3 | 6 | 2 | 9 | 1 | 8 | 7 | 4 |
| 20 | 16 | 16 | 14 | 11 | 22 | 12 | 25 | 21 | 23 |

### 45

| 2 | 6 | 1 | 4 | 8 | 5 | 7 | 9 | 0 | 3 |
|---|---|---|---|---|---|---|---|---|---|
| 8 | 9 | 3 | 5 | 1 | 6 | 0 | 4 | 2 | 7 |
| 4 | 5 | 2 | 6 | 3 | 8 | 9 | 7 | 0 | 1 |
| 7 | 9 | 4 | 1 | 0 | 6 | 3 | 5 | 2 | 8 |
| 21 | 29 | 10 | 16 | 12 | 25 | 19 | 25 | 4 | 19 |

### 46

| 2 | 4 | 6 | 5 | 9 | 8 | 7 | 3 | 1 | 0 |
|---|---|---|---|---|---|---|---|---|---|
| 3 | 1 | 8 | 0 | 7 | 6 | 4 | 2 | 9 | 5 |
| 5 | 6 | 2 | 3 | 1 | 9 | 0 | 7 | 4 | 8 |
| 9 | 0 | 5 | 7 | 4 | 6 | 8 | 2 | 3 | 1 |
| 19 | 11 | 21 | 15 | 21 | 29 | 19 | 14 | 17 | 14 |

### 47

| 9 | 7 | 2 | 6 | 3 | 0 | 4 | 5 | 8 | 1 |
|---|---|---|---|---|---|---|---|---|---|
| 8 | 4 | 3 | 9 | 5 | 6 | 1 | 7 | 2 | 0 |
| 0 | 1 | 5 | 2 | 3 | 7 | 4 | 9 | 6 | 8 |
| 4 | 8 | 9 | 7 | 5 | 6 | 1 | 3 | 0 | 2 |
| 21 | 20 | 19 | 24 | 16 | 19 | 10 | 24 | 16 | 11 |

### 48

| 8 | 0 | 5 | 7 | 6 | 2 | 4 | 1 | 3 | 9 |
|---|---|---|---|---|---|---|---|---|---|
| 6 | 7 | 3 | 4 | 1 | 9 | 5 | 0 | 8 | 2 |
| 2 | 9 | 8 | 0 | 5 | 3 | 1 | 4 | 6 | 7 |
| 7 | 1 | 4 | 6 | 8 | 0 | 2 | 5 | 3 | 9 |
| 23 | 17 | 20 | 17 | 20 | 14 | 12 | 10 | 20 | 27 |

# 答 案  坦纳 Tenner Grid

## 49

| 2 | 0 | 4 | 1 | 5 | 6 | 3 | 9 | 8 | 7 |
|---|---|---|---|---|---|---|---|---|---|
| 6 | 7 | 9 | 3 | 8 | 0 | 5 | 1 | 2 | 4 |
| 2 | 5 | 6 | 1 | 9 | 3 | 4 | 8 | 7 | 0 |
| 4 | 7 | 9 | 0 | 8 | 1 | 2 | 3 | 5 | 6 |
| 14 | 19 | 28 | 5 | 30 | 10 | 14 | 21 | 22 | 17 |

## 50

| 2 | 6 | 3 | 5 | 0 | 1 | 7 | 8 | 9 | 4 |
|---|---|---|---|---|---|---|---|---|---|
| 7 | 0 | 1 | 6 | 3 | 8 | 9 | 4 | 5 | 2 |
| 4 | 9 | 5 | 8 | 7 | 0 | 1 | 2 | 3 | 6 |
| 7 | 8 | 6 | 4 | 2 | 9 | 3 | 0 | 5 | 1 |
| 20 | 23 | 15 | 23 | 12 | 18 | 20 | 14 | 22 | 13 |

## 附赠

| 0 | 3 | 5 | 2 | 8 | 4 | 6 | 9 | 7 | 1 |
|---|---|---|---|---|---|---|---|---|---|
| 9 | 2 | 7 | 1 | 6 | 0 | 5 | 3 | 8 | 4 |
| 4 | 8 | 5 | 9 | 7 | 1 | 2 | 6 | 0 | 3 |
| 0 | 9 | 1 | 2 | 8 | 5 | 3 | 7 | 4 | 6 |
| 3 | 5 | 4 | 7 | 6 | 0 | 9 | 8 | 1 | 2 |
| 1 | 0 | 6 | 8 | 4 | 2 | 7 | 5 | 9 | 3 |
| 17 | 27 | 28 | 29 | 39 | 12 | 32 | 38 | 29 | 19 |

## 第二章 数方 Shikaku

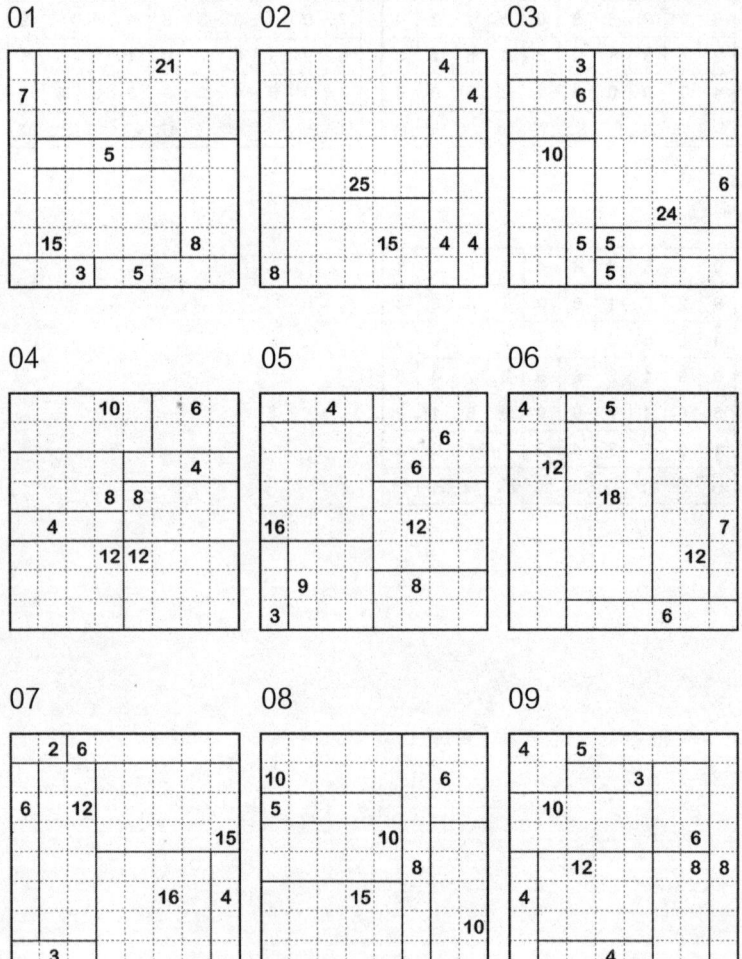

## 答 案 数方 Shikaku

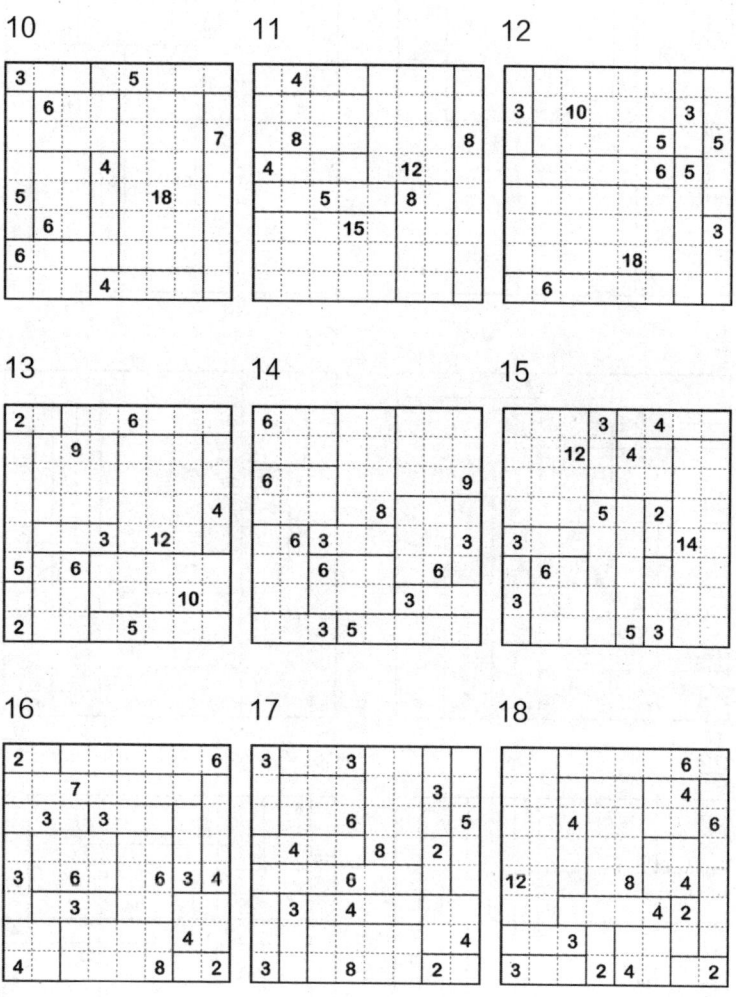

## 第一册 谜题阶梯训练

### 19
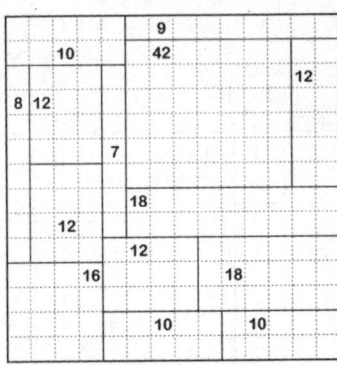

### 20
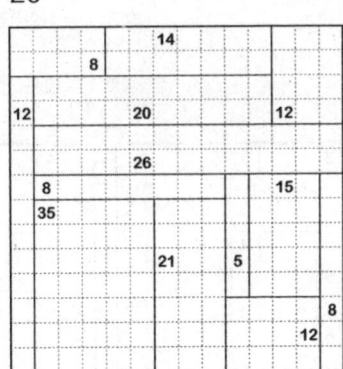

### 21
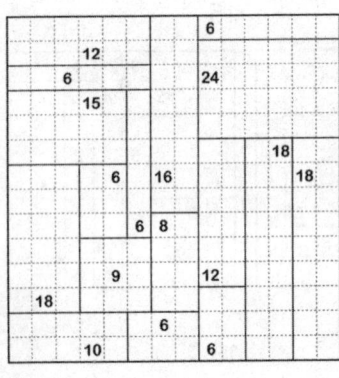

### 22
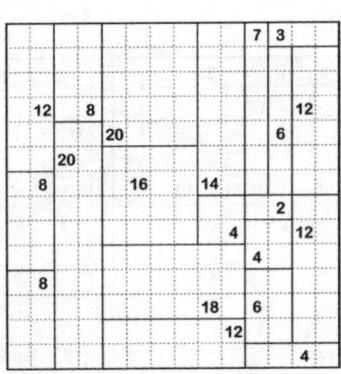

### 23
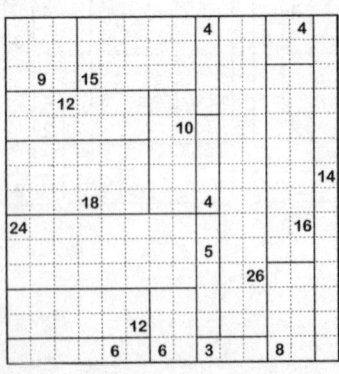

### 24
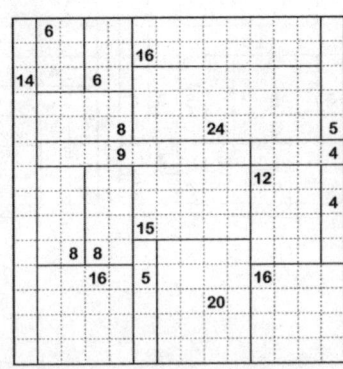

## 答　案　数方 Shikaku

### 25
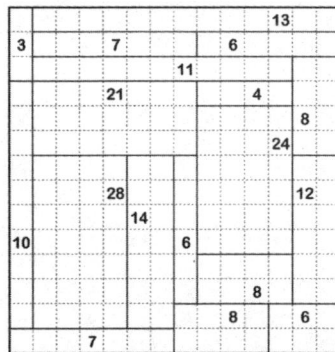

### 26
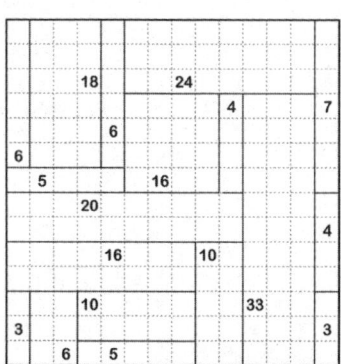

### 27
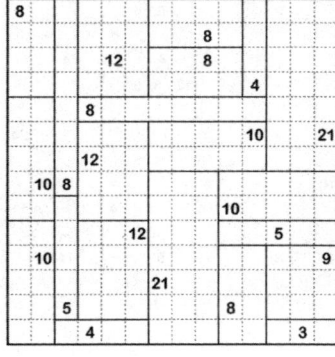

### 28
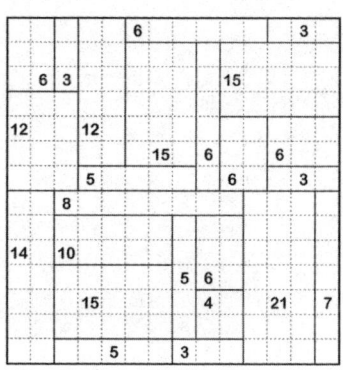

### 29
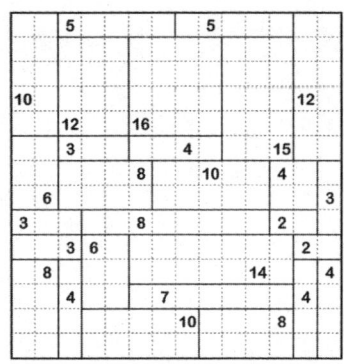

### 30
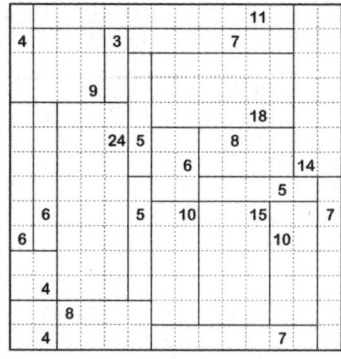

## 第一册 谜题阶梯训练

31

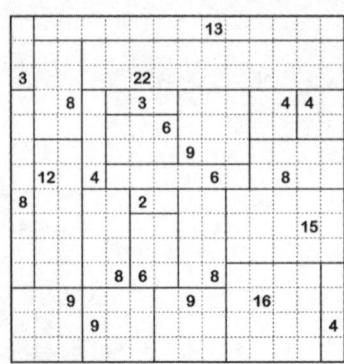

32

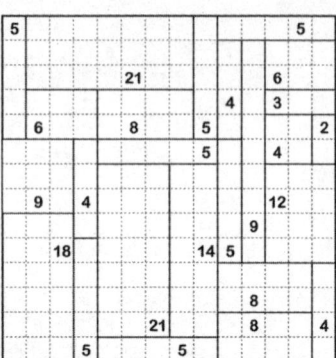

33

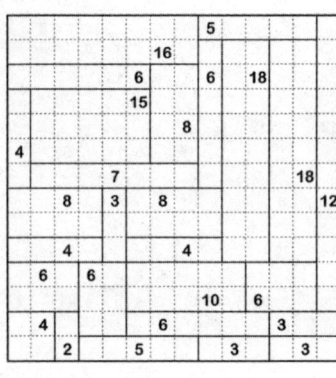

34

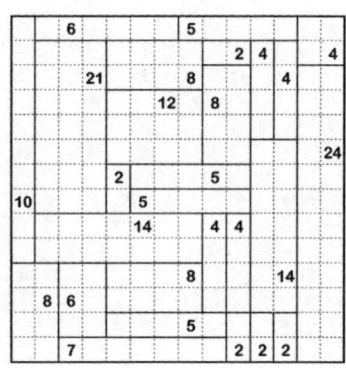

35

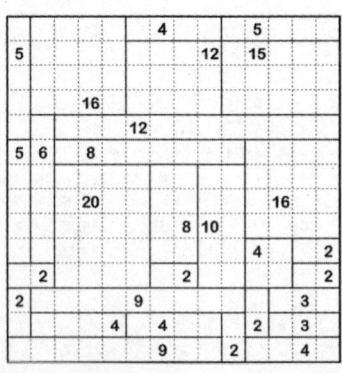

36

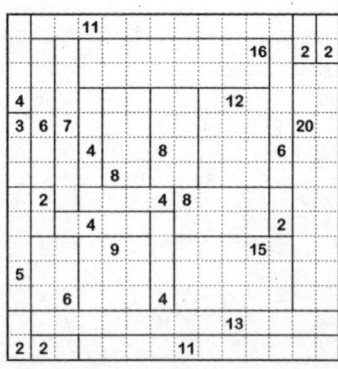

答 案  数方 Shikaku

37

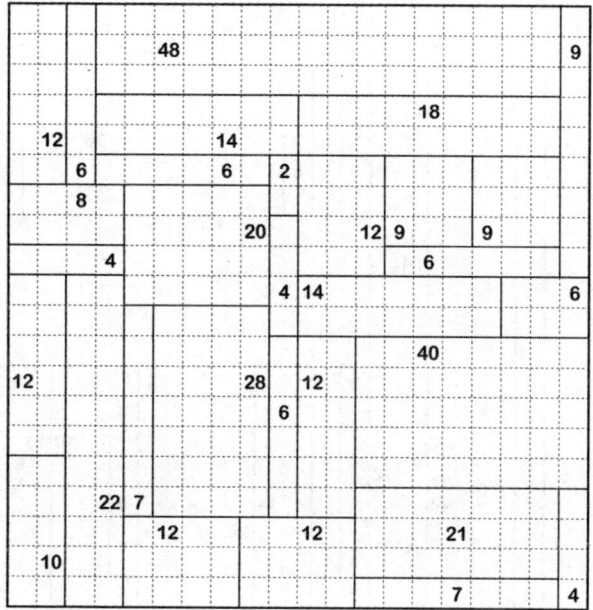

38

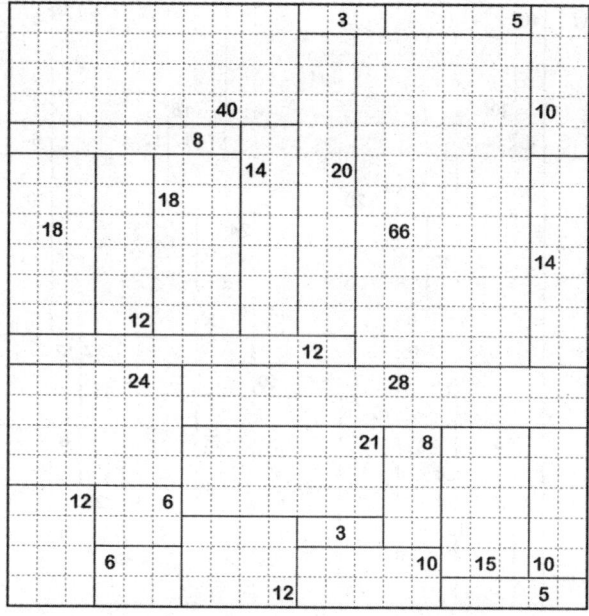

39

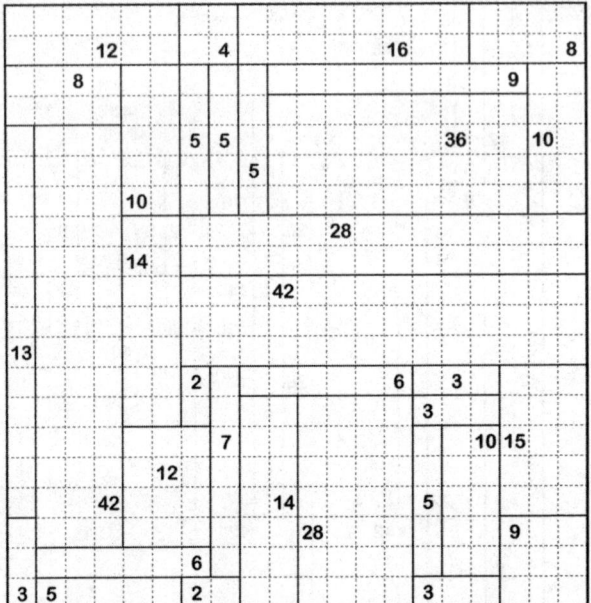

40

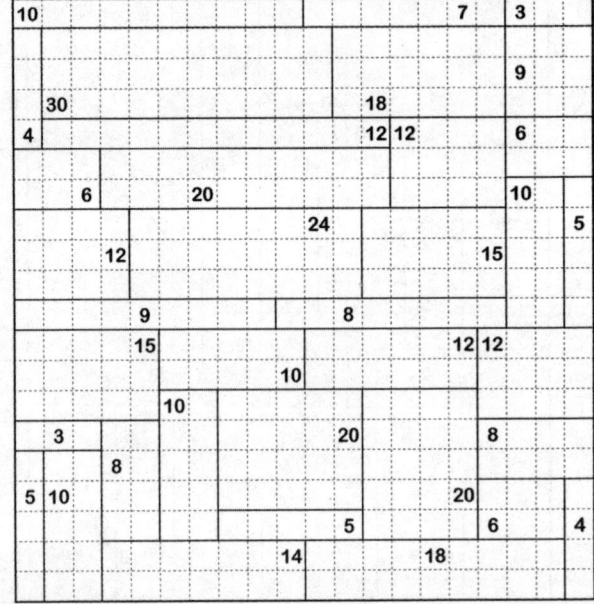

答 案 数方 Shikaku

41

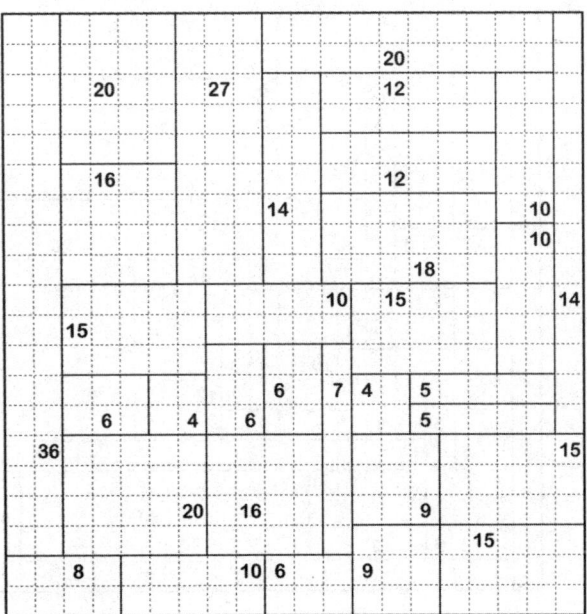

42

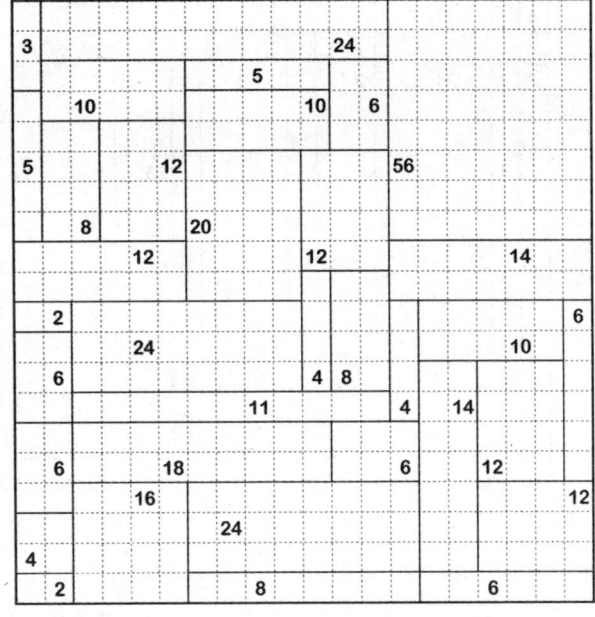

第一册 谜题阶梯训练

43
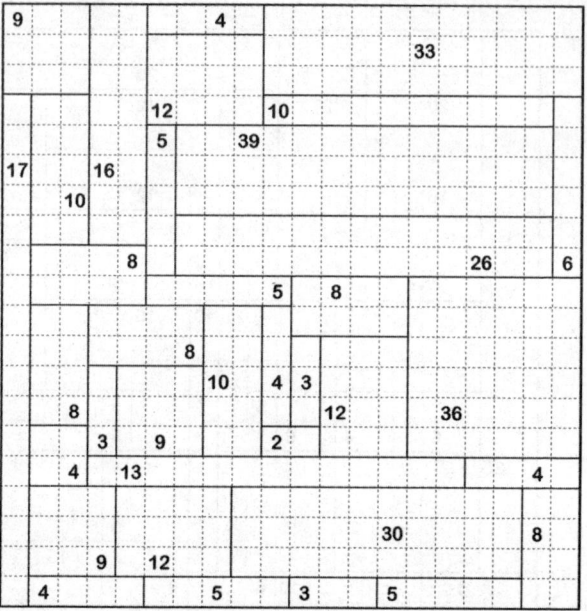

44
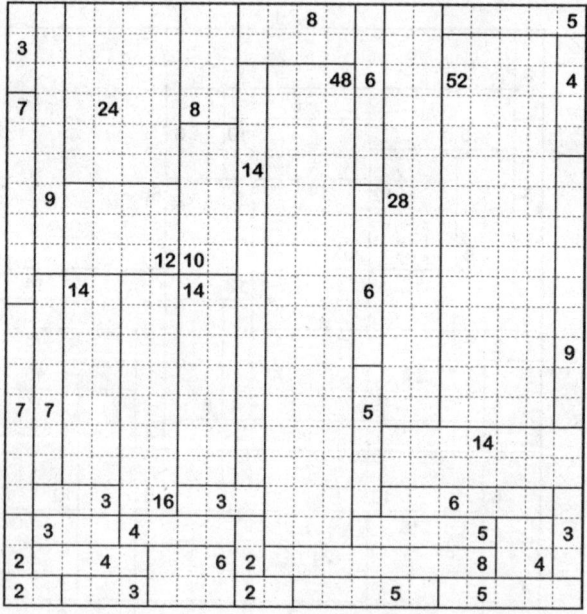

答 案 数方 Shikaku

45

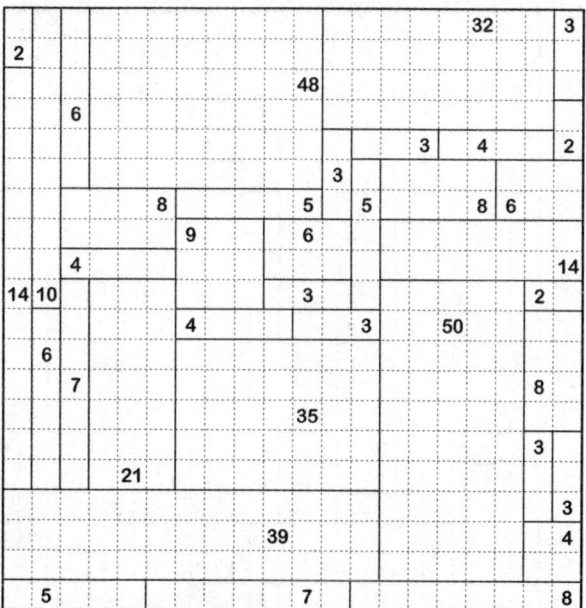

46

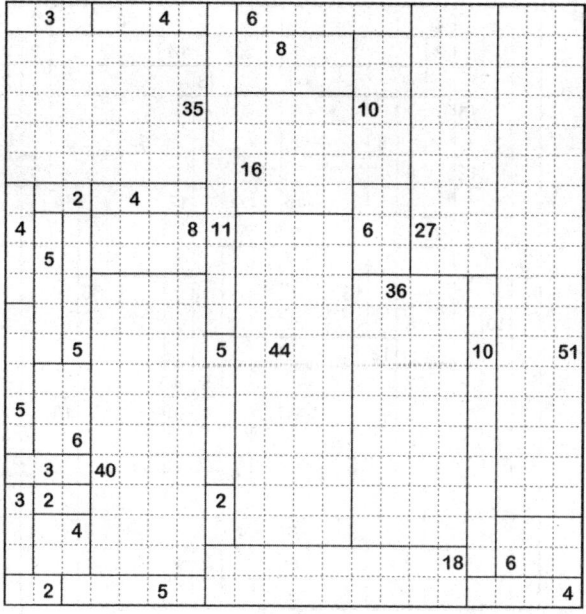

47

8 4
28 6 5
14
4 4
4 6 6 3
6 3 21
7 7
8 8 8 14
4 9
3 4 4
8 8
9 21 9
10 9 6
3 10 6 3 8 6
4 8 6 6
4 3 4
3 6
8 6 8 2
6 3 4 3 2

48

2 4 8 3
2 13 2 2
13 2
15
8 15
12 8 15 9
15 12 14
2 4
15 33
10 8 5
12
2 5 4 5
2 4 4 10 2
6 2
3 6 6 6 4
8 8 2 5
3 3 5
2 6 2 2 4 2 2
3 2 5 2

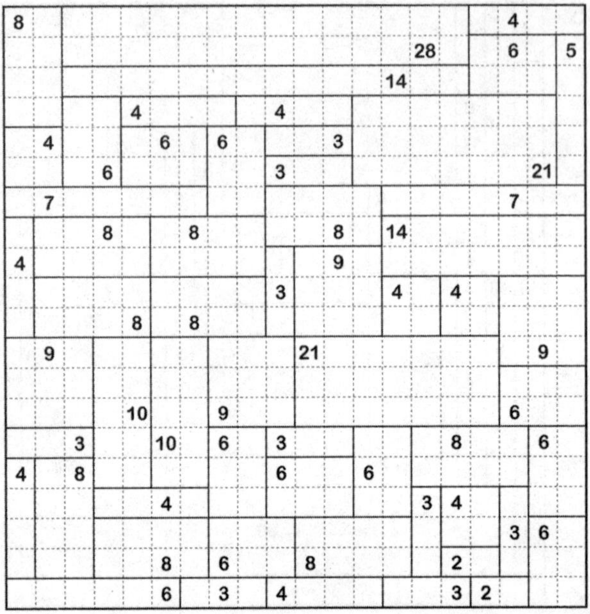

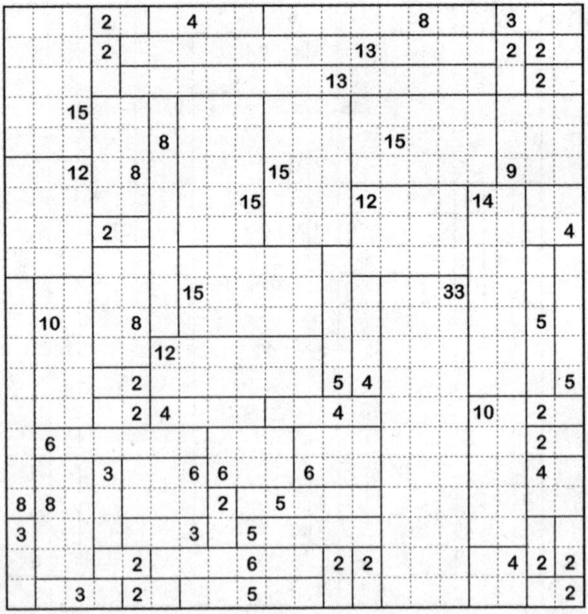

答　案　数方 Shikaku

## 第一册 谜题阶梯训练

附赠

# 谜题阶梯训练

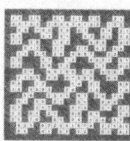

廖然
徐艳　著
黄中华

第 2 册

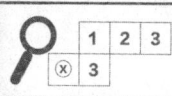

天津出版传媒集团
天津科学技术出版社

# 目录
contents

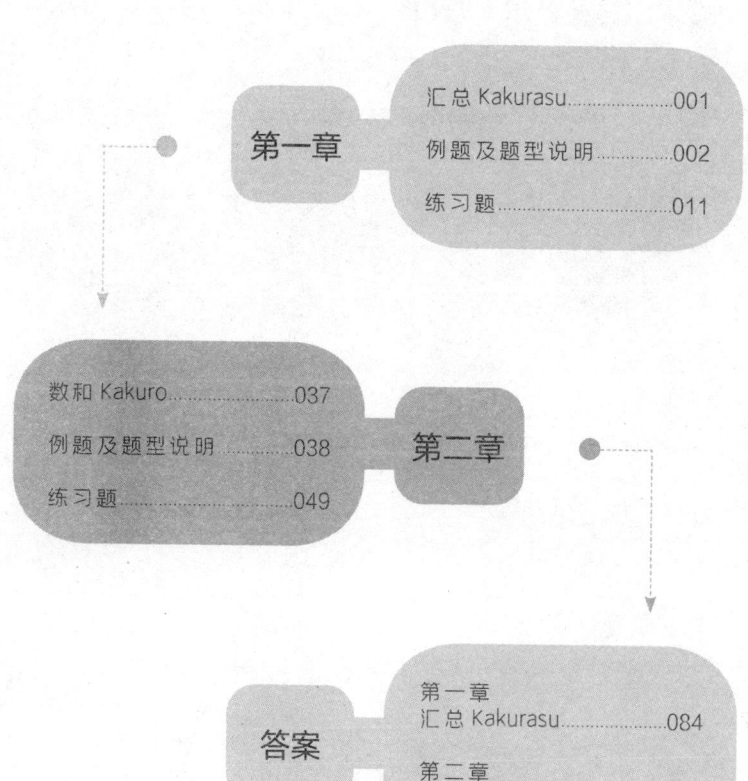

第一章
- 汇总 Kakurasu ............... 001
- 例题及题型说明 ............... 002
- 练习题 ............... 011

第二章
- 数和 Kakuro ............... 037
- 例题及题型说明 ............... 038
- 练习题 ............... 049

答案
- 第一章 汇总 Kakurasu ............... 084
- 第二章 数和 Kakuro ............... 092

# 第一章　汇总 Kakurasu

|   | 1 | 2 | 3 | 4 | 5 | 6 | 7 | 8 | 9 |    |
|---|---|---|---|---|---|---|---|---|---|----|
| 1 |   |   |   |   |   |   |   |   |   | 22 |
| 2 |   |   |   |   |   |   |   |   |   | 9  |
| 3 |   |   |   |   |   |   |   |   |   | 15 |
| 4 |   |   |   |   |   |   |   |   |   | 9  |
| 5 |   |   |   |   |   |   |   |   |   | 8  |
| 6 |   |   |   |   |   |   |   |   |   | 14 |
| 7 |   |   |   |   |   |   |   |   |   | 1  |
| 8 |   |   |   |   |   |   |   |   |   | 2  |
| 9 |   |   |   |   |   |   |   |   |   | 20 |
|   | 15 | 14 | 6 | 9 | 1 | 3 | 14 | 4 | 22 |    |

 例题:

|   | 1 | 2 | 3 | 4 | 5 | 6 |    |
|---|---|---|---|---|---|---|----|
| 1 |   |   |   |   |   |   | 5  |
| 2 |   |   |   |   |   |   | 1  |
| 3 |   |   |   |   |   |   | 11 |
| 4 |   |   |   |   |   |   | 14 |
| 5 |   |   |   |   |   |   | 16 |
| 6 |   |   |   |   |   |   | 8  |
|   | 20| 11| 9 | 12| 7 | 12|    |

题型说明:

1. 谜题由一个提示数字在外的矩形格子题图构成。

2. 解谜方式是将题图内的某些格子涂黑。涂黑的格子在行和列上带有数值属性。

3. 行和列都已标明,在格子的左方和上方。

4. 横行上黑格的数值等于所在列数,纵列上黑格的数值等于所在行数。

5. 给出的已知数字代表该行或该列中黑格的数值之和。

# 第一章 汇总 Kakurasu

## 📄 背景资料：

　　汇总，也被称为Index Sums（索引之和），是经典谜题之一。Nikoli（谜题杂志尼科利）用的名称是Box（盒子），首次发表在《谜题通信nikoli尼科利》第24期（1989年1月刊），作者是Hidari to Migi（左至右）。

## 👍 例题答案：

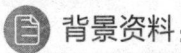

 例题解答：

|   | 1 | 2 | 3 | 4 | 5 | 6 |    |
|---|---|---|---|---|---|---|----|
| 1 |   |   |   |   | ← |   | 5  |
| 2 |   |   |   |   | ← |   | 1  |
| 3 |   |   |   |   | ← |   | 11 |
| 4 | ↑ | ↑ | ↑ | ↑ | ← |   | 14 |
| 5 |   |   |   |   |   |   | 16 |
| 6 |   |   |   |   |   |   | 8  |
|   | 20| 11| 9 | 12| 7 | 12|    |

**解题技巧①：行上列左。**

快速解题的一个基础是你要知道当前的格子代表的数值。

当你计算一行的数字之和时，每个格子代表的数值要看最上边。

当你计算一列的数字之和时，每个格子代表的数值要看最左边。

|   | 1 | 2 | 3 | 4 | 5 | 6 |   |
|---|---|---|---|---|---|---|---|
| 1 | ✗ |   |   |   |   | ✗ | ⑤ |
| 2 |   | ✗ | ✗ | ✗ | ✗ | ✗ | ① |
| 3 |   |   |   |   |   |   | 11 |
| 4 |   |   |   |   |   |   | 14 |
| 5 |   |   |   |   | ■ |   | ⑯ |
| 6 |   |   |   |   |   |   | 8 |
|   | ⑳ | 11 | 9 | 12 | 7 | 12 |   |

**解题技巧②：初始线索。**

对于6阶谜题行列和均为21。

大数在6阶谜题中指大于15的数字。比如第5行，确定第6格涂黑（如果没有第6格，前5格的和仅为15）。

小数在6阶谜题中则指小于15的数字。遇小数除了数字1和2可直接确定为涂黑的格子外，其他数字也可观察是否能排除。比如第1行和为5，可以直接排除值为6的格子。

|   | 1 | 2 | 3 | 4 | 5 | 6 |   |
|---|---|---|---|---|---|---|---|
| 1 | ✗ |   |   |   |   | ✗ | 5 |
| 2 |   | ✗ | ✗ | ✗ | ✗ | ✗ | 1 |
| 3 |   | ⊗ | ⊗ | ○ | ✗ | ○ | 11 |
| 4 |   |   |   |   |   | ○ | 14 |
| 5 |   |   |   | ○ |   |   | 16 |
| 6 |   |   |   |   |   |   | 8 |
|   | 20 | 11 | 9 | 12 | 7 | 12 |   |

**解题技巧③：肯定数。**

第5行和为16，已知黑格1+6=7，还缺9，那么无非是2、3、4或4、5两种组合，可以确定肯定会有4，所以涂黑4。

第6列，已知黑格和为5，还缺7，剩下3、4、6三个格子，判断一下，只能是3、4两格涂黑。

接着是第3行，还缺4，剩2、3、4、5四个格子，可以确定4涂黑，其他格子排除。

|   | 1 | 2 | 3 | 4 | 5 | 6 |   |
|---|---|---|---|---|---|---|---|
| 1 | ✗ |   |   | ⊗ |   | ✗ | 5 |
| 2 | ▓ | ✗ | ✗ | ✗ | ✗ | ✗ | 1 |
| 3 | ▓ | ✗ | ✗ | ▓ | ✗ | ▓ | 11 |
| 4 | ▓ | ✗ | ○ | ○ | ✗ | ▓ | 14 |
| 5 | ▓ |   |   | ▓ |   | ▓ | 16 |
| 6 | ▓ |   |   | ⊗ |   |   | 8 |
|   | 20 | 11 | 9 | 12 | 7 | 12 |   |

**解题技巧④：否定数。**

看第1行，总和还缺5，剩四格，有2、3或只有5两种解法，虽不能确定，但可以排除第4格。

看第4列，有了3和5，总和还缺4，因此直接确定4涂黑，排除6。接着是第4行，已知的三个黑格1、4、6和为11，总和还缺3，剩2、3、5三格，直接确定第3格涂黑。

每一步骤建议做好个人风格的标记。

|   | 1 | 2 | 3 | 4 | 5 | 6 |   |
|---|---|---|---|---|---|---|---|
| 1 | × | × | × | × | ● | × | 5 |
| 2 | ■ | × | × | × | × | × | 1 |
| 3 | ■ | × | × | ■ | × | ■ | 11 |
| 4 | ■ | × | ■ | ■ | × | ■ | 14 |
| 5 | ■ | ■ | ■ | ■ | × | ■ | 16 |
| 6 | ■ | ■ | ■ | ■ | × | × | 8 |
|   | 20 | 11 | 9 | 12 | 7 | 12 |   |

**解题技巧⑤：数字组合。**

剩下未确定的格子不多了，继续找寻线索。

看第5列，总和为7，还剩1、5、6三格，那么正确的组合可以肯定是1和6涂黑。

再看第1行，已经标记了第5格，满足了右面题目的数字之和，排除余下的格子。

|   | 1 | 2 | 3 | 4 | 5 | 6 |   |
|---|---|---|---|---|---|---|---|
| 1 | ✗ | ✗ | ✗ | ✗ |   | ✗ | 5 |
| 2 |   | ✗ | ✗ | ✗ | ✗ | ✗ | 1 |
| 3 |   | ✗ | ✗ |   | ✗ |   | 11 |
| 4 |   | ✗ |   |   | ✗ |   | 14 |
| 5 |   |   |   |   | ✗ |   | 16 |
| 6 |   |   | ✗ | ✗ |   | ✗ | 8 |
|   | 20 | 11 | 9 | 12 | 7 | 12 |   |

**解题技巧⑥：检查。**

自己完成例题，核算每行、每列的和是否与提示数字相等。

通过这道例题你一定能有所体会，如何去灵活运用数字组合。

同时，你会反复使用解题技巧③④⑤。

解题之后通常要检查一遍，这样能让你对题目更加熟悉，并提高解题的速度。

|   | 1 | 2 | 3 | 4 | 5 | 6 |    |
|---|---|---|---|---|---|---|----|
| 1 |   |   |   |   | ■ |   | 5  |
| 2 | ■ |   |   |   |   |   | 1  |
| 3 | ■ |   |   | ■ |   | ■ | 11 |
| 4 | ■ |   | ■ |   |   | ■ | 14 |
| 5 | ■ |   |   |   |   | ■ | 16 |
| 6 | ■ |   |   |   | ■ |   | 8  |
|   | 20| 11| 9 | 12| 7 | 12|    |

**解题技巧⑦：灵活运用。**

通过反复练习，灵活运用以上技巧。

解题没有一定之规，但是初始线索非常重要。

总之，起初要注意大数和小数，解题中后期要熟悉数字组合，这需要很好的计算力。

这道例题比较简单，后面你还会碰到更高阶的题图。注意7阶行列之和均是28，而8阶行列数字之和是36。那么这时你应该设定哪些数为大数和小数呢？

第一章　汇总 Kakurasu

**练习题：**

### 青铜

01

|   | 1 | 2 | 3 | 4 |   |
|---|---|---|---|---|---|
| 1 |   |   |   |   | 7 |
| 2 |   |   |   |   | 6 |
| 3 |   |   |   |   | 3 |
| 4 |   |   |   |   | 3 |
|   | 5 | 7 | 3 | 3 |   |

02

|   | 1 | 2 | 3 | 4 |   |
|---|---|---|---|---|---|
| 1 |   |   |   |   | 3 |
| 2 |   |   |   |   | 7 |
| 3 |   |   |   |   | 9 |
| 4 |   |   |   |   | 4 |
|   | 2 | 5 | 4 | 9 |   |

## 03

|   | 1 | 2 | 3 | 4 |   |
|---|---|---|---|---|---|
| 1 |   |   |   |   | 5 |
| 2 |   |   |   |   | 4 |
| 3 |   |   |   |   | 9 |
| 4 |   |   |   |   | 8 |
|   | 7 | 3 | 9 | 8 |   |

## 04

|   | 1 | 2 | 3 | 4 |   |
|---|---|---|---|---|---|
| 1 |   |   |   |   | 7 |
| 2 |   |   |   |   | 5 |
| 3 |   |   |   |   | 4 |
| 4 |   |   |   |   | 4 |
|   | 4 | 2 | 7 | 4 |   |

第一章 汇总 Kakurasu

05

|   | 1 | 2 | 3 | 4 |   |
|---|---|---|---|---|---|
| 1 |   |   |   |   | 3 |
| 2 |   |   |   |   | 9 |
| 3 |   |   |   |   | 8 |
| 4 |   |   |   |   | 7 |
|   | 4 | 3 | 9 | 9 |   |

06

|   | 1 | 2 | 3 | 4 |   |
|---|---|---|---|---|---|
| 1 |   |   |   |   | 7 |
| 2 |   |   |   |   | 4 |
| 3 |   |   |   |   | 3 |
| 4 |   |   |   |   | 6 |
|   | 5 | 5 | 7 | 3 |   |

07

|   | 1 | 2 | 3 | 4 | 5 |   |
|---|---|---|---|---|---|---|
| 1 |   |   |   |   |   | 2 |
| 2 |   |   |   |   |   | 7 |
| 3 |   |   |   |   |   | 2 |
| 4 |   |   |   |   |   | 8 |
| 5 |   |   |   |   |   | 1 |
|   | 9 | 8 | 2 | 2 | 4 |   |

08

|   | 1 | 2 | 3 | 4 | 5 |    |
|---|---|---|---|---|---|----|
| 1 |   |   |   |   |   | 12 |
| 2 |   |   |   |   |   | 8  |
| 3 |   |   |   |   |   | 11 |
| 4 |   |   |   |   |   | 14 |
| 5 |   |   |   |   |   | 12 |
|   | 10 | 12 | 10 | 12 | 13 |  |

第一章 汇总 Kakurasu

09

|   | 1 | 2 | 3 | 4 | 5 |    |
|---|---|---|---|---|---|----|
| 1 |   |   |   |   |   | 12 |
| 2 |   |   |   |   |   | 2  |
| 3 |   |   |   |   |   | 5  |
| 4 |   |   |   |   |   | 2  |
| 5 |   |   |   |   |   | 8  |
|   | 1 | 7 | 5 | 1 | 9 |    |

10

|   | 1 | 2 | 3 | 4 | 5 |    |
|---|---|---|---|---|---|----|
| 1 |   |   |   |   |   | 11 |
| 2 |   |   |   |   |   | 14 |
| 3 |   |   |   |   |   | 13 |
| 4 |   |   |   |   |   | 10 |
| 5 |   |   |   |   |   | 9  |
|   | 12| 7 | 14| 10| 11|    |

第二册　谜题阶梯训练

11

|   | 1 | 2 | 3 | 4 | 5 |   |
|---|---|---|---|---|---|---|
| 1 |   |   |   |   |   | 11 |
| 2 |   |   |   |   |   | 11 |
| 3 |   |   |   |   |   | 11 |
| 4 |   |   |   |   |   | 3 |
| 5 |   |   |   |   |   | 6 |
|   | 1 | 11 | 5 | 10 | 6 |   |

12

|   | 1 | 2 | 3 | 4 | 5 |   |
|---|---|---|---|---|---|---|
| 1 |   |   |   |   |   | 12 |
| 2 |   |   |   |   |   | 7 |
| 3 |   |   |   |   |   | 1 |
| 4 |   |   |   |   |   | 5 |
| 5 |   |   |   |   |   | 6 |
|   | 12 | 5 | 8 | 7 | 1 |   |

016

# 第一章 汇总 Kakurasu

**13**

|   | 1 | 2 | 3 | 4 | 5 | 6 |    |
|---|---|---|---|---|---|---|----|
| 1 |   |   |   |   |   |   | 4  |
| 2 |   |   |   |   |   |   | 1  |
| 3 |   |   |   |   |   |   | 2  |
| 4 |   |   |   |   |   |   | 1  |
| 5 |   |   |   |   |   |   | 4  |
| 6 |   |   |   |   |   |   | 11 |
|   | 7 | 3 | 1 | 5 | 6 | 6 |    |

**14**

|   | 1  | 2  | 3 | 4  | 5  | 6  |    |
|---|----|----|---|----|----|----|----|
| 1 |    |    |   |    |    |    | 20 |
| 2 |    |    |   |    |    |    | 14 |
| 3 |    |    |   |    |    |    | 16 |
| 4 |    |    |   |    |    |    | 13 |
| 5 |    |    |   |    |    |    | 18 |
| 6 |    |    |   |    |    |    | 8  |
|   | 20 | 19 | 6 | 15 | 12 | 15 |    |

## 15

|   | 1 | 2 | 3 | 4 | 5 | 6 |    |
|---|---|---|---|---|---|---|----|
| 1 |   |   |   |   |   |   | 15 |
| 2 |   |   |   |   |   |   | 4  |
| 3 |   |   |   |   |   |   | 18 |
| 4 |   |   |   |   |   |   | 15 |
| 5 |   |   |   |   |   |   | 17 |
| 6 |   |   |   |   |   |   | 7  |
|   | 15| 19| 7 | 19| 12| 9 |    |

## 16

|   | 1 | 2 | 3 | 4 | 5 | 6 |    |
|---|---|---|---|---|---|---|----|
| 1 |   |   |   |   |   |   | 6  |
| 2 |   |   |   |   |   |   | 6  |
| 3 |   |   |   |   |   |   | 2  |
| 4 |   |   |   |   |   |   | 13 |
| 5 |   |   |   |   |   |   | 10 |
| 6 |   |   |   |   |   |   | 11 |
|   | 4 | 9 | 9 | 5 | 15| 8 |    |

第一章 汇总 Kakurasu

**17**

|   | 1 | 2 | 3 | 4 | 5 | 6 |    |
|---|---|---|---|---|---|---|----|
| 1 |   |   |   |   |   |   | 14 |
| 2 |   |   |   |   |   |   | 14 |
| 3 |   |   |   |   |   |   | 20 |
| 4 |   |   |   |   |   |   | 18 |
| 5 |   |   |   |   |   |   | 11 |
| 6 |   |   |   |   |   |   | 14 |
|   | 16 | 14 | 17 | 16 | 14 | 14 |  |

**18**

|   | 1 | 2 | 3 | 4 | 5 | 6 |    |
|---|---|---|---|---|---|---|----|
| 1 |   |   |   |   |   |   | 9  |
| 2 |   |   |   |   |   |   | 1  |
| 3 |   |   |   |   |   |   | 6  |
| 4 |   |   |   |   |   |   | 12 |
| 5 |   |   |   |   |   |   | 11 |
| 6 |   |   |   |   |   |   | 3  |
|   | 2 | 3 | 10 | 8 | 10 | 5 |   |

## 白银

**19**

|   | 1 | 2 | 3 | 4 | 5 | 6 |    |
|---|---|---|---|---|---|---|----|
| 1 |   |   |   |   |   |   | 11 |
| 2 |   |   |   |   |   |   | 1  |
| 3 |   |   |   |   |   |   | 5  |
| 4 |   |   |   |   |   |   | 3  |
| 5 |   |   |   |   |   |   | 6  |
| 6 |   |   |   |   |   |   | 14 |
|   | 11| 1 | 10| 10| 1 | 11|    |

**20**

|   | 1 | 2 | 3 | 4 | 5 | 6 |    |
|---|---|---|---|---|---|---|----|
| 1 |   |   |   |   |   |   | 11 |
| 2 |   |   |   |   |   |   | 11 |
| 3 |   |   |   |   |   |   | 15 |
| 4 |   |   |   |   |   |   | 12 |
| 5 |   |   |   |   |   |   | 19 |
| 6 |   |   |   |   |   |   | 6  |
|   | 20| 12| 20| 5 | 11| 13|    |

# 第一章 汇总 Kakurasu

**21**

|   | 1 | 2 | 3 | 4 | 5 | 6 |    |
|---|---|---|---|---|---|---|----|
| 1 |   |   |   |   |   |   | 3  |
| 2 |   |   |   |   |   |   | 2  |
| 3 |   |   |   |   |   |   | 12 |
| 4 |   |   |   |   |   |   | 6  |
| 5 |   |   |   |   |   |   | 2  |
| 6 |   |   |   |   |   |   | 3  |
|   | 3 | 11| 7 | 4 | 3 | 3 |    |

**22**

|   | 1 | 2 | 3 | 4 | 5 | 6 |    |
|---|---|---|---|---|---|---|----|
| 1 |   |   |   |   |   |   | 15 |
| 2 |   |   |   |   |   |   | 17 |
| 3 |   |   |   |   |   |   | 10 |
| 4 |   |   |   |   |   |   | 7  |
| 5 |   |   |   |   |   |   | 16 |
| 6 |   |   |   |   |   |   | 16 |
|   | 17| 18| 17| 12| 7 | 16|    |

23

|   | 1 | 2 | 3 | 4 | 5 | 6 |    |
|---|---|---|---|---|---|---|----|
| 1 |   |   |   |   |   |   | 10 |
| 2 |   |   |   |   |   |   | 11 |
| 3 |   |   |   |   |   |   | 9  |
| 4 |   |   |   |   |   |   | 1  |
| 5 |   |   |   |   |   |   | 13 |
| 6 |   |   |   |   |   |   | 2  |
|   | 14| 11| 3 | 8 | 3 | 8 |    |

24

|   | 1 | 2 | 3 | 4 | 5 | 6 |    |
|---|---|---|---|---|---|---|----|
| 1 |   |   |   |   |   |   | 4  |
| 2 |   |   |   |   |   |   | 3  |
| 3 |   |   |   |   |   |   | 3  |
| 4 |   |   |   |   |   |   | 11 |
| 5 |   |   |   |   |   |   | 6  |
| 6 |   |   |   |   |   |   | 3  |
|   | 6 | 6 | 5 | 1 | 4 | 9 |    |

## 25

|   | 1 | 2 | 3 | 4 | 5 | 6 |    |
|---|---|---|---|---|---|---|----|
| 1 |   |   |   |   |   |   | 13 |
| 2 |   |   |   |   |   |   | 1  |
| 3 |   |   |   |   |   |   | 9  |
| 4 |   |   |   |   |   |   | 5  |
| 5 |   |   |   |   |   |   | 11 |
| 6 |   |   |   |   |   |   | 3  |
|   | 9 | 12 | 3 | 6 | 9 | 4 |   |

## 26

|   | 1 | 2 | 3 | 4 | 5 | 6 |    |
|---|---|---|---|---|---|---|----|
| 1 |   |   |   |   |   |   | 16 |
| 2 |   |   |   |   |   |   | 11 |
| 3 |   |   |   |   |   |   | 17 |
| 4 |   |   |   |   |   |   | 12 |
| 5 |   |   |   |   |   |   | 20 |
| 6 |   |   |   |   |   |   | 18 |
|   | 14 | 20 | 10 | 16 | 19 | 17 |   |

## 27

|   | 1 | 2 | 3 | 4 | 5 | 6 |    |
|---|---|---|---|---|---|---|----|
| 1 |   |   |   |   |   |   | 1  |
| 2 |   |   |   |   |   |   | 16 |
| 3 |   |   |   |   |   |   | 5  |
| 4 |   |   |   |   |   |   | 10 |
| 5 |   |   |   |   |   |   | 13 |
| 6 |   |   |   |   |   |   | 5  |
|   | 15| 2 | 7 | 14| 15| 2 |    |

## 28

|   | 1 | 2 | 3 | 4 | 5 | 6 |    |
|---|---|---|---|---|---|---|----|
| 1 |   |   |   |   |   |   | 13 |
| 2 |   |   |   |   |   |   | 21 |
| 3 |   |   |   |   |   |   | 8  |
| 4 |   |   |   |   |   |   | 11 |
| 5 |   |   |   |   |   |   | 6  |
| 6 |   |   |   |   |   |   | 18 |
|   | 20| 12| 2 | 12| 17| 13|    |

## 29

|   | 1 | 2 | 3 | 4 | 5 | 6 |    |
|---|---|---|---|---|---|---|----|
| 1 |   |   |   |   |   |   | 16 |
| 2 |   |   |   |   |   |   | 7  |
| 3 |   |   |   |   |   |   | 7  |
| 4 |   |   |   |   |   |   | 17 |
| 5 |   |   |   |   |   |   | 8  |
| 6 |   |   |   |   |   |   | 17 |
|   | 19 | 16 | 16 | 9 | 12 | 11 |  |

## 30

|   | 1 | 2 | 3 | 4 | 5 | 6 |    |
|---|---|---|---|---|---|---|----|
| 1 |   |   |   |   |   |   | 7  |
| 2 |   |   |   |   |   |   | 13 |
| 3 |   |   |   |   |   |   | 12 |
| 4 |   |   |   |   |   |   | 10 |
| 5 |   |   |   |   |   |   | 6  |
| 6 |   |   |   |   |   |   | 7  |
|   | 8 | 2 | 4 | 10 | 3 | 17 |  |

第二册 谜题阶梯训练

31

|   | 1 | 2 | 3 | 4 | 5 | 6 |    |
|---|---|---|---|---|---|---|----|
| 1 |   |   |   |   |   |   | 6  |
| 2 |   |   |   |   |   |   | 9  |
| 3 |   |   |   |   |   |   | 17 |
| 4 |   |   |   |   |   |   | 7  |
| 5 |   |   |   |   |   |   | 9  |
| 6 |   |   |   |   |   |   | 15 |
|   | 11| 15| 8 | 20| 15| 3 |    |

32

|   | 1 | 2 | 3 | 4 | 5 | 6 |    |
|---|---|---|---|---|---|---|----|
| 1 |   |   |   |   |   |   | 13 |
| 2 |   |   |   |   |   |   | 7  |
| 3 |   |   |   |   |   |   | 11 |
| 4 |   |   |   |   |   |   | 3  |
| 5 |   |   |   |   |   |   | 1  |
| 6 |   |   |   |   |   |   | 18 |
|   | 10| 10| 9 | 7 | 8 | 10|    |

第一章 汇总 Kakurasu

33

|  | 1 | 2 | 3 | 4 | 5 | 6 |  |
|---|---|---|---|---|---|---|---|
| 1 |  |  |  |  |  |  | 11 |
| 2 |  |  |  |  |  |  | 11 |
| 3 |  |  |  |  |  |  | 6 |
| 4 |  |  |  |  |  |  | 11 |
| 5 |  |  |  |  |  |  | 15 |
| 6 |  |  |  |  |  |  | 3 |
|  | 13 | 2 | 13 | 5 | 8 | 12 |  |

34

|  | 1 | 2 | 3 | 4 | 5 | 6 |  |
|---|---|---|---|---|---|---|---|
| 1 |  |  |  |  |  |  | 3 |
| 2 |  |  |  |  |  |  | 6 |
| 3 |  |  |  |  |  |  | 7 |
| 4 |  |  |  |  |  |  | 8 |
| 5 |  |  |  |  |  |  | 1 |
| 6 |  |  |  |  |  |  | 15 |
|  | 11 | 7 | 2 | 6 | 6 | 13 |  |

## 35

|   | 1 | 2 | 3 | 4 | 5 | 6 |    |
|---|---|---|---|---|---|---|----|
| 1 |   |   |   |   |   |   | 16 |
| 2 |   |   |   |   |   |   | 4  |
| 3 |   |   |   |   |   |   | 10 |
| 4 |   |   |   |   |   |   | 12 |
| 5 |   |   |   |   |   |   | 10 |
| 6 |   |   |   |   |   |   | 10 |
|   | 9 | 19 | 17 | 7 | 16 | 1 |   |

## 36

|   | 1 | 2 | 3 | 4 | 5 | 6 |    |
|---|---|---|---|---|---|---|----|
| 1 |   |   |   |   |   |   | 14 |
| 2 |   |   |   |   |   |   | 13 |
| 3 |   |   |   |   |   |   | 5  |
| 4 |   |   |   |   |   |   | 10 |
| 5 |   |   |   |   |   |   | 3  |
| 6 |   |   |   |   |   |   | 9  |
|   | 3 | 16 | 18 | 8 | 5 | 3 |   |

第一章 汇总 Kakurasu

**黄金**

37

|   | 1 | 2 | 3 | 4 | 5 | 6 | 7 |    |
|---|---|---|---|---|---|---|---|----|
| 1 |   |   |   |   |   |   |   | 18 |
| 2 |   |   |   |   |   |   |   | 10 |
| 3 |   |   |   |   |   |   |   | 24 |
| 4 |   |   |   |   |   |   |   | 19 |
| 5 |   |   |   |   |   |   |   | 19 |
| 6 |   |   |   |   |   |   |   | 26 |
| 7 |   |   |   |   |   |   |   | 26 |
|   | 25 | 6 | 25 | 27 | 26 | 25 | 17 |   |

38

|   | 1 | 2 | 3 | 4 | 5 | 6 | 7 |    |
|---|---|---|---|---|---|---|---|----|
| 1 |   |   |   |   |   |   |   | 11 |
| 2 |   |   |   |   |   |   |   | 4  |
| 3 |   |   |   |   |   |   |   | 4  |
| 4 |   |   |   |   |   |   |   | 5  |
| 5 |   |   |   |   |   |   |   | 8  |
| 6 |   |   |   |   |   |   |   | 4  |
| 7 |   |   |   |   |   |   |   | 10 |
|   | 1 | 12 | 8 | 11 | 11 | 5 | 1 |   |

### 39

|   | 1 | 2 | 3 | 4 | 5 | 6 | 7 |    |
|---|---|---|---|---|---|---|---|----|
| 1 |   |   |   |   |   |   |   | 17 |
| 2 |   |   |   |   |   |   |   | 20 |
| 3 |   |   |   |   |   |   |   | 21 |
| 4 |   |   |   |   |   |   |   | 27 |
| 5 |   |   |   |   |   |   |   | 24 |
| 6 |   |   |   |   |   |   |   | 25 |
| 7 |   |   |   |   |   |   |   | 27 |
|   | 14| 25| 22| 22| 25| 27| 26|    |

### 40

|   | 1 | 2 | 3 | 4 | 5 | 6 | 7 |    |
|---|---|---|---|---|---|---|---|----|
| 1 |   |   |   |   |   |   |   | 25 |
| 2 |   |   |   |   |   |   |   | 5  |
| 3 |   |   |   |   |   |   |   | 24 |
| 4 |   |   |   |   |   |   |   | 12 |
| 5 |   |   |   |   |   |   |   | 27 |
| 6 |   |   |   |   |   |   |   | 12 |
| 7 |   |   |   |   |   |   |   | 22 |
|   | 17| 20| 21| 25| 26| 9 | 16|    |

第一章 汇总 Kakurasu

**41**

|   | 1 | 2 | 3 | 4 | 5 | 6 | 7 |    |
|---|---|---|---|---|---|---|---|----|
| 1 |   |   |   |   |   |   |   | 14 |
| 2 |   |   |   |   |   |   |   | 14 |
| 3 |   |   |   |   |   |   |   | 19 |
| 4 |   |   |   |   |   |   |   | 5  |
| 5 |   |   |   |   |   |   |   | 16 |
| 6 |   |   |   |   |   |   |   | 10 |
| 7 |   |   |   |   |   |   |   | 5  |
|   | 10| 4 | 11| 11| 4 | 10| 17|    |

**42**

|   | 1 | 2 | 3 | 4 | 5 | 6 | 7 |    |
|---|---|---|---|---|---|---|---|----|
| 1 |   |   |   |   |   |   |   | 16 |
| 2 |   |   |   |   |   |   |   | 24 |
| 3 |   |   |   |   |   |   |   | 26 |
| 4 |   |   |   |   |   |   |   | 24 |
| 5 |   |   |   |   |   |   |   | 18 |
| 6 |   |   |   |   |   |   |   | 22 |
| 7 |   |   |   |   |   |   |   | 16 |
|   | 10| 18| 22| 16| 15| 22| 27|    |

第二册 谜题阶梯训练

43

|   | 1 | 2 | 3 | 4 | 5 | 6 | 7 |    |
|---|---|---|---|---|---|---|---|----|
| 1 |   |   |   |   |   |   |   | 6  |
| 2 |   |   |   |   |   |   |   | 2  |
| 3 |   |   |   |   |   |   |   | 13 |
| 4 |   |   |   |   |   |   |   | 19 |
| 5 |   |   |   |   |   |   |   | 17 |
| 6 |   |   |   |   |   |   |   | 14 |
| 7 |   |   |   |   |   |   |   | 5  |
|   | 19| 9 | 1 | 11| 19| 4 | 18|    |

44

|   | 1 | 2 | 3 | 4 | 5 | 6 | 7 |    |
|---|---|---|---|---|---|---|---|----|
| 1 |   |   |   |   |   |   |   | 25 |
| 2 |   |   |   |   |   |   |   | 9  |
| 3 |   |   |   |   |   |   |   | 13 |
| 4 |   |   |   |   |   |   |   | 12 |
| 5 |   |   |   |   |   |   |   | 7  |
| 6 |   |   |   |   |   |   |   | 18 |
| 7 |   |   |   |   |   |   |   | 5  |
|   | 21| 19| 12| 19| 12| 7 | 5 |    |

# 第一章 汇总 Kakurasu

**45**

|   | 1 | 2 | 3 | 4 | 5 | 6 | 7 |    |
|---|---|---|---|---|---|---|---|----|
| 1 |   |   |   |   |   |   |   | 15 |
| 2 |   |   |   |   |   |   |   | 13 |
| 3 |   |   |   |   |   |   |   | 10 |
| 4 |   |   |   |   |   |   |   | 18 |
| 5 |   |   |   |   |   |   |   | 8  |
| 6 |   |   |   |   |   |   |   | 10 |
| 7 |   |   |   |   |   |   |   | 9  |
|   | 18| 6 | 21| 13| 4 | 20| 3 |    |

**46**

|   | 1 | 2 | 3 | 4 | 5 | 6 | 7 |    |
|---|---|---|---|---|---|---|---|----|
| 1 |   |   |   |   |   |   |   | 22 |
| 2 |   |   |   |   |   |   |   | 13 |
| 3 |   |   |   |   |   |   |   | 17 |
| 4 |   |   |   |   |   |   |   | 7  |
| 5 |   |   |   |   |   |   |   | 23 |
| 6 |   |   |   |   |   |   |   | 6  |
| 7 |   |   |   |   |   |   |   | 20 |
|   | 16| 25| 6 | 23| 8 | 15| 16|    |

## 47

|   | 1 | 2 | 3 | 4 | 5 | 6 | 7 | 8 |    |
|---|---|---|---|---|---|---|---|---|----|
| 1 |   |   |   |   |   |   |   |   | 8  |
| 2 |   |   |   |   |   |   |   |   | 20 |
| 3 |   |   |   |   |   |   |   |   | 15 |
| 4 |   |   |   |   |   |   |   |   | 4  |
| 5 |   |   |   |   |   |   |   |   | 3  |
| 6 |   |   |   |   |   |   |   |   | 17 |
| 7 |   |   |   |   |   |   |   |   | 7  |
| 8 |   |   |   |   |   |   |   |   | 6  |
|   | 6 | 8 | 5 | 4 | 2 | 16 | 12 | 10 |   |

## 48

|   | 1 | 2 | 3 | 4 | 5 | 6 | 7 | 8 |    |
|---|---|---|---|---|---|---|---|---|----|
| 1 |   |   |   |   |   |   |   |   | 20 |
| 2 |   |   |   |   |   |   |   |   | 25 |
| 3 |   |   |   |   |   |   |   |   | 33 |
| 4 |   |   |   |   |   |   |   |   | 26 |
| 5 |   |   |   |   |   |   |   |   | 23 |
| 6 |   |   |   |   |   |   |   |   | 28 |
| 7 |   |   |   |   |   |   |   |   | 18 |
| 8 |   |   |   |   |   |   |   |   | 34 |
|   | 31 | 24 | 20 | 29 | 31 | 35 | 26 | 19 |   |

49

|   | 1 | 2 | 3 | 4 | 5 | 6 | 7 | 8 |    |
|---|---|---|---|---|---|---|---|---|----|
| 1 |   |   |   |   |   |   |   |   | 4  |
| 2 |   |   |   |   |   |   |   |   | 5  |
| 3 |   |   |   |   |   |   |   |   | 13 |
| 4 |   |   |   |   |   |   |   |   | 2  |
| 5 |   |   |   |   |   |   |   |   | 19 |
| 6 |   |   |   |   |   |   |   |   | 8  |
| 7 |   |   |   |   |   |   |   |   | 17 |
| 8 |   |   |   |   |   |   |   |   | 15 |
|   | 7 | 9 | 21| 6 | 23| 8 | 16| 7 |    |

50

|   | 1 | 2 | 3 | 4 | 5 | 6 | 7 | 8 |    |
|---|---|---|---|---|---|---|---|---|----|
| 1 |   |   |   |   |   |   |   |   | 32 |
| 2 |   |   |   |   |   |   |   |   | 28 |
| 3 |   |   |   |   |   |   |   |   | 28 |
| 4 |   |   |   |   |   |   |   |   | 17 |
| 5 |   |   |   |   |   |   |   |   | 27 |
| 6 |   |   |   |   |   |   |   |   | 34 |
| 7 |   |   |   |   |   |   |   |   | 25 |
| 8 |   |   |   |   |   |   |   |   | 17 |
|   | 32| 18| 29| 31| 28| 17| 31| 19|    |

第二册 谜题阶梯训练

附赠

|   | 1 | 2 | 3 | 4 | 5 | 6 | 7 | 8 | 9 |    |
|---|---|---|---|---|---|---|---|---|---|----|
| 1 |   |   |   |   |   |   |   |   |   | 22 |
| 2 |   |   |   |   |   |   |   |   |   | 9  |
| 3 |   |   |   |   |   |   |   |   |   | 15 |
| 4 |   |   |   |   |   |   |   |   |   | 9  |
| 5 |   |   |   |   |   |   |   |   |   | 8  |
| 6 |   |   |   |   |   |   |   |   |   | 14 |
| 7 |   |   |   |   |   |   |   |   |   | 1  |
| 8 |   |   |   |   |   |   |   |   |   | 2  |
| 9 |   |   |   |   |   |   |   |   |   | 20 |
|   | 15 | 14 | 6 | 9 | 1 | 3 | 14 | 4 | 22 |    |

# 第二章　数和 Kakuro

## 第二册 谜题阶梯训练

### 例题：

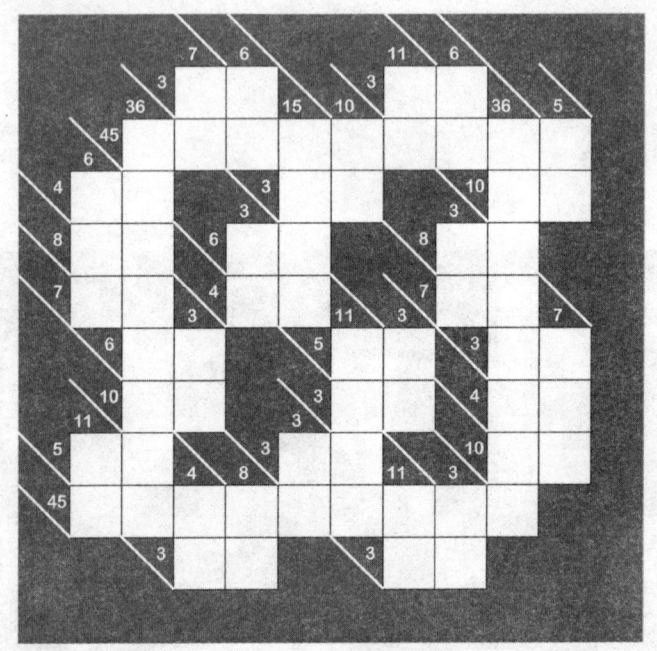

### 题型说明：

1. 谜题由一个内含数字的矩形格子题图构成。

2. 解谜是将题图内的所有白格用数字1~9填满。

3. 每一个提示数字表示它所指向的数组（即在行或列上连续的白格）里的数字总和。

4. 位于黑格左下角的数字代表它下方一段数组里的数字总和，而黑格右上角的数字代表它右方一段数组里的数字总数。

5. 数组由黑格分隔开，在同一段数组中，数字不可以重复。

## 背景资料：

数和始见于《戴尔杂志》(*Dell Magazines*)上，由加拿大人雅各布·芬克（Jacob E. Funk）于1966年原创，当时使用的名字为Cross Sums（交叉之和），传入日本后改名为Kakuro（数和），即日语kasan kurosu（加算之和）的缩写，在国内也被称为数谜。

## 例题答案：

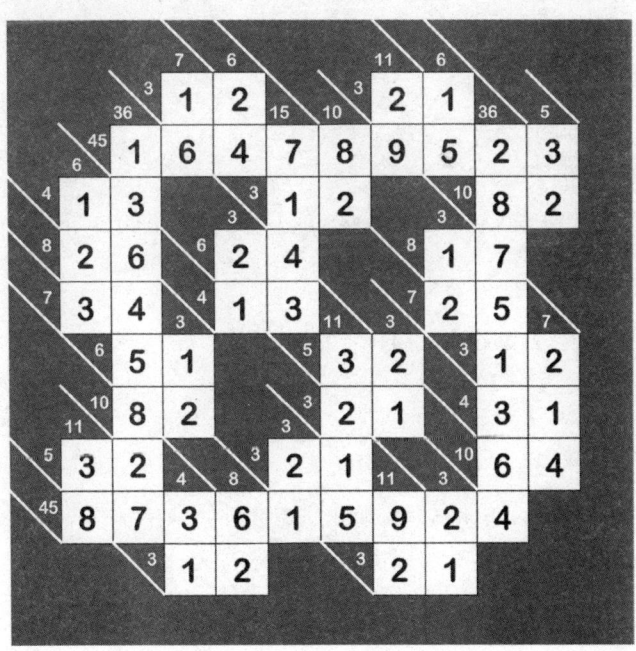

## 第二册 谜题阶梯训练

**答题之前**：你必须先熟悉数字组合。

---

**数字组合表：**（三种以上的数字组合未列举）

**两数组：**

3＝1+2，4＝1+3，16＝7+9，17＝8+9

5＝1+4＝2+3，6＝1+5＝2+4，14＝5+9＝6+8，15＝6+9＝7+8

**三数组：**

6＝1+2+3，7＝1+2+4，23＝6+8+9，24＝7+8+9

8＝1+2+5＝1+3+4，22＝5+8+9＝6+7+9

**四数组：**

10＝1+2+3+4，11＝1+2+3+5，29＝5+7+8+9，30＝6+7+8+9

12＝1+2+3+6＝1+2+4+5，28＝4+7+8+9＝5+6+8+9

**五数组：**

15＝1+2+3+4+5，16＝1+2+3+4+6，34＝4+6+7+8+9，35＝5+6+7+8+9

17=1+2+3+4+7=1+2+3+5+6，33=3+6+7+8+9=4+5+7+8+9

六数组：

21=1+2+3+4+5+6，22=1+2+3+4+5+7，38=3+5+6+7+8+9，39=4+5+6+7+8+9

23=1+2+3+4+5+8=1+2+3+4+6+7，37=2+5+6+7+8+9=3+4+6+7+8+9

## 唯一数定位法则：

当你看到纵横交叉的数组时，在这两个数组里找共同数字，是一个比较简便的解题技巧。

例如，根据横行和为17的两数组8、9以及纵行和为16的两数组7、9，你就能确定共同数为9。

也不仅仅限于同等数量的数组。例如，根据横行和为22的六数组1、2、3、4、5、7以及纵行和为24的三数组7、8、9，同样可以确定唯一的共同数为7。

例题解答：

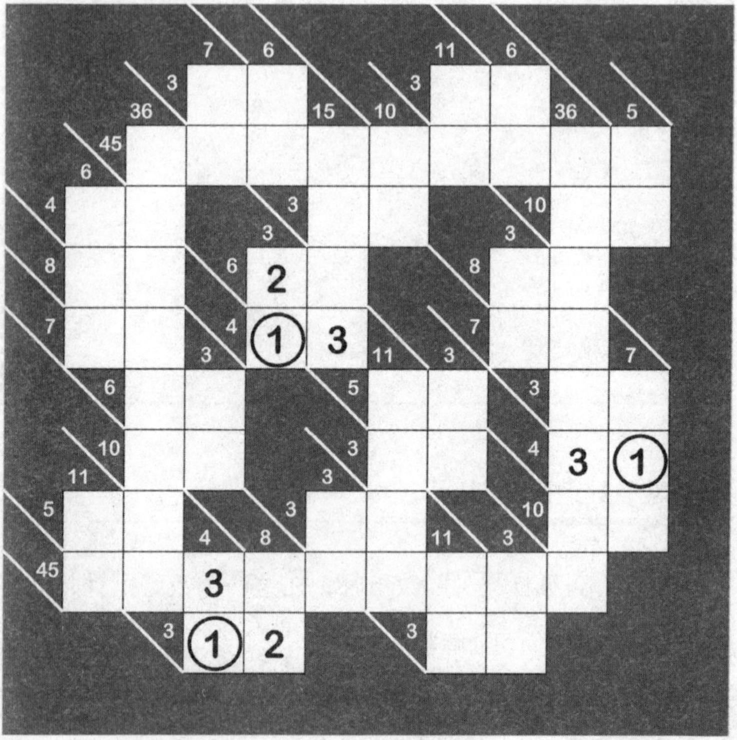

**解题技巧①：唯一数定位。**

运用解题技巧唯一数定位。

根据3=1+2和4=1+3，定位两个1；右边的4=1+3和7=1+2+4也能确定一个1。

接下来要确定周围的数字。

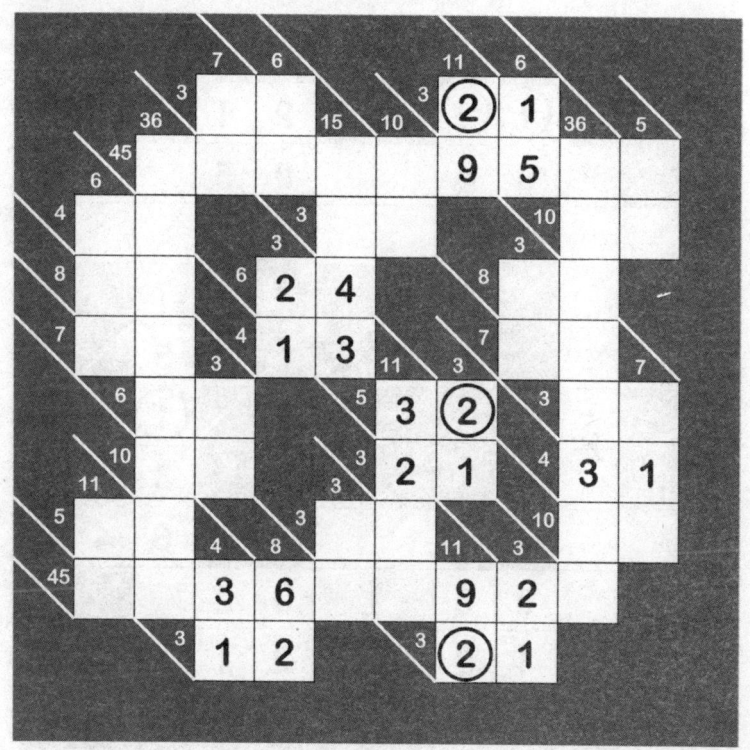

**解题技巧②：否定数原则。**

在组合中不能放置的数。

第1行和最后1行被圈中的两个2是这样确定的：因为3=1+2，那么对于和为11的情况，该位置不可能为1，只能为2。

而第6行被圈中的位置，如果你填1，则左边就会是4，与11=1+2+3+5是不符合的，因此填2。

**解题技巧③：不重复原则。**

注意那两组1和2，如果互换位置，往下会推导出相同的数字5或6，这显然是不对的。灵活运用这个规律，解题过程中往往会很奏效。

因为同一个数组内数字不能重复，所以右面的3=1+2能快速确定。

第二章 数和 Kakuro

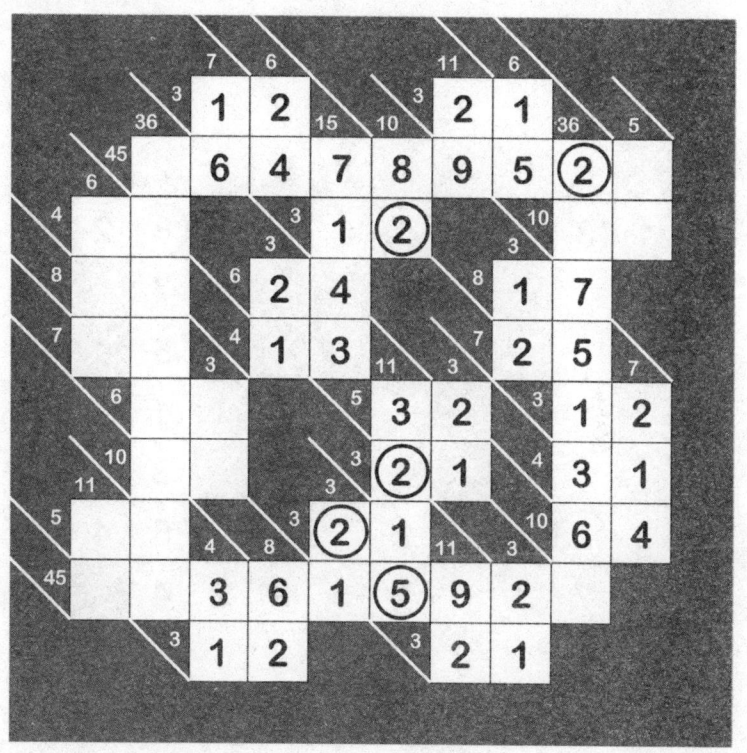

**解题技巧④：位置确定法。**

第3行的2，不能放在左边，如果放在左边，则上一行数组会出现两个6和两个9。

注意倒数第2行的5，其实在解题开始时就能确定。因为在 11=1+2+3+5 的总共4行里，只有这个位置可以放5。

对于第2行的2，因为该列还缺数字2、4、8，可以排除掉同一行已经出现的数字4和8。

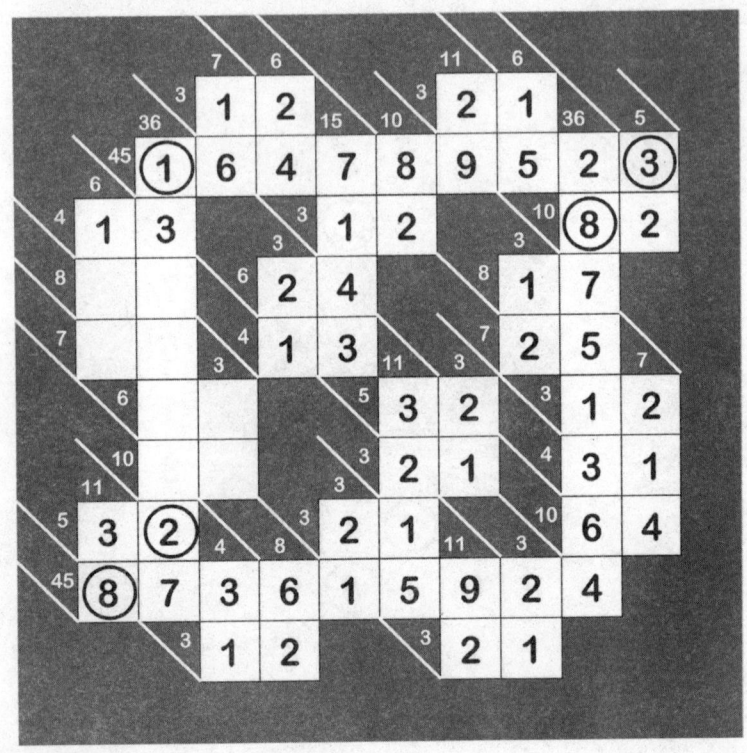

**解题技巧⑤：试数法。**

第2行只剩数字1、3未填。如果最右填1，则第3行中8的位置是6，和下面的6重复，矛盾。

因此最左填1，顺便把下一行的4=1+3解决。倒数第2行同理，只剩数字7、8可填，如果最左填7，则被圈中的2的位置是1，和上面的1重复，矛盾。

第二章 数和Kakuro

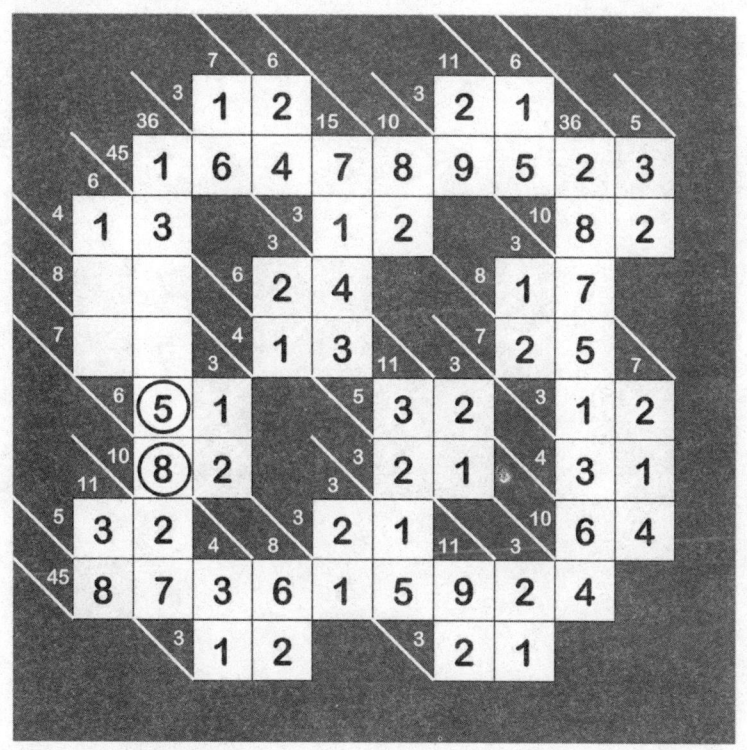

**解题技巧⑥：复合计算。**

还有一种技巧——复合计算。

注意被圈中的5和8再加上右面3=1+2这4格。因为两行的总和是6+10=16，而3=1+2，则被圈中的两格之和为13。

在被圈中两格这列数组中，因为本身没有9，且7已经出现了，所以只剩13=5+8这一种组合了。

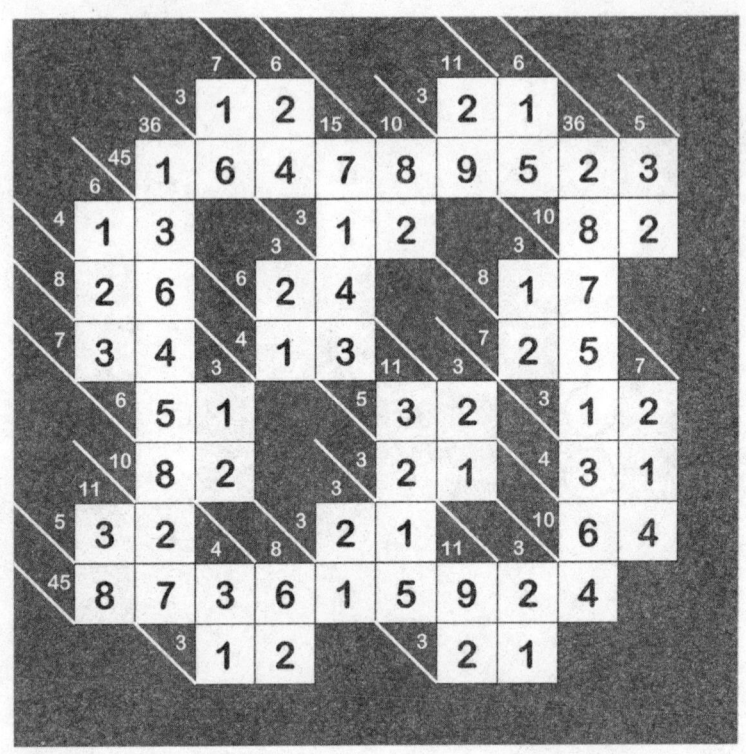

**解题技巧⑦：灵活运用。**

灵活运用以上6种技巧，可以轻松应对下面的谜题。

总之，解题初始要注意边角的格子，尤其是那些唯一数格子是最先要寻找的，这需要很好的观察力和计算力。

这道例题相对简单，在下面的解题过程中，你会碰到更大的盘面、更多的数字组合和更复杂的复合计算。

第二章 数和 Kakuro

## 练习题：

### 青铜

01

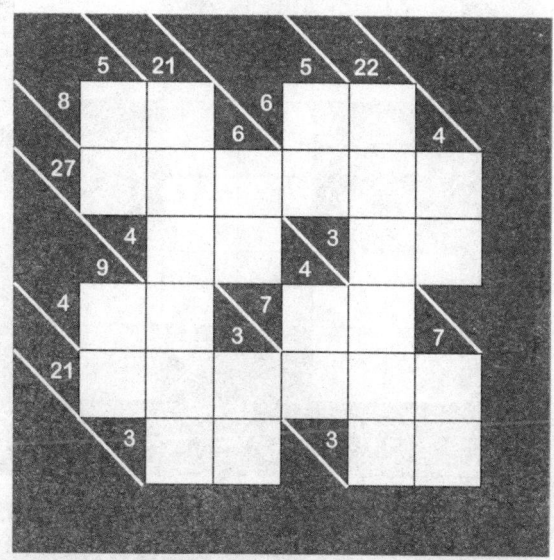

02

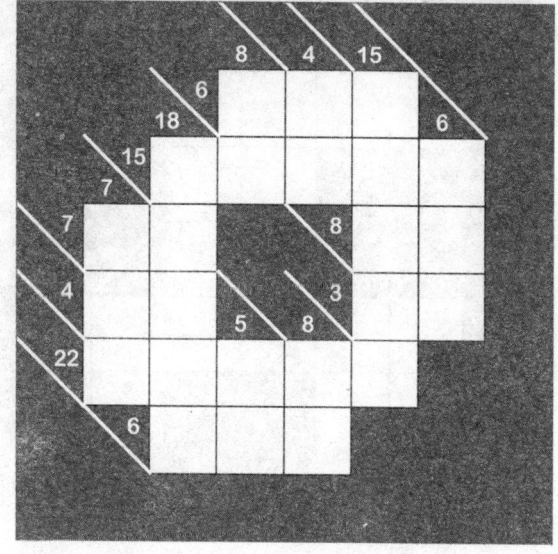

# 第二册 谜题阶梯训练

03

04

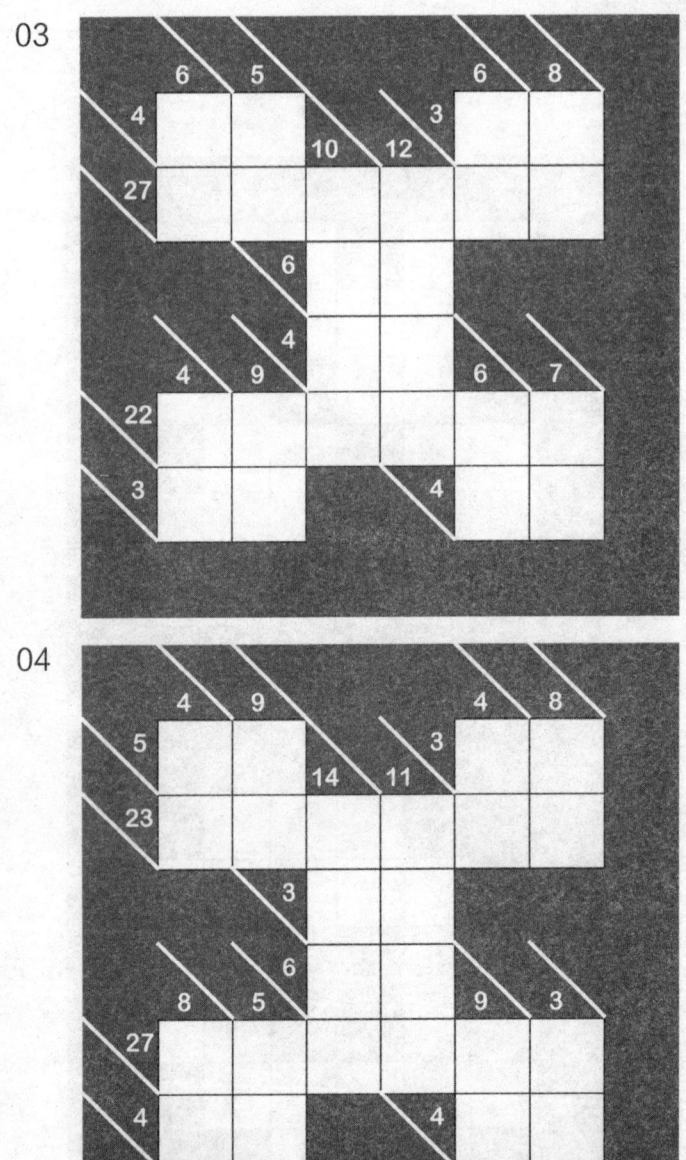

第二章 数和 Kakuro

05

06

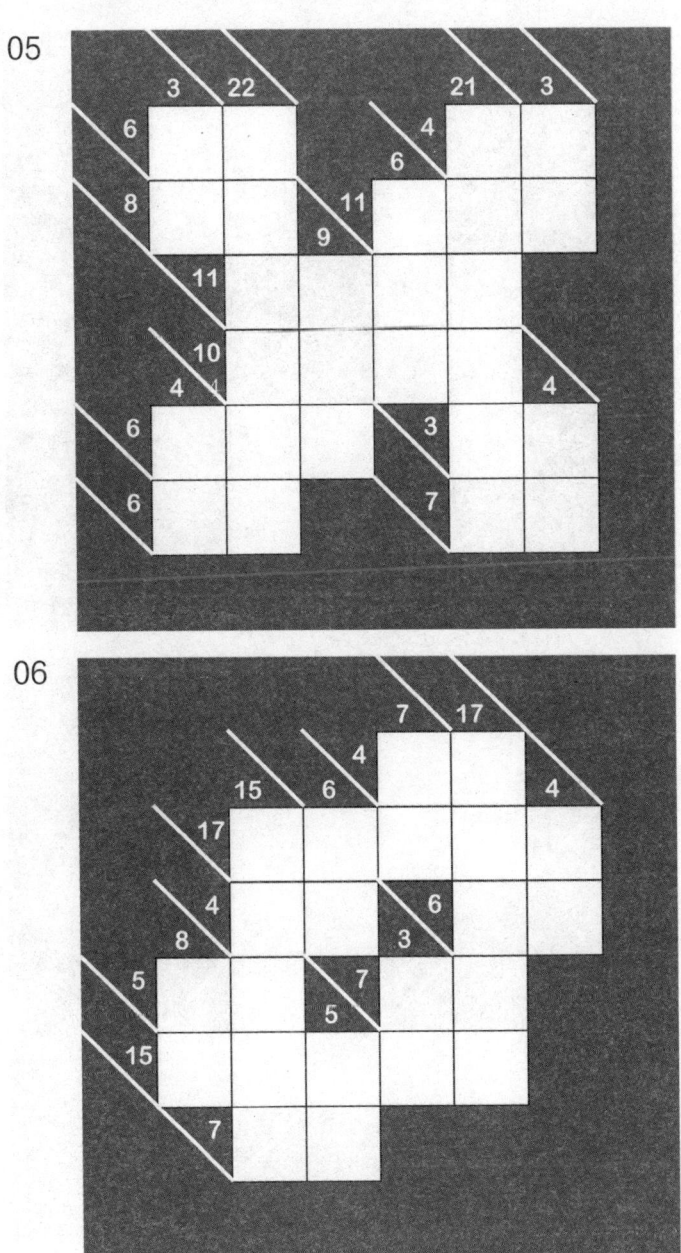

## 第二册 谜题阶梯训练

07

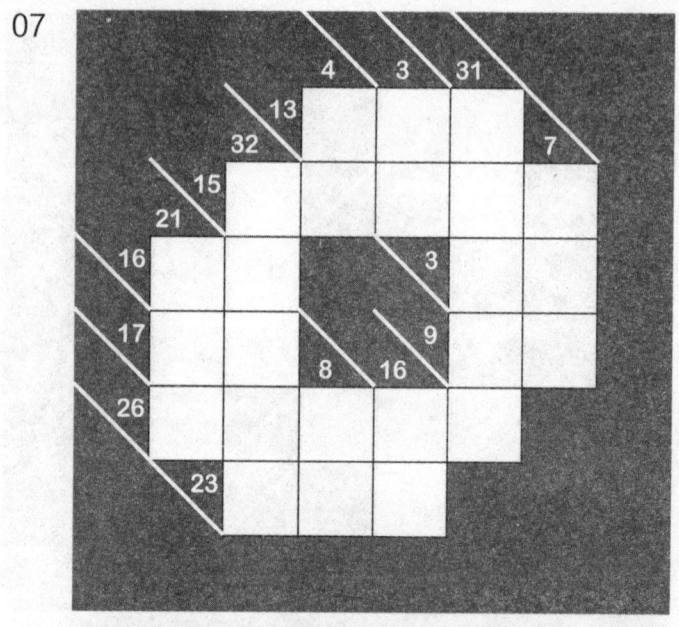

08

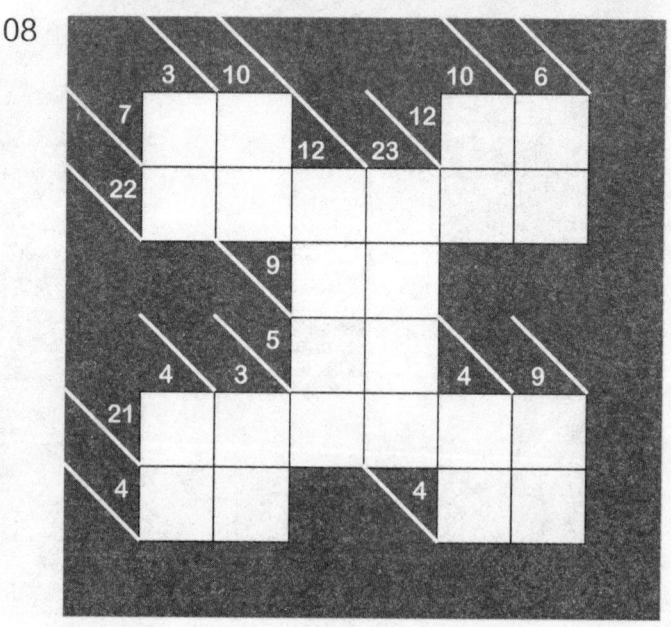

第二章 数和 Kakuro

09

10

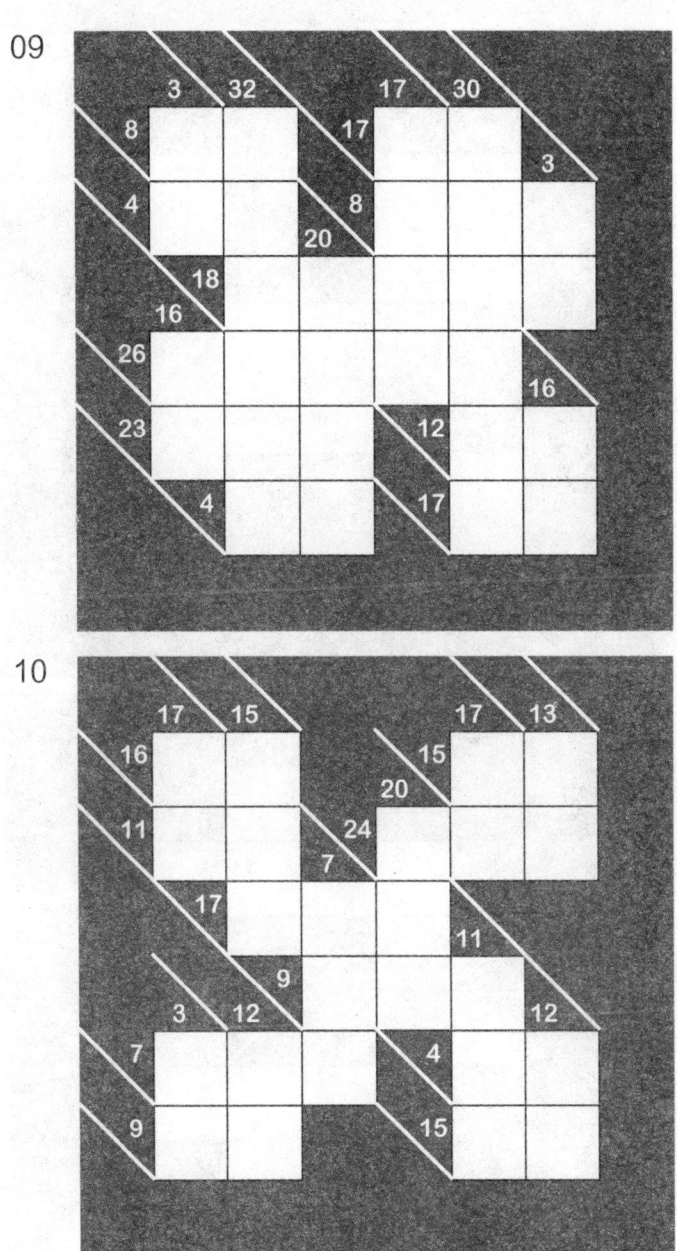

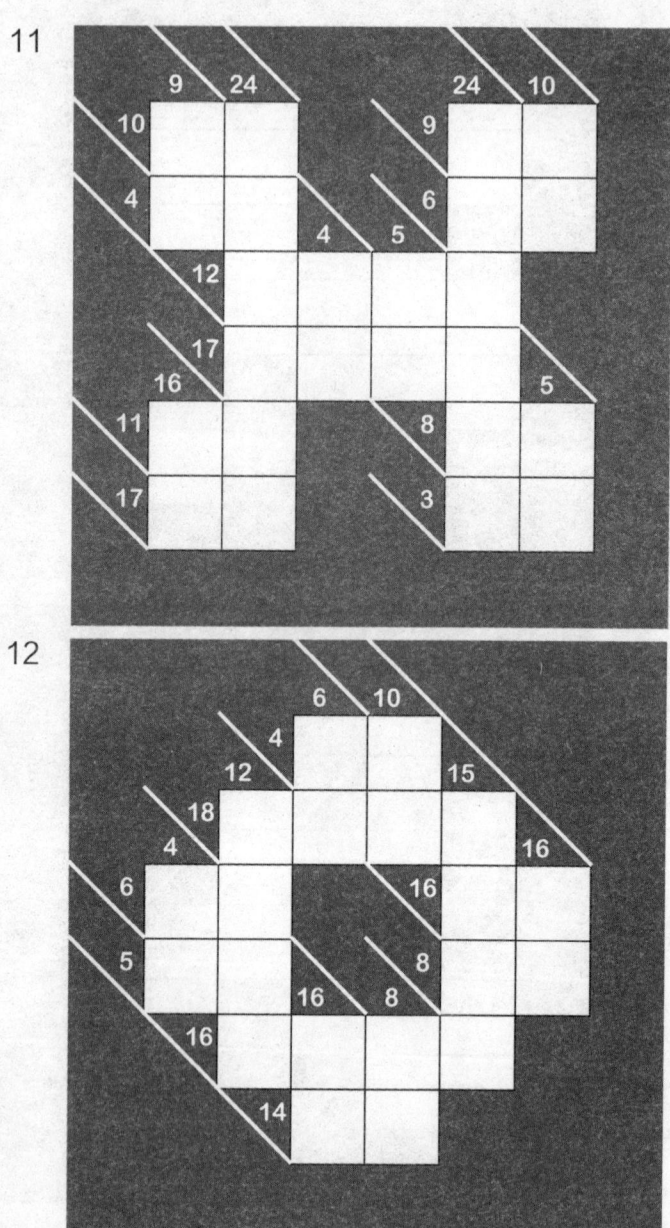

# 第二章 数和 Kakuro

## 白银

13

14

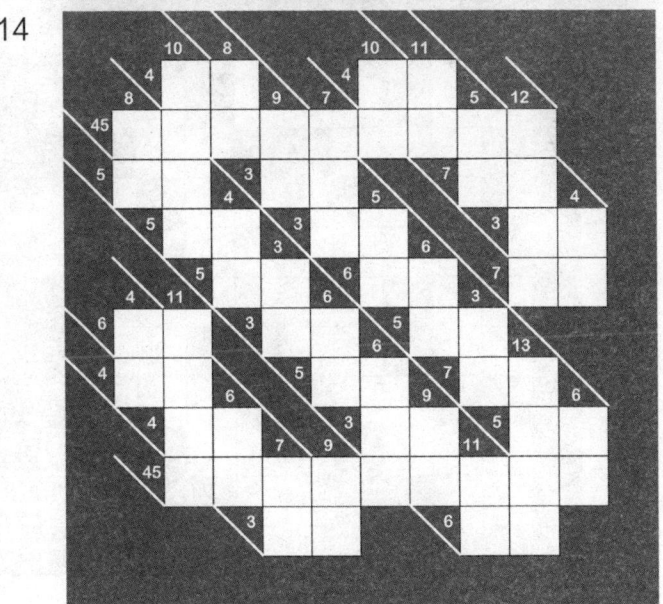

15

16

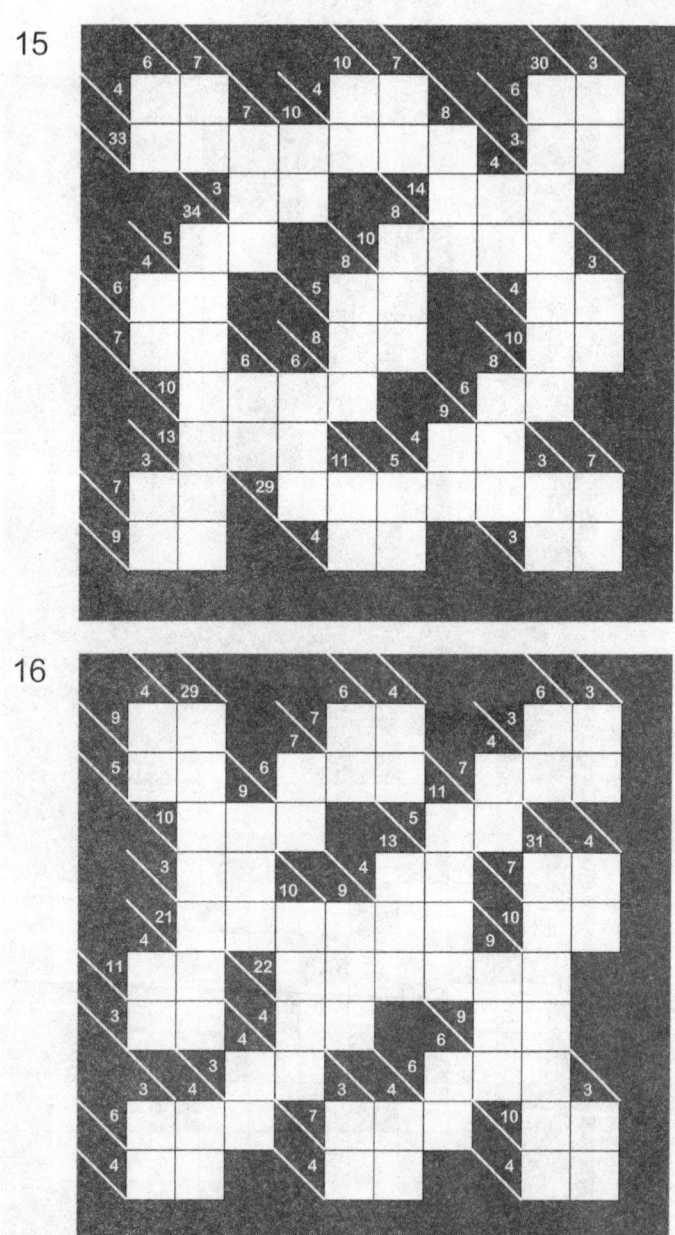

第二章 数和 Kakuro

17

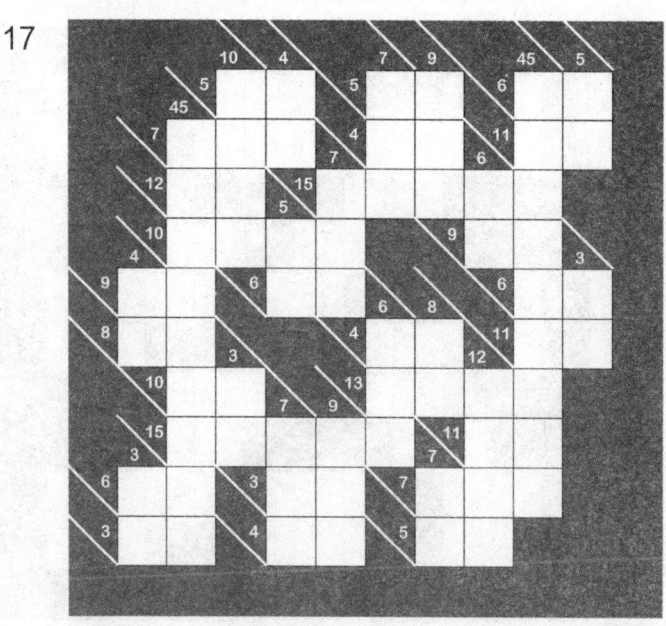

18

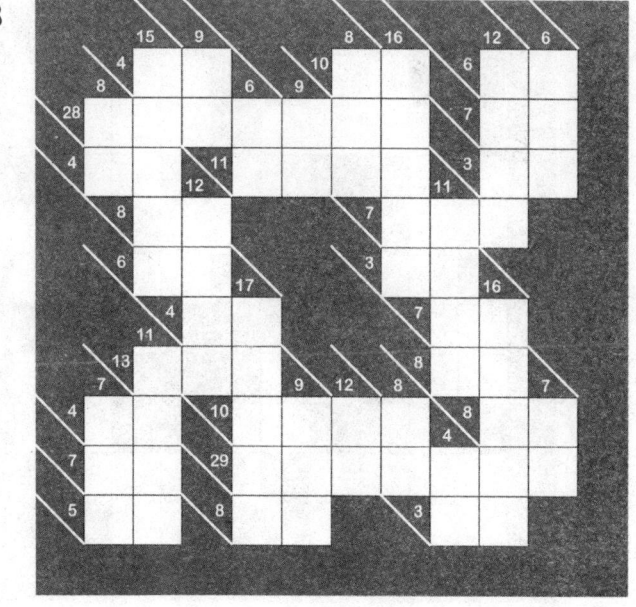

057

19

20

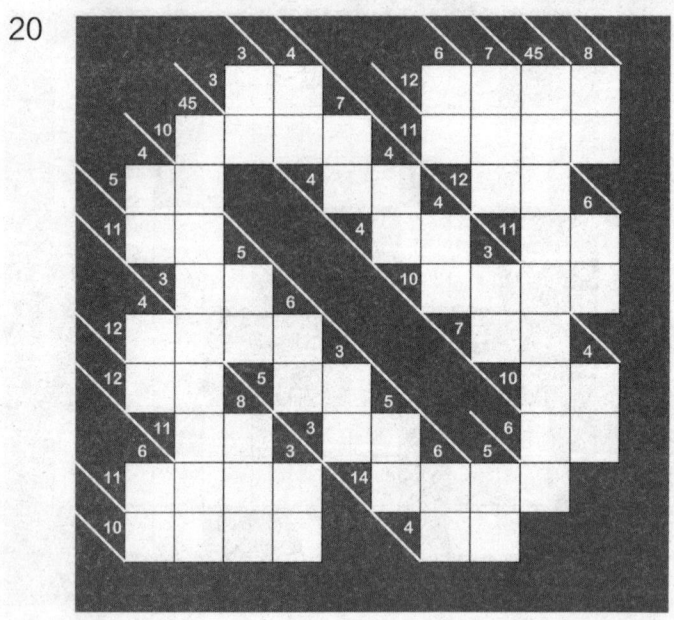

第二章 数和 Kakuro

21

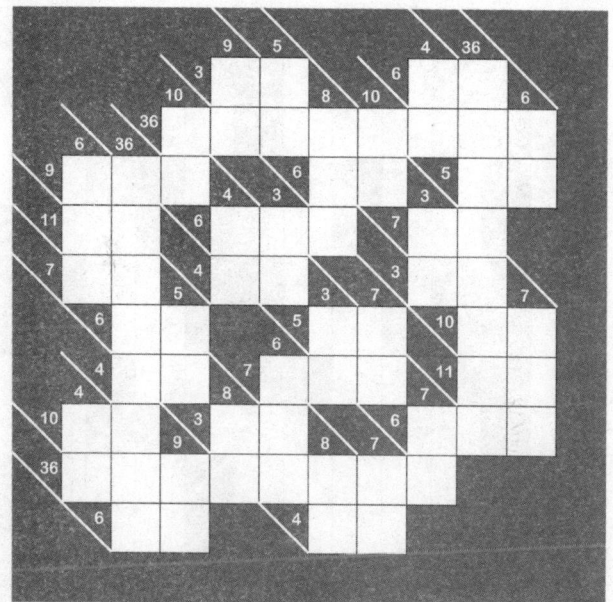

22

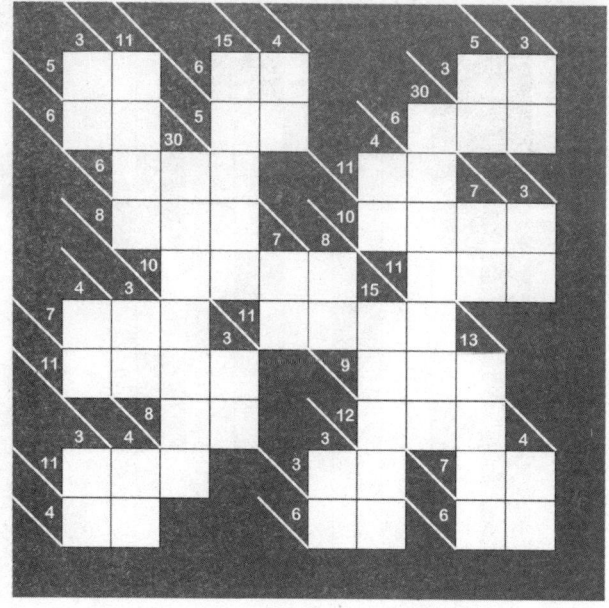

059

第二册 谜题阶梯训练

23

24

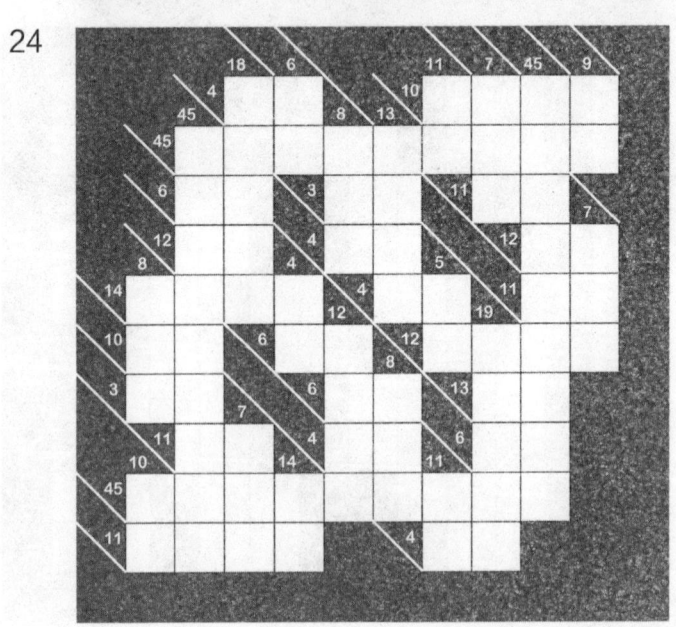

060

第二章 数和 Kakuro

25

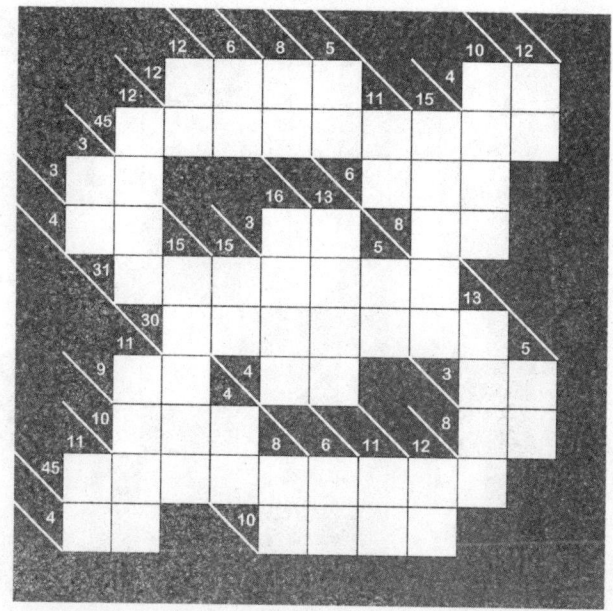

26

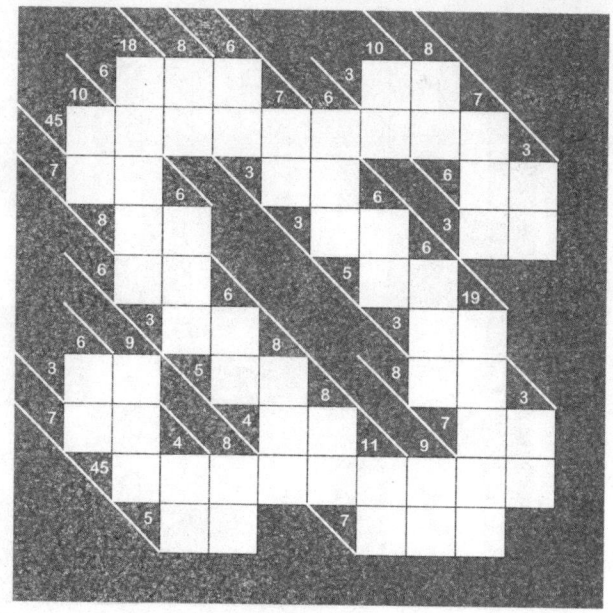

061

第二册 谜题阶梯训练

27

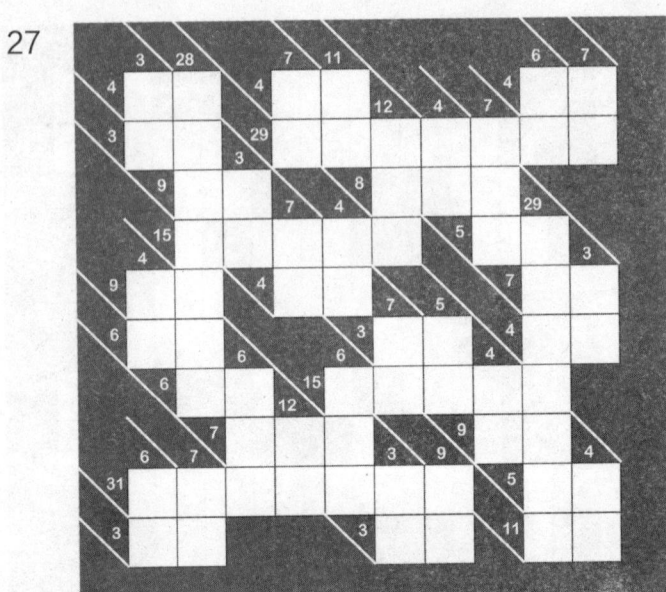

28

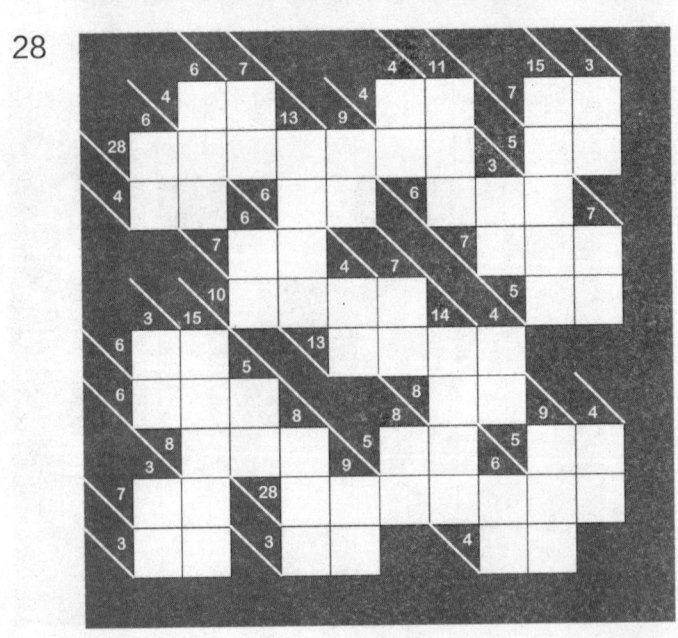

第二章 数和 Kakuro

29

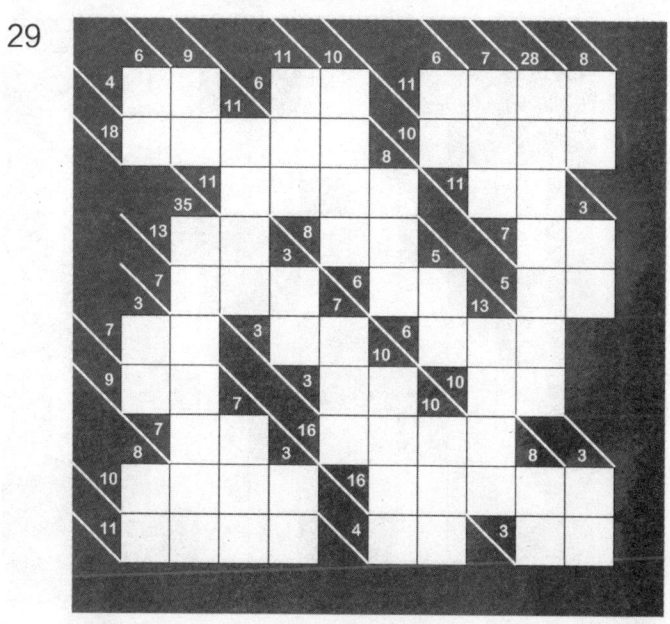

30

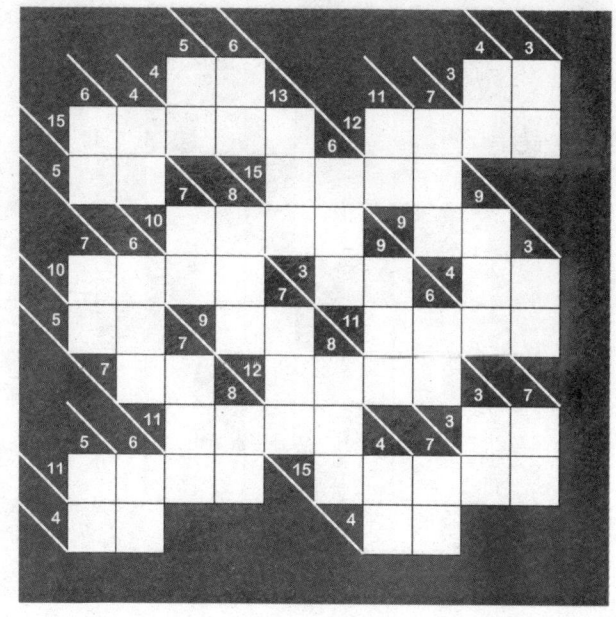

第二册 谜题阶梯训练

31

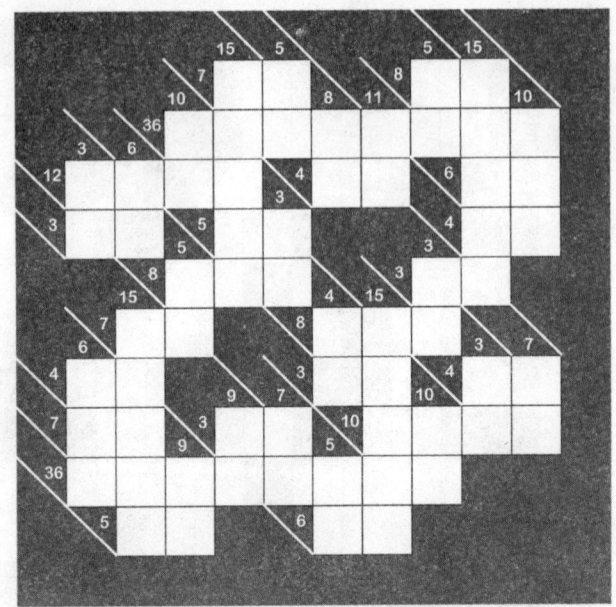

32

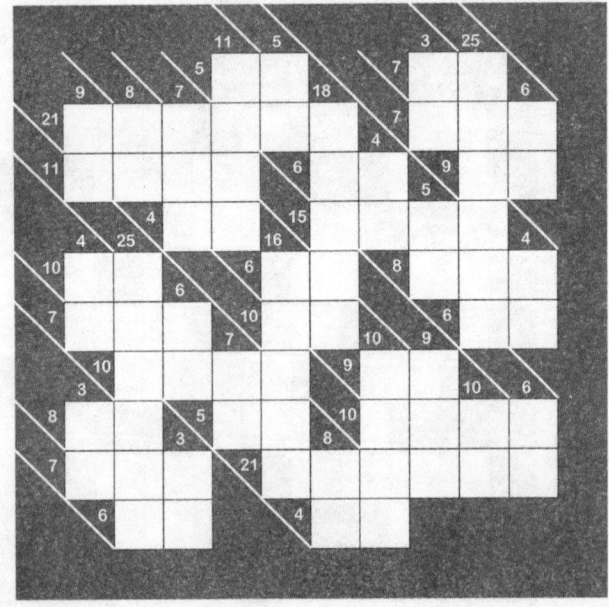

第二章 数和 Kakuro

33

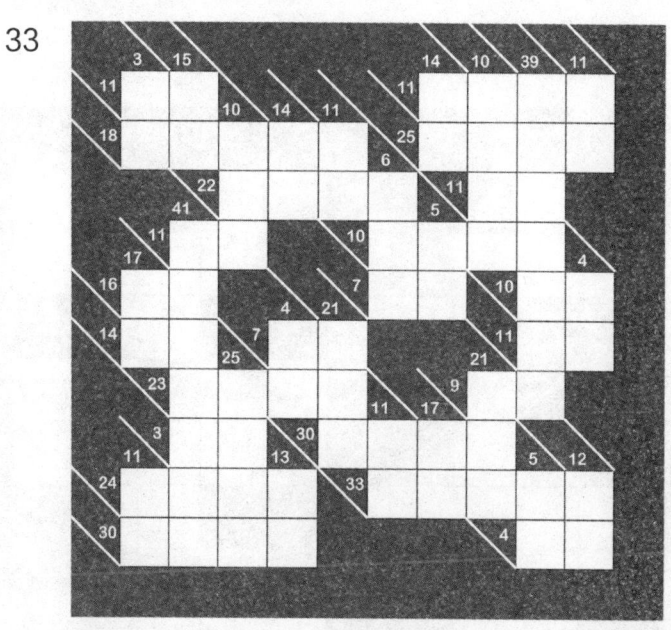

34

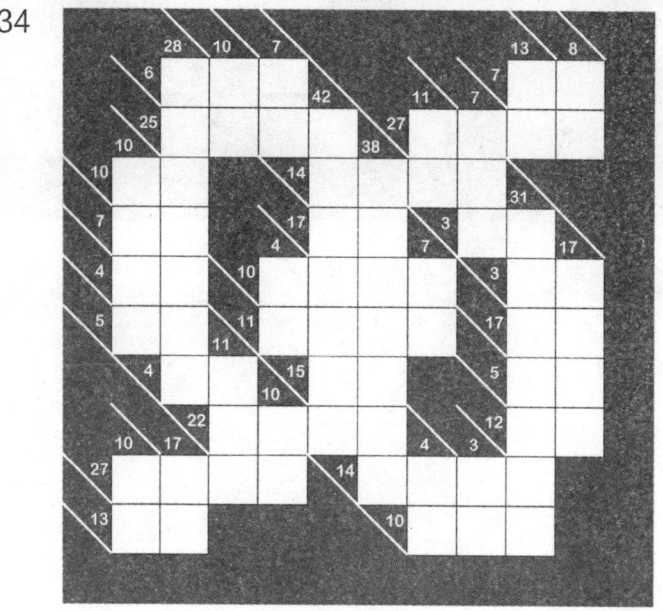

## 35

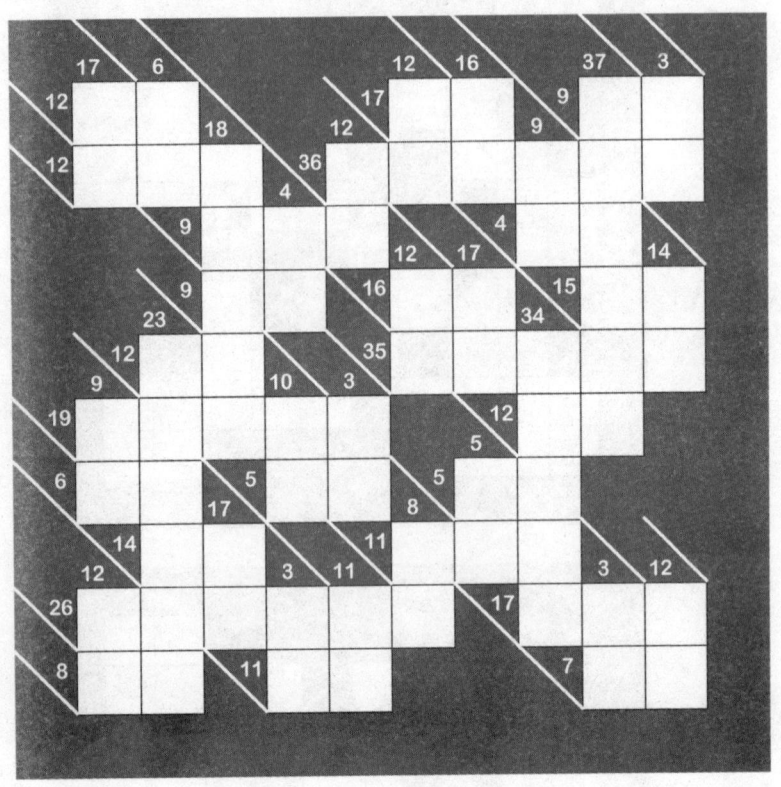

36

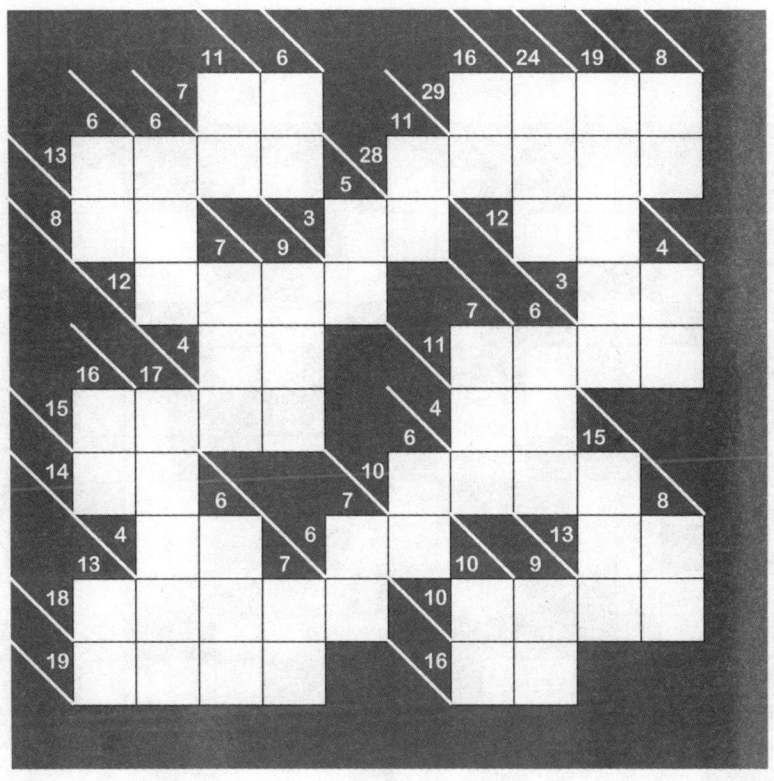

# 黄金

37

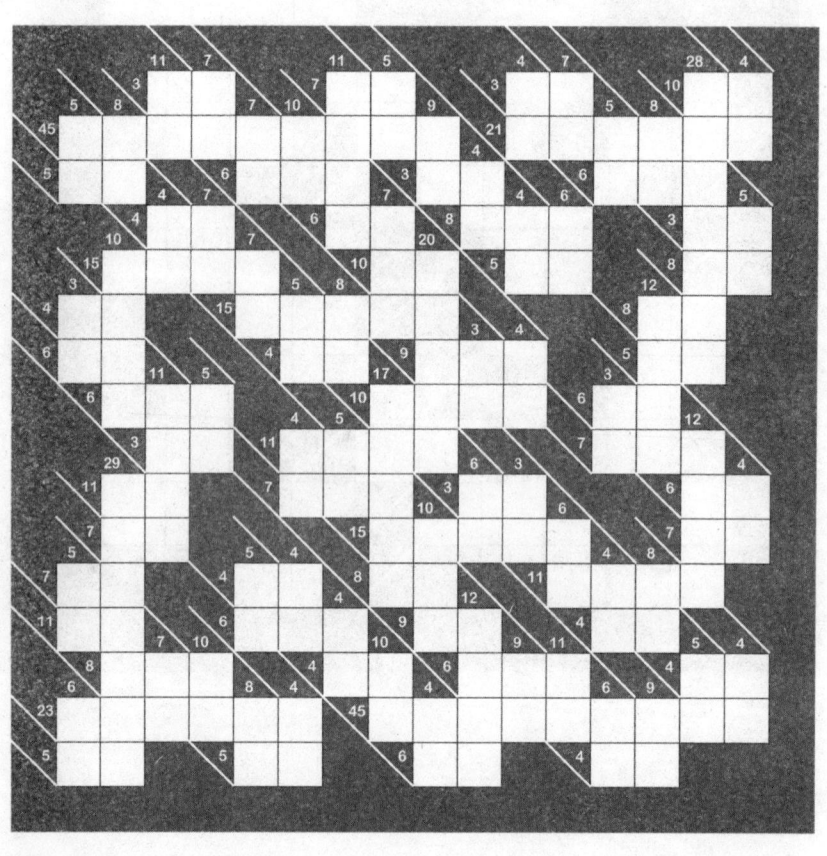

38

## 39

## 40

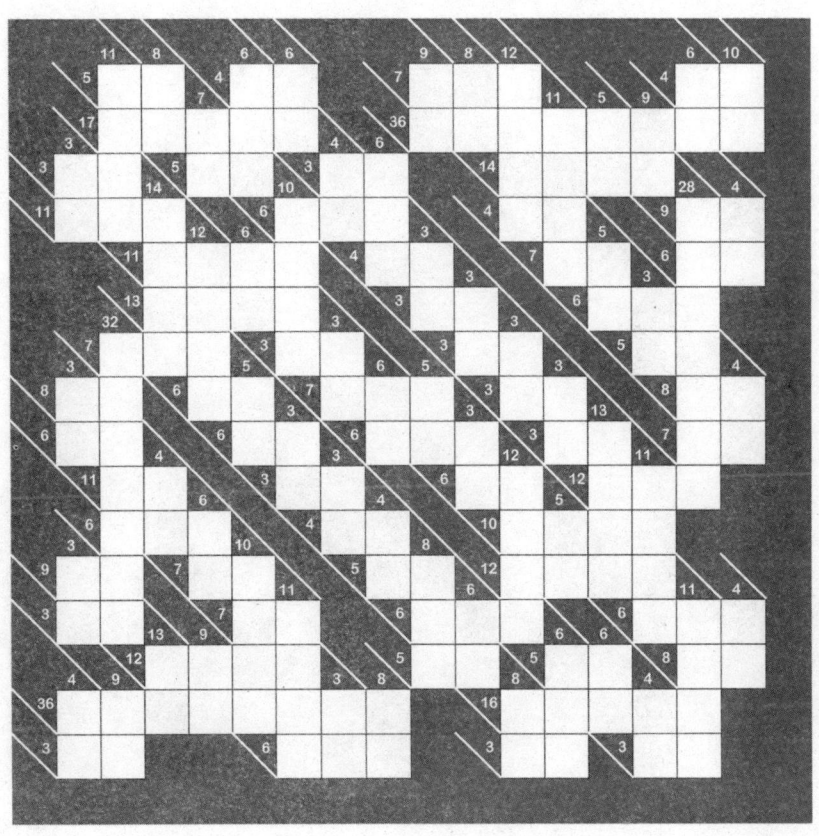

## 41

42

## 43

## 44

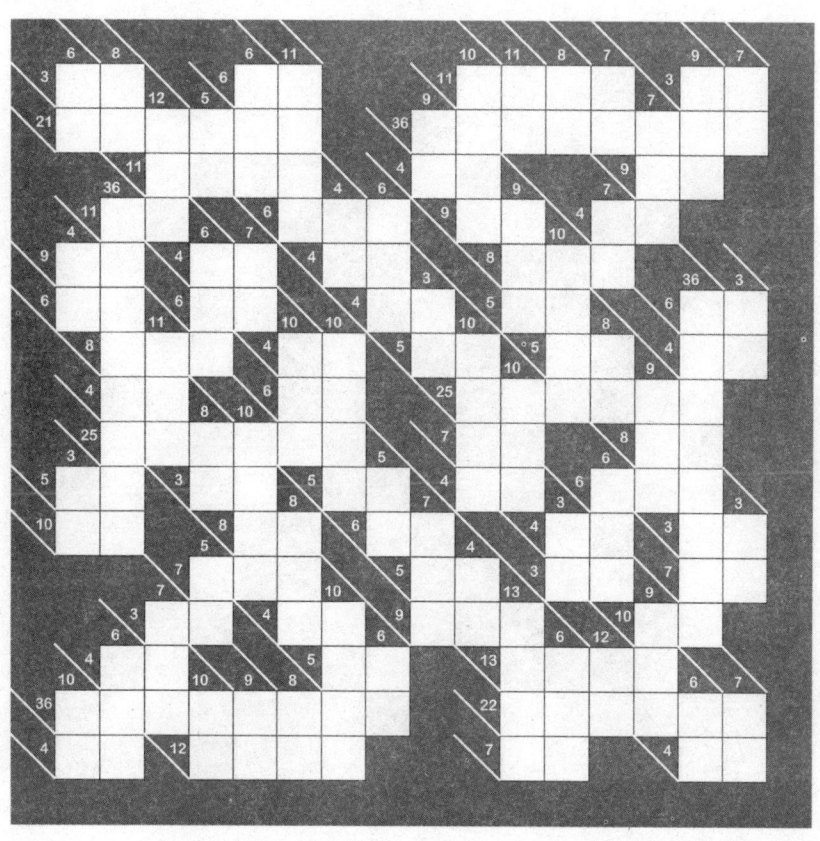

## 45

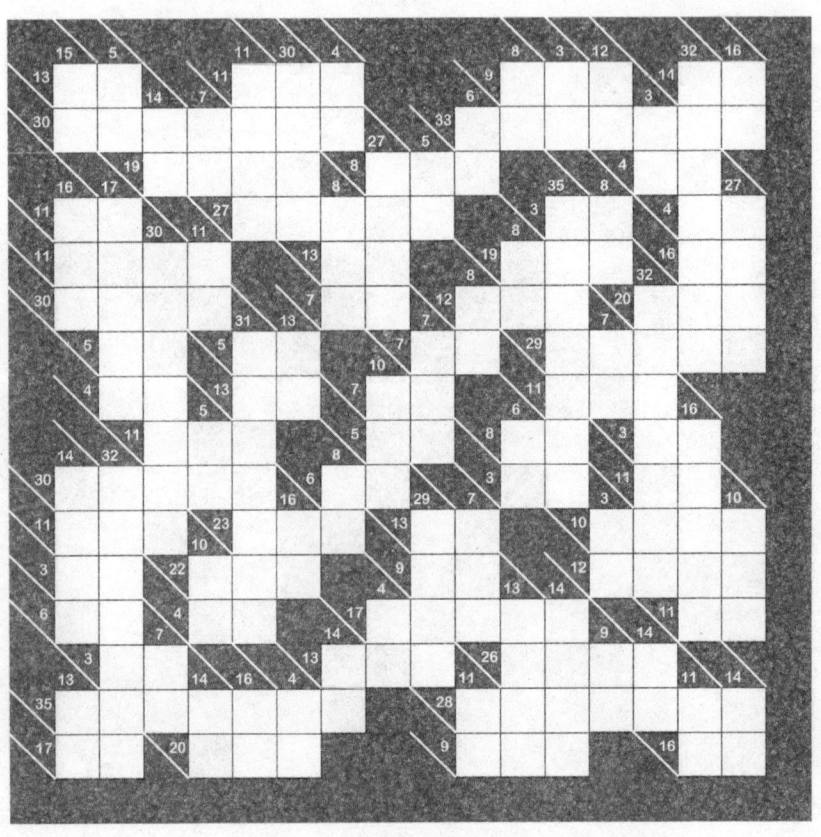

## 46

## 47

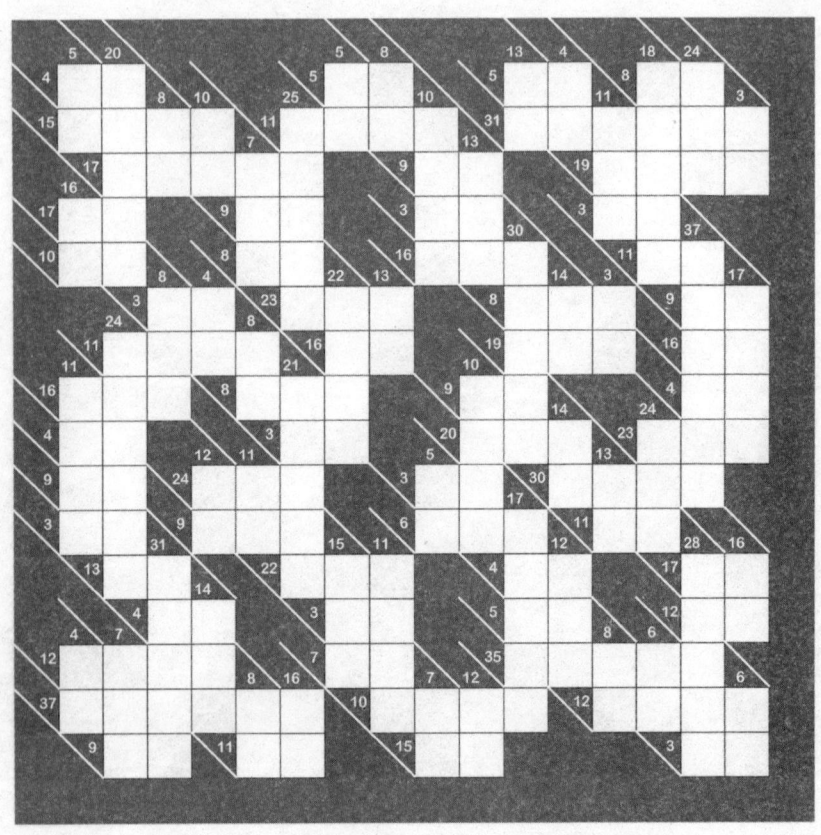

## 48

## 第二册 谜题阶梯训练

### 49

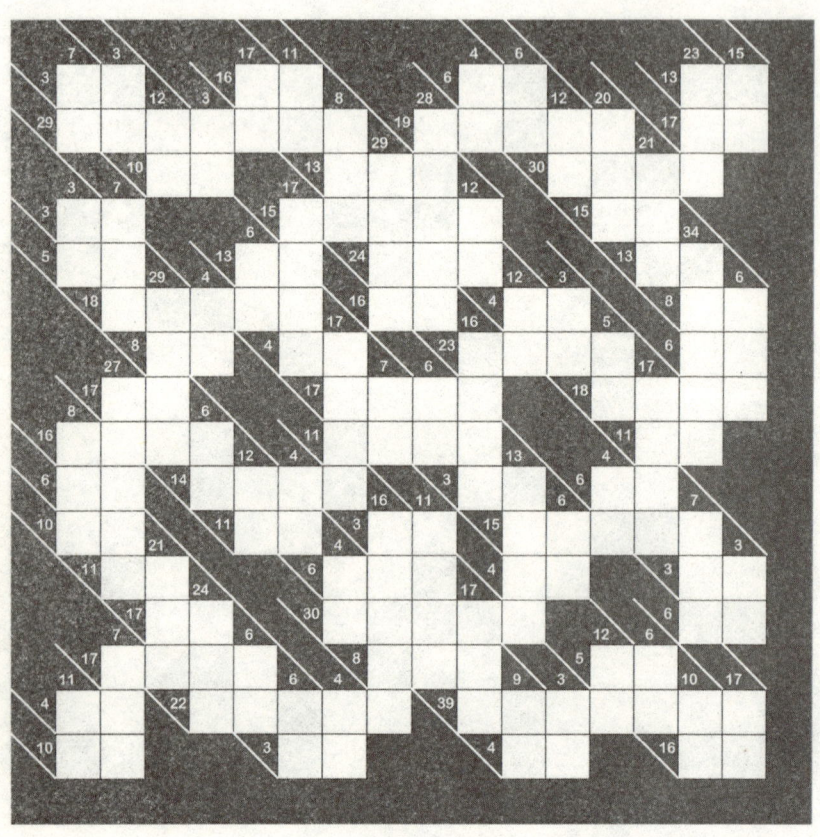

## 50

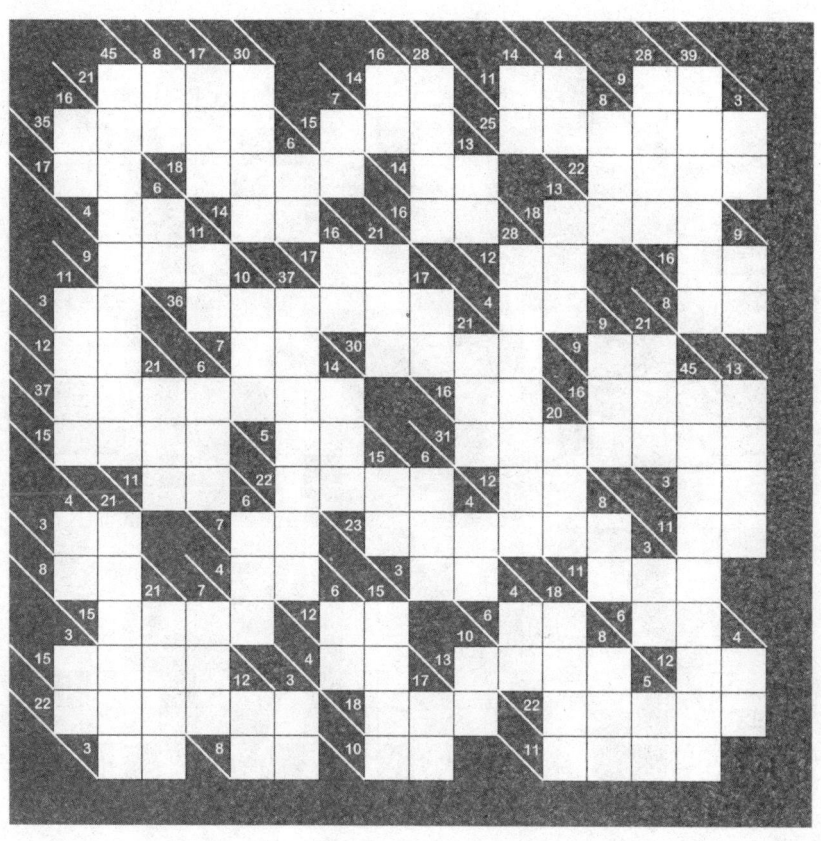

# 第二册 谜题阶梯训练

## 附赠

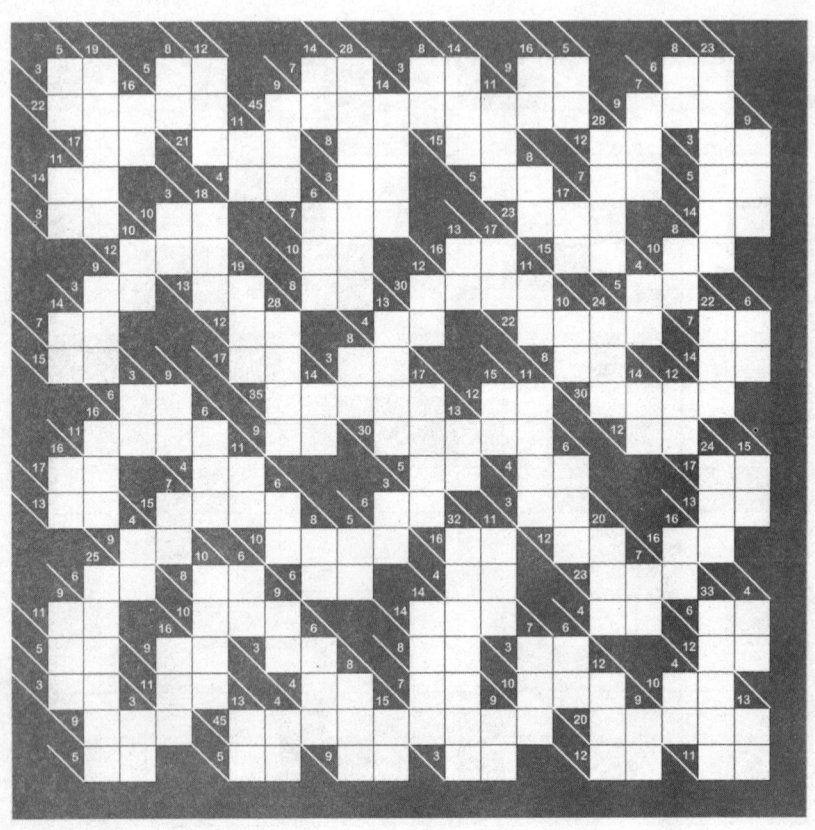

082

# 答 案

|   | 1 | 2 | 3 | 4 | 5 | 6 | 7 | 8 | 9 |    |
|---|---|---|---|---|---|---|---|---|---|----|
| 1 |   |   |   |   | ■ |   |   | ■ |   | 22 |
| 2 |   |   |   |   |   |   |   | ■ |   | 9  |
| 3 | ■ |   |   |   |   | ■ |   | ■ |   | 15 |
| 4 |   |   |   |   |   |   |   |   | ■ | 9  |
| 5 | ■ |   |   |   |   |   | ■ |   |   | 8  |
| 6 |   | ■ | ■ |   |   |   |   |   | ■ | 14 |
| 7 | ■ |   |   |   |   |   |   |   |   | 1  |
| 8 |   | ■ |   |   |   |   |   |   |   | 2  |
| 9 |   |   |   | ■ |   |   | ■ |   |   | 20 |
|   | 15 | 14 | 6 | 9 | 1 | 3 | 14 | 4 | 22 |    |

## 第二章 谜题阶梯训练

## 第一章 汇总 Kakurasu

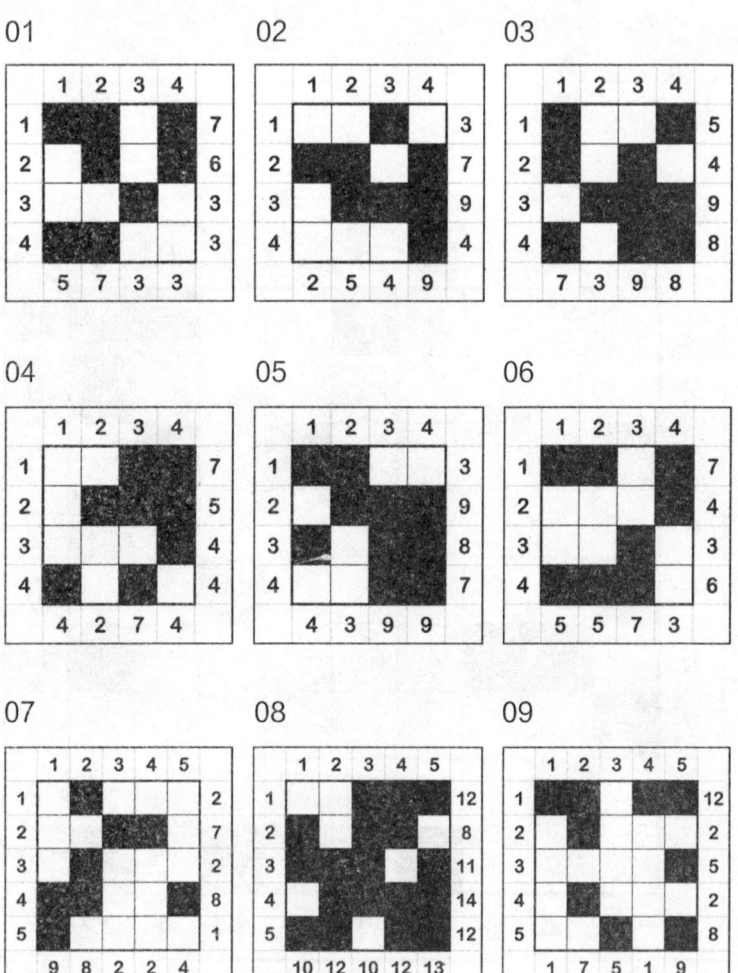

答 案 汇总 Kakurasu

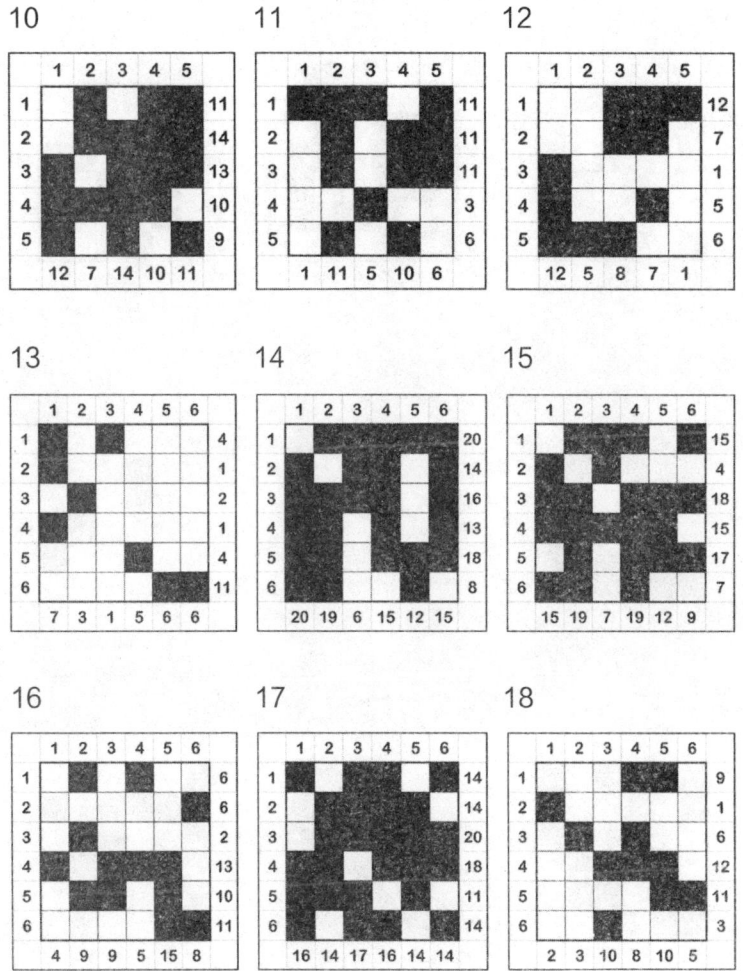

# 第二册 谜题阶梯训练

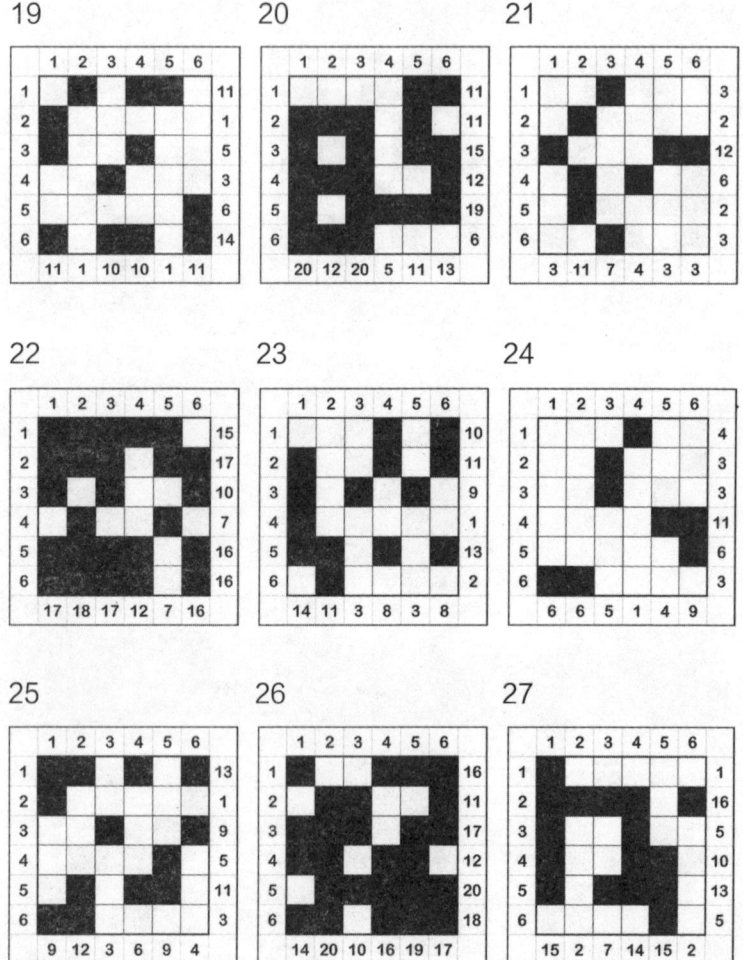

# 答 案 汇总 Kakurasu

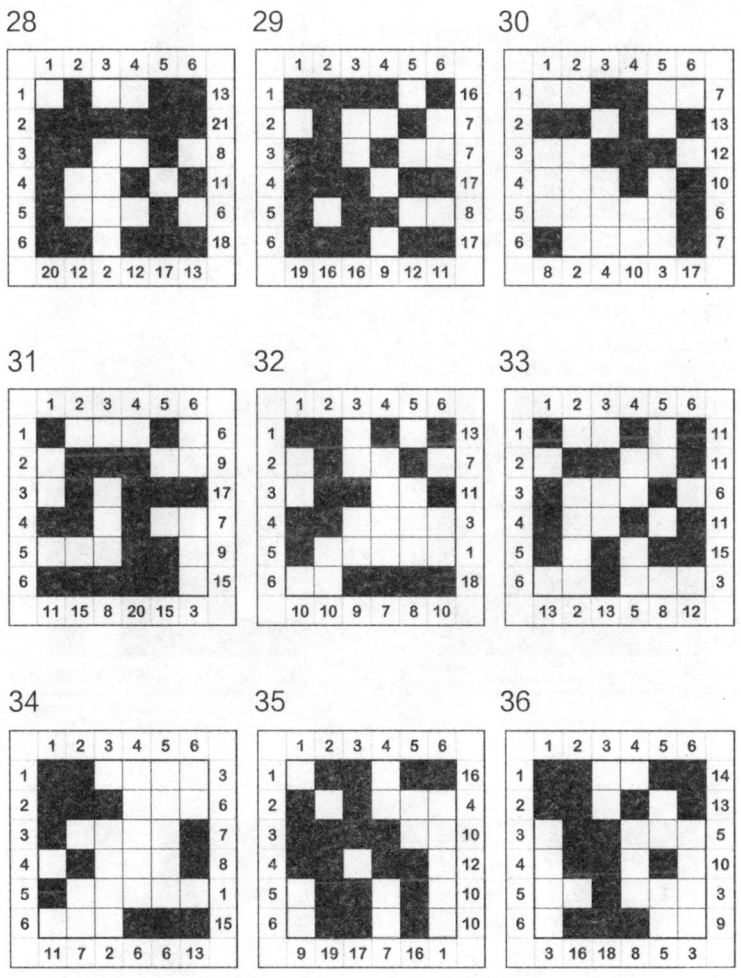

## 37
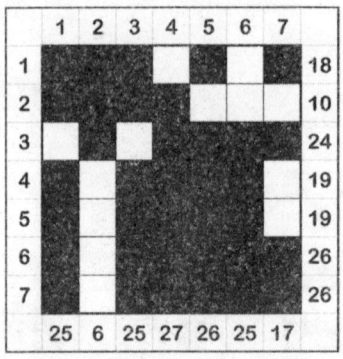

## 38
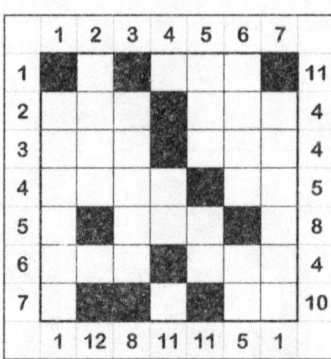

## 39
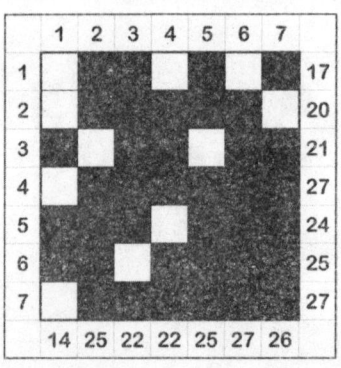

## 40
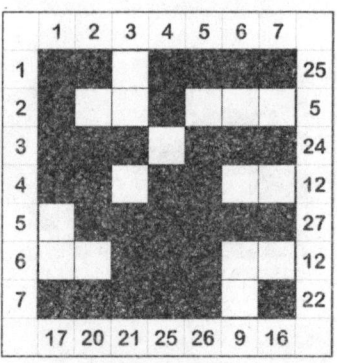

## 41

## 42
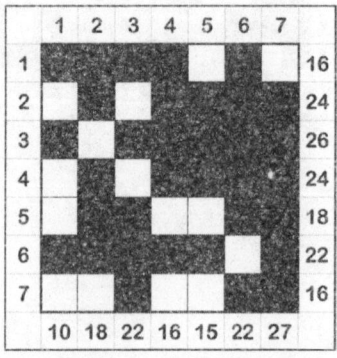

答 案 汇总 Kakurasu

43
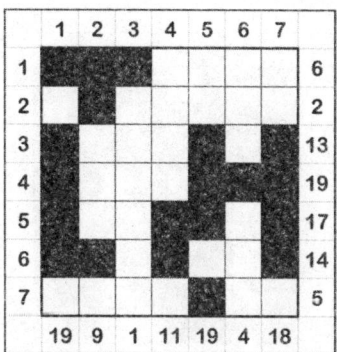

44

45
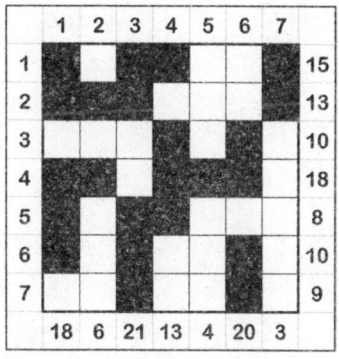

46

47
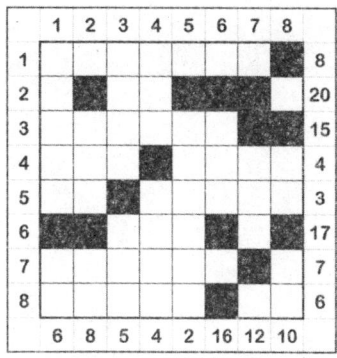

48
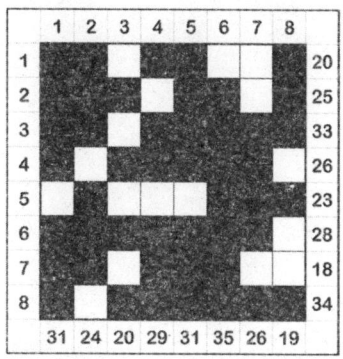

49

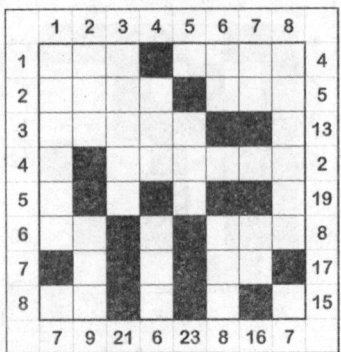

50

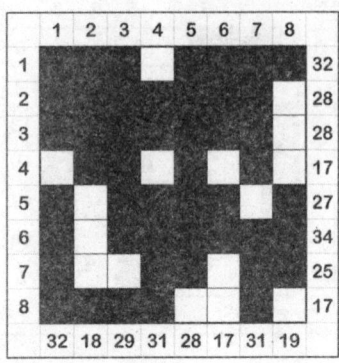

答 案 汇总 Kakurasu

附赠

|   | 1 | 2 | 3 | 4 | 5 | 6 | 7 | 8 | 9 |    |
|---|---|---|---|---|---|---|---|---|---|----|
| 1 |   |   |   |   | ■ |   |   | ■ |   | 22 |
| 2 |   |   |   |   |   |   |   | ■ |   | 9  |
| 3 | ■ |   |   |   |   | ■ |   | ■ |   | 15 |
| 4 |   |   |   |   |   |   |   |   | ■ | 9  |
| 5 | ■ |   |   |   |   |   | ■ |   |   | 8  |
| 6 |   | ■ | ■ | ■ |   |   |   | ■ |   | 14 |
| 7 | ■ |   |   |   |   |   |   |   |   | 1  |
| 8 | ■ | ■ |   |   |   |   |   |   |   | 2  |
| 9 |   |   |   | ■ |   | ■ |   | ■ |   | 20 |
|   | 15 | 14 | 6 | 9 | 1 | 3 | 14 | 4 | 22 |    |

091

## 第二章 数和 Kakuro

01  02

03  04

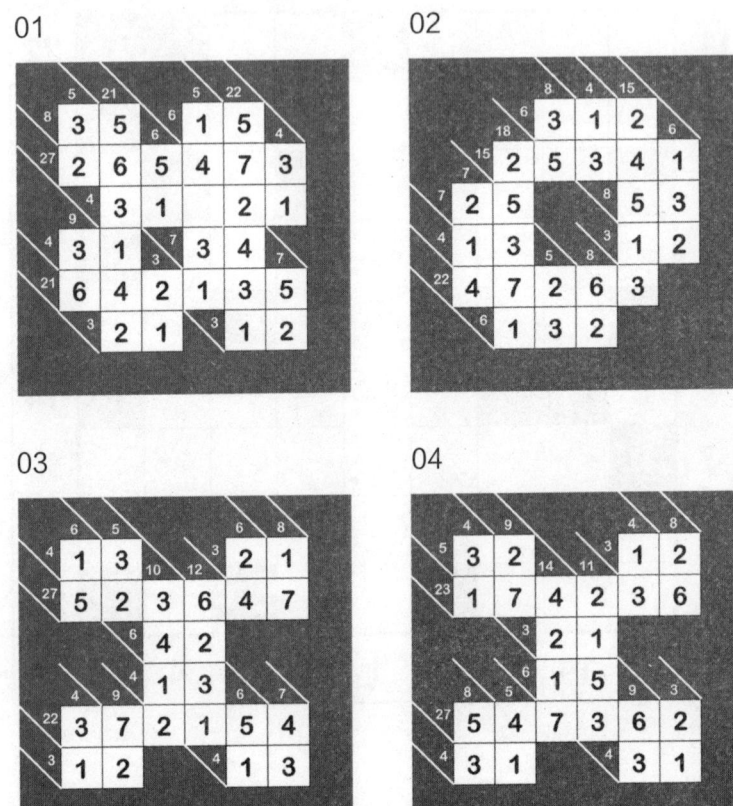

答 案　数和 Kakuro

第二册 谜题阶梯训练

答 案　数和 Kakuro

14

15

16

17

答案 数和 Kakuro

18

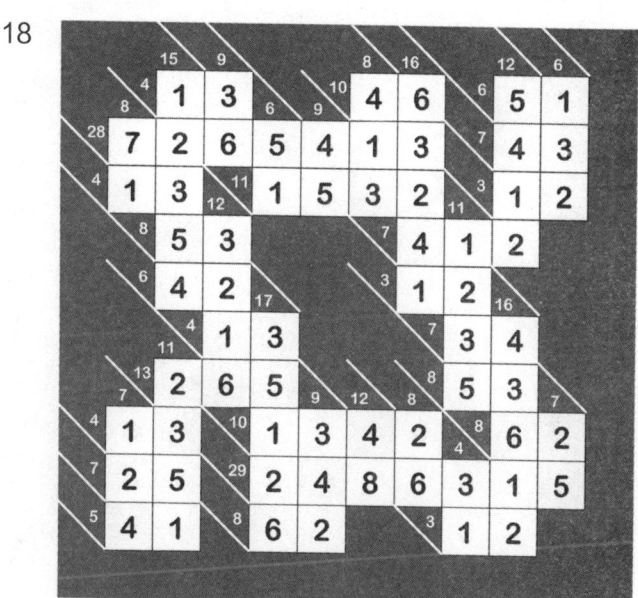

19

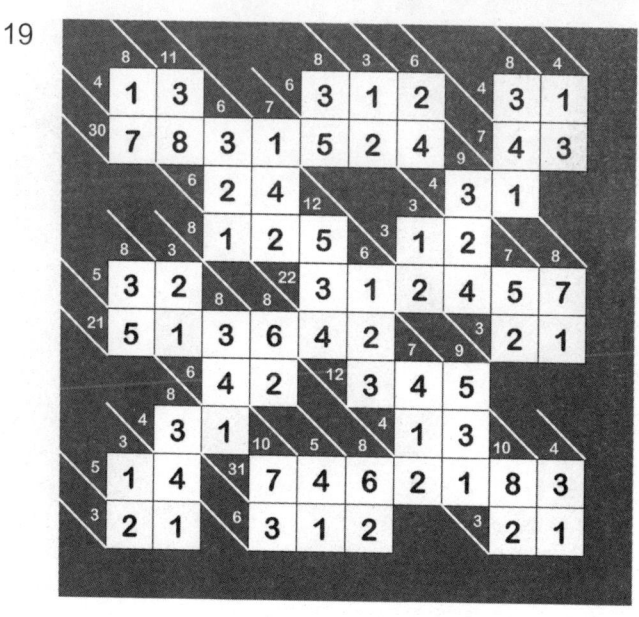

第二册 谜题阶梯训练

20

21

## 22

## 23

第二册 谜题阶梯训练

24

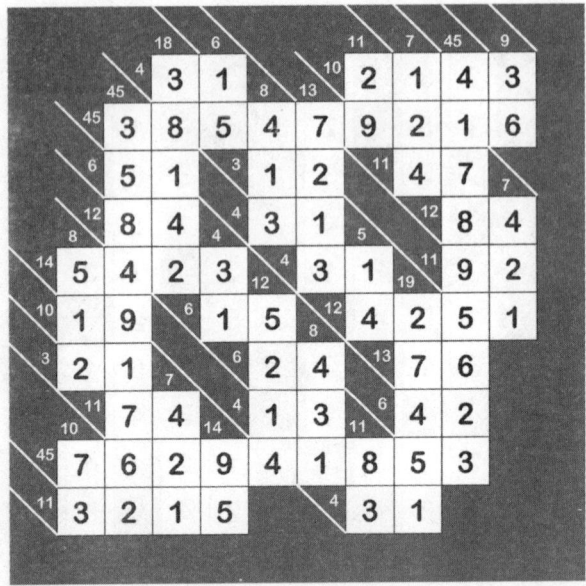

25

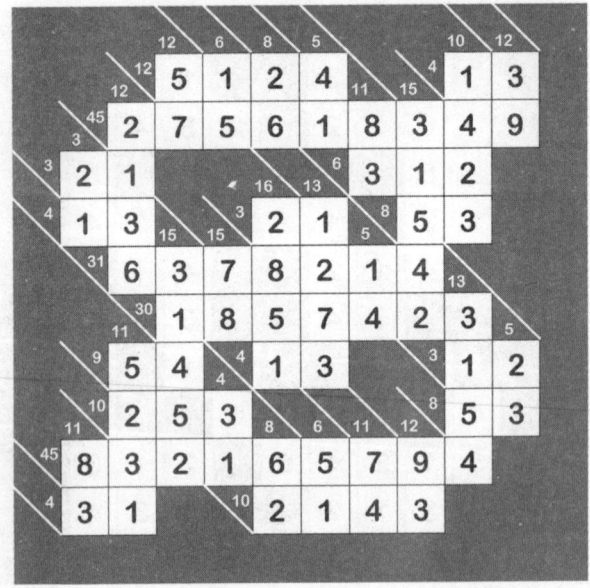

答　案　数和 Kakuro

26

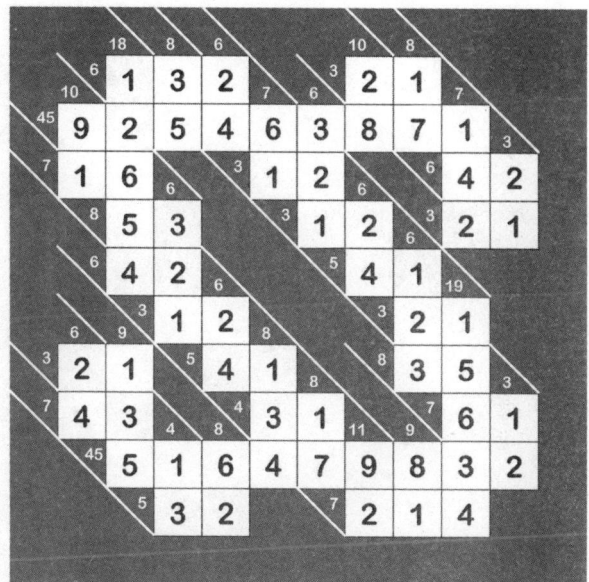

27

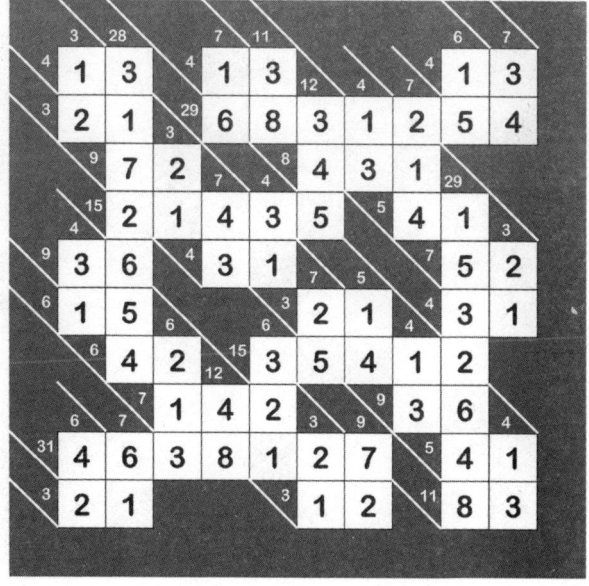

# 第二册 谜题阶梯训练

28

29

102

答　案　数和 Kakuro

第二册 谜题阶梯训练

32

33

答　案　数和 Kakuro

34

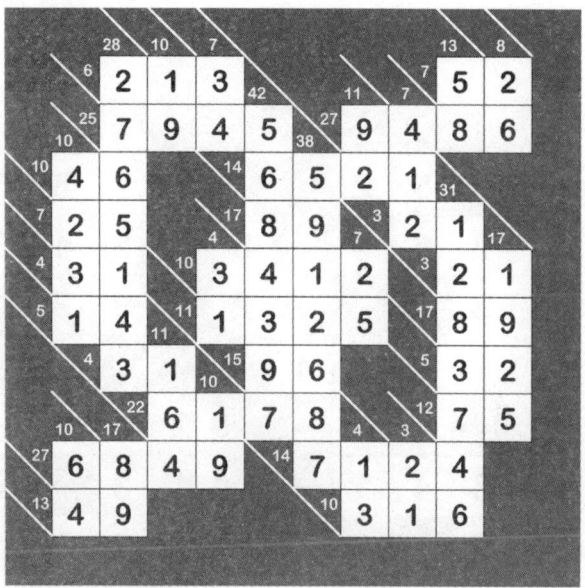

35

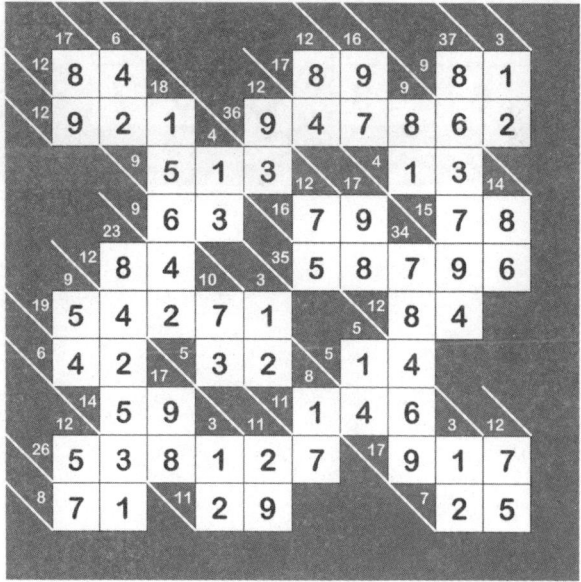

36

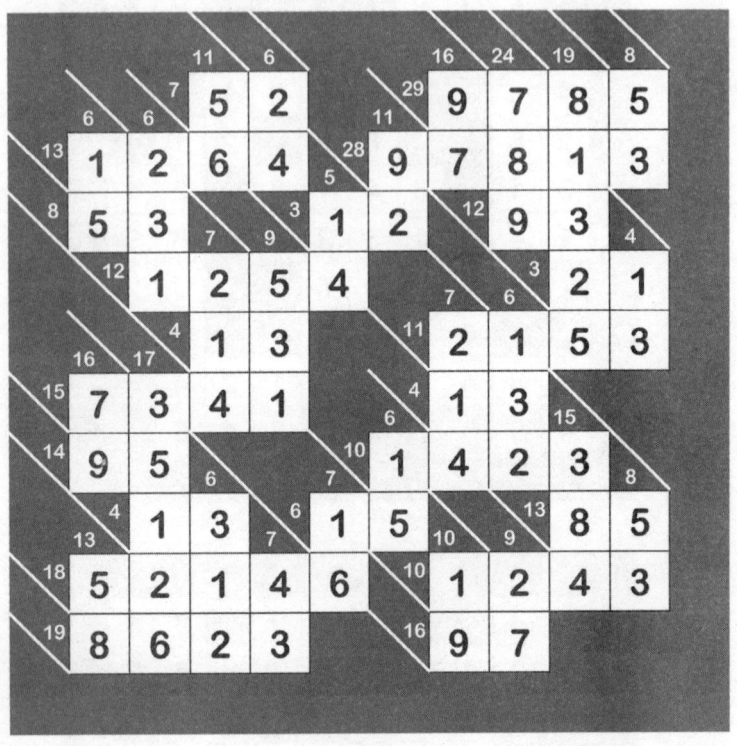

## 37

## 38

## 39

## 40

答　案　数和 Kakuro

## 41

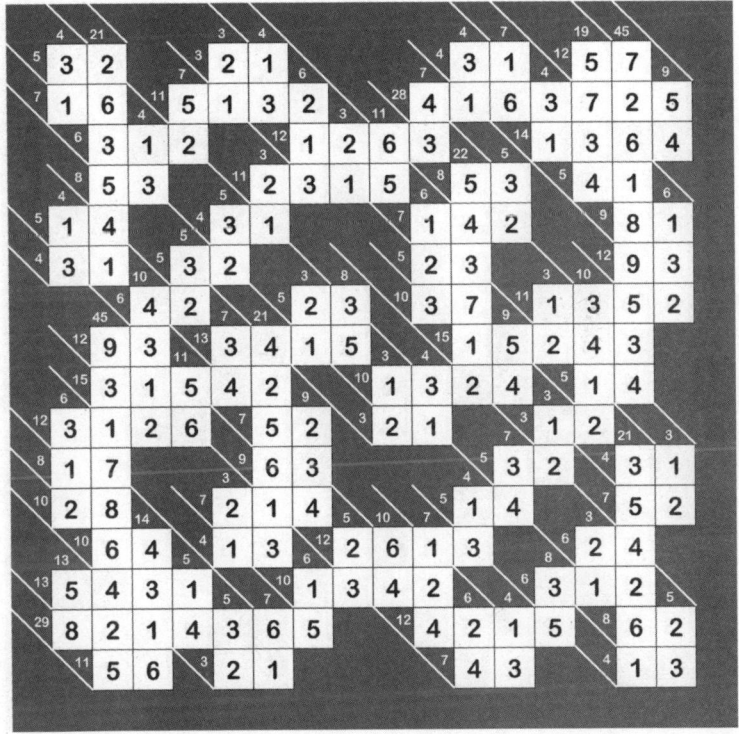

111

## 42

答案 数和 Kakuro

43

## 44

答　案　数和 Kakuro

## 45

46

答　案　数和 Kakuro

47

## 48

答　案　数和 Kakuro

## 49

## 50

答　案　数和 Kakuro

附赠

# 谜题阶梯训练

廖然　徐艳　黄中华　著

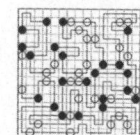

第3册

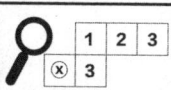

天津出版传媒集团

天津科学技术出版社

# 目 录
## contents

**第一章**
- 架桥 Hashi ..................001
- 例题及题型说明 ..............002
- 练习题 ......................012

**第二章**
- 珍珠 Masyu ..................029
- 例题及题型说明 ..............030
- 练习题 ......................041

**答案**
- 第一章 架桥 Hashi ...........060
- 第二章 珍珠 Masyu ...........076

# 第一章　架桥 Hashi

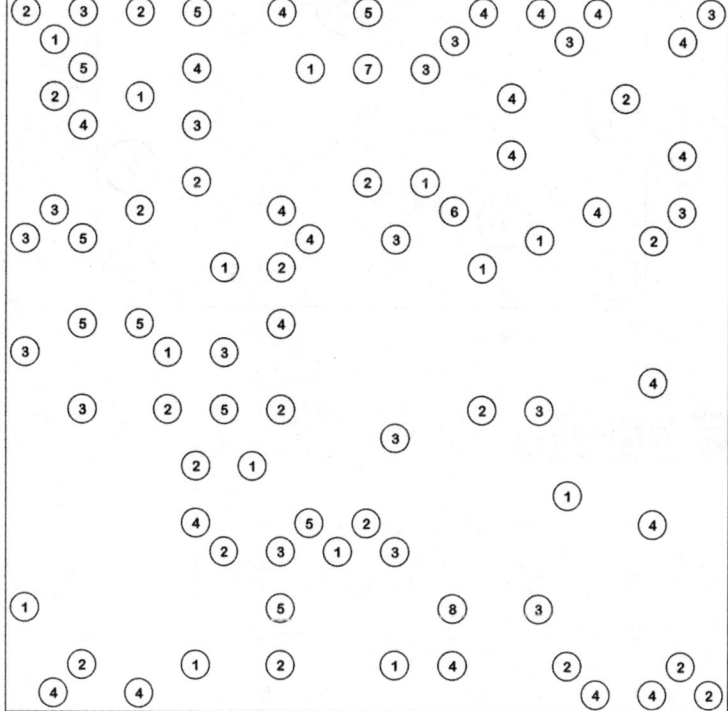

第三册　谜题阶梯训练

例题：

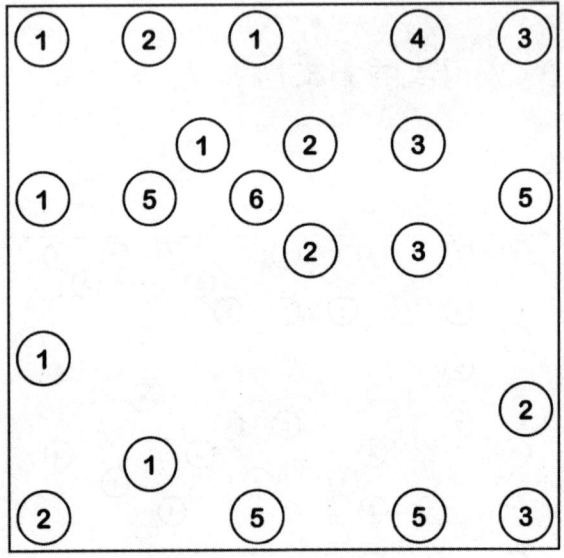

题型说明：

1. 谜题由一个带内提示数字小岛的矩形题图构成。

2. 解谜是将图中所有小岛用桥梁连接起来，不可以出现孤岛。

3. 桥梁必须是标准水平或垂直方向。

4. 小岛上的数字代表该小岛上全部架设的桥梁总数。

5. 架设在两座小岛之间的桥梁总数不超过两座。

# 第一章 架桥 Hashi

## 背景资料：

架桥在日语中称为Hashiwokakero（建桥），也称为Hashi（桥）、bridges（桥）、Chopsticks（筷子），经典逻辑谜题之一。架桥首次发表在《谜题通信nikoli》第31期（1990年秋季刊），作者是RENIN（れーにん）。

## 例题答案：

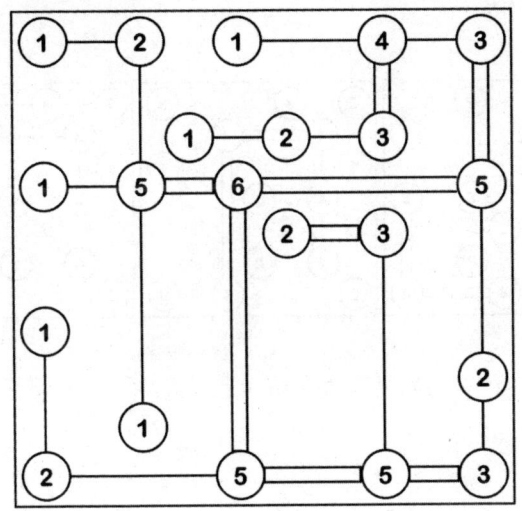

**答题之前：**

你必须先熟悉几个最基本的架桥定式。

**架桥定式：**

数字7和8：8很显然就是每边2桥，7的情况暂时只能确定4

个方向的单桥。

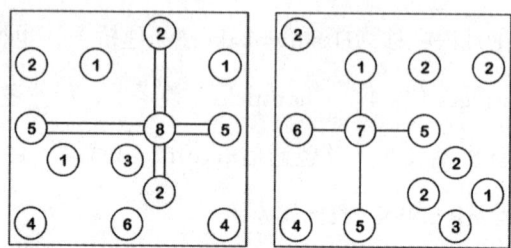

数字3和4:4如果两边有岛就是每边2桥,3如果两边有岛可以确定单桥。

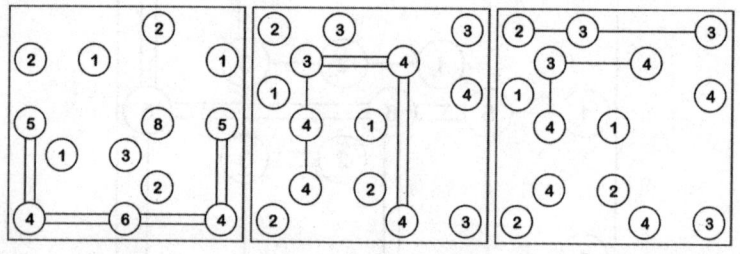

数字5和6:6如果三边有岛就是每边2桥,5如果三边有岛可以确定单桥。

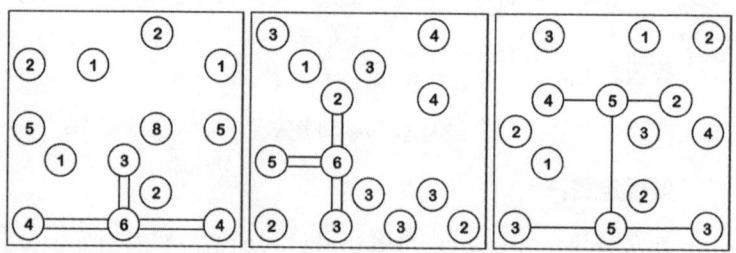

# 第一章　架桥 Hashi

数字1和2：2如果单边有岛就是2桥，1要注意不能1和1之间架桥。

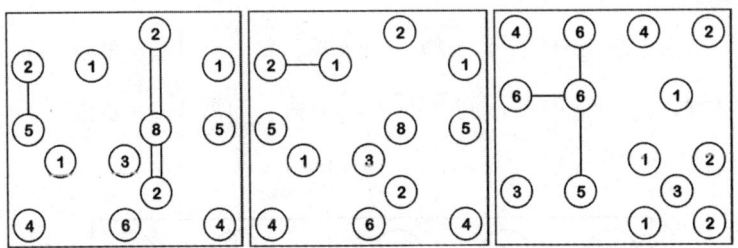

学会做减法：注意上面第3图，当6的一边是1时，可以把这个6当作5处理。

## 例题解答：

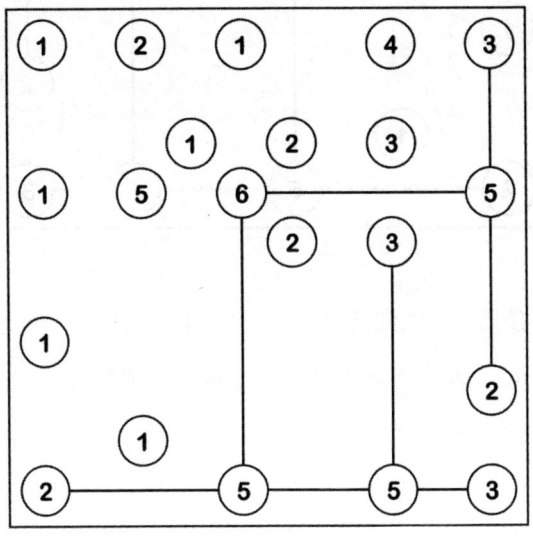

**解题技巧①：大数开局。**

从大数（如5、6、7、8）开始，原因是大数能够为你提供更多可确定的桥。本题从5和6开始。

对于靠边的几个5，因为三面有岛，马上可以确定单桥。6的情况，因为四面有岛，除了两桥来自5外，尚需要进一步推导。

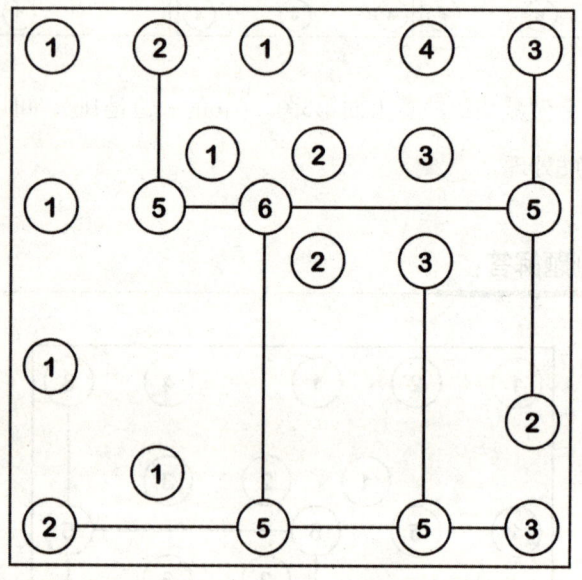

**解题技巧②：大数推导。**

对于6，可以使用减法推导法，因为上面是1，把它化做5处理，确定3个单桥。

6左边的5，同样可以用减法推导法，因为5下方和左方都是1，那么可以把5直接化做3来处理，确定了两个单桥。

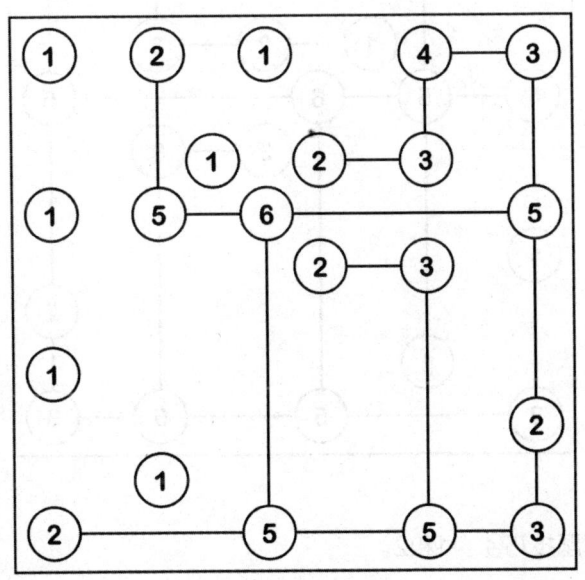

**解题技巧③**：3和4。

接下来把可以标的3和4都确认了。

几个3都相对明确，只有两个方向有岛，所以确定单桥。

唯一的4，因为左边是1，化作3来处理。

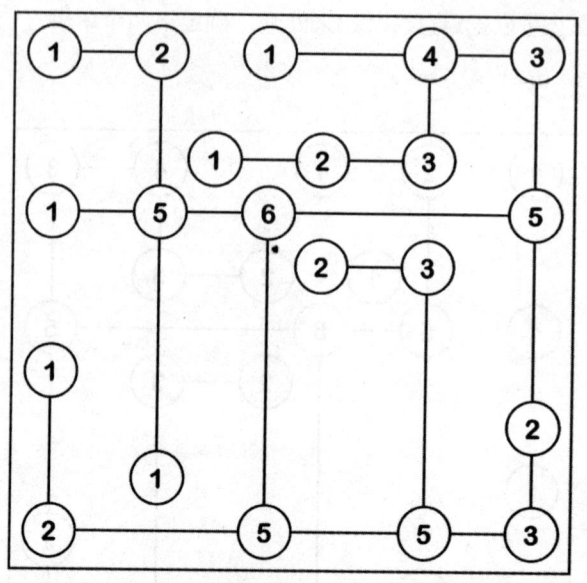

**解题技巧④**：1和2。

本题1比较多，根据1和1不能相连的原则，左上的两个1已经可以完全确定。

然后寻找那些只有一方有岛的1，把桥架好。

你唯一可能有疑问的是上方中间的1，因为它左右都有岛，但是如果连了左边后再去连右边，会出现"1-2-1"断桥。

第一章　架桥 Hashi

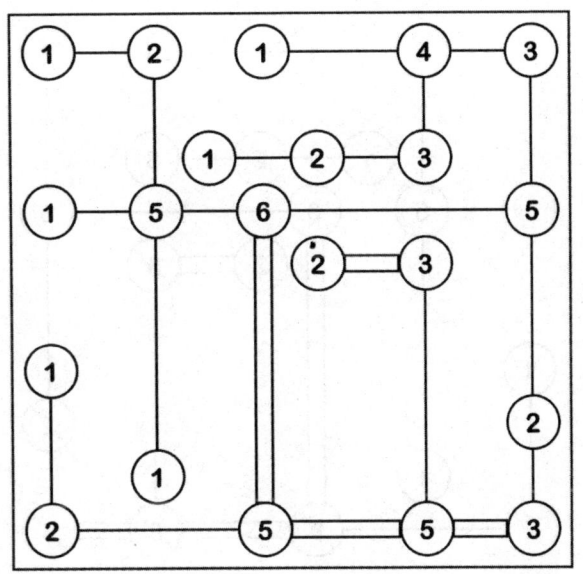

**解题技巧⑤：连通性。**

因为谜题是要求所有小岛相连，在架上大多数桥之后，要观察整体的连通性。

本题可以确定已经全部连通。

在某些情况下，在这个阶段会根据连通性来做一些选择。

然后从末端往回推导。

## 第三册　谜题阶梯训练

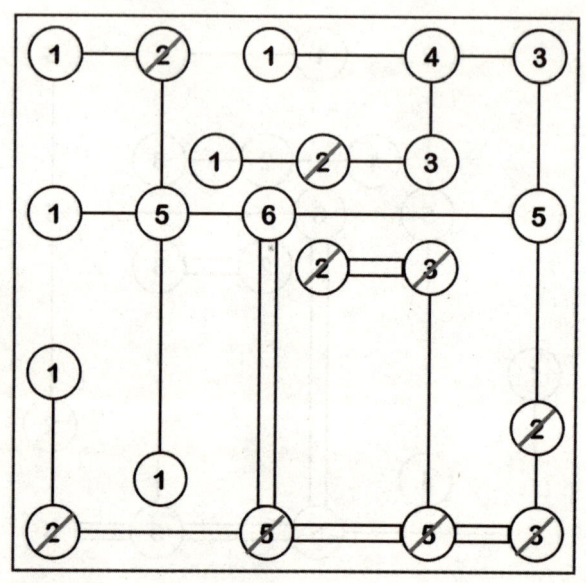

**解题技巧⑥：检查。**

自己完成例题。

建议一边从末端倒推，一边做检查，可以选择自己舒适的方式来做标记。

完成一个数字就划掉一个数字，这样能确保不会遗漏。

# 第一章 架桥 Hashi

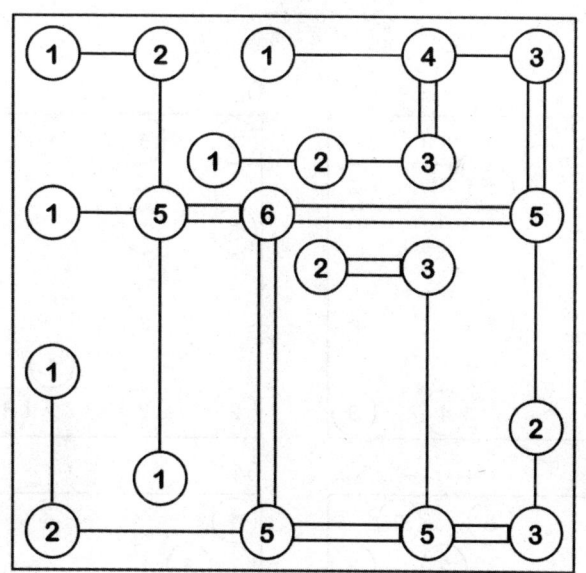

**解题技巧⑦：灵活运用。**

通过反复练习，灵活运用以上的技巧。

解题没有一定之规，熟练后你可以自由选择从3和4开始还是从7和8开始，不过大数能够提供更多的桥。

更多的桥，其实也是能限制住更多的方向，这一点很重要。

后面你还会碰到更大的盘面。注意连通性，因为真正的难题都是在连通性上做文章的。

# 第三册 谜题阶梯训练

练习题：

## 青铜

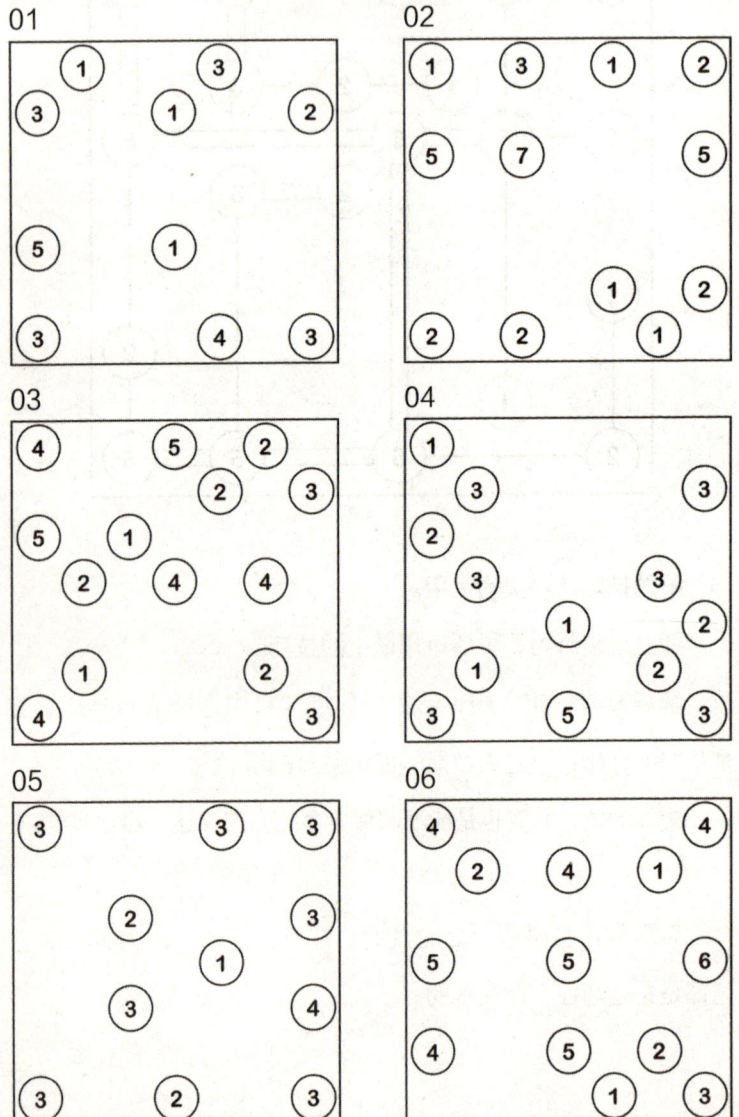

# 第一章 架桥 Hashi

## 第三册 谜题阶梯训练

# 白银

13
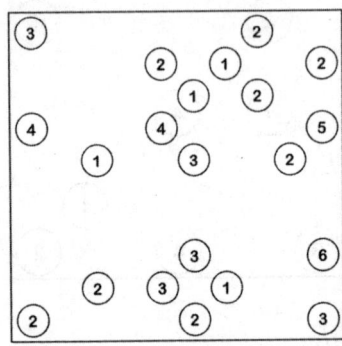

14
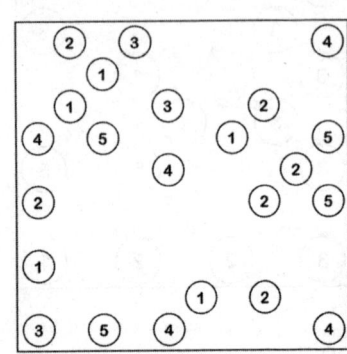

15
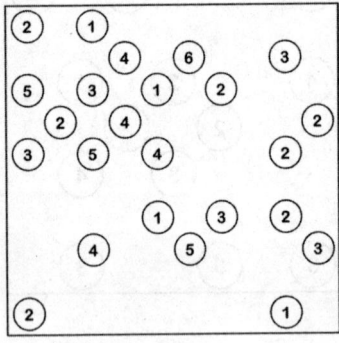

16
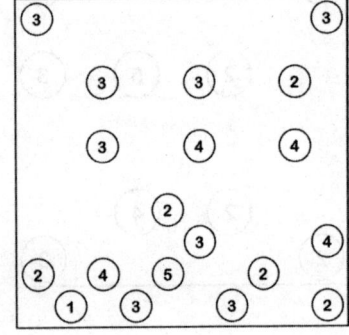

17

18

第一章 架桥 Hashi

19
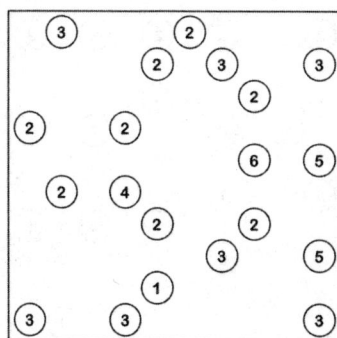

20
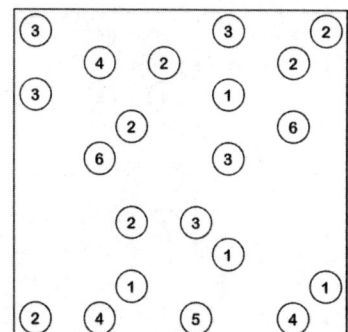

21
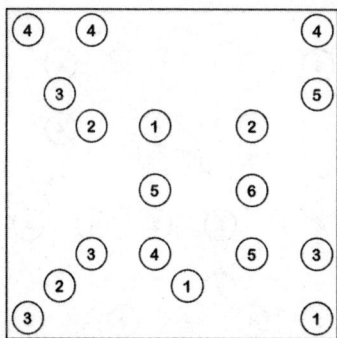

22
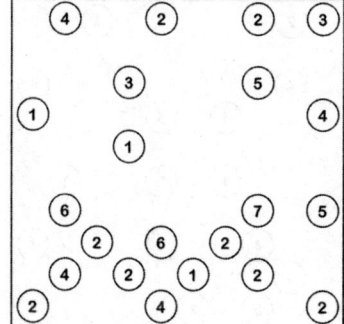

23
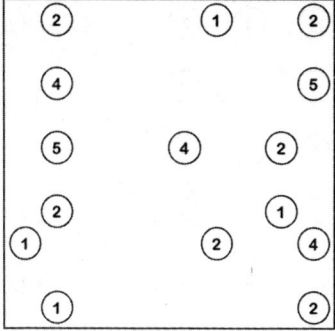

24
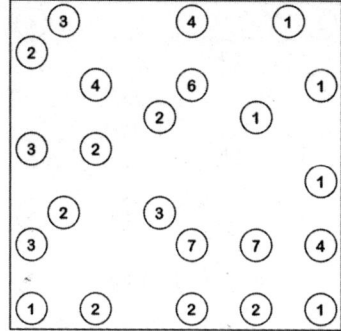

25
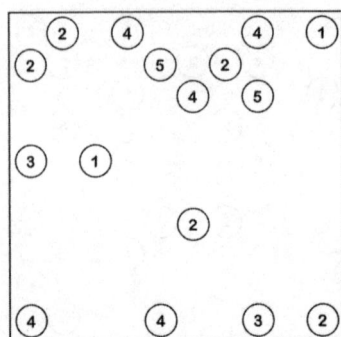

26
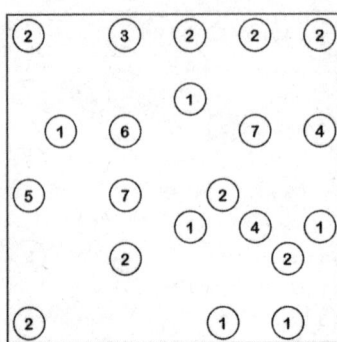

27
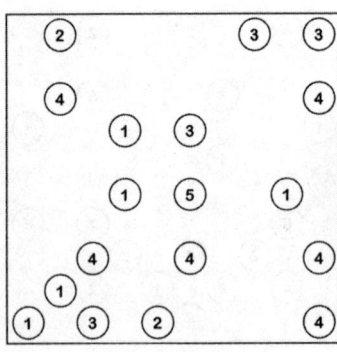

28
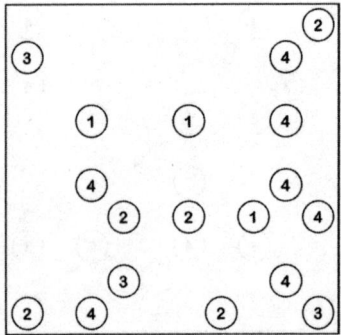

29
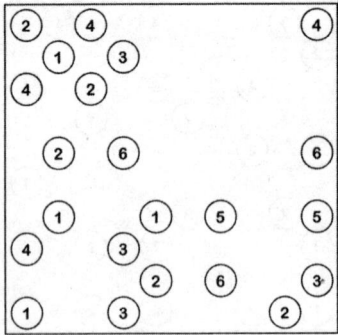

30
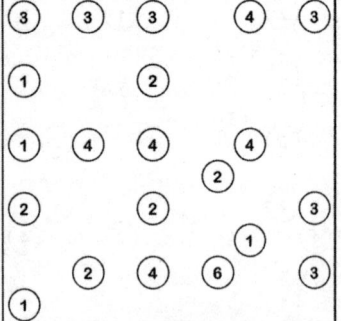

第一章 架桥 Hashi

## 黄金

31

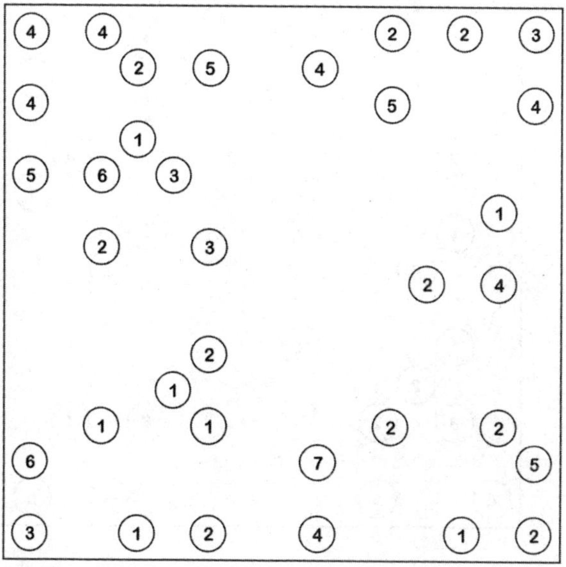

32

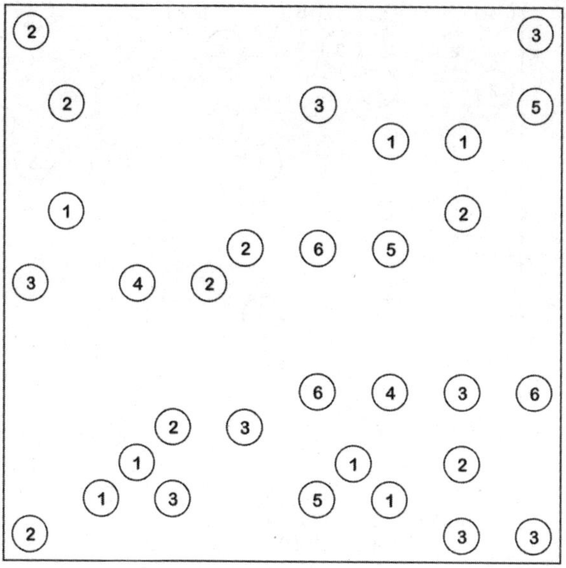

第三册 谜题阶梯训练

33

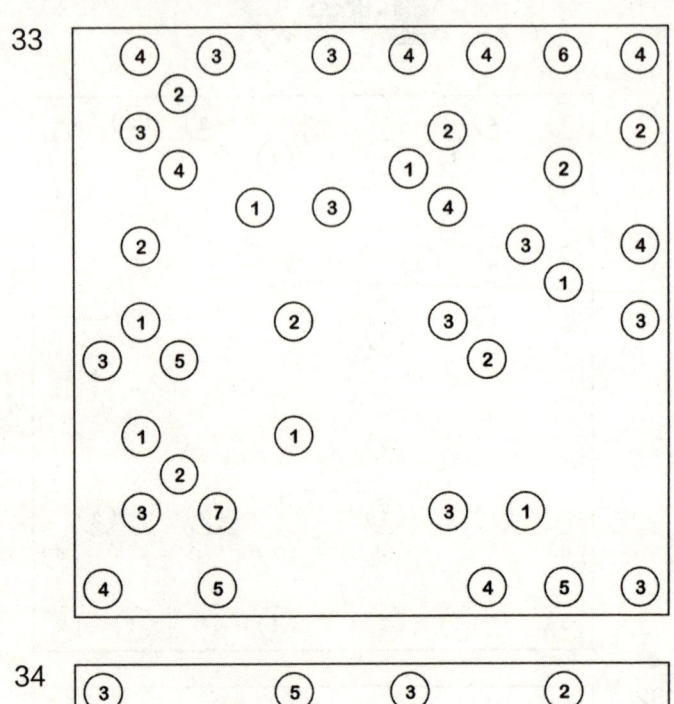

34

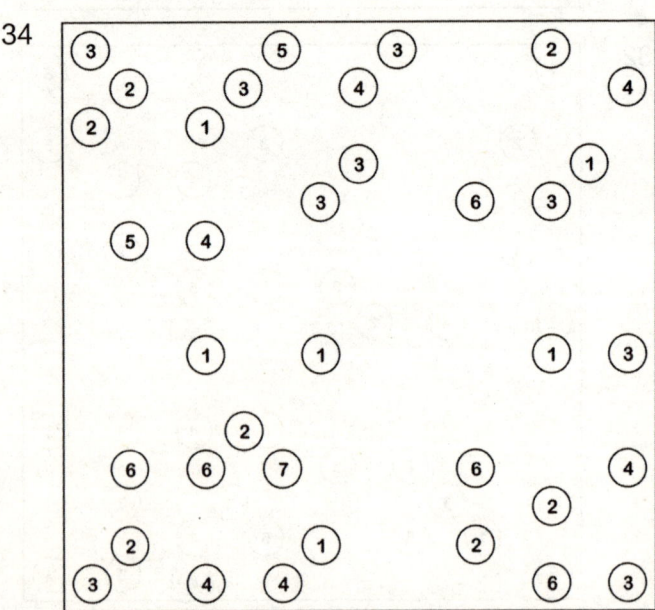

# 第一章 架桥 Hashi

35

36

37

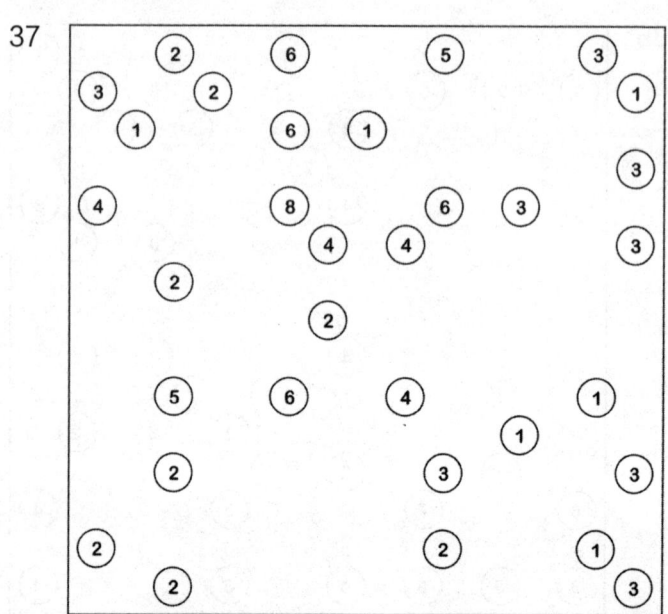

38

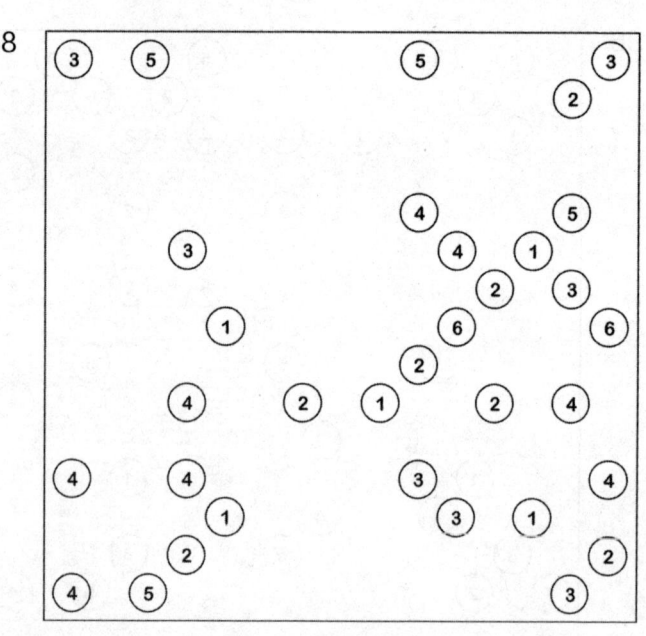

第一章 架桥 Hashi

# 第三册 谜题阶梯训练

41
42

第一章 架桥 Hashi

43

44

# 第三册 谜题阶梯训练

45

46

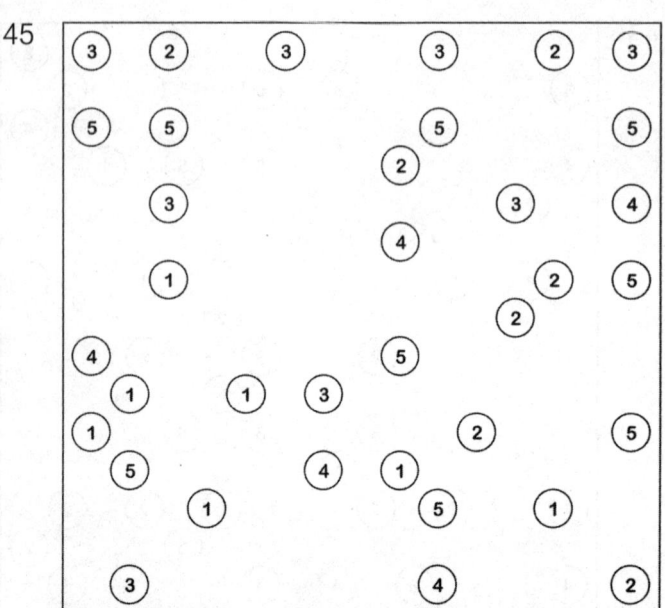

024

第一章 架桥 Hashi

47

48

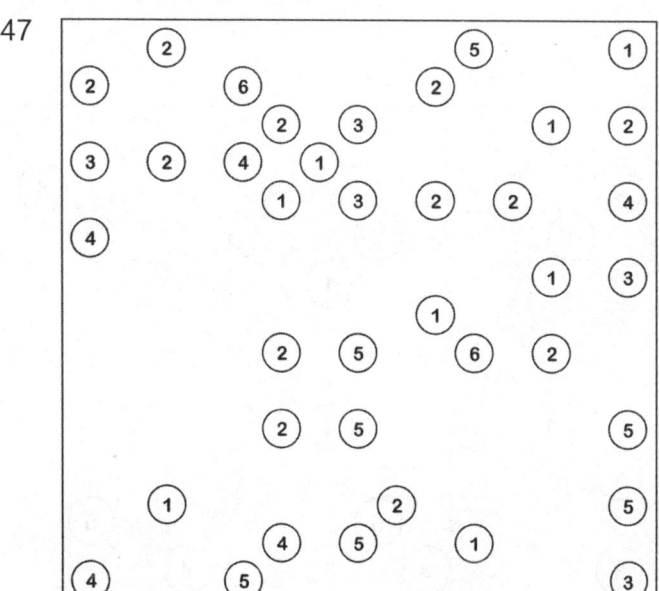

49

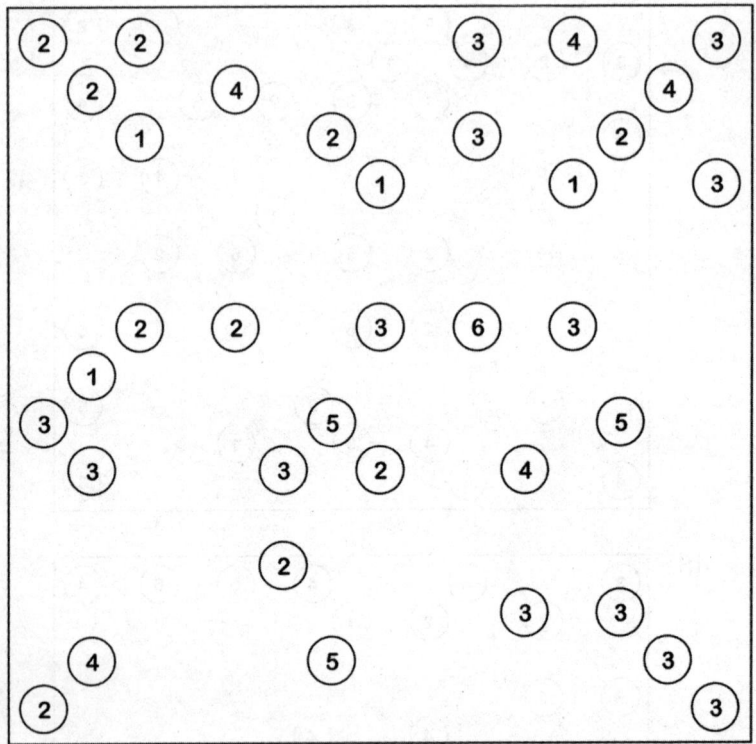

50

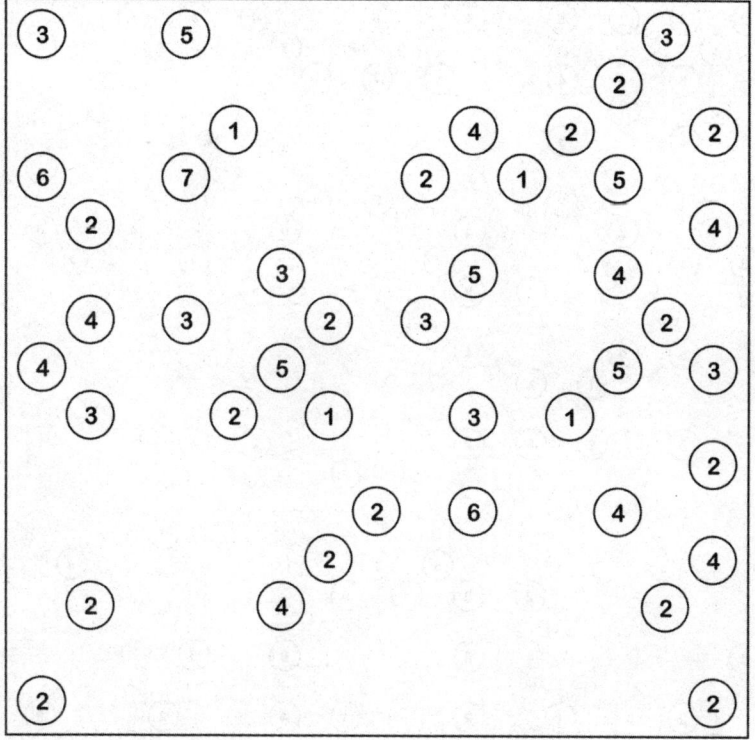

## 第三册　谜题阶梯训练

附赠

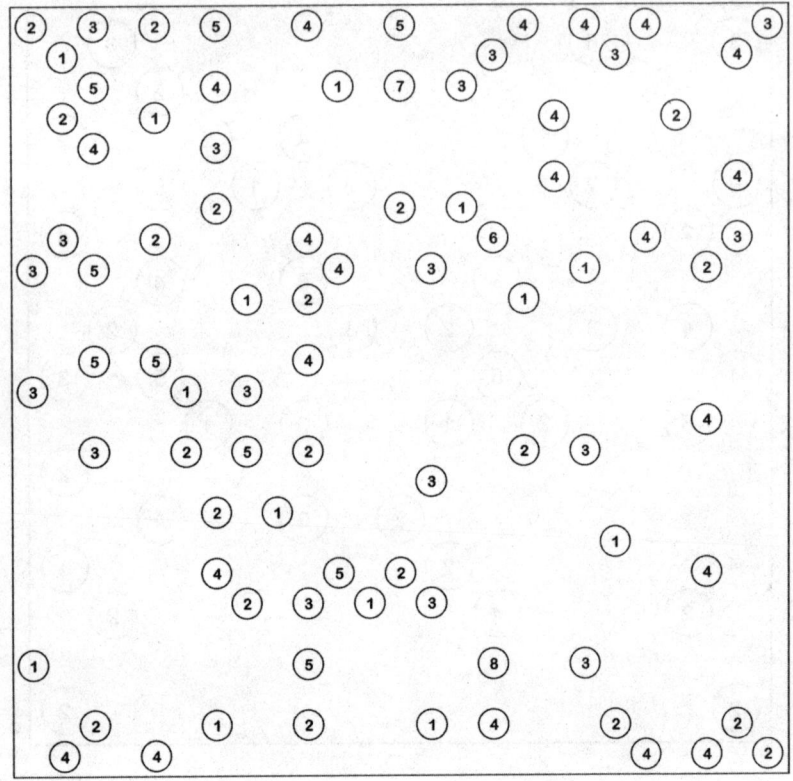

# 第二章　珍珠 Masyu

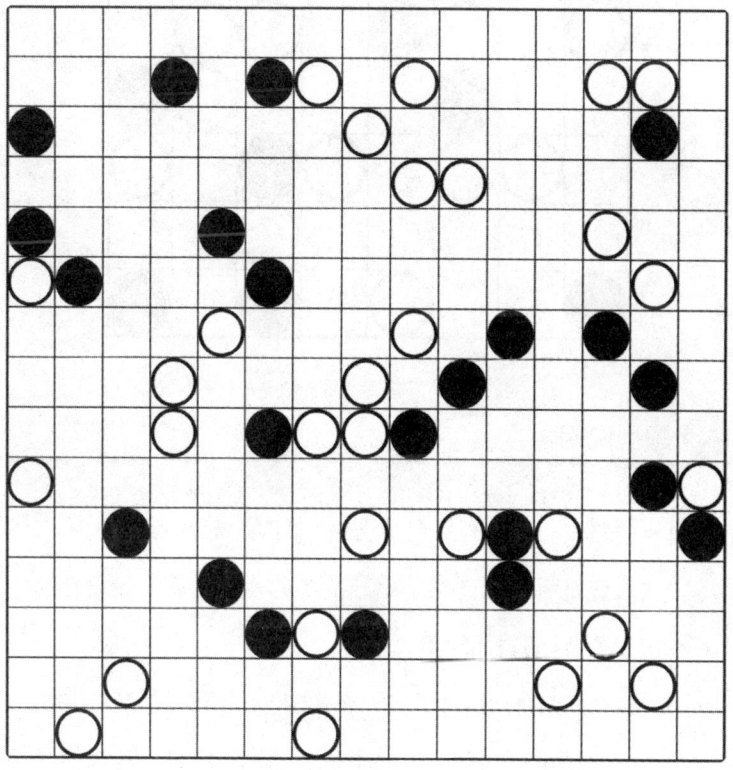

## 第三册 谜题阶梯训练

### 例题：

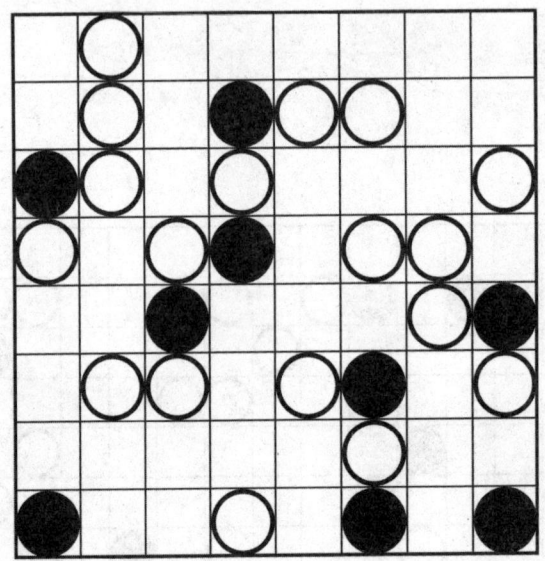

### 题型说明：

1. 谜题由一个含有黑白珍珠格子的矩形格子题图构成。

2. 解谜是将题图内某些格子的中心点相连接，最终在题图中形成一条完整的封闭回路。

3. 这条回路必须经过所有的珍珠格子，不可以交叉和中断。

4. 回路通过白色珍珠时必须直线通过，并且在珍珠格子两边的格子中，至少有一边转弯90°。

5. 回路通过黑色珍珠时必须转弯90°，并且保证在转角的两边,都至少保持两个格子不转弯。

## 📄 背景资料:

珍珠是画线谜题的一种,首次发表于《谜题通信nikoli尼科利》第90期(2000年春刊),其原创作者是矢野龙王(Ryuo Yano)和乙腈(Acetonitrile アセトニトリル),当时的名称为"白珍珠黑珍珠",从第103期(2003年夏季刊)改称Masyu(珍珠)。

## 👍 例题答案:

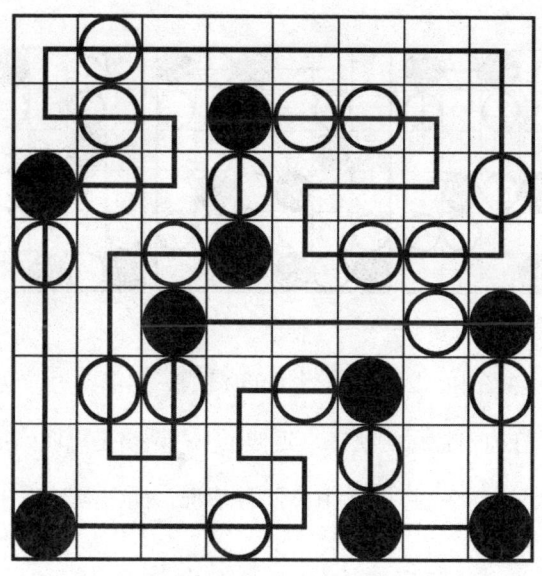

## 答题之前：

你必须先熟悉几个最基本的珍珠定式。

**黑珍珠：①角转弯②亏转身③兄弟分家**

角转弯是指下面左图，处在四角的黑珍珠显然只有唯一确定的走向。

当黑珍珠处于边上，再往边上走不足两格，这种情况就叫亏，因此，可反向确定走线的两个格子。

在下面中图，处于边线上的黑珍珠，不管转角是左转下还是右转下，肯定需向下延伸。

下面右图中，把亏的概念延展到离边一格的情况，同样肯定是向右延伸。

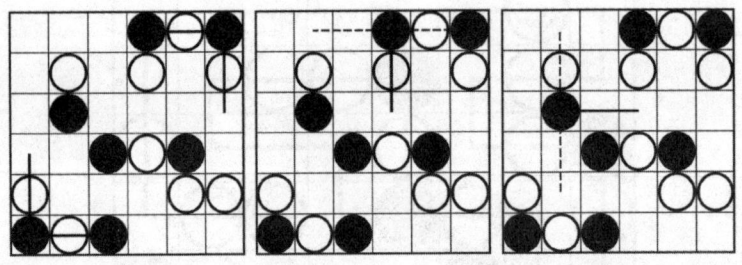

下面左图中，因为有了上面的横线，则第四行左边的黑珍珠也是处在有一边亏的状态，延伸至下行两格是可以确定的。

兄弟分家则有边上和中央两种情况。两个黑珍珠相邻，因为互相不能连接（违背了黑珍珠的走线规则），看上去就是相互"亏欠"，所以各自反向走两格，形成下面中图和右图的走线。

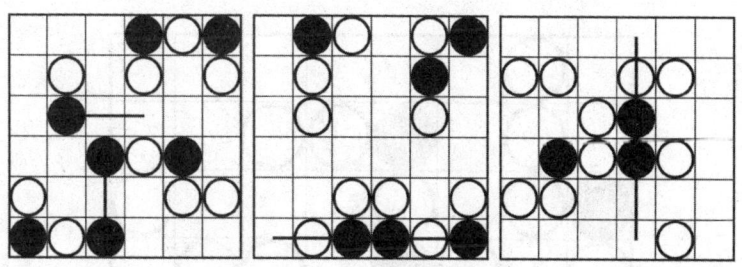

白珍珠：①边成串②眼镜腿③三连成川。

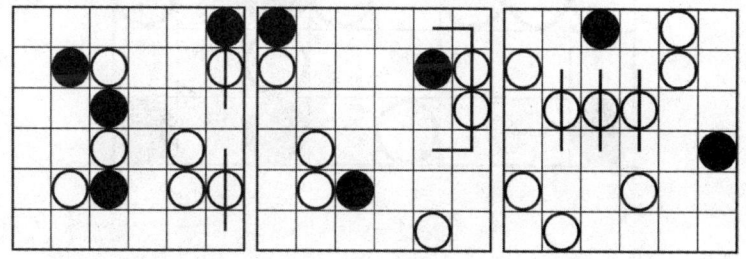

白珍珠在图中央的情况会比较复杂，难以判断线的走向，但是在边上，还是有固定规律的。上面左图，因为要直线通过，所以像烤串的样子；上面中图，两个白珍珠相邻且处在边上，多了一个必须转弯的条件，样子则像是眼镜腿；上面右图，三个白格在同一行列上相邻，走线的样子则像汉字"川"。

第三册 谜题阶梯训练

### 例题解答：

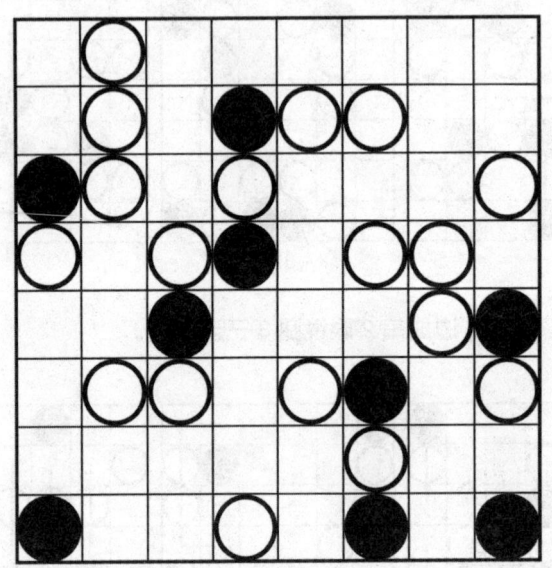

**解题技巧①：按定式画线。**

解此题型通常会从黑珍珠开始。

运用刚刚学到的3个黑珍珠规则，已经可以画出不少线段。

观察一下题目，有两个角和3个边上有黑珍珠，第二行还有一个离边一格的黑珍珠。

第二章 珍珠 Masyu

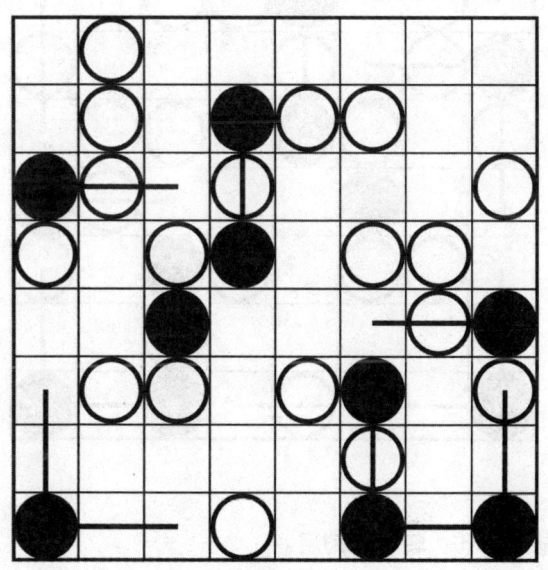

**解题技巧②：按定式画线。**

然后轮到白珍珠的规则。

先观察一下，在边上有4个单独的白珍珠。

第2列还有个三连成川。这道题目里没有出现眼镜腿的情况。

## 第三册 谜题阶梯训练

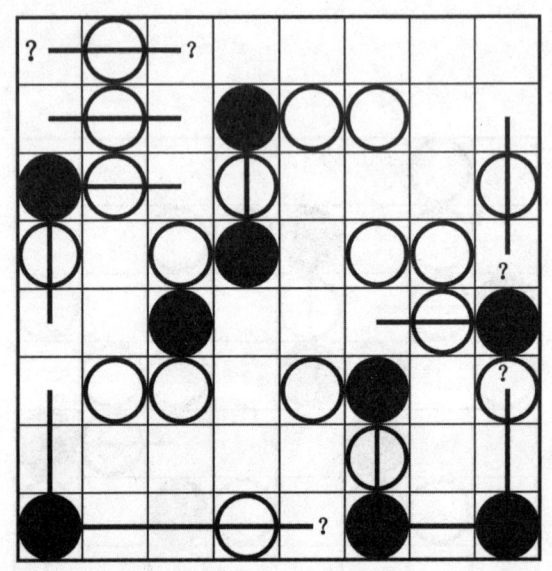

**解题技巧③：转弯的判定。**

左上角问号肯定要往下走，那么思考一下它右边那个问号该怎样？

最下一行的问号，无疑是往上走。

右边上面的问号应该是向左走，否则旁边两个白格就无法穿过了。

右边下面的问号，思考一下，直接使用烤串的定式。

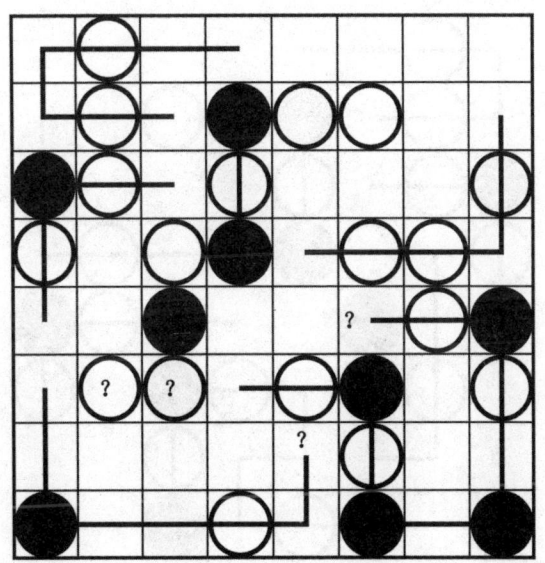

**解题技巧④：走线远近。**

和白珍珠相关的格子要一个一个格子走。和黑珍珠转角相关的可以走两格，要谨慎走线，多走一格可能就前功尽弃。思考几个问号处。

思考左下两个白珍珠水平穿过的可能性，根据右边的来线不可能再向左前进，可以判定这两颗白珍珠的走线是垂直方向的。

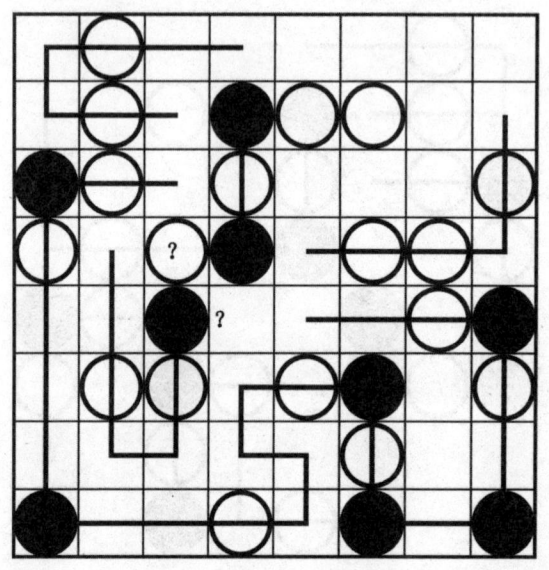

**解题技巧⑤：走线和转弯。**

接着把上一步思考处完成。

当线如果在某一方向走会形成小的闭环时，那么直接排除那个方向。

接下来的两个问号处，一个是白珍珠到底是水平穿过还是垂直穿过，相信你可以自行判断；黑珍珠处也只能向右转。

第二章 珍珠 Masyu

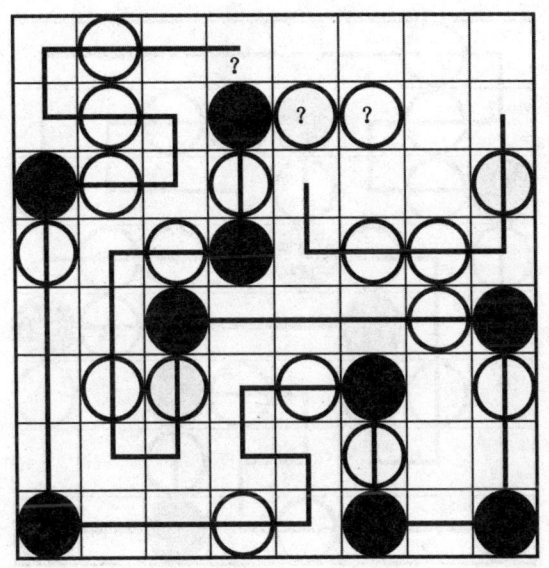

**解题技巧⑥：连通和闭环。**

离完成不远了。一般在解谜的后期，连通性显得尤为重要。

思考一下上边的问号处可以向下走吗？答案是否定的，那样就会形成一个小闭环。

做完这一步，剩下的两个白珍珠的走向也就容易解出了。

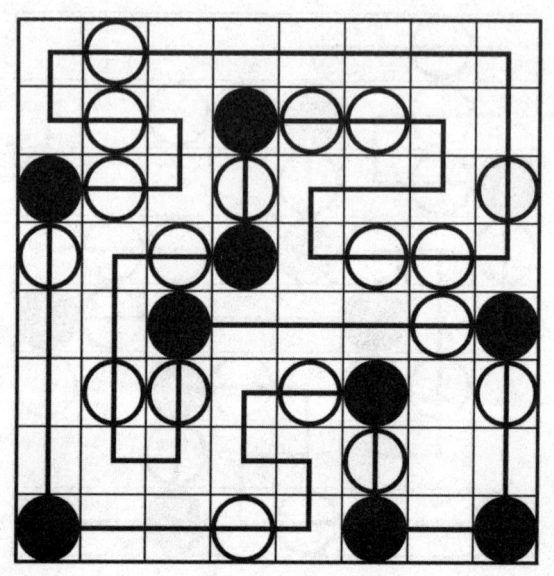

**解题技巧⑦：灵活运用。**

通过反复练习，灵活运用以上的技巧。

解题没有一定之规，但是黑白珍珠的几个定式很重要。

总之，随时注意走线的方向，让回路畅通，避免小闭环出现。

这道例题就完成了，在后面的习题里会有更大的盘面和更复杂的珍珠组合。观察力和走线预判能力是解决珍珠谜题的关键所在。

第二章 珍珠 Masyu

## 练习题：

### 青铜

01

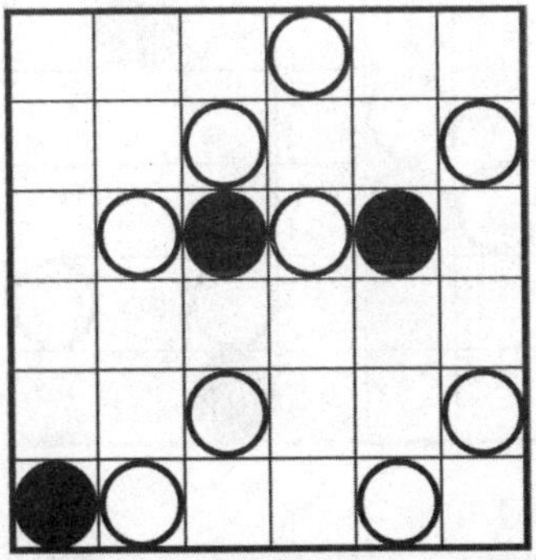

02

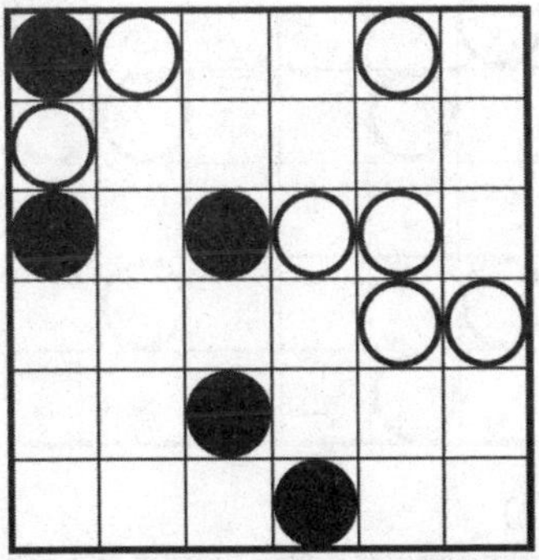

03

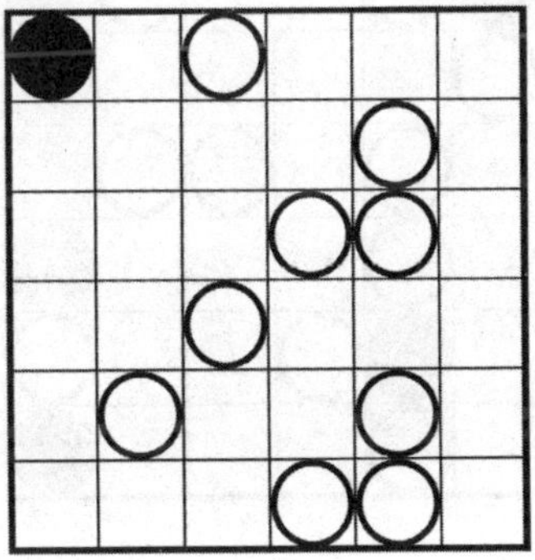

04

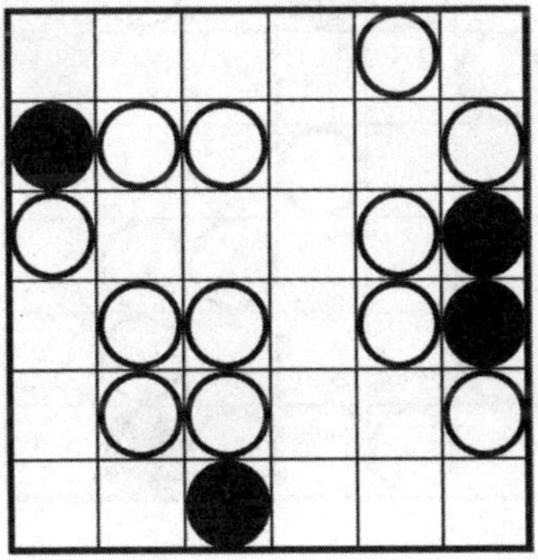

05

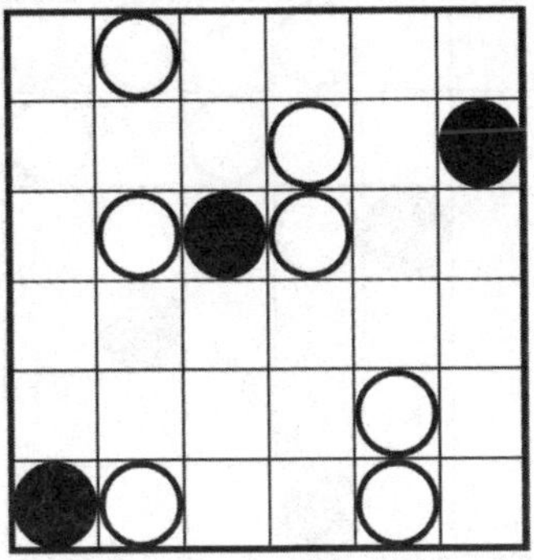

06

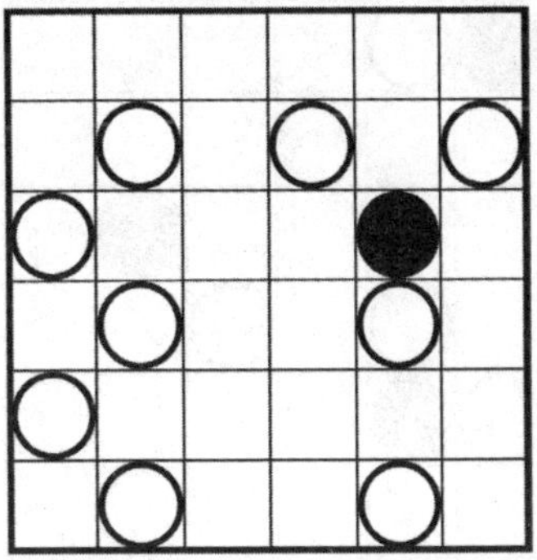

041

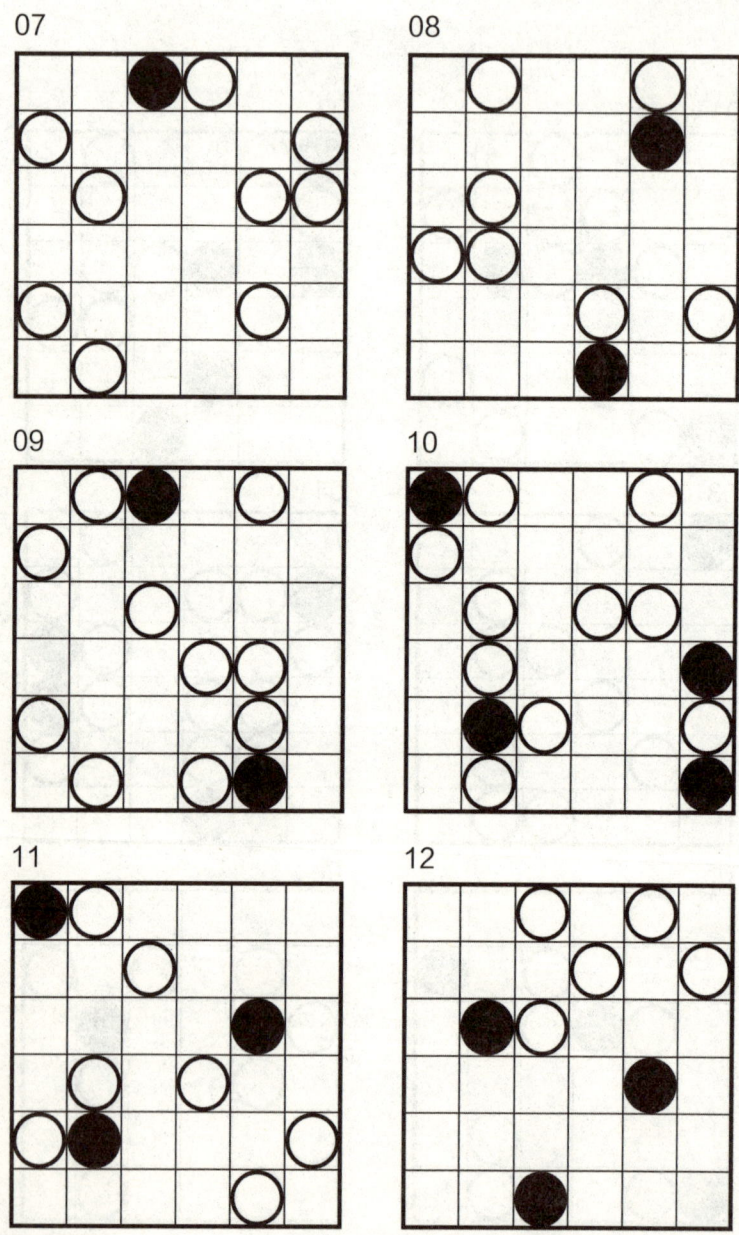

# 第二章 珍珠 Masyu

## 白银

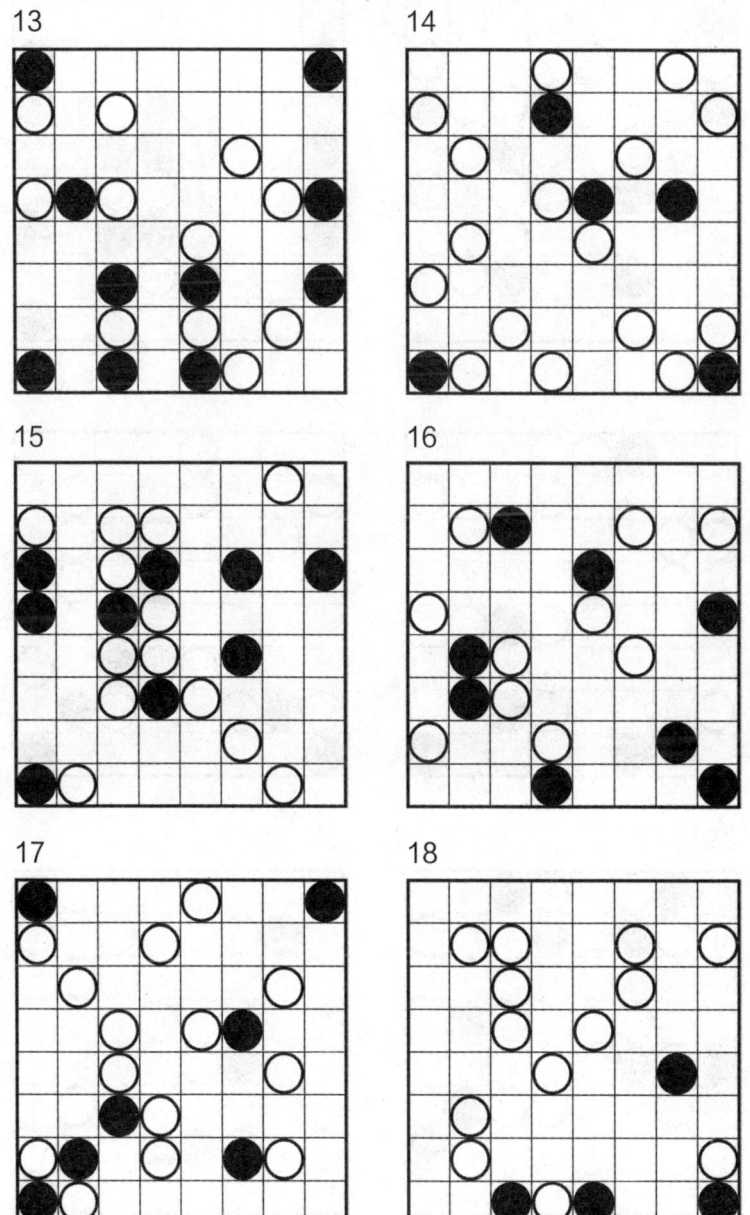

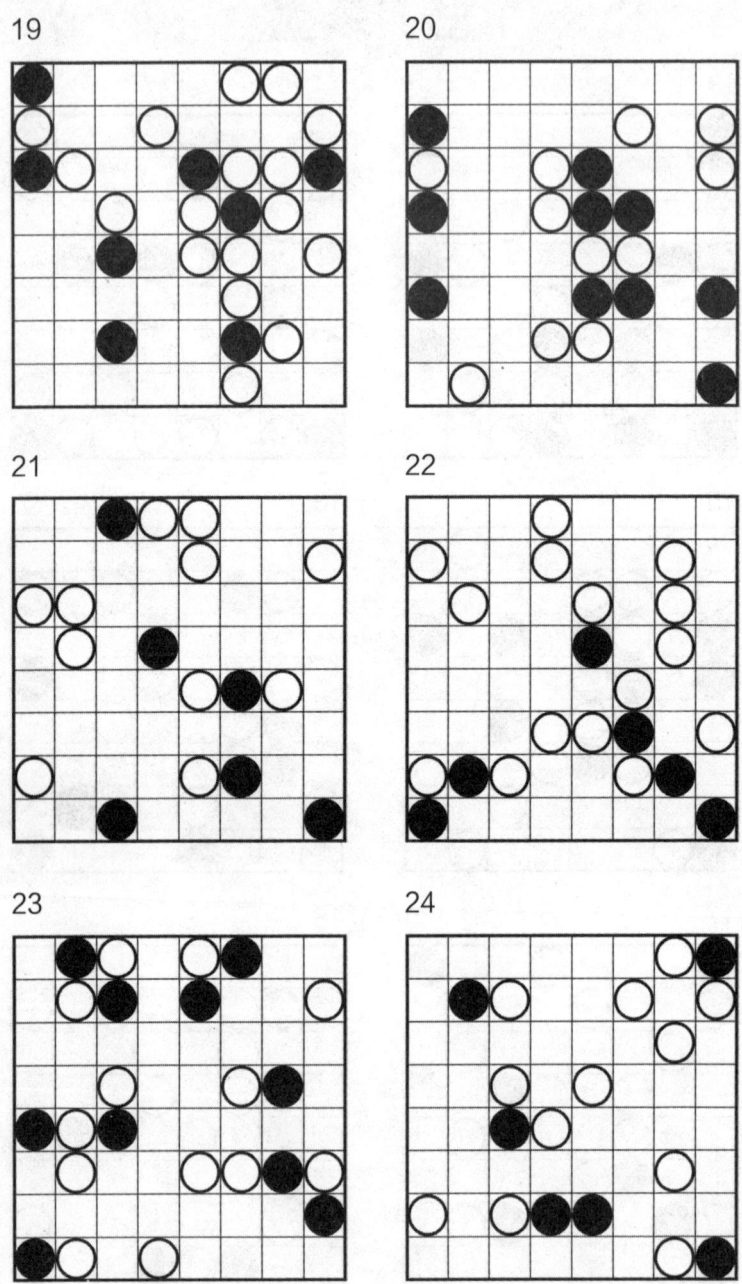

第二章 珍珠 Masyu

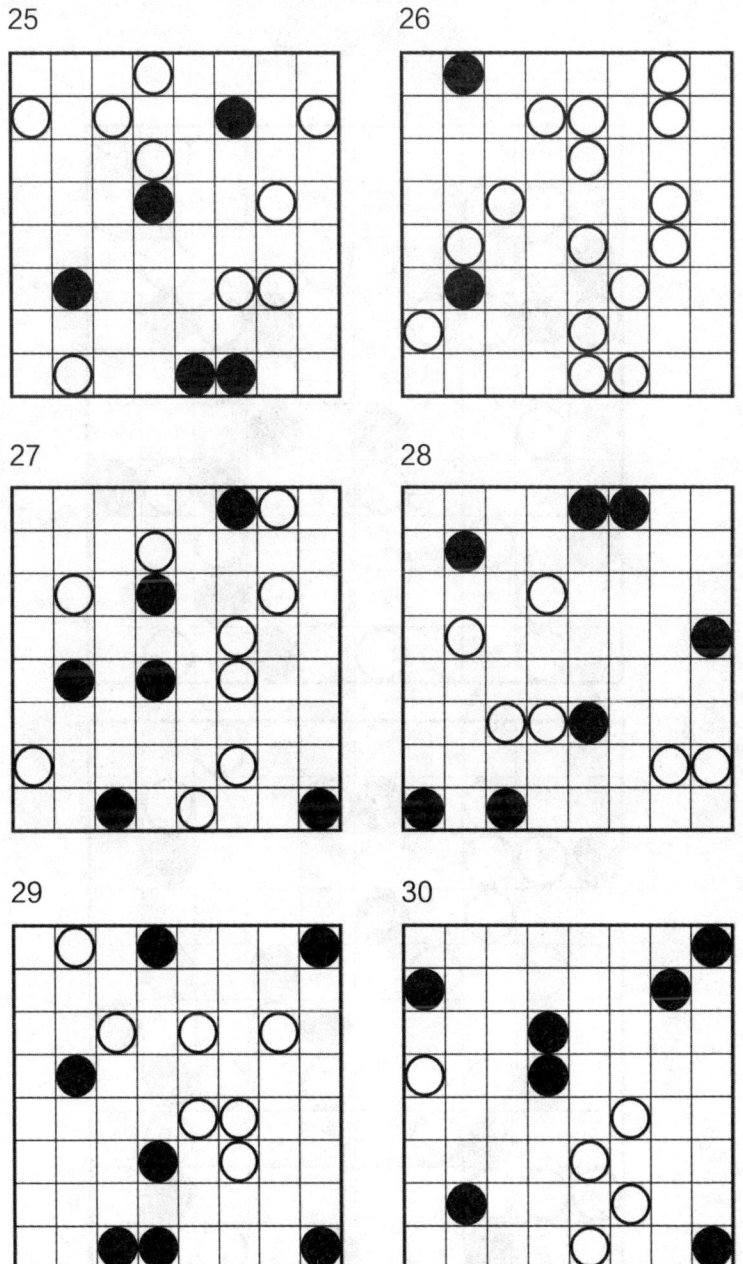

## 第三册 谜题阶梯训练

**黄金**

31

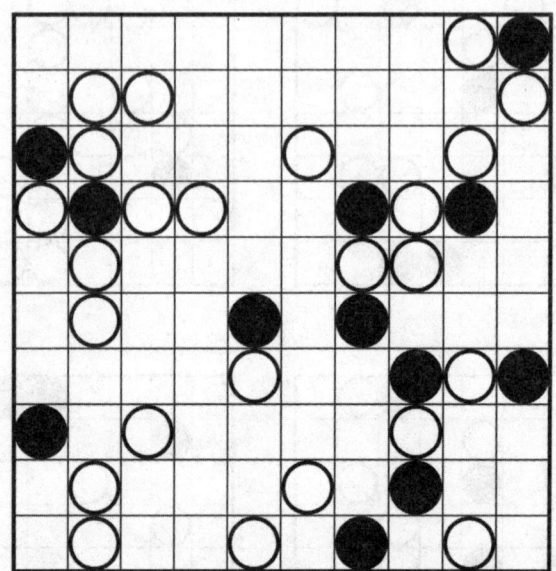

32

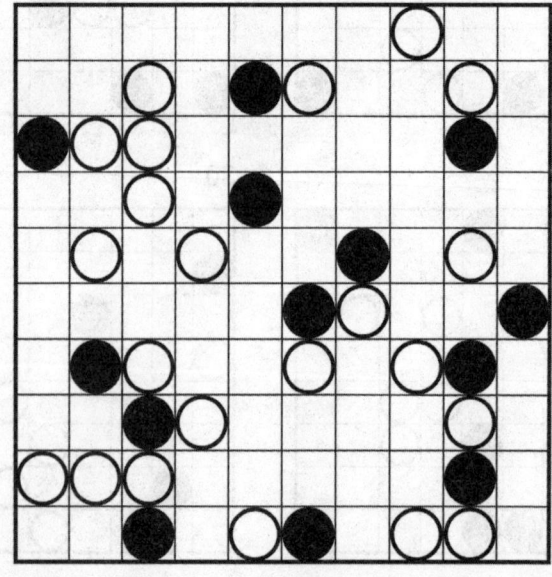

## 第二章 珍珠 Masyu

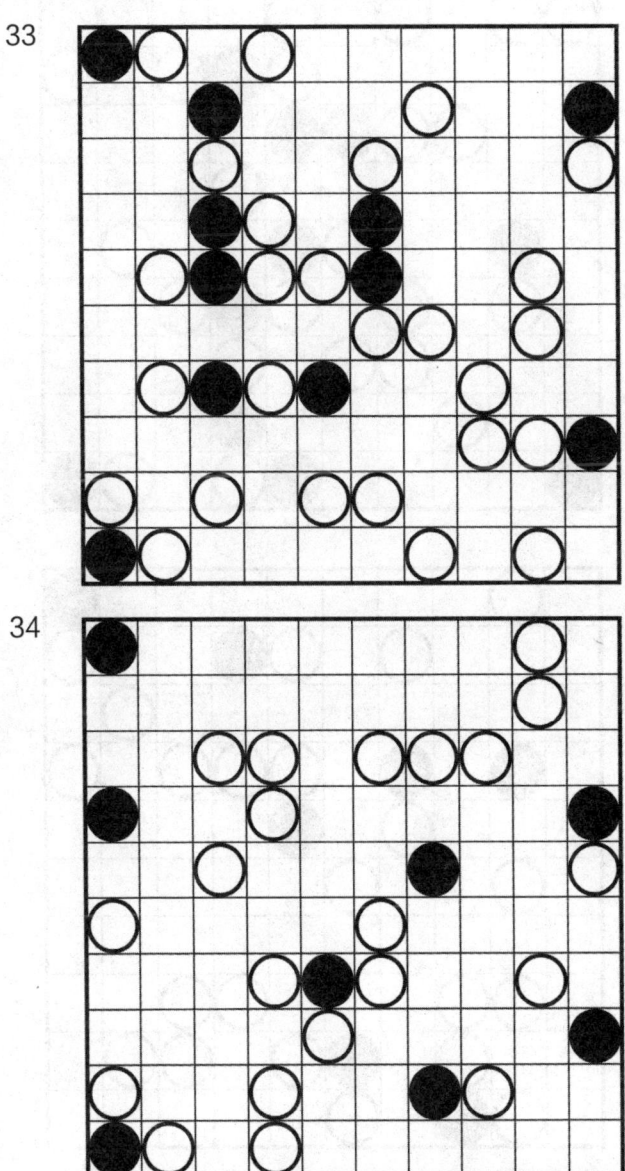

第三册 谜题阶梯训练

35

36

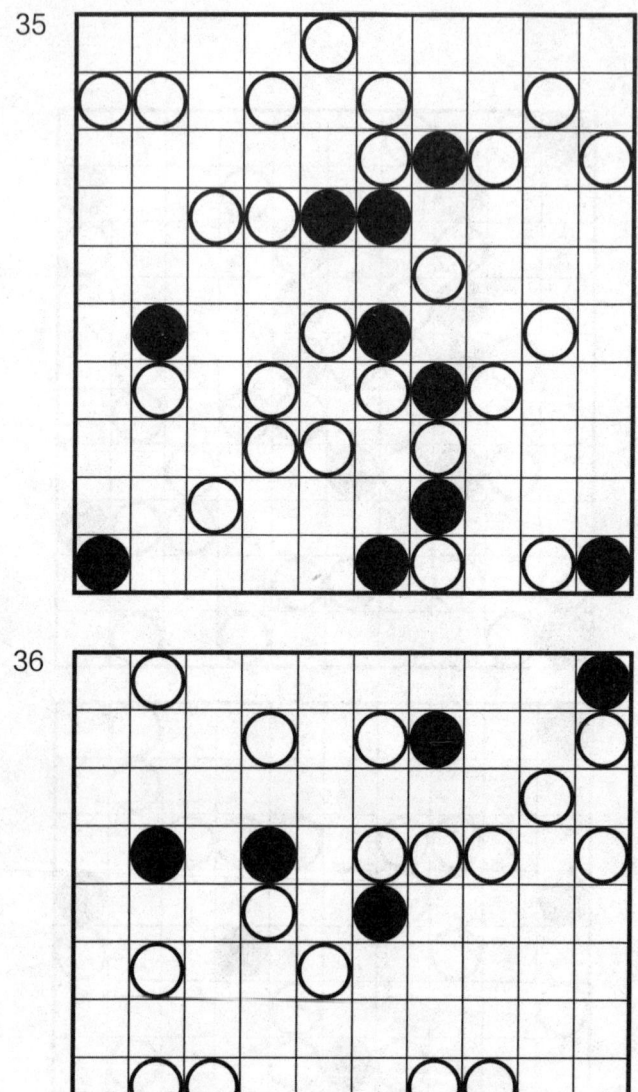

第二章 珍珠 Masyu

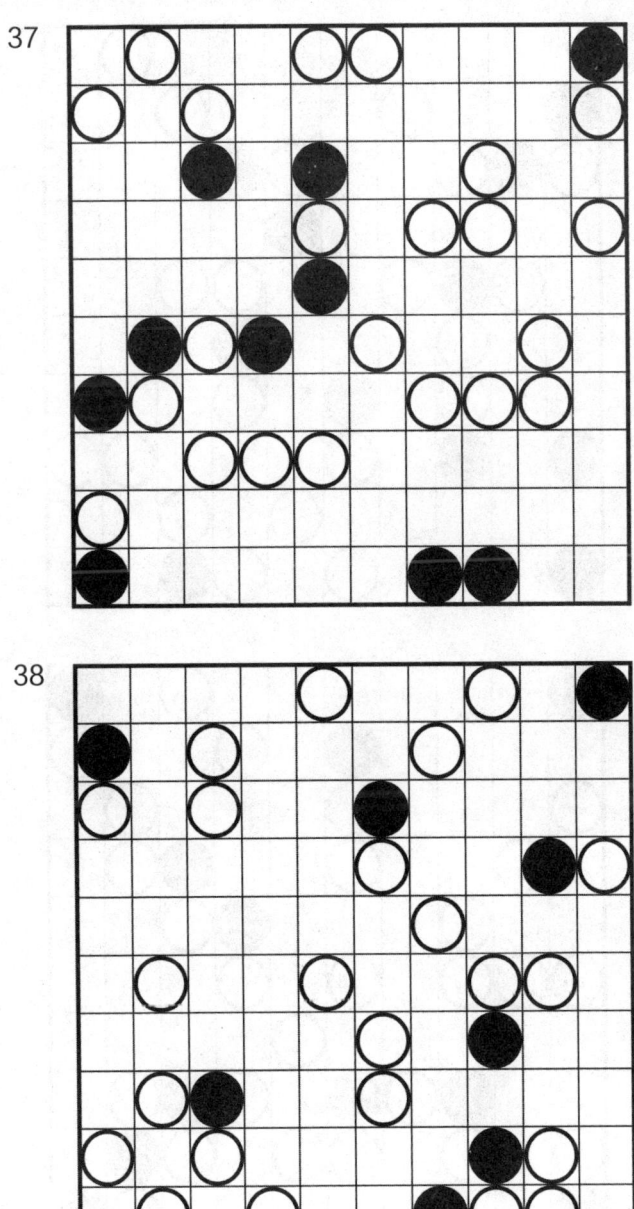

# 第三册 谜题阶梯训练

39

40

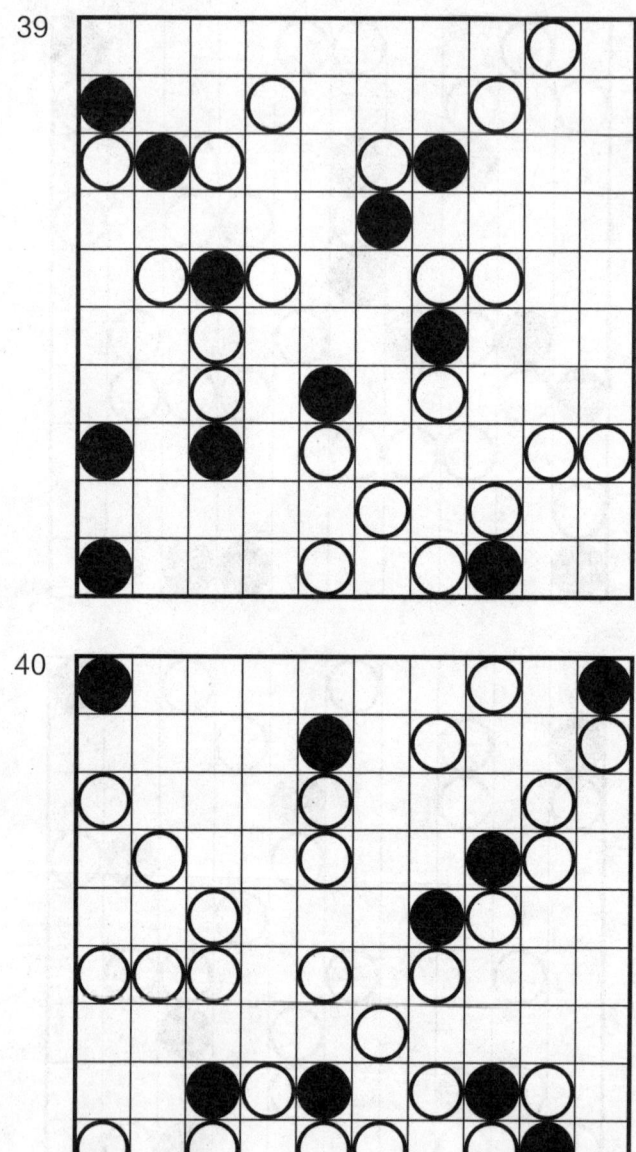

第二章 珍珠 Masyu

41

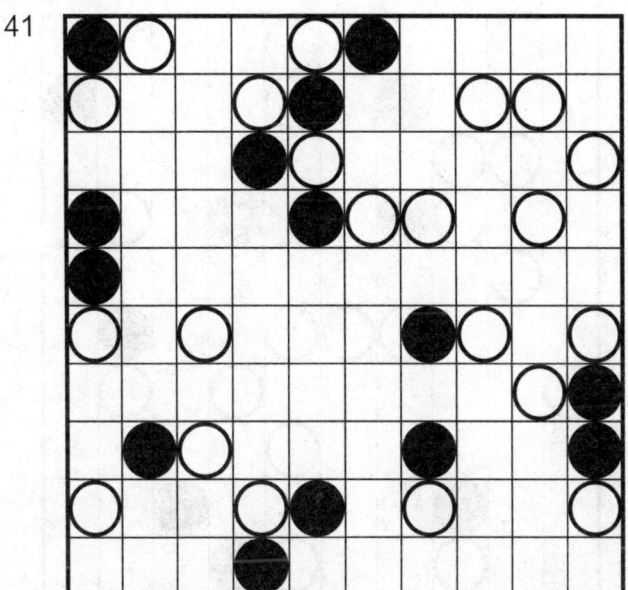

42

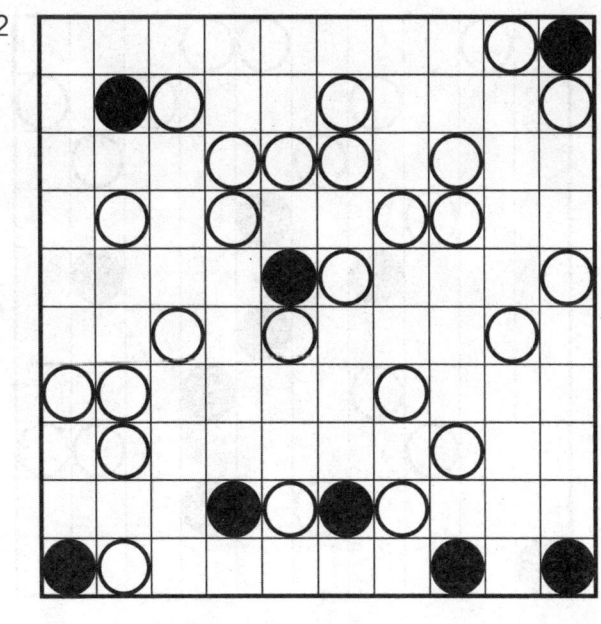

第三册 谜题阶梯训练

43
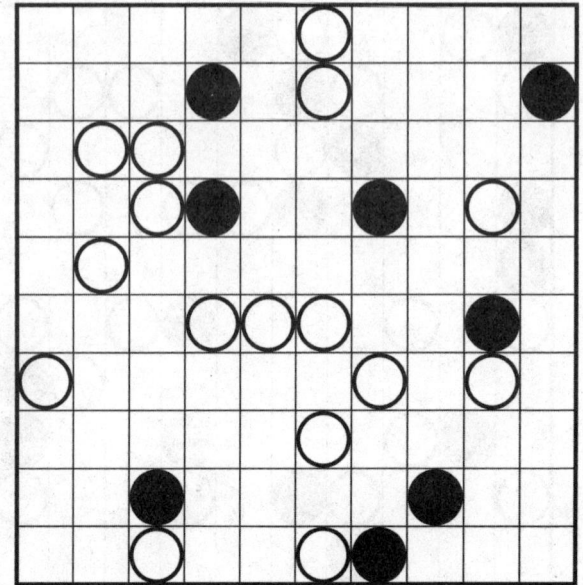

44
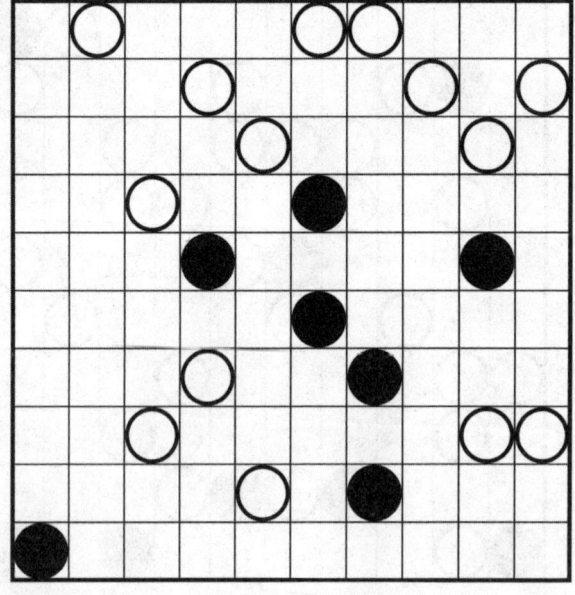

第二章 珍珠 Masyu

45

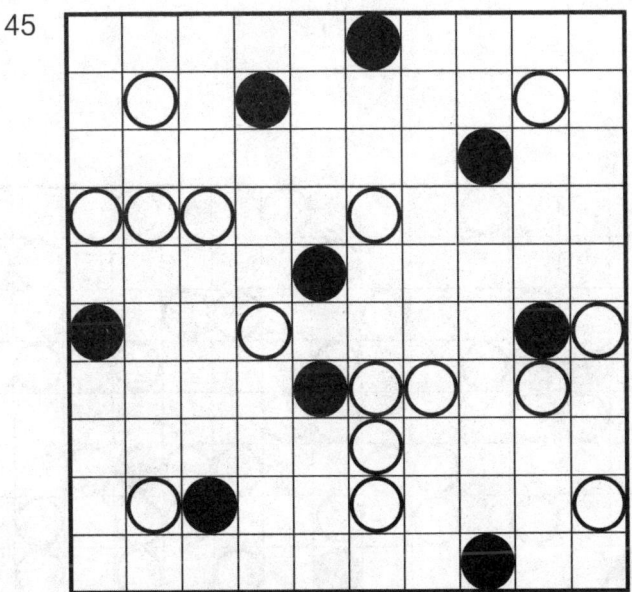

46

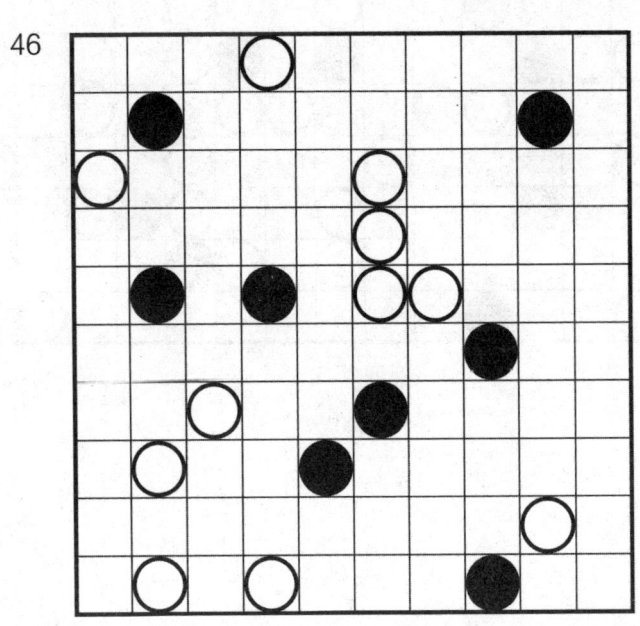

## 钻石

47

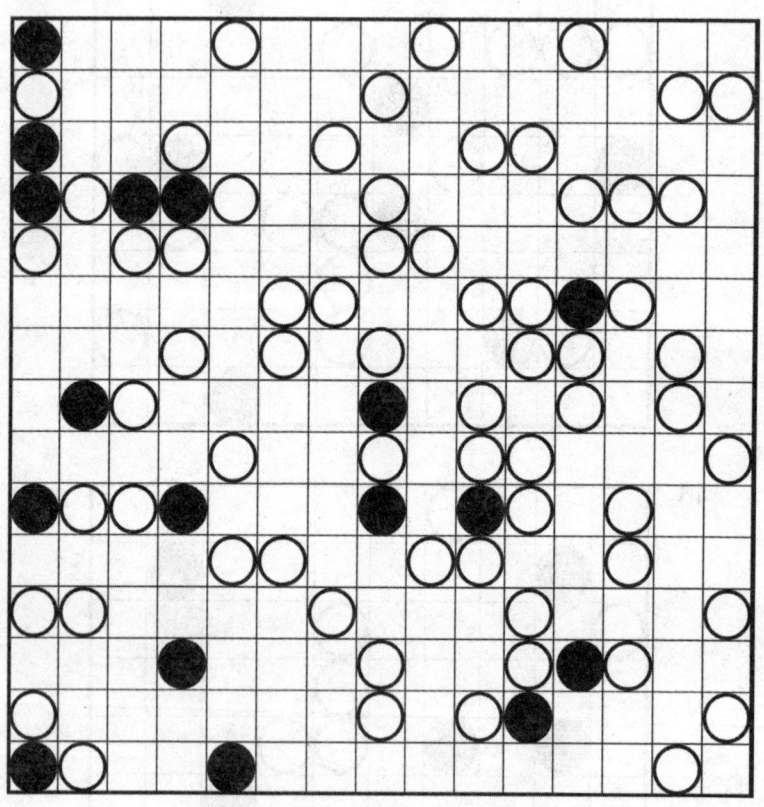

第二章 珍珠 Masyu

48

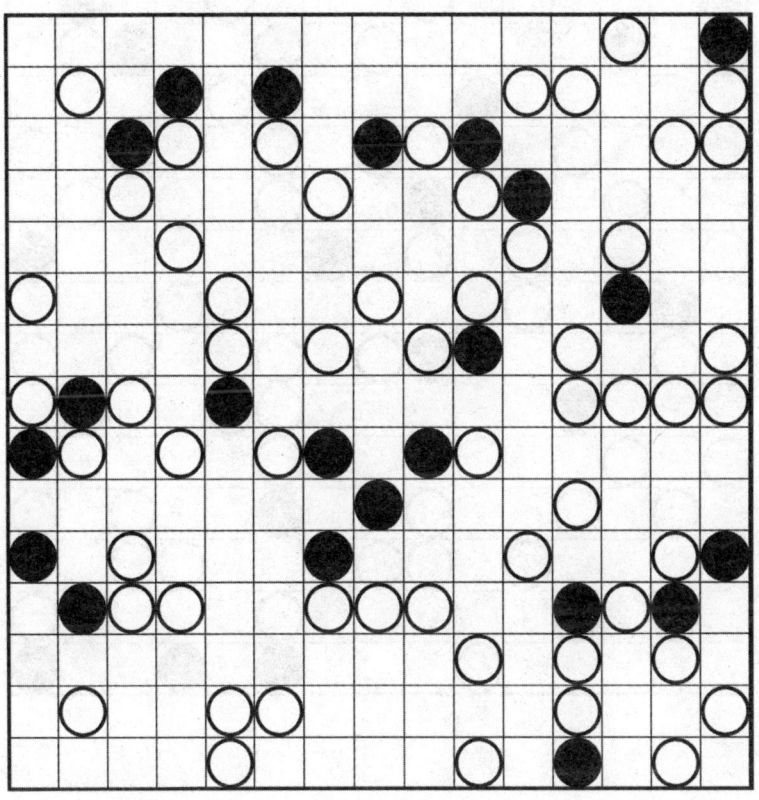

49

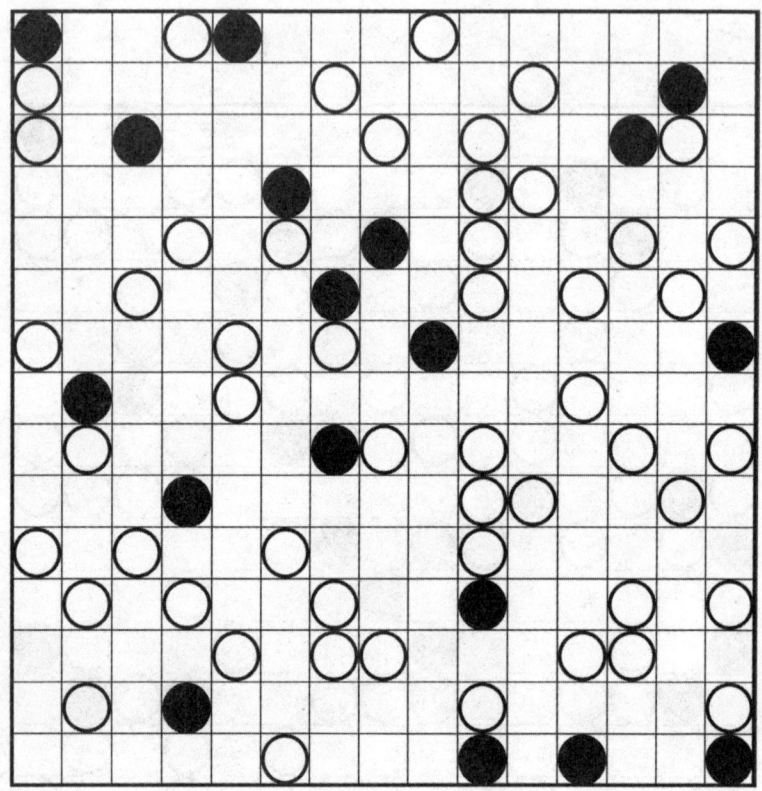

50

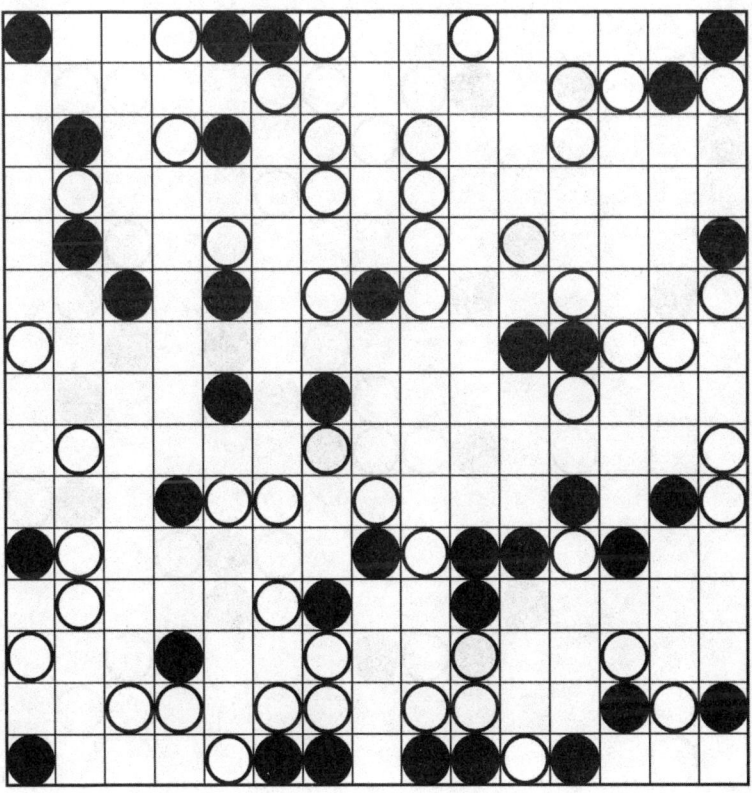

# 第三册 谜题阶梯训练

附赠

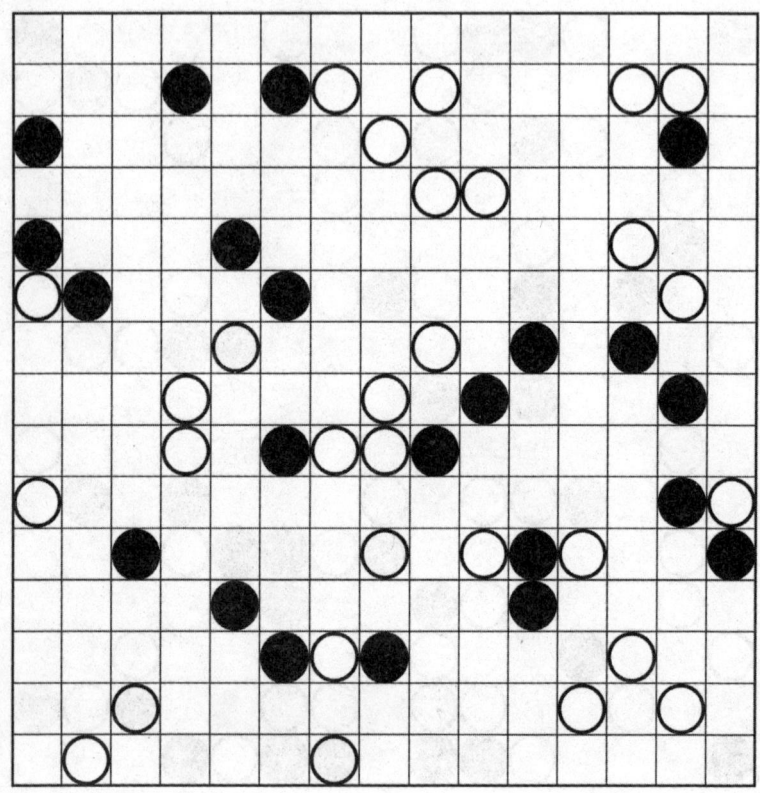

# 答 案

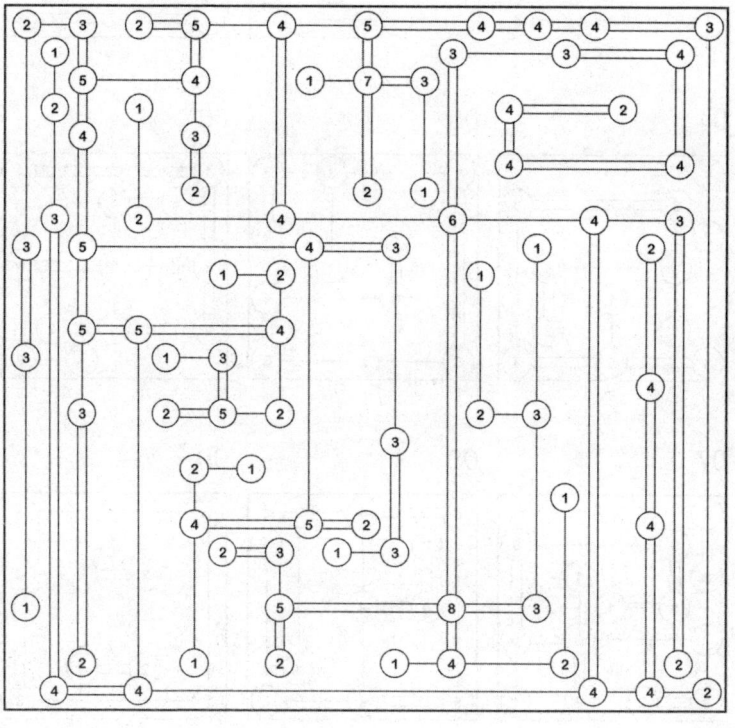

## 第一章 架桥 Hashi

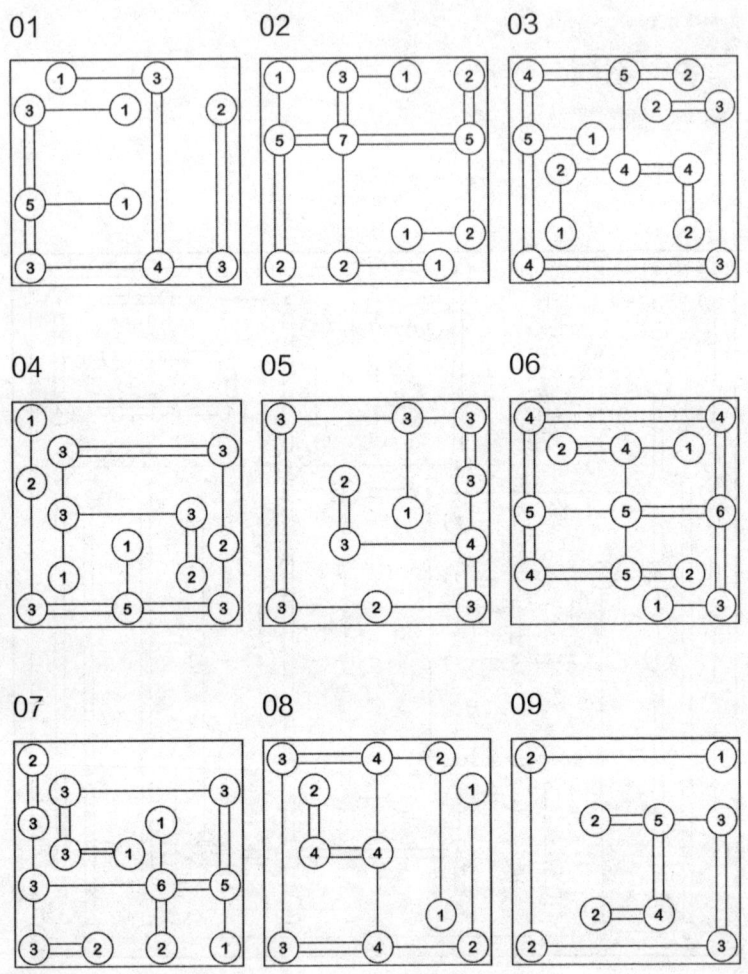

## 答 案 架桥 Hashi

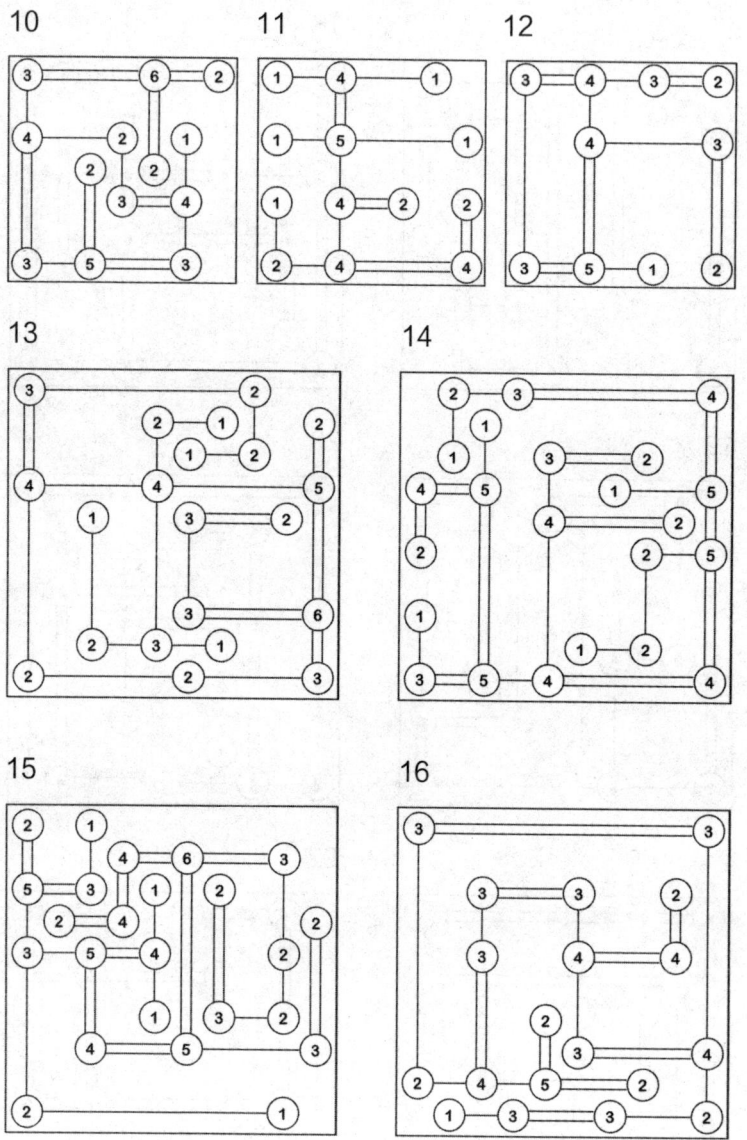

第三册 谜题阶梯训练

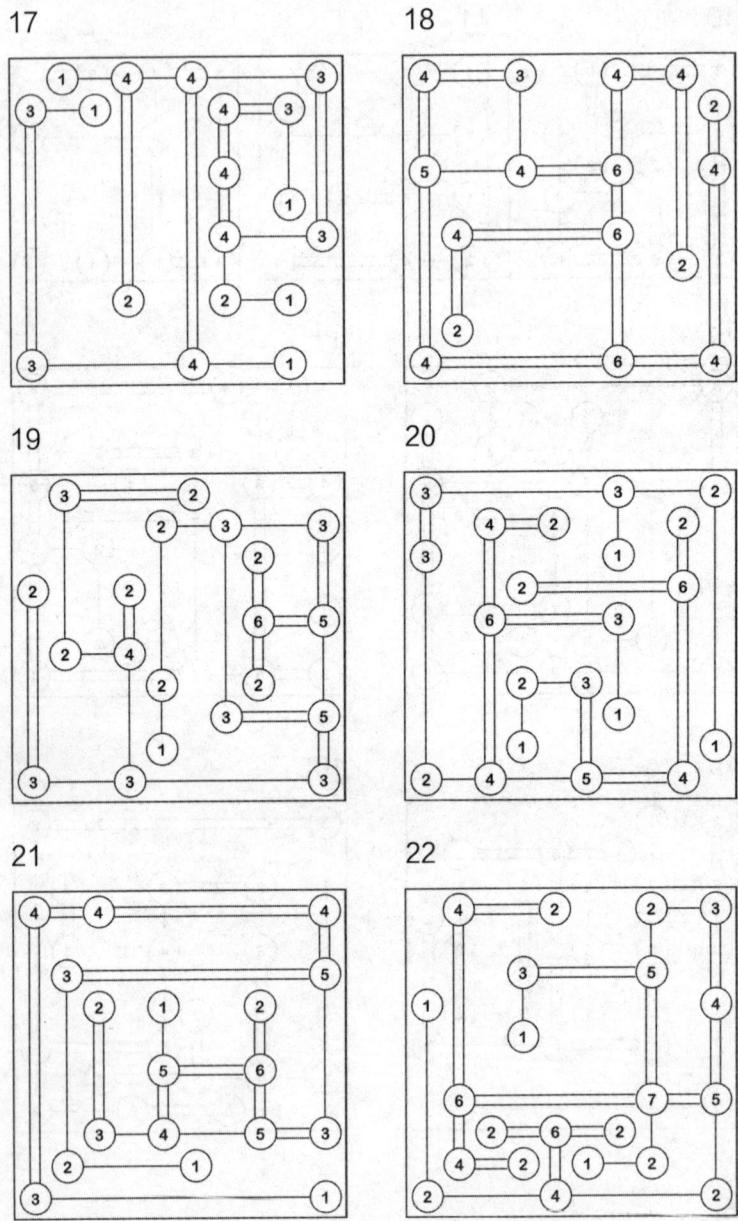

## 答 案 架桥 Hashi

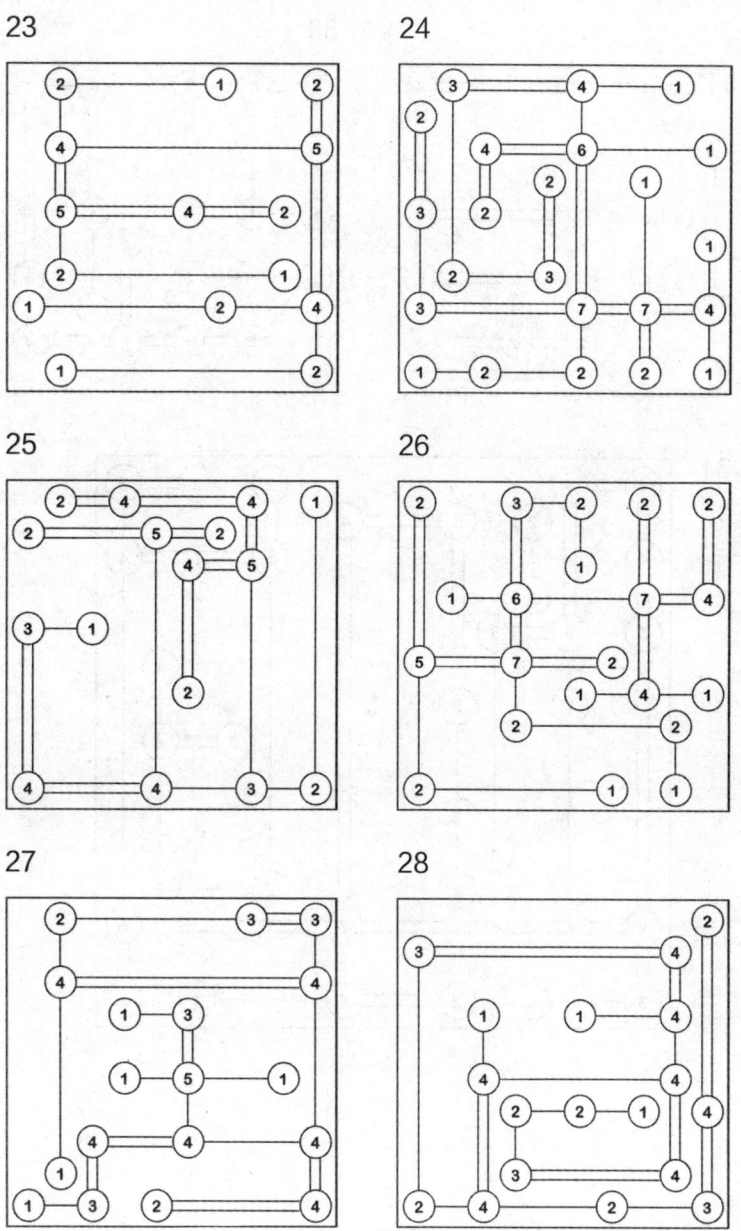

第三册　谜题阶梯训练

29

30

31

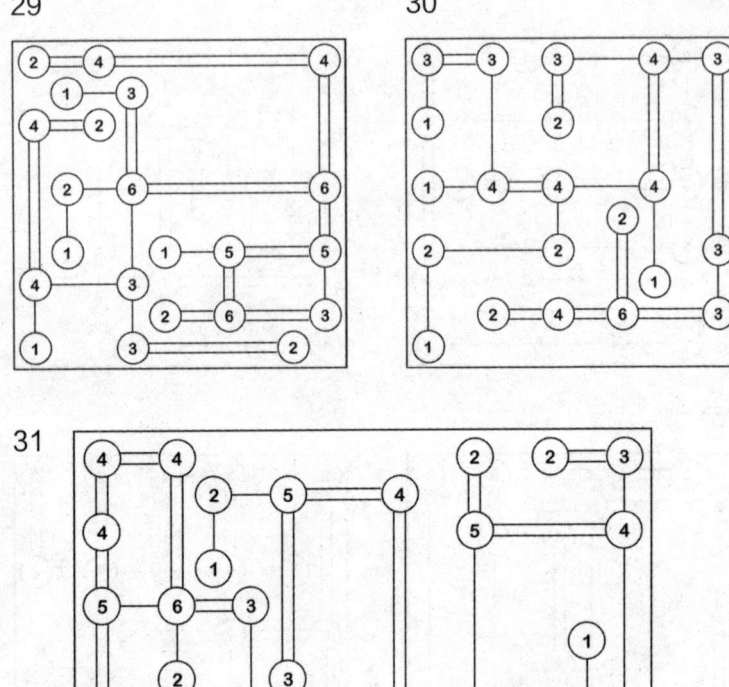

答 案 架桥 Hashi

32
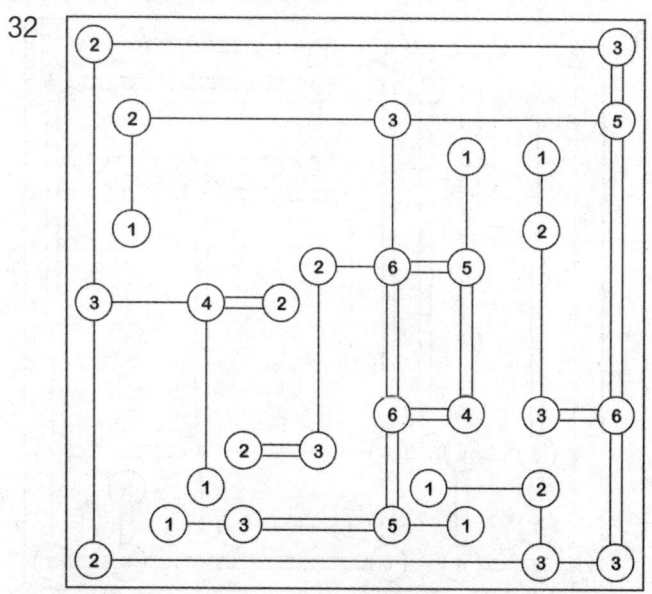

33
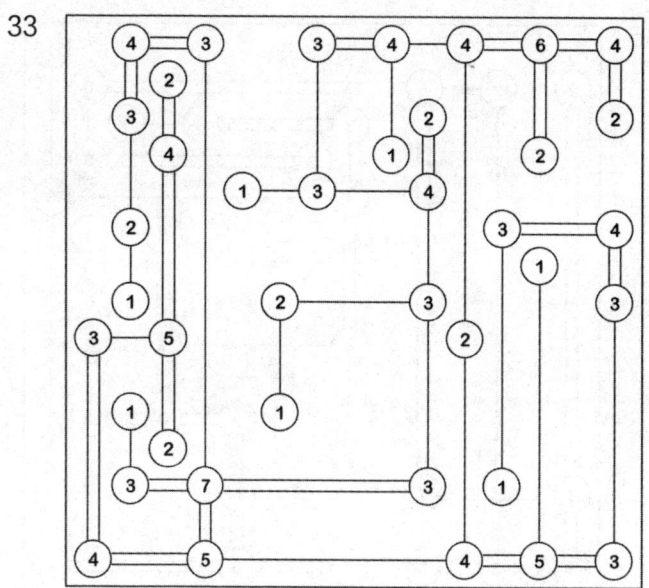

第三册　谜题阶梯训练

34
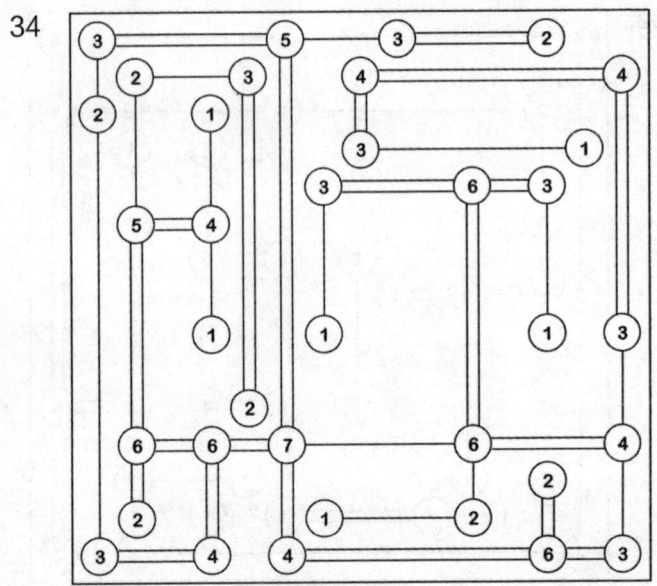

35
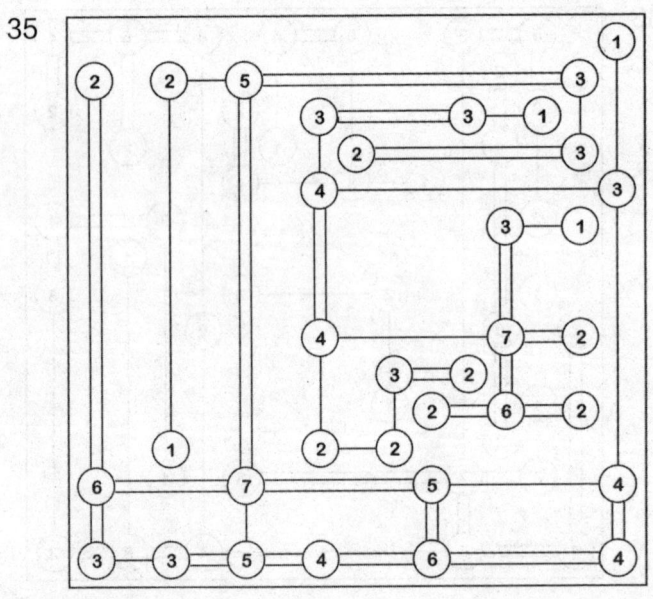

066

答 案　架桥 Hashi

36

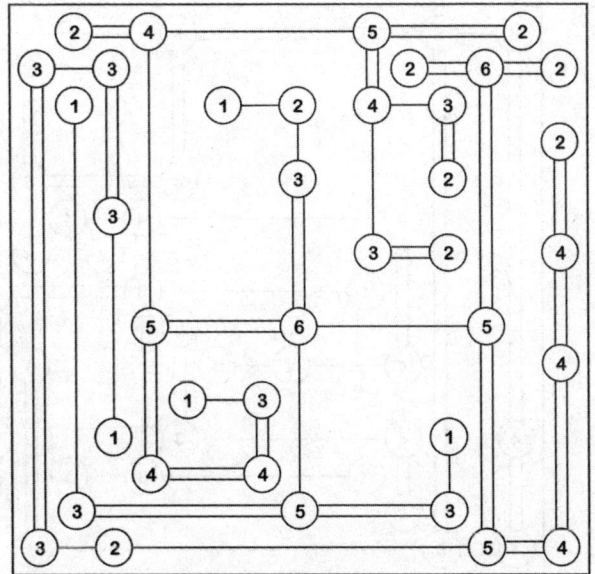

37

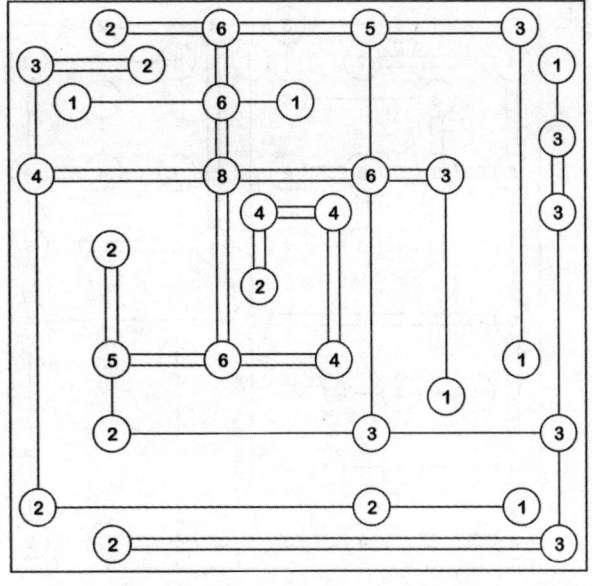

第三册 谜题阶梯训练

**38**

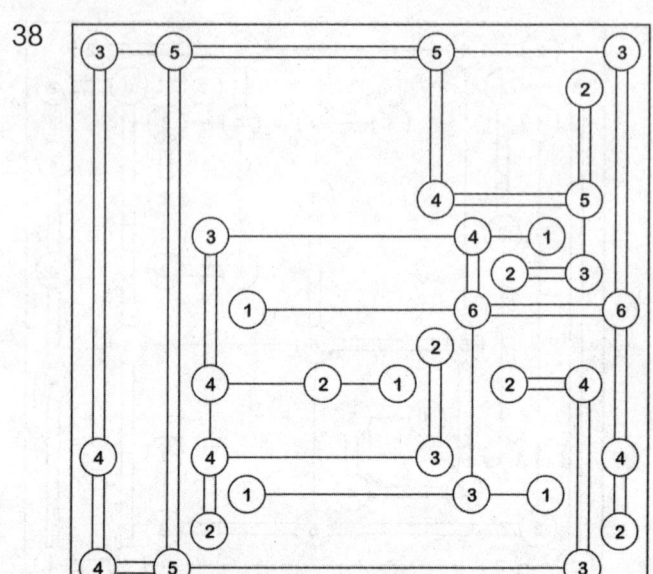

**39**

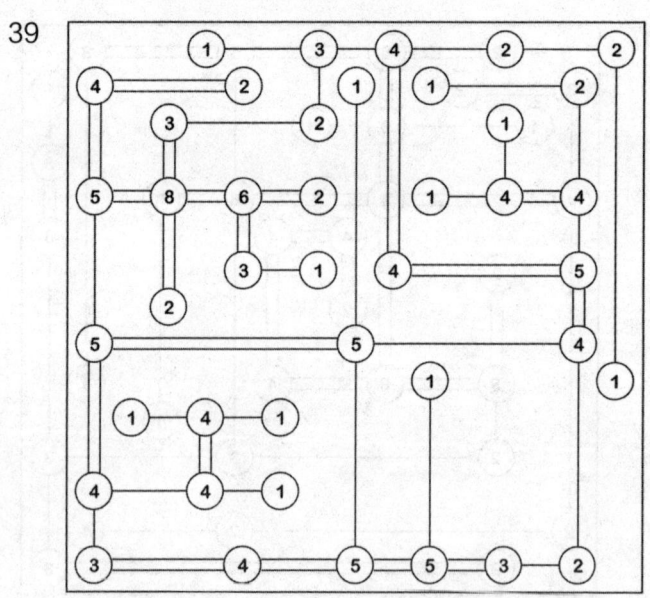

## 答 案 架桥 Hashi

40

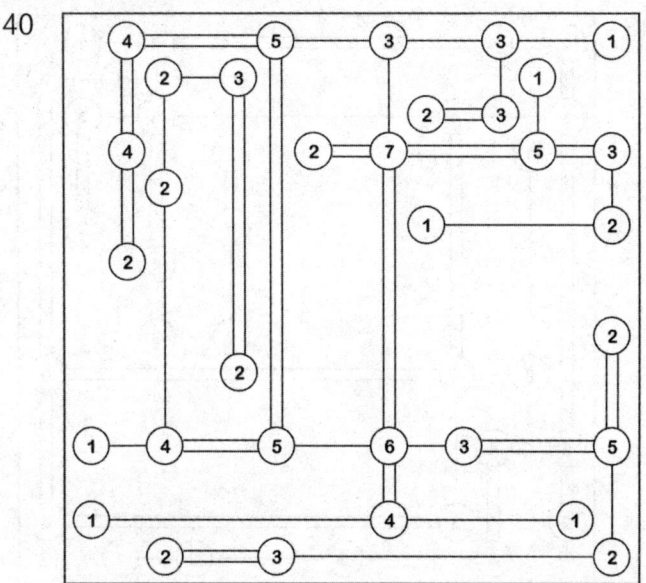

41

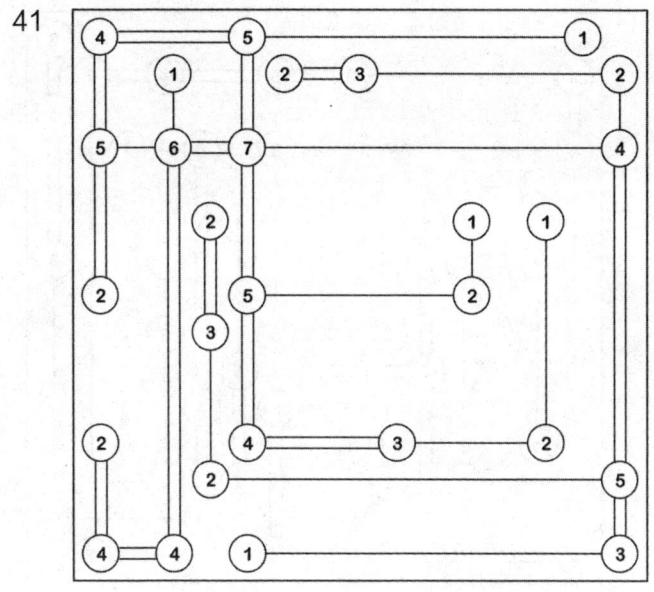

42

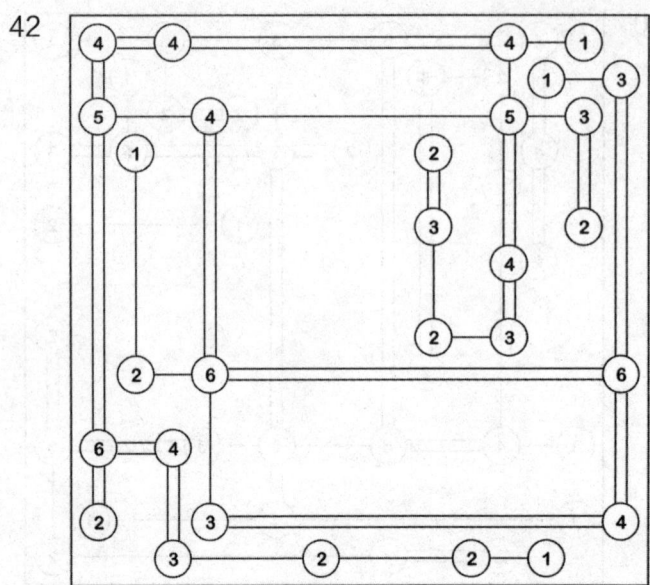

43

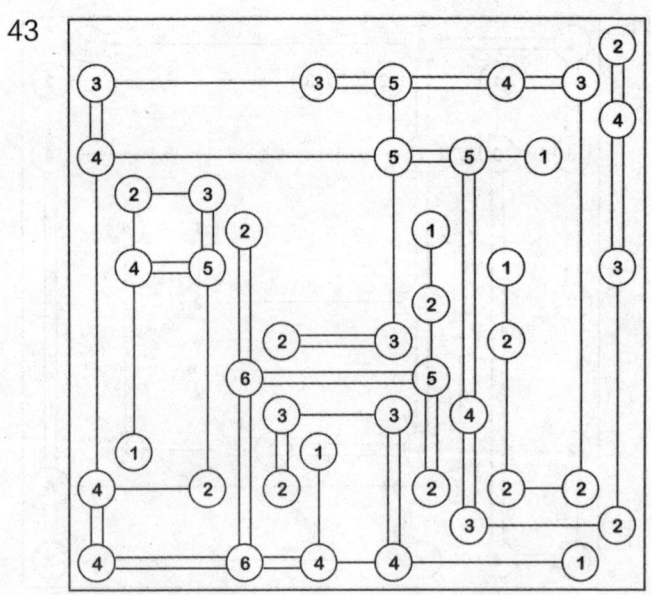

答 案 架桥 Hashi

44
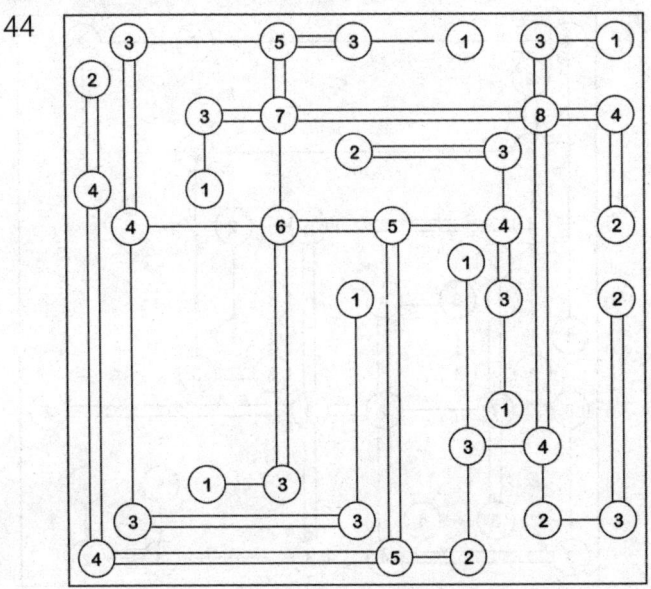

45
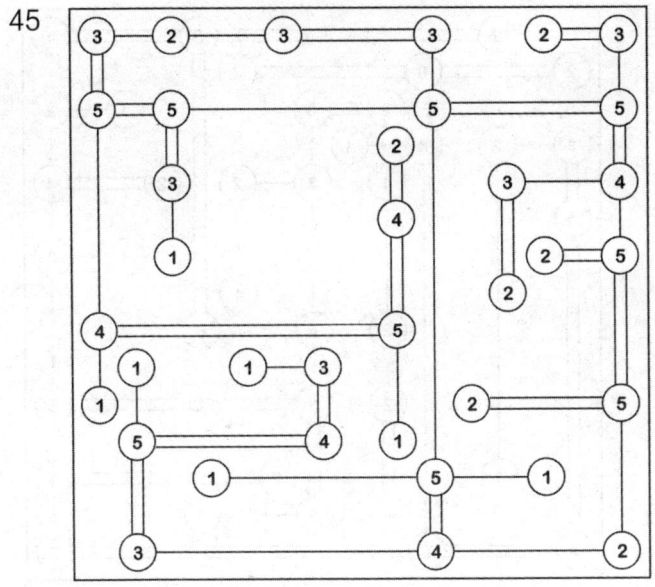

46
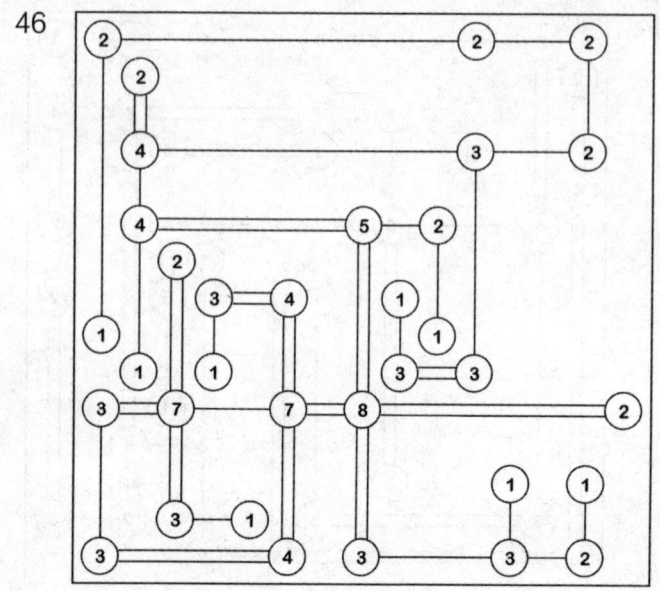

47
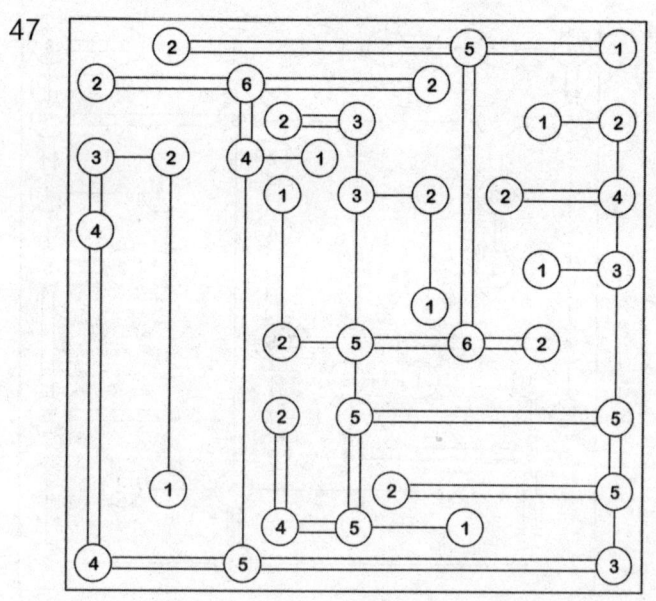

答 案 架桥 Hashi

**48**

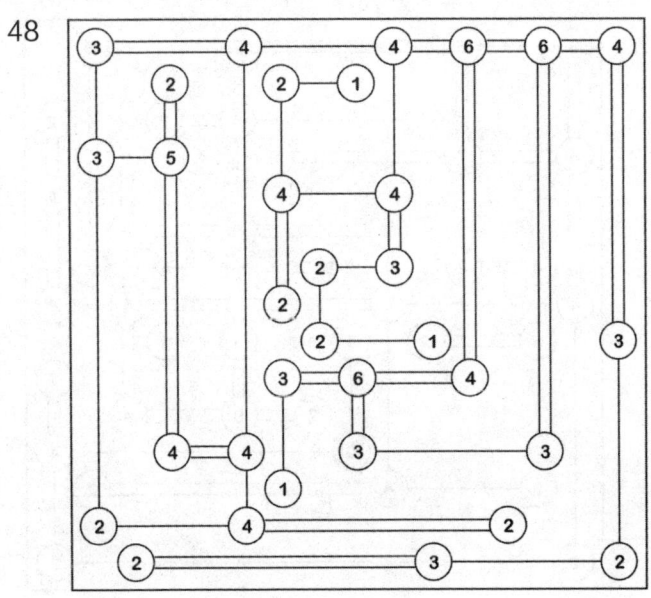

**49**

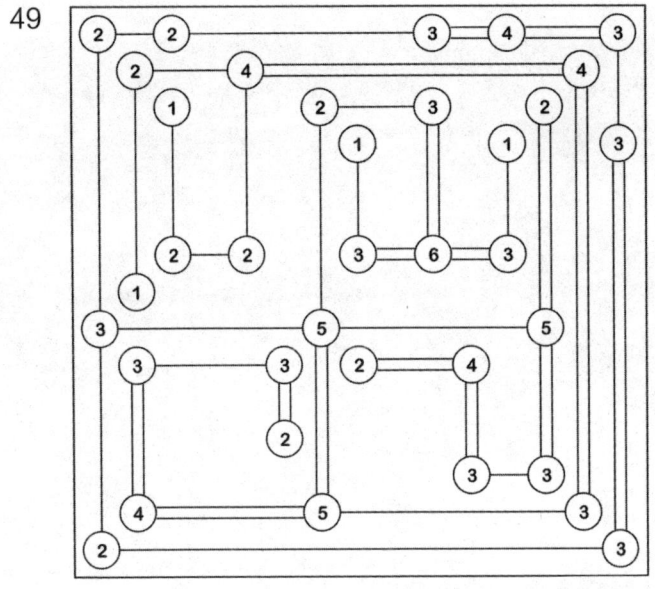

第三册 谜题阶梯训练

50
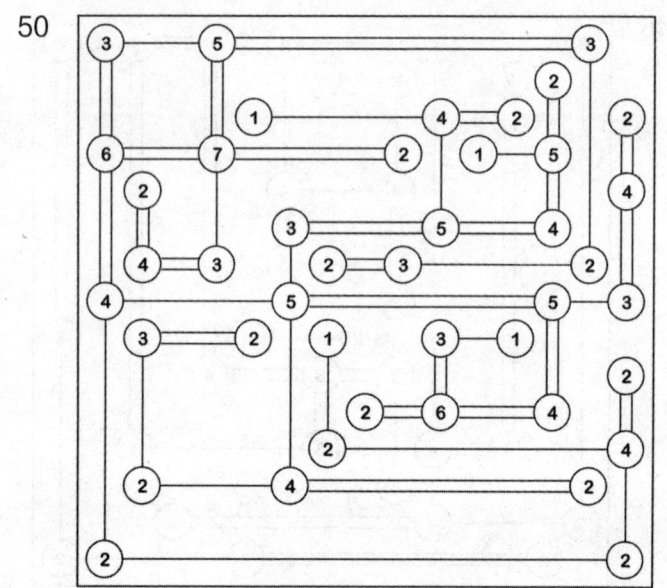

答 案 架桥 Hashi

附赠

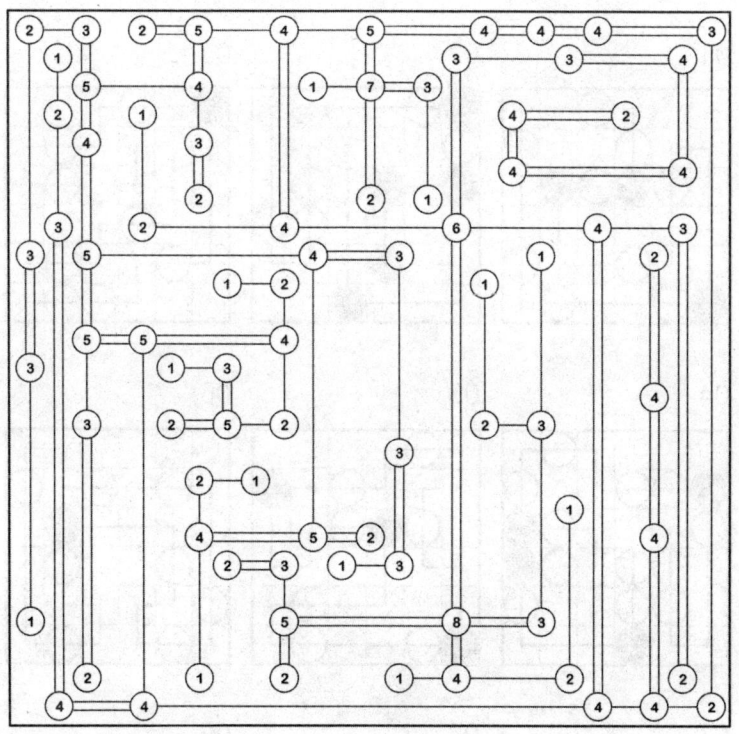

## 第二章 珍珠 Masyu

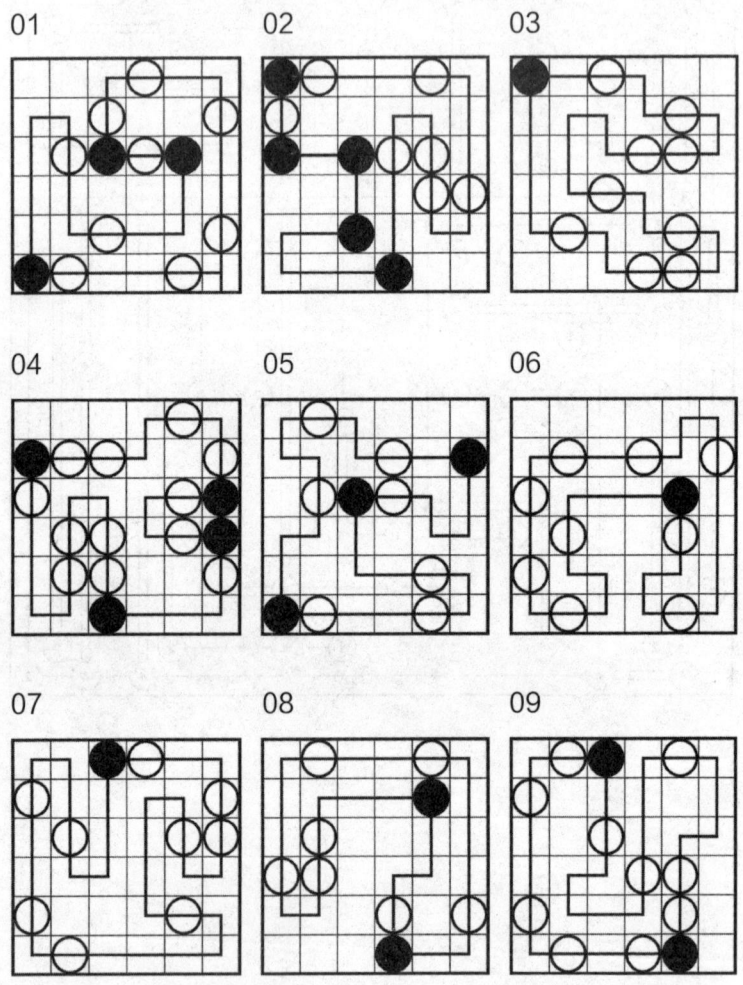

## 答　案　珍珠 Masyu

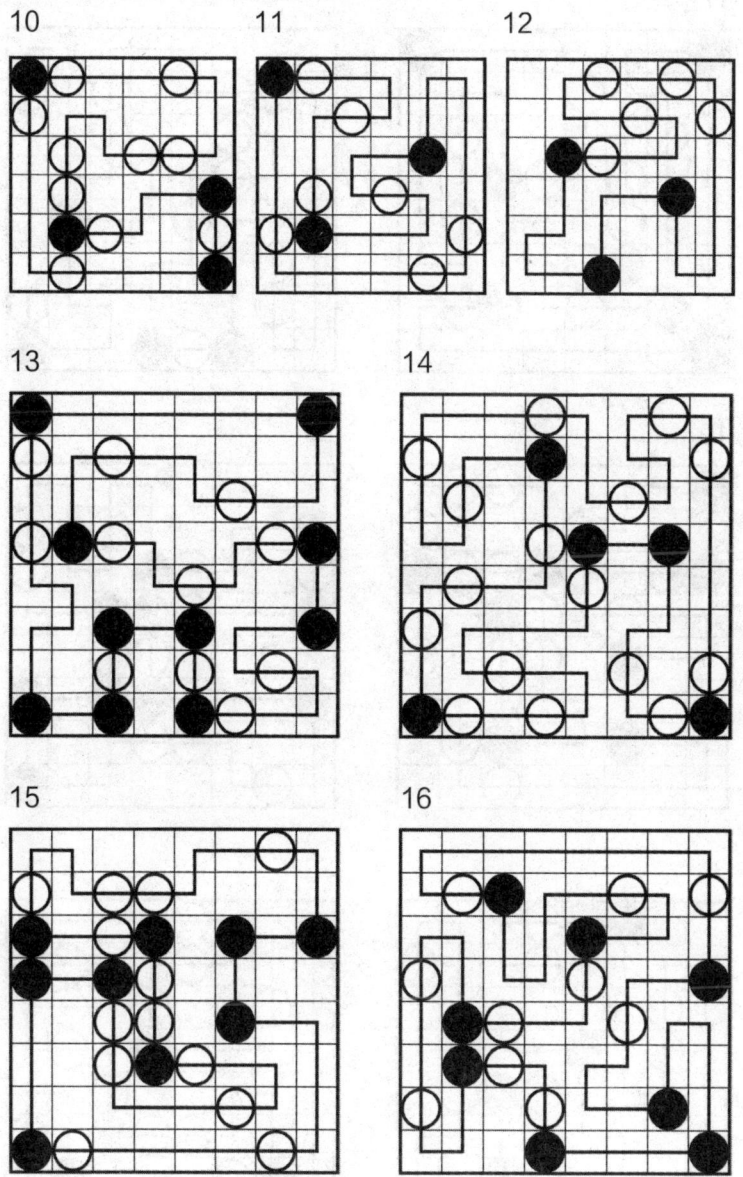

第三册 谜题阶梯训练

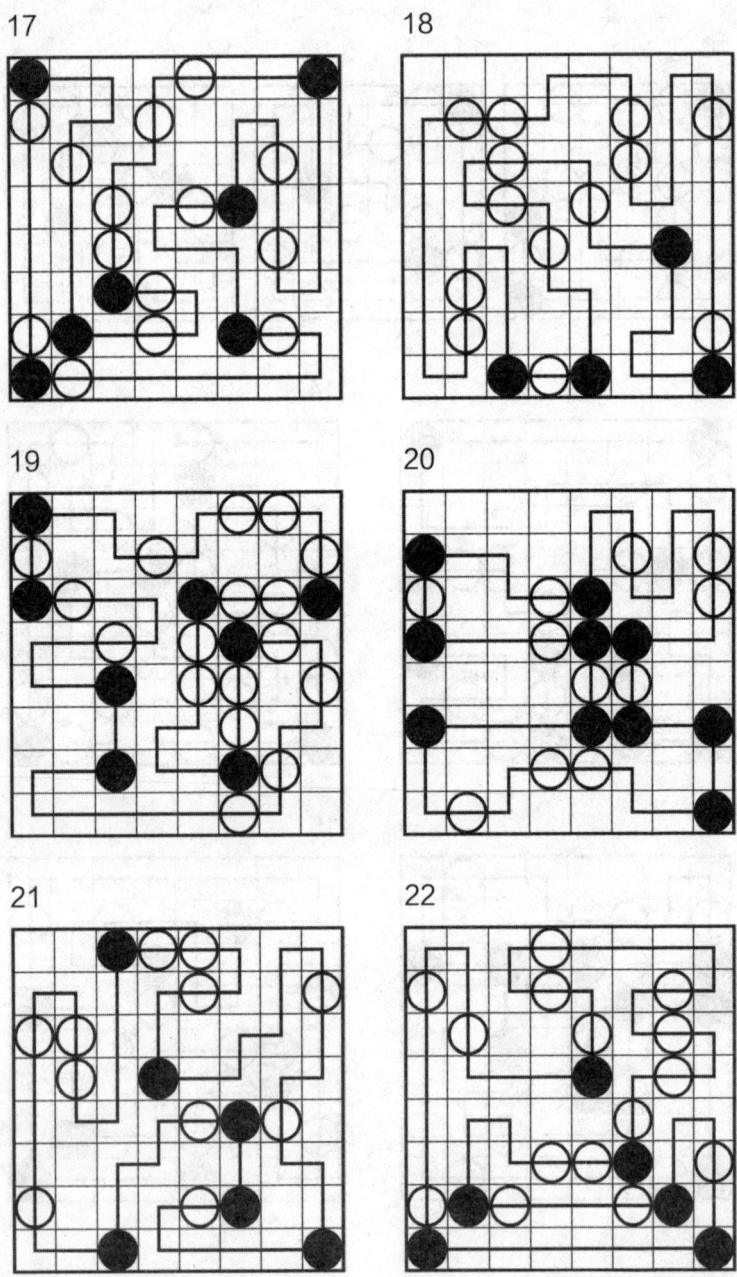

答 案  珍珠 Masyu

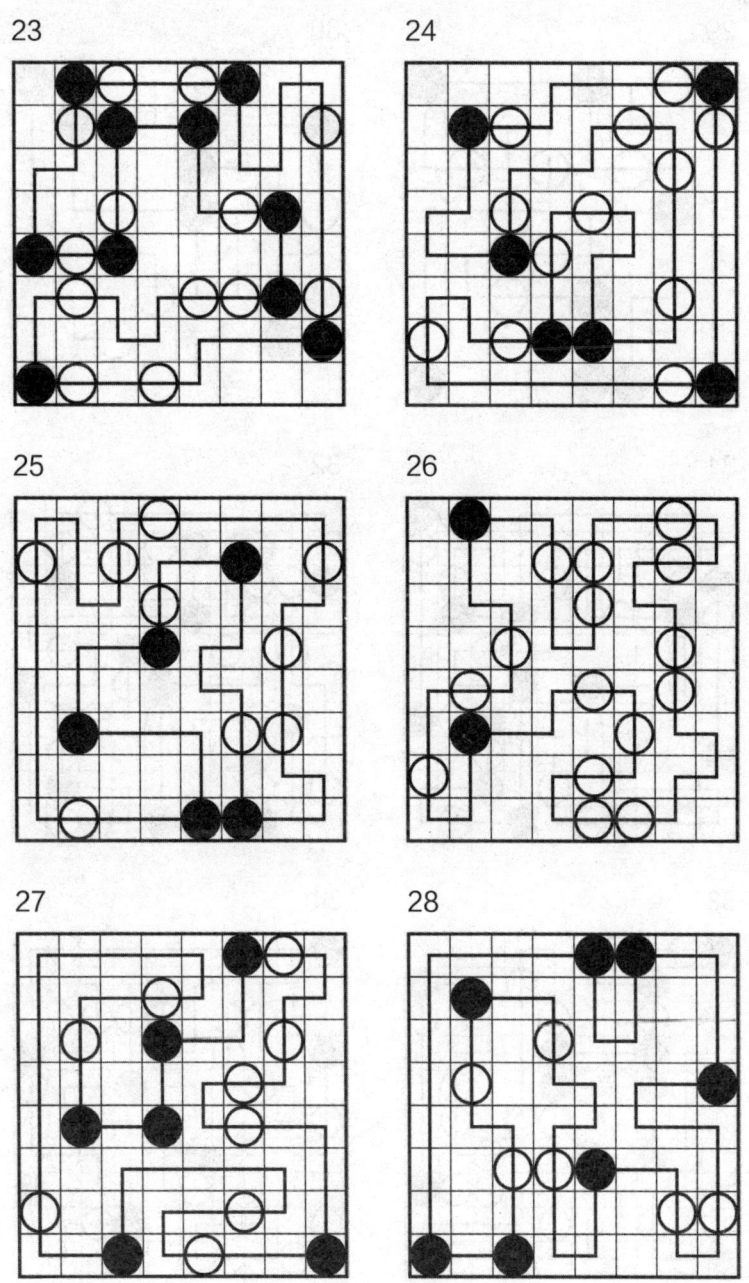

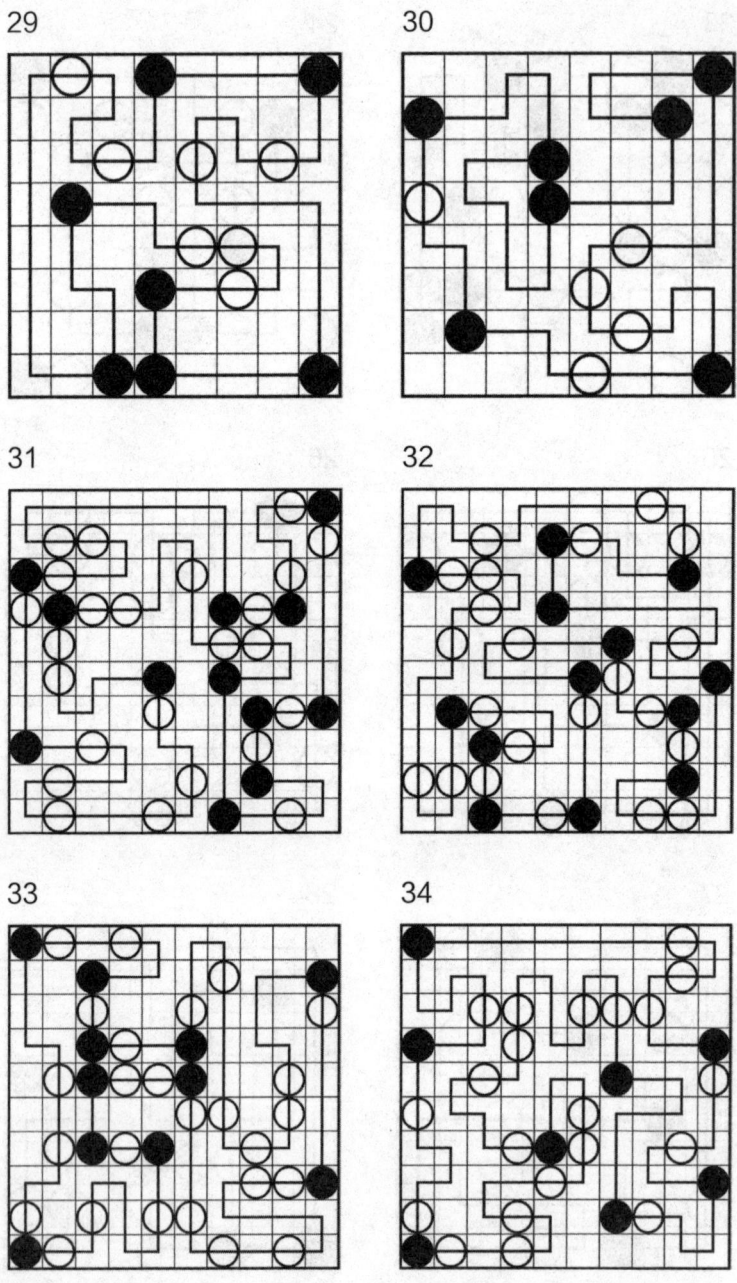

答 案 珍珠 Masyu

35
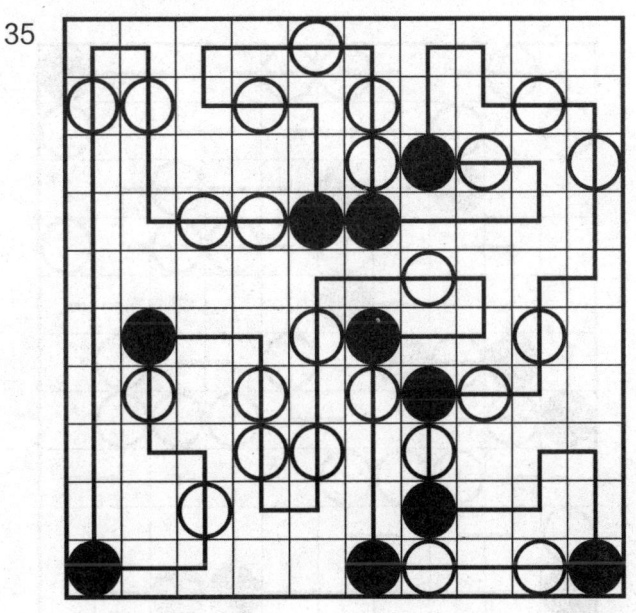

36
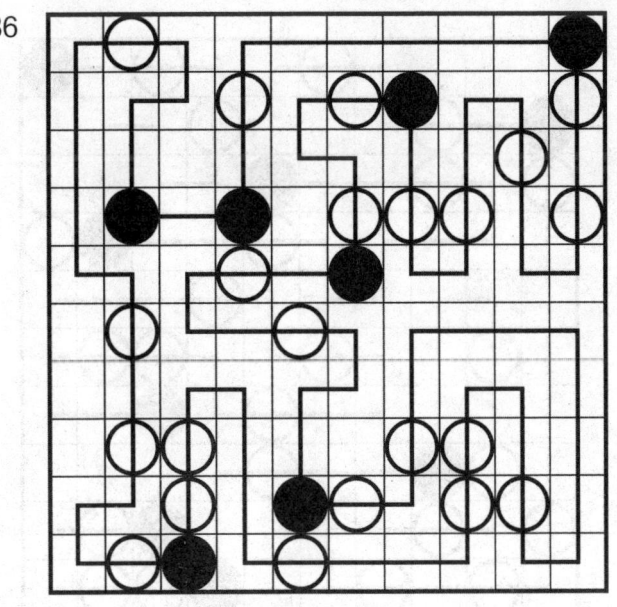

37

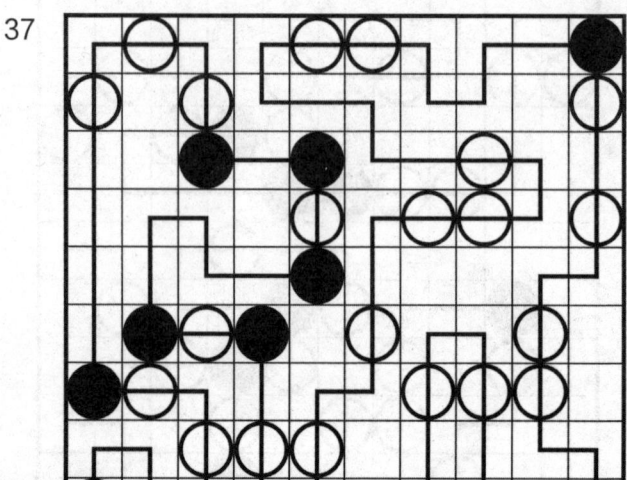

38

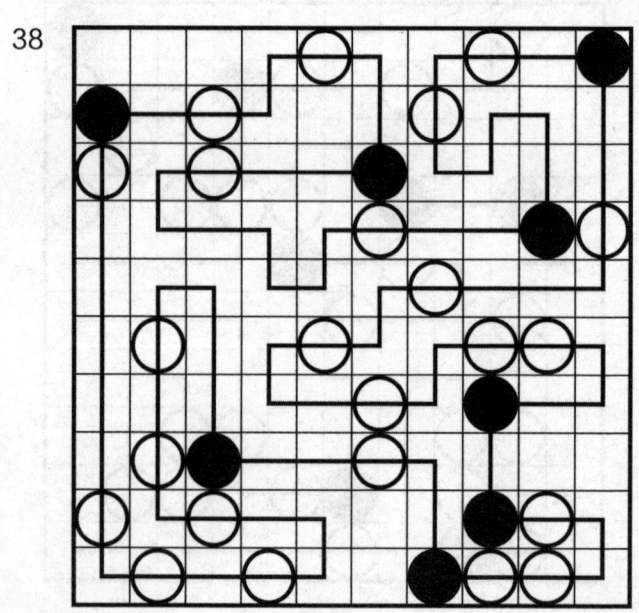

答案 珍珠 Masyu

39

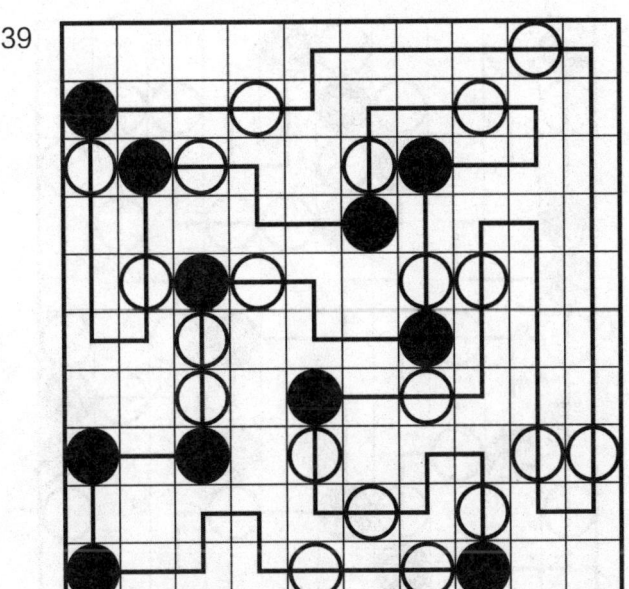

40

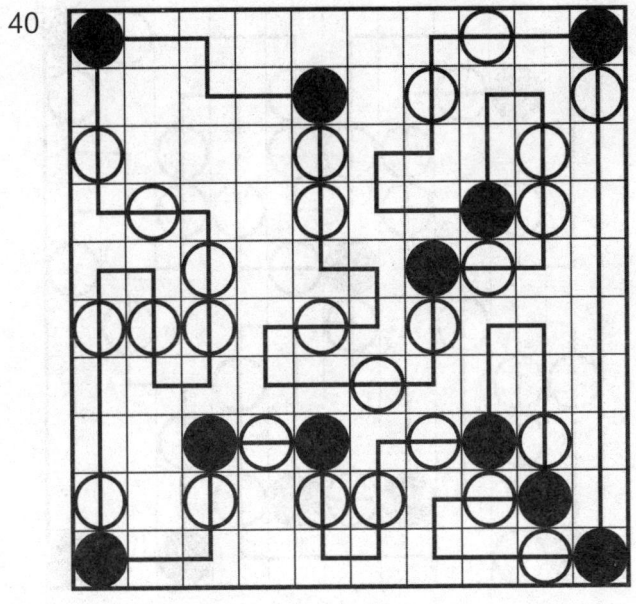

第三册 谜题阶梯训练

41
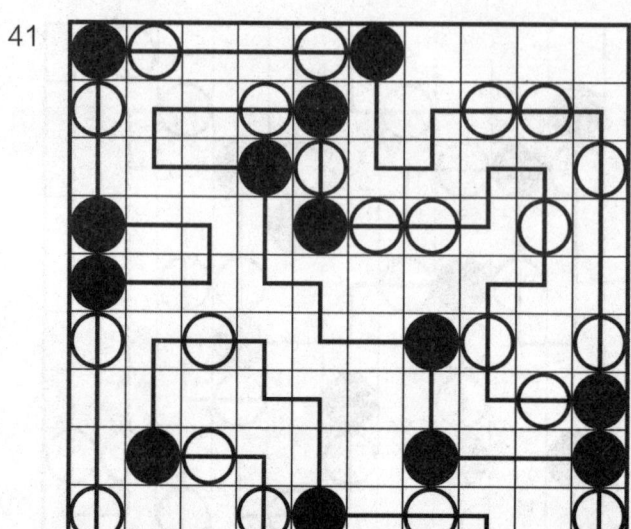

42
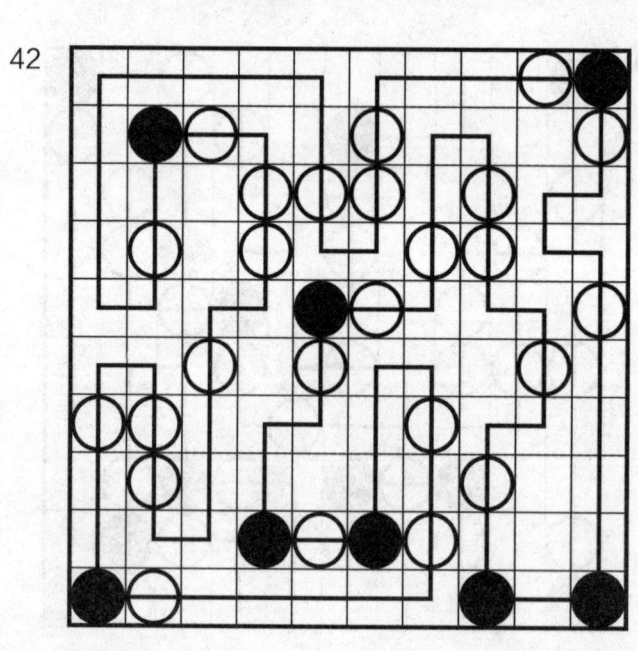

答 案 珍珠 Masyu

43
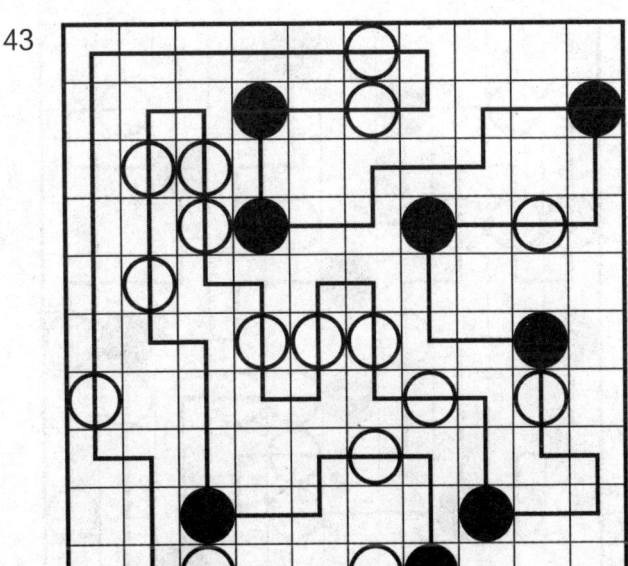

44
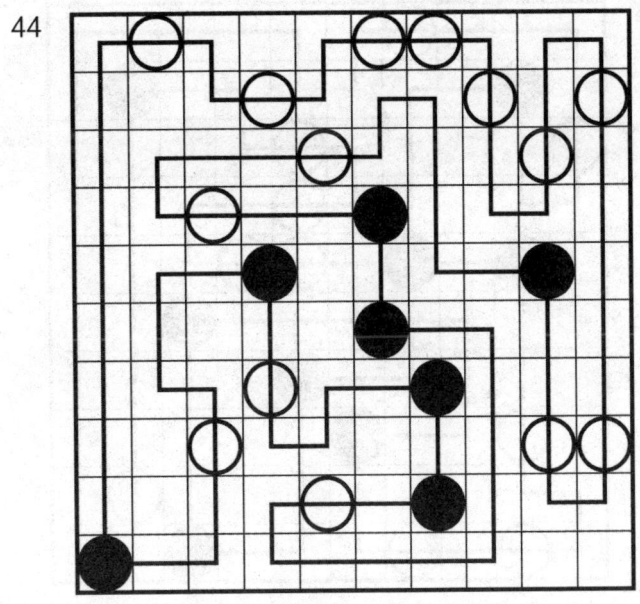

## 第三册 谜题阶梯训练

45

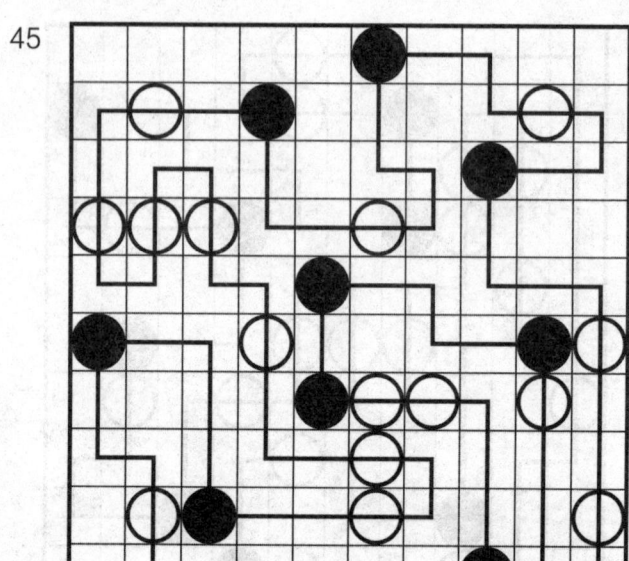

46

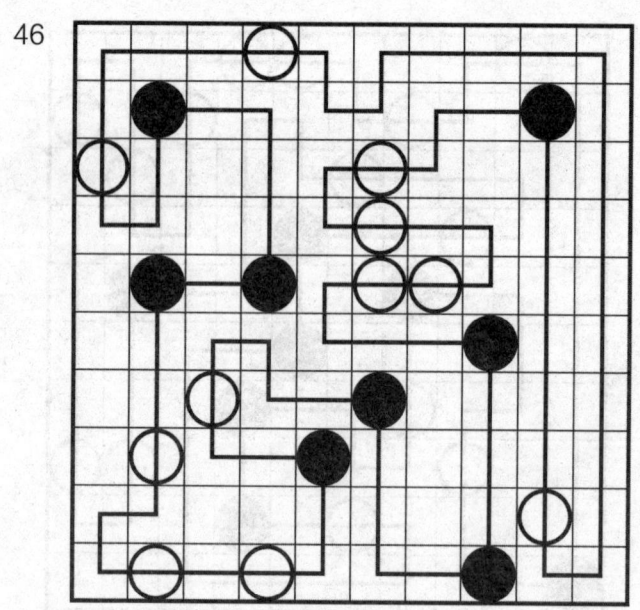

答 案 珍珠 Masyu

47
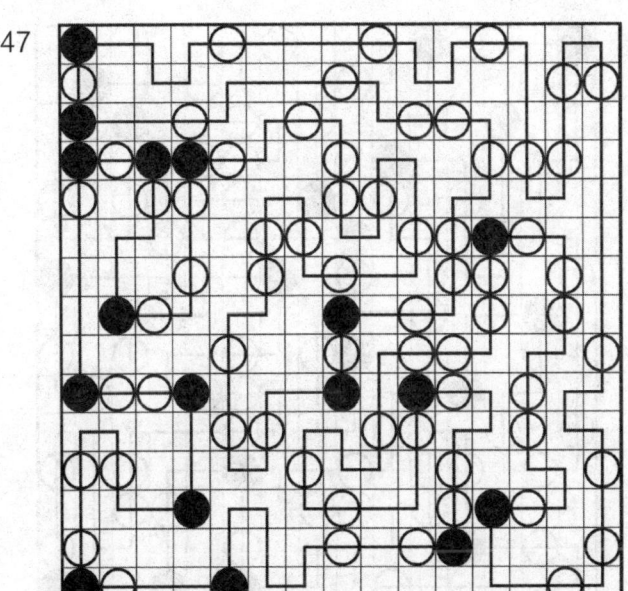

48
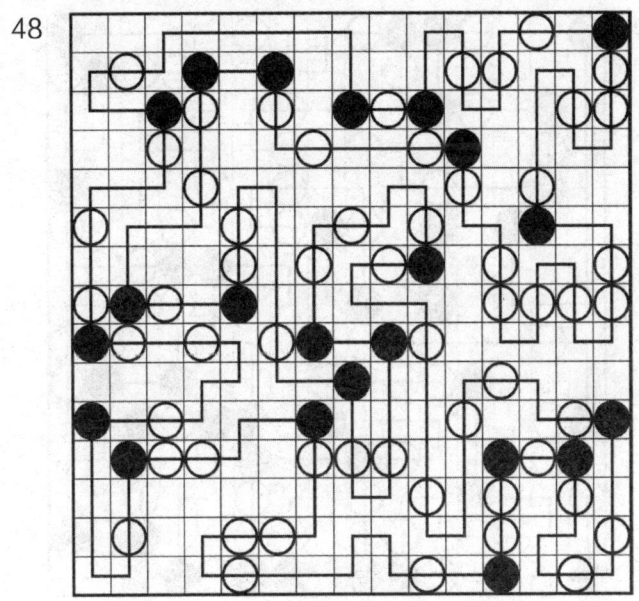

第三册 谜题阶梯训练

49

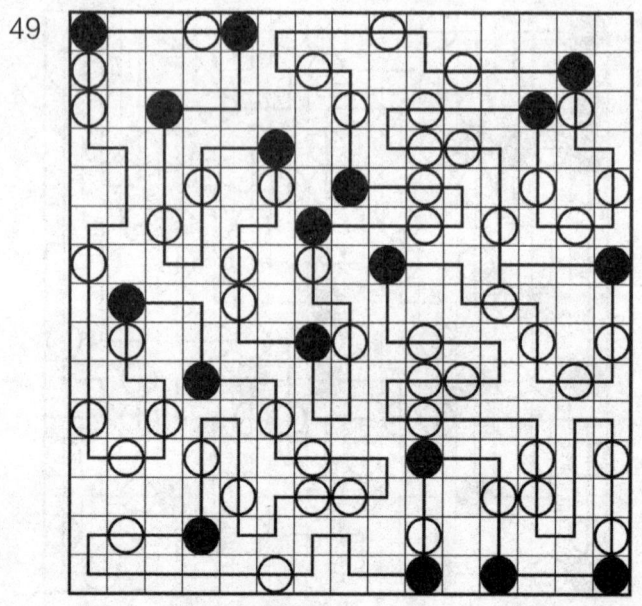

50

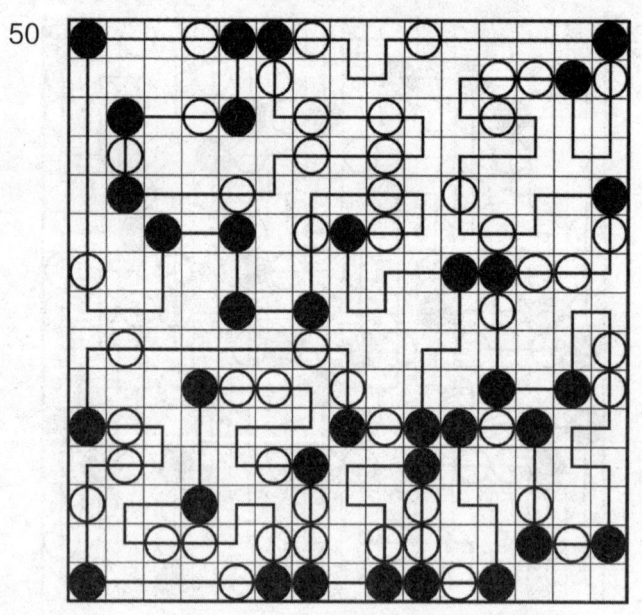

答 案 珍珠 Masyu

附赠

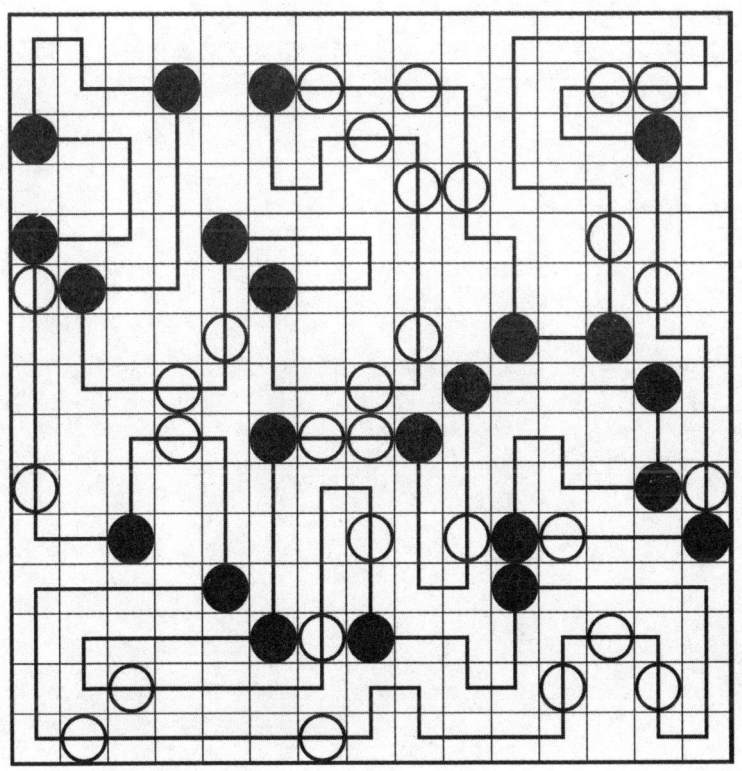

# 目 录
## contents

**第一章**
- 数回 Slither Link ............... 001
- 例题及题型说明 ............... 002
- 练习题 ............... 013

**第二章**
- 四风 Four Winds ............... 037
- 例题及题型说明 ............... 038
- 练习题 ............... 049

**答案**
- 第一章 数回 Slither Link ............ 072
- 第二章 四风 Four Winds ............ 080

# 第一章　数回 Slither Link

# 第四册 谜题阶梯训练

**例题：**

**题型说明：**

1. 谜题盘面是一个带内提示数字连同所有数字格及空格四角黑点的矩形题图。

2. 黑点和黑点连接就成为线段，线段再和线段连接成线，目的是成为封闭回路。

3. 给出的数字代表回路上在该数字四周连接线段的数量。

4. 封闭的回路自身不可以交叉、重叠及局部形成闭环。

# 第一章  数回 Slither Link

## 📄 背景资料：

数回是日本的谜题公司尼科利（Nikoli）的原创题型，也被称为栅栏、多迪困境、中国长城。起因是读者提出在数字周围画上格点的建议，一名尼科利的工作人员将这个建议与另一名读者轰由纪（Yuki Todoroki）的想法相结合，创造了数回，首次发表于《谜题通信nikoli》第26期（1989年夏季刊）。

## 👍 例题答案：

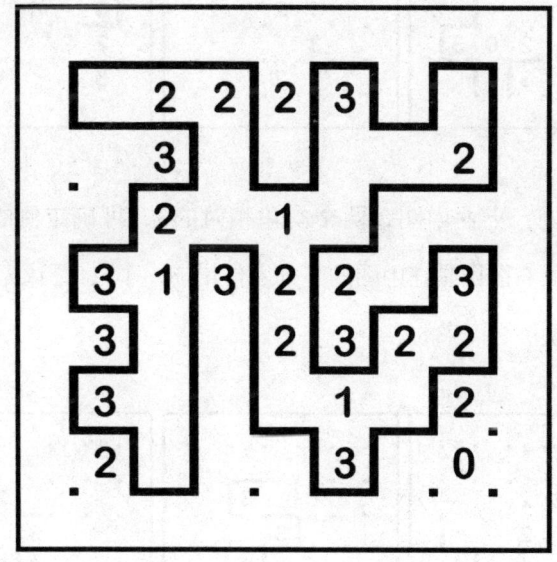

## 答题之前：

你必须先了解几个和数字组合有关的基本定式。

**数字3**：相对来说数字3能给到的线索会比0、1和2更多。

示例：下面左图中列出了数字3的多种情况，针对03组合，正对0的3会把缺口给到0；斜对0的3则确定一个拐角；而图中左下角的3，角3能确定两条线段；二连3则确定3条线段。牢记这几种组合的定式。

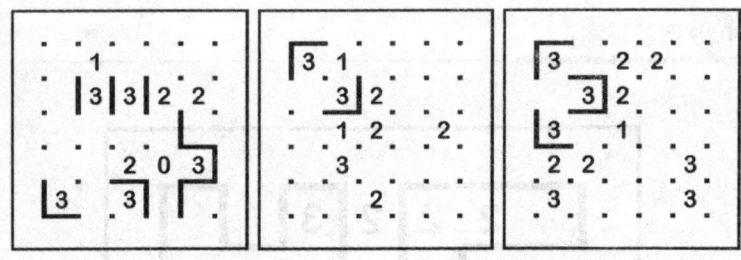

示例：上面中图，两个斜角相对的3，可确定侧的4条线段。上面右图则是在中图的基础上再增加一个3，可认为是由中图的画法拼合而来的。

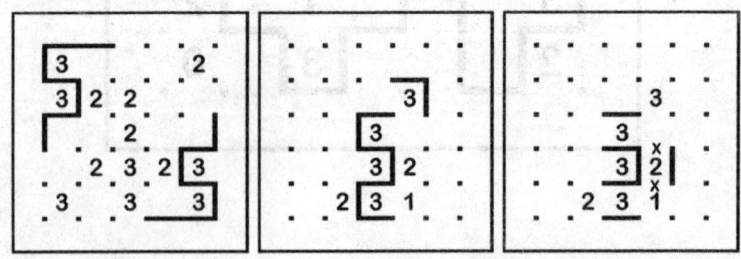

**示例**：再来三张图，左图是角上的连续的3；中图是连续的3+斜角3的情况；右图是一个延伸的定式：三连以上的3和中间的2的组合，注意打×处所在的这个数字2格子，随便哪个×变成了线段的话，这个格子左边的上下三连3都是画不出来的，这属于排除法，四条可能的线段里排除了两条，那么剩下的两条线段是可以确定的。

**其他数字**：数字2的线索很少，1的情况则太复杂，注意数字0的处理。

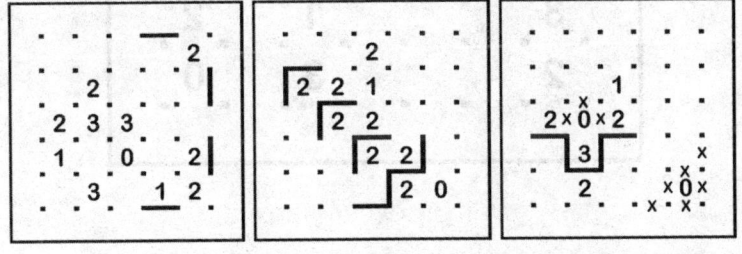

**示例**：上面左图，位于角落的2（看题目右上角和右下角的2）反倒是确定边上的2条线段；中图示意了一旦在数字2里出现了一个确定的拐角后，后续斜向的2都可以画出拐角来，另外，边上的02组合可以确定4条线段；右图里，告诉你可以把数字0包含的线段打叉，包括那些确定是会走进死胡同的线段所在，可以统统打叉标记。

## 第四册 谜题阶梯训练

例题解答：

```
· · · · · · · · ·
·  2  2  2  3 ·  ·  ·  ·
· · · · · · · · ·
·  ·  3  ·  ·  ·  ·  2 ·
· · · · · · · · ·
·  ·  2  ·  1  ·  ·  · ·
· · · · · · · · ·
·  3  1  3  2  2  ·  3 ·
· · · · · · · · ·
·  3  ·  ·  2  3  2  2 ·
· · · · · · · · ·
·  3  ·  ·  ·  1  ·  2 ·
· · · · · · · · ·
·  2  ·  ·  ·  3  ·  0 ·
· · · · · · · · ·
```

**解题技巧①：基本定式。**

根据前面所学的定式。

先把能标好的定式都标好，粗略一看，能发现右下角的02组合、左边的三连3和左下角的2。

其实每个定式都有它的规律，就算之前不知道，你尝试画几次应该就能发现。

第一章 数回 Slither Link

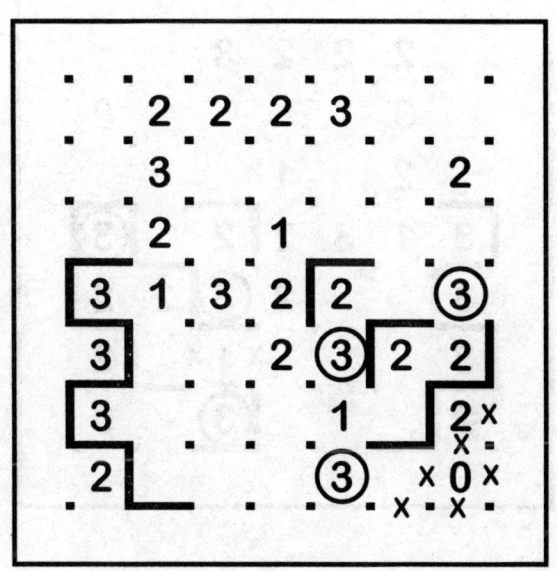

**解题技巧②：拐角2。**

看左下角，角2和三连3已经连起来了，所以可以顺势画出来。

0可以标注出来。因为数回的定式很多，所以不可能一下子全部罗列，边做边发现会更加有趣。

马上你会碰到一个非常实用的3定式：吹气球。注意带圈的3。

## 第四册 谜题阶梯训练

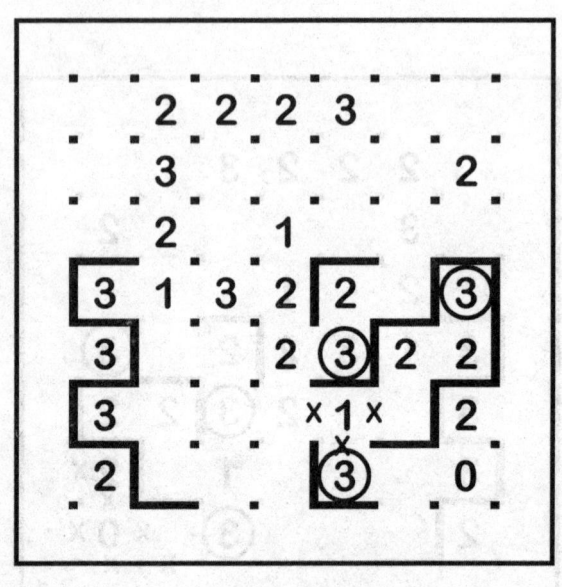

**解题技巧③：吹气球。**

吹气球定式：一旦有线侵入数字3的领地，对面两边就鼓起来。（理由是：一旦有线进入3的某个点，那么必然是从这个点开始连续画出三条线段，无论是顺时针方向还是逆时针方向画，对面的两条线段是肯定有的。）

看下边的3，因为右上角的点有线侵入，所以左边和下边确定，你可以试着画一下加以验证；中间的3同样的道理。

至于右边的3，因为是左下和右下同时被入侵，所以气球直接吹好。

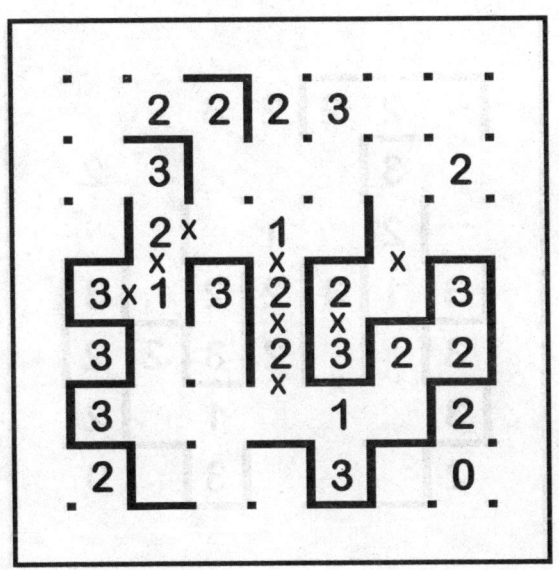

**解题技巧④：必需的线。**

可以自己往下推导。

根据上图中右下1的情况，已有一条线段，实际上可当成数字0来处理，那么相当于另外的三条线段都是没有的，结合下面数字3的格子，可以确定不少线段；还有中部的23组合也能推导。

上图中下边3的右下角只能往上走了。继续推导到下图。左上又有一个气球。

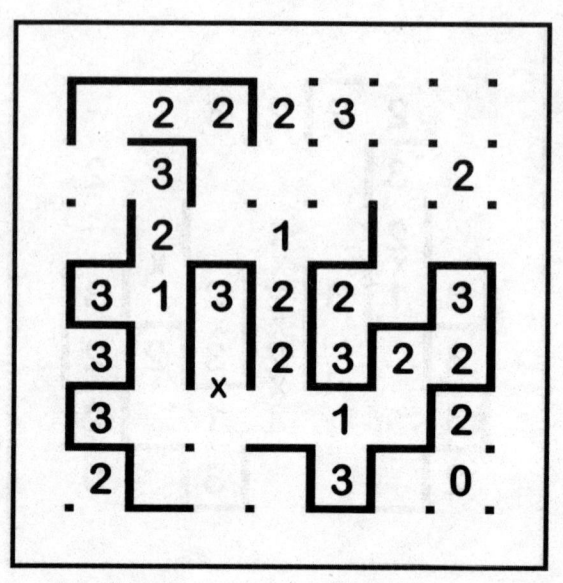

**解题技巧⑤：线头和闭环。**

看打叉处显然不能相连，会形成小闭环，所以应该左线走下，相当于打叉子处左边的点原本的两个走线方向只剩下了一个。

左上的3现在有两种连法，如果把3的左边连上，则左上角孤立出一个单独的线头，显然是错的。

在某个特定区域，要保证线头数量为某个偶数，以保证其连通性。

第一章 数回 Slither Link

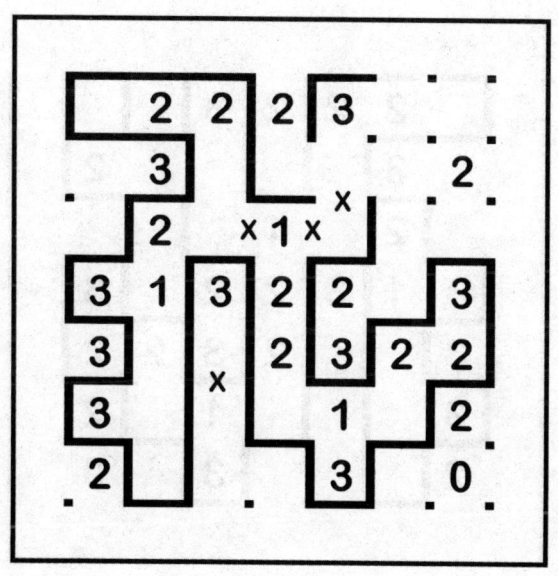

**解题技巧⑥：继续前进。**

根据已经学到的要点继续。

来到了如下图的阶段。

看看最高处的×，显然又是不能连接的，不然又成了小闭环。

那么这个1的右上角显然要往上走，后面再躲开一个闭环的小坑，就可以完成谜题了。

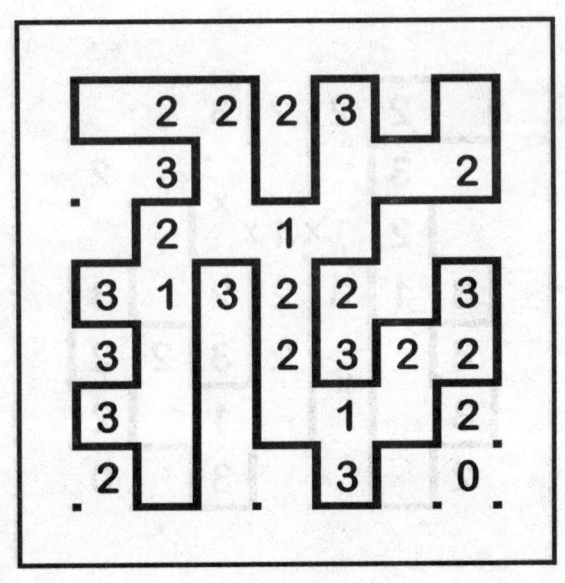

**解题技巧⑦：灵活运用。**

通过反复练习以上的技巧，你会发现定式无处不在。

解题没有一定之规，但是初始阶段你只能够用定式开启解谜。

后期，线头维持偶数和避免闭环的因素会多起来，再结合各种小定式解题，这就需要很好的观察力。

这道例题不难，后面你还会碰到更大的盘面。解数回的乐趣是无穷的，你会不断发现和总结出更多更有趣的定式。

第一章　数回 Slither Link

练习题：

青铜

01

```
. . . . . .
.   2 2     .
. 3 1     2 .
.   2       .
. 2 1 1 2   .
.   3 3 2 0 .
. . . . . .
```

02

```
. . . . . .
.   1     3 .
. 1 1 2 2   .
.     2   2 .
.     0 2 1 .
. 3   3 3   .
. . . . . .
```

03

```
. . . . . .
.   3 3 3   .
. 1   0 2 2 .
. 2   2   2 .
.         2 .
. 3     3 3 .
. . . . . .
```

04

```
. . . . . . .
. 2 3 2 2     .
.       2 2 3 .
. 3 2 3 1 3   .
. 2         2 .
. 3 3       0 .
. . . . . . .
```

05

```
. . . . . .
.       3   .
. 1 2   3   .
.       2   .
.   2     2 .
.   3 3 2 0 .
. . . . . .
```

06

```
. . . . . .
.   2   2   .
. 2 1   1   .
. 3 2 3     .
.   0 3     .
.   2 2   3 .
. . . . . .
```

# 第四册　谜题阶梯训练

第一章 数回 Slither Link

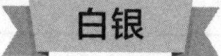

### 13

```
.  .  .  .  .  .  .  .
.     1  2     2  .  .
. 1   .  .  .  .  .  .
.     2     2  .  .  .
.     .  3     1  1  3
. 1   0  3  2     2  .
.     3     2  2  .  .
.     1  2  2     2  .
.  .  .  .  .  .  .  .
```

### 14

```
.  .  .  .  .  .  .  .
.     3  3  .  .  .  .
.     .  1  2  3  0  3
.     2  1  .  .  .  .
.     3  3  .  .  .  .
.  2  1     2  .  .  .
.  2  .  .  .  .  2  .
.  .  .  1  3  .  .  .
.  .  .  .  .  .  .  .
```

## 15

```
 .  .  .  .  .  .  .  .
                2
 .  .  .  .  .  .  .  .
 2     1     2     2
 .  .  .  .  .  .  .  .
 3  2  2     1
 .  .  .  .  .  .  .  .
 1
 .  .  .  .  .  .  .  .
          2  2        3
 .  .  .  .  .  .  .  .
          3  0        1
 .  .  .  .  .  .  .  .
       1     3  2  2
 .  .  .  .  .  .  .  .
```

## 16

```
 .  .  .  .  .  .  .  .
             1  2  2  2
 .  .  .  .  .  .  .  .
 2  3     2
 .  .  .  .  .  .  .  .
 0     1  2     1
 .  .  .  .  .  .  .  .
                   2
 .  .  .  .  .  .  .  .
 3  0  2  2  1
 .  .  .  .  .  .  .  .
 3           2     1  2
 .  .  .  .  .  .  .  .
       1  3  1
 .  .  .  .  .  .  .  .
```

第一章 数回 Slither Link

17

```
3   0 2
        2 3
      3 2 3 1
2     2 1 2   2
        3 1 2 3
      2       3
    2 3 3 2 2
```

18

```
      2   2   2
      2 2 2 3
      2 0 2
      2 2 2 3
    2 3
  2     1 2     3
  0           1 2
```

19

```
.  .  .  .  .  .  .  .
      2     2
            1  2     1
   3  2           2  3
   3  2  3  1  3     2
   3  0     2     1
   3  2
.  .  .  .  .  .  .  .
.  .  .  .  .  .  .  .
```

20

```
.  .  .  .  .  .  .  .
      2     1  2
      1  3  1  3  2
      2  1  3        2
   2  2  2  3  1
   3     0  3
   2           2
                     3
.  .  .  .  .  .  .  .
```

# 第一章 数回 Slither Link

21

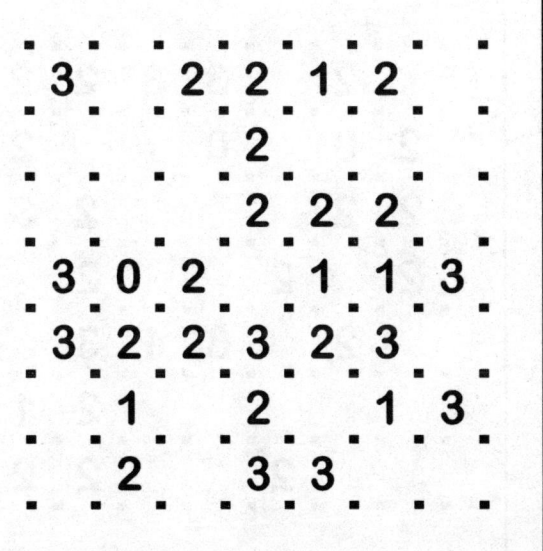

22

## 第四册 谜题阶梯训练

**23**

```
    2   3 3 2 2
2 0   0     2
2 2       2 3
2   2     2
    2 3 1 3
            2 1
      2   2 2
```

**24**

```
3 2 3 3   2
  1 2 0   1
  1   2     3
  3 2 3 2 1 3
1   1   1   3
2 2         3
  2
```

第一章 数回 Slither Link

25

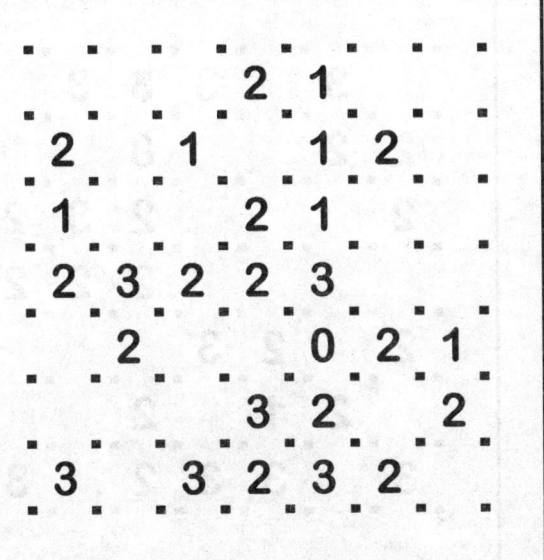

26

27

(Slitherlink puzzle, 8×8 grid)

Row 1: _ 3 _ 3 3 3 _ _
Row 2: 2 2 _ _ _ 0 _ _
Row 3: 2 _ _ _ 2 3 2 _
Row 4: _ _ _ _ 2 2 2 _
Row 5: 2 _ 2 3 _ _ _ _
Row 6: _ 2 1 _ 2 _ _ _
Row 7: 3 _ 3 3 2 _ 3 _

28

(Slitherlink puzzle, 8×8 grid)

Row 1: _ 3 1 2 2 _ 2 _
Row 2: _ 2 _ _ _ _ _ _
Row 3: _ 2 _ 2 _ 2 3 1
Row 4: _ 2 2 3 _ _ 3 _
Row 5: _ 2 _ 3 _ _ _ _
Row 6: _ _ _ _ _ _ _ _
Row 7: _ _ _ _ 3 2 _ _
Row 8: 3 2 _ _ _ 2 2 _

第一章　数回 Slither Link

29
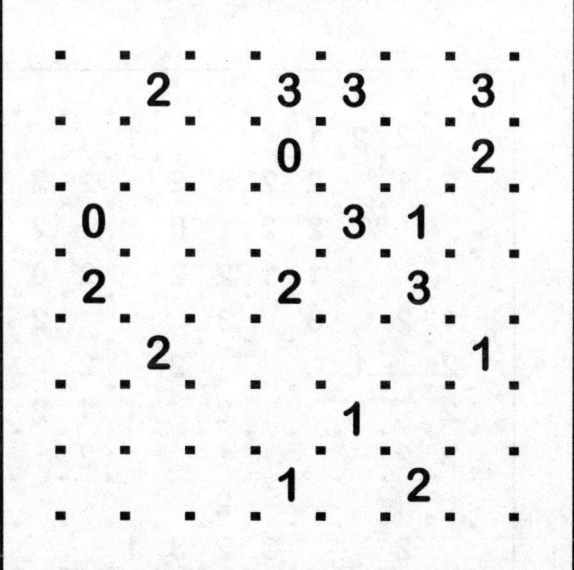

30
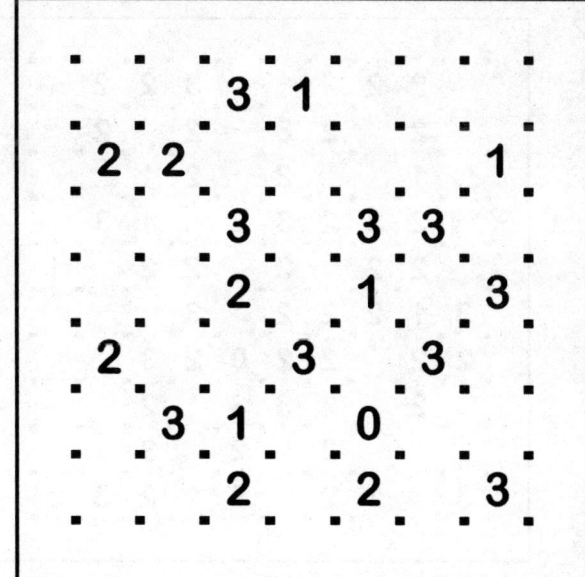

023

## 黄金

31

```
·  ·  ·  ·  ·  ·  ·  ·  ·  ·
   2  2  1           1
·  ·  ·  ·  ·  ·  ·  ·  ·  ·
2  1     2  2  3  2     2  2
·  ·  ·  ·  ·  ·  ·  ·  ·  ·
         2  2        0     2
·  ·  ·  ·  ·  ·  ·  ·  ·  ·
         1  1  2  2     2  0
·  ·  ·  ·  ·  ·  ·  ·  ·  ·
1  2     3     3           2
·  ·  ·  ·  ·  ·  ·  ·  ·  ·
2     1           2     2
·  ·  ·  ·  ·  ·  ·  ·  ·  ·
2              2     1  1  2
·  ·  ·  ·  ·  ·  ·  ·  ·  ·
3  2           1        2
·  ·  ·  ·  ·  ·  ·  ·  ·  ·
                  2
·  ·  ·  ·  ·  ·  ·  ·  ·  ·
   2           3  2  3  1
·  ·  ·  ·  ·  ·  ·  ·  ·  ·
```

32

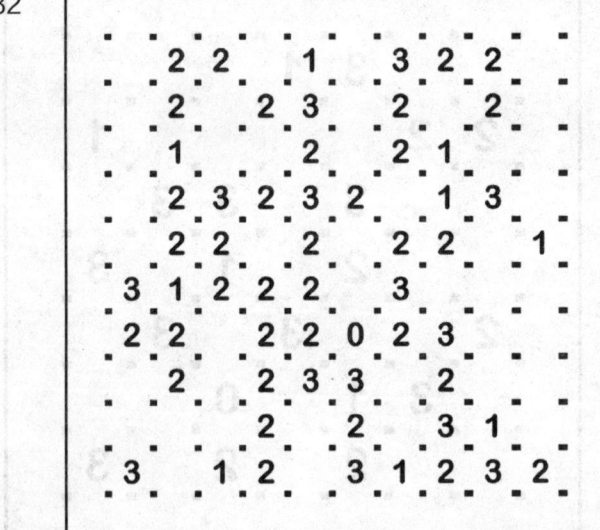

第一章 数回 Slither Link

33

34

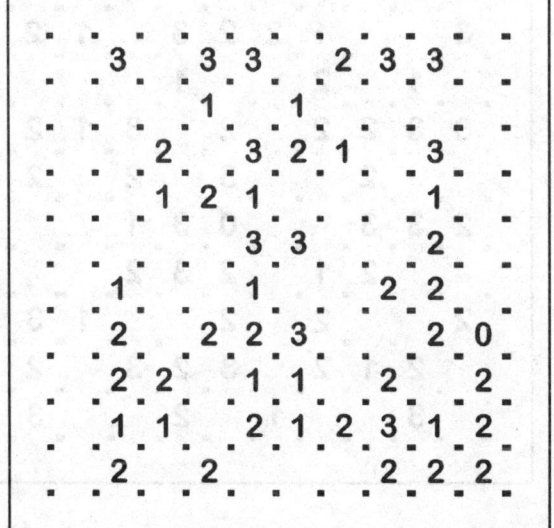

35

36

# 第一章 数回 Slither Link

**37**

**38**

39

```
    2 2 2 2   1
        2             2 3
      2 2   2       1 3
      1   2 1         2
    3       2 3   0   0
  2 1 2 2 1 1 2 3   2
        2 3     1 2 1 3
          2 1       2 2
        2     2     2 3
    2 2 2 2 3         2
```

40

```
                2
    3     2 2 3 2 2
    2   1   2 1 3 2 2
        3 3 2     2
      2     1 0 3       1
    2         2       1 3
    3 2     2 0     2
              1   2   2
                3     2
      2 3 1 2 1 3 1   3
```

41

| | | | | | | | | | |
|---|---|---|---|---|---|---|---|---|---|
| | | | 2 | | | 2 | | 3 | |
| | | | 3 | | 2 | | | 1 | |
| | 2 | | 2 | 2 | 2 | 1 | 3 | | 3 |
| | 2 | | 2 | 3 | | | | 1 | 3 |
| | 2 | 3 | 2 | 3 | 0 | 2 | 2 | | 2 |
| | | | | | | | 2 | 1 | |
| | | | | | 1 | | | | |
| | 3 | 2 | 2 | | | | 2 | | 1 |
| | | 2 | 2 | 2 | | 2 | 1 | 3 | |
| | 3 | 2 | | 3 | 1 | | | | |

42

| | | | | | | | | | |
|---|---|---|---|---|---|---|---|---|---|
| 2 | 3 | 2 | 1 | 2 | | 2 | 3 | | 2 |
| | 1 | | | | | | 3 | 1 | 3 |
| | | | | 2 | | 2 | | | 3 |
| | 2 | 0 | 2 | 1 | | | 3 | | 3 |
| | | | | 1 | | | 2 | 2 | 3 |
| | 2 | 1 | 3 | 2 | | | | | 2 |
| 2 | | 2 | | 0 | | | 2 | 2 | |
| | | 2 | | 1 | 2 | | 2 | 0 | |
| 2 | 3 | 2 | | 2 | 2 | | | 3 | |
| | | 1 | 2 | 2 | 2 | 3 | 2 | | |

## 43

## 44

第一章 数回 Slither Link

47

48

|   |   | 2 |   |   | 1 | 3 | 2 |   | 1 | 3 |   |
|---|---|---|---|---|---|---|---|---|---|---|---|
|   |   | 3 |   | 2 | 3 | 2 |   |   |   | 2 |   |
|   |   | 1 |   | 1 |   |   |   | 2 |   | 2 |   |
|   |   | 3 |   | 3 |   | 2 |   |   |   |   |   |
| 3 |   | 2 | 2 |   |   | 2 | 1 |   | 2 |   |   |
|   |   |   | 2 |   |   |   |   |   |   | 3 |   |
|   | 3 |   | 2 | 1 |   | 2 | 3 |   | 1 |   |   |
|   | 3 |   |   | 2 |   | 1 |   | 2 |   | 3 |   |
|   |   |   |   | 1 | 2 |   | 3 | 2 |   |   |   |
|   | 2 | 2 | 3 |   |   | 1 |   | 1 | 2 | 2 |   |

# 钻石

49

50

## 第四册 谜题阶梯训练

**附赠**

# 第二章 四风 Four Winds

## 第四册 谜题阶梯训练

### 例题：

### 题型说明：

1. 谜题由一个内部带提示数字黑格的矩形格子题图构成。

2. 解谜是将题图内所有空白的格子用线段填满。

3. 线的方向为水平或垂直，每条线都连接到某个已知黑格。

4. 黑格内给出的已知数字代表从该黑格引出的一条或多条线段所占据题图内空白格子的总数。

5. 所有线段均不能交叉或重叠，每个空白格只能被一条线段占据。

# 第二章 四风 Four Winds

## 背景资料：

四风是一种经典的画线谜题，已知数字格就好像风车一般，最多可以有四片风叶。首次出现于1995年在罗马尼亚波亚娜·布拉索夫（Poiana Brasov）举行的世界谜题锦标赛（WPC）。

## 例题答案：

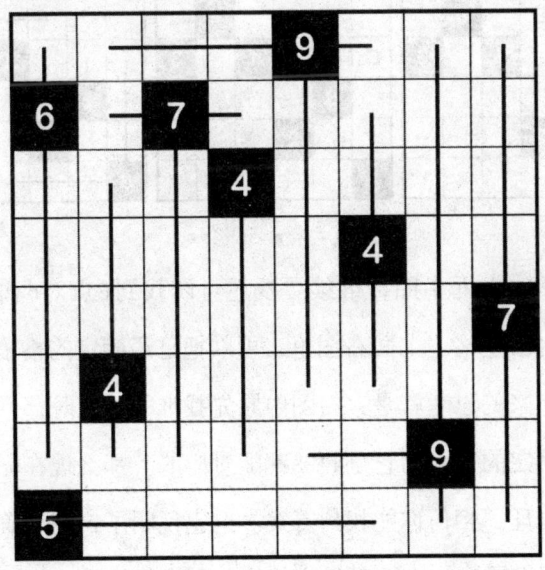

**答题之前：**

你必须先了解四风解题的两种基本技巧。

①唯一对应：和数方解法中的格找数异曲同工，找到某空格唯一对应的数字。

示例：下面左图中的A点只有5能对应（连线到达），同样还有B对4，C对8和D对6。而问号点，因为5和8都可以对应，所以目前不能确定。

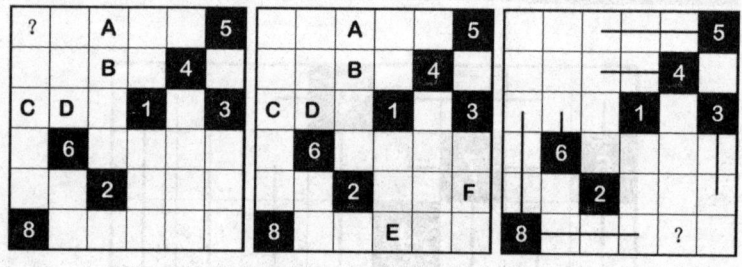

示例：上面中图，继续寻找还可以找到E点对8和F点对3是唯一对应空格。上面右图里，可以把已经确定的格子都画好线。接下来的思考就是：右图中原先找唯一对应时，问号格子是不能确定的，因为它是4和8都能对应的。那么现在呢？通过简单的推理，相信你能找到答案。这也说明了，随着确定的线增多，很多因素也在不断地变化中，利用好这种变化解题会变得更轻松。

第二章 四风 Four Winds

②**差值对应**：通过计算，排除其他方向最大可能后，能确定的格子数。

示例：下面左图，还使用以上的示例题目。数字8能导出线段的格子一共是10个，假设向上的5格都是线段，那么向右还会有3格。在考虑其他方向满格的情况下，还能确定的格子，就是差值对应。同样，反过来，数字8向上也有3格可以确定。

示例：上面中图，继续考虑数字5的情况，很快可以确定4个格子，把确定好的线段画好。再看上面右图，这时候，你可以去观察数字6，首先看向下方向，因为其他两方向总数为6，所以不能确定；然后看向其右方，因为其他两方向总数为3，因此可以确定3个格子；最后看向上方向，则确定1格。

## 第四册 谜题阶梯训练

例题解答：

**解题技巧①：初盘两法。**

通过前面的讲解，你了解到初盘有两种技巧可用。

把这两种技巧先运用一遍。

两种技巧各有优势，都能确定一些格子的归属。至于哪种更好，对于大盘面来说，唯一对应得到的结论会更多一些。

**解题技巧②：唯一对应。**

找到几个唯一对应格子。

图中的情况已经把所有的空白格子找过一遍，一共找到5个格子是符合唯一对应的。

把这些格子连好相应的线段，因为相当于已知条件已经有了变化，你甚至可以再次使用唯一对应法。

**解题技巧③：差值对应。**

现在根据已经确定的线段继续推算，相当于把盘面缩小了。

对于第一行的9，左右共7格，向下确定2格；倒数第2行的9，左下共7格，可以向上确定2格，多延伸1格；然后是第1列的6，上右是2格，所以向下可以画出4格来；第1列的5也多延伸1格。

回头再看两个数字7的情况。

第二章　四风 Four Winds

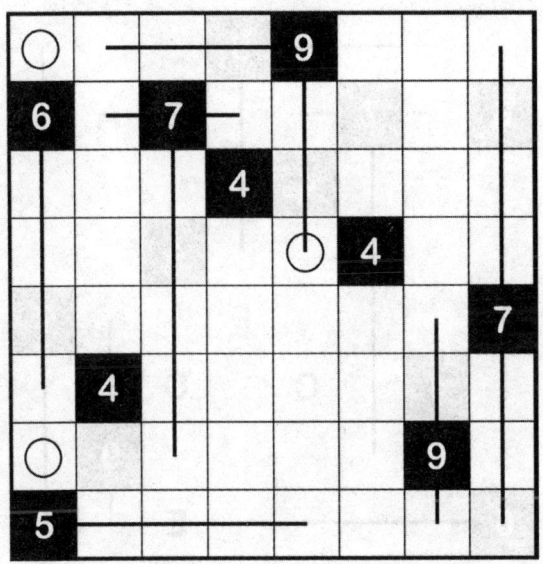

**解题技巧④：反复使用。**

观察这两个数字7，发现因为线段的逐渐增多，都已经可以画出唯一的线段了。

再看数字6，也是如此。

对于第一行的数字9来说，随着右上角的格子属于7，挤占了原先属于9的一个格子，因此向下顺延一个格子。

## 第四册 谜题阶梯训练

**解题技巧⑤：反复使用。**

再去运用唯一对应法，现在的情况已经和初盘不同。

去推断一下ABCDEF这几个点唯一对应哪个数字。

发现A属于9，B属于其下面的4，C属于其上面的4，D属于其上面的4，E属于5，F属于其上面的9。

第二章 四风 Four Winds

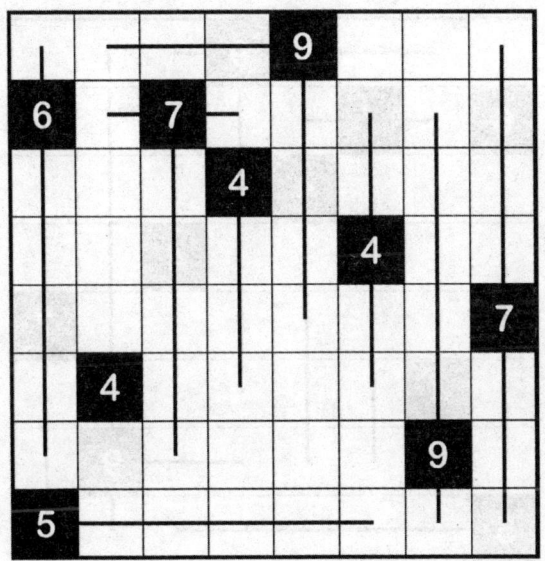

**解题技巧⑥：反复使用。**

画好刚才用唯一对应法能确定的线段，然后自己完成例题。

通过这道例题你一定有所体会，如何去灵活运用解题技巧，剩下的只是增加熟练度和解题速度而已。

## 第四册　谜题阶梯训练

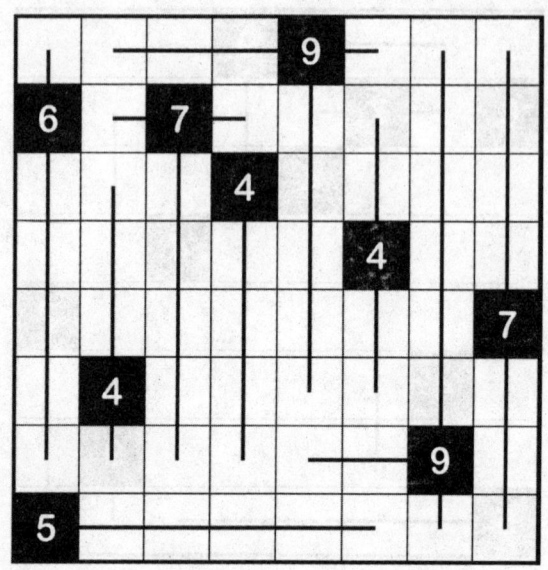

**解题技巧⑦：灵活运用。**

通过反复练习，灵活运用以上的技巧。

解题没有一定之规，但是初始线索和技巧非常重要。

总之，唯一对应法和差值对应法会交替使用，所有的四风谜题都可以在这两种方法范畴里得到解决。

通过这道例题熟悉解题方法后，你就可以开始挑战更大盘面的谜题了。

## 第二章 四风 Four Winds

📝 练习题：

### 青铜

01

02

03

04

05

06

第四册　谜题阶梯训练

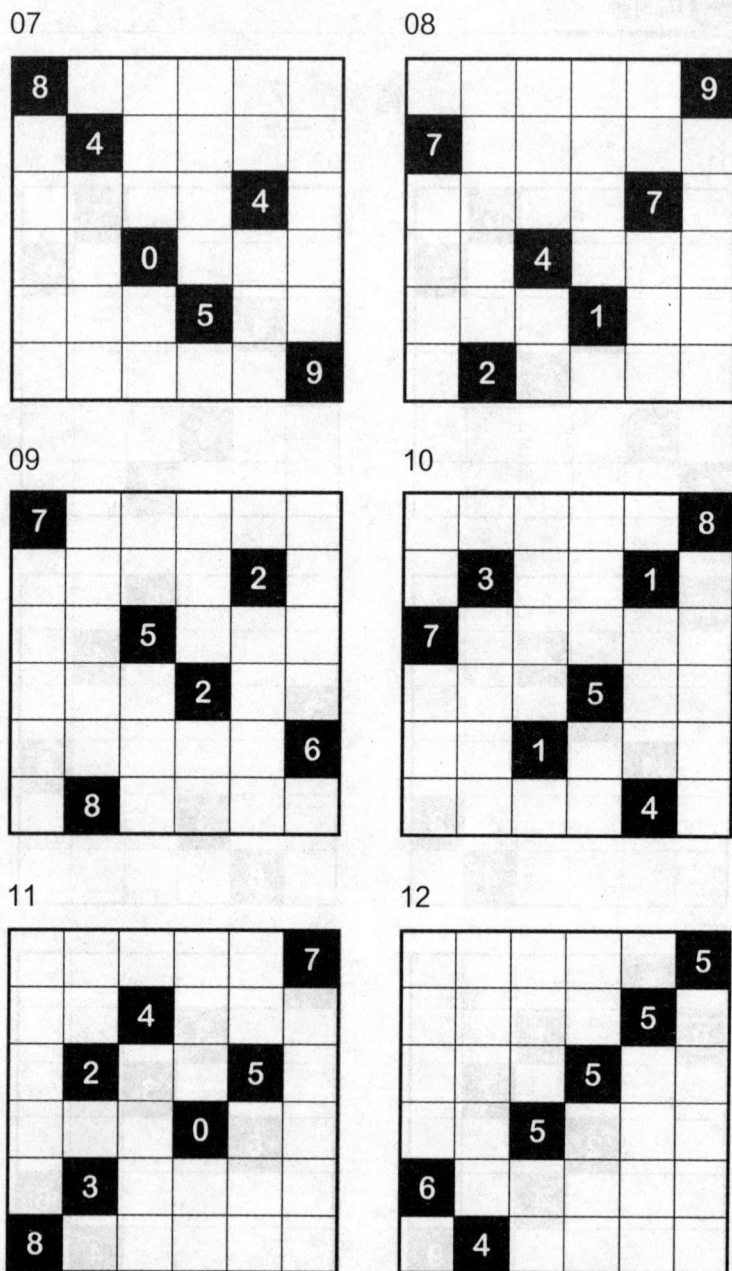

## 第二章　四风 Four Winds

### 白银

13

14

第四册　谜题阶梯训练

15

16

第二章　四风 Four Winds

17

18

第四册　谜题阶梯训练

19

## 第二章 四风 Four Winds

21

22

第四册　谜题阶梯训练

23

24

第二章　四风 Four Winds

25

26

27

28

第二章 四风 Four Winds

29

30

第四册 谜题阶梯训练

**黄金**

31

## 第二章 四风 Four Winds

33

34

第四册　谜题阶梯训练

35

## 第二章 四风 Four Winds

37

38

39

## 第二章 四风 Four Winds

41

42

43

44

# 第二章　四风 Four Winds

45

46

067

## 钻石

47

48

49

| | | | | | | | | | | | |
|---|---|---|---|---|---|---|---|---|---|---|---|
| | | | | | | 11 | | | | | |
| | | 3 | | | | | 2 | | | 1 | |
| | | | | 8 | | 2 | | 4 | | | |
| | 10 | | | | | | | | | 2 | |
| | | | 1 | | | | | 1 | | | |
| 2 | | 1 | | 1 | | | 9 | | | | 7 |
| | | | | | 5 | | | 3 | | | |
| 4 | | | 6 | | | | | | | | |
| | | | | | 2 | | | | 1 | | |
| | | 1 | | | | | | 9 | | | |
| | | | | | | | 5 | | | 4 | |
| | | 4 | | | 1 | | | | | | 5 |

50

| | | | | | | | | | | | |
|---|---|---|---|---|---|---|---|---|---|---|---|
| | | 10 | | | | | 1 | | 3 | | 2 |
| 1 | | | | 1 | | | | 2 | | | |
| | | | 4 | | 3 | | | | | | |
| | | | | 5 | | 2 | | 1 | | | |
| 2 | | | | | | | 3 | | 2 | | 1 |
| | 6 | | | | | 1 | | | | 8 | |
| | | | | | | | | 1 | | | |
| | | | | | 12 | | | | | | 1 |
| 8 | | | | 2 | | | 4 | | | | |
| | | | | | 9 | | | | | | |
| | 7 | | | | | | 1 | | | | 1 |
| | | 6 | | | | | | | 3 | | |

# 第四册 谜题阶梯训练

附赠

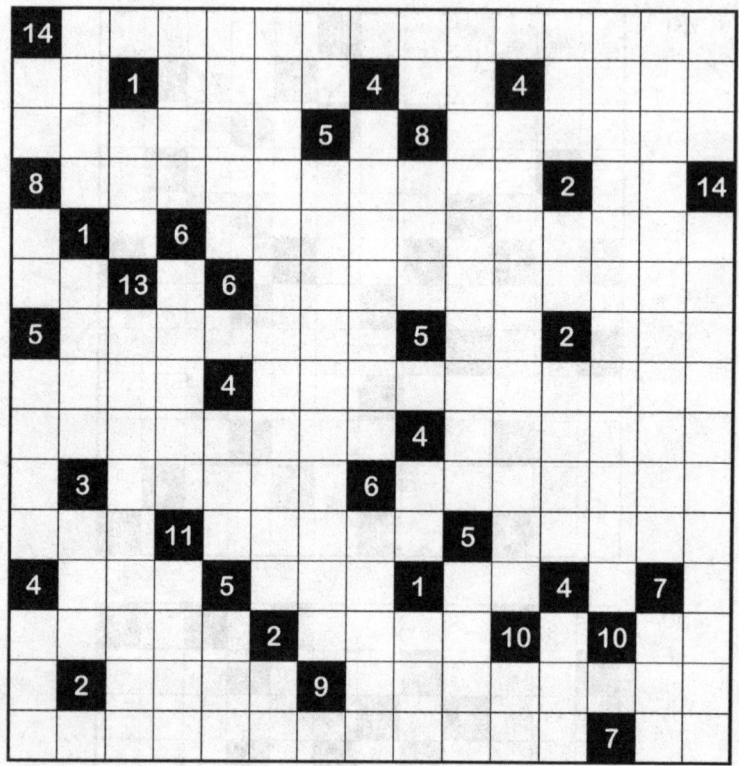

## 答　案

# 第一章 数回 Slither Link

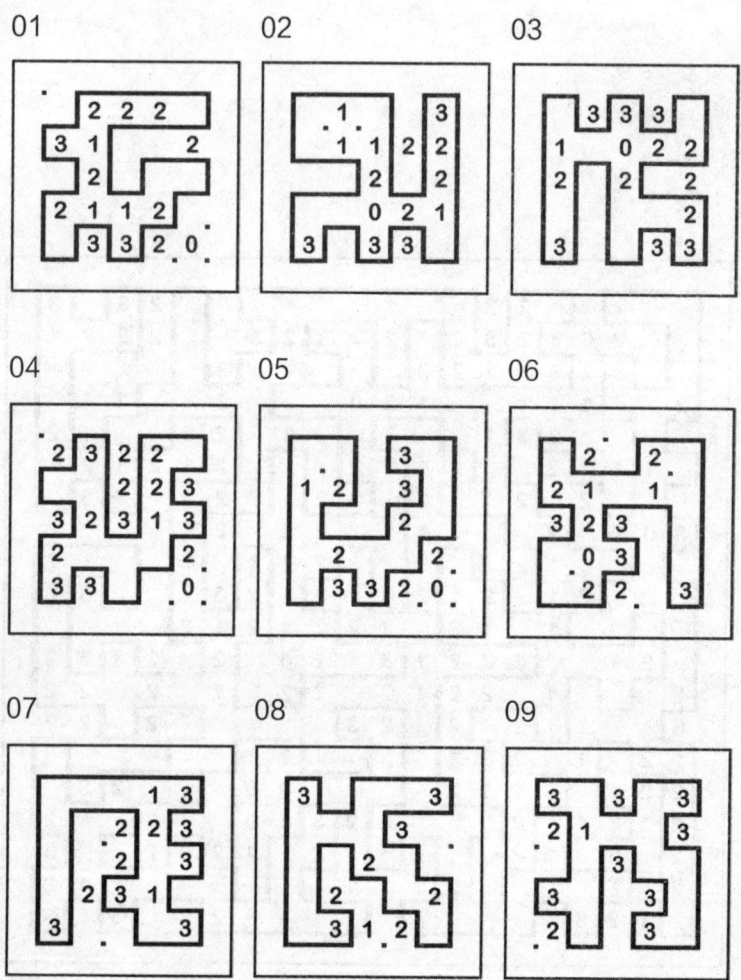

答 案 数回 Slither Link

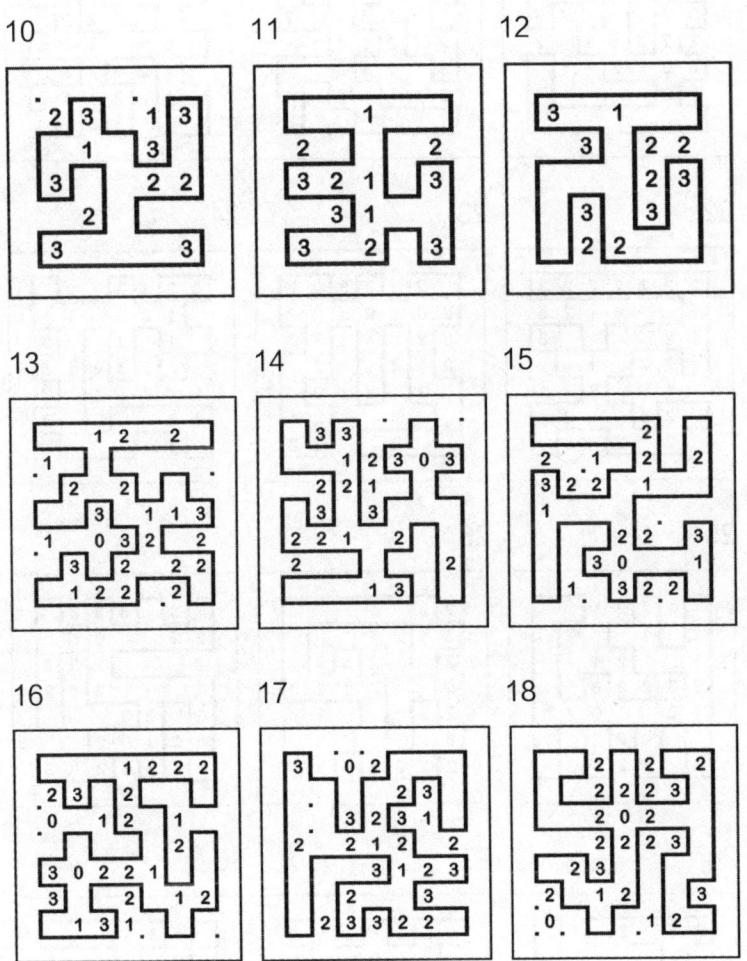

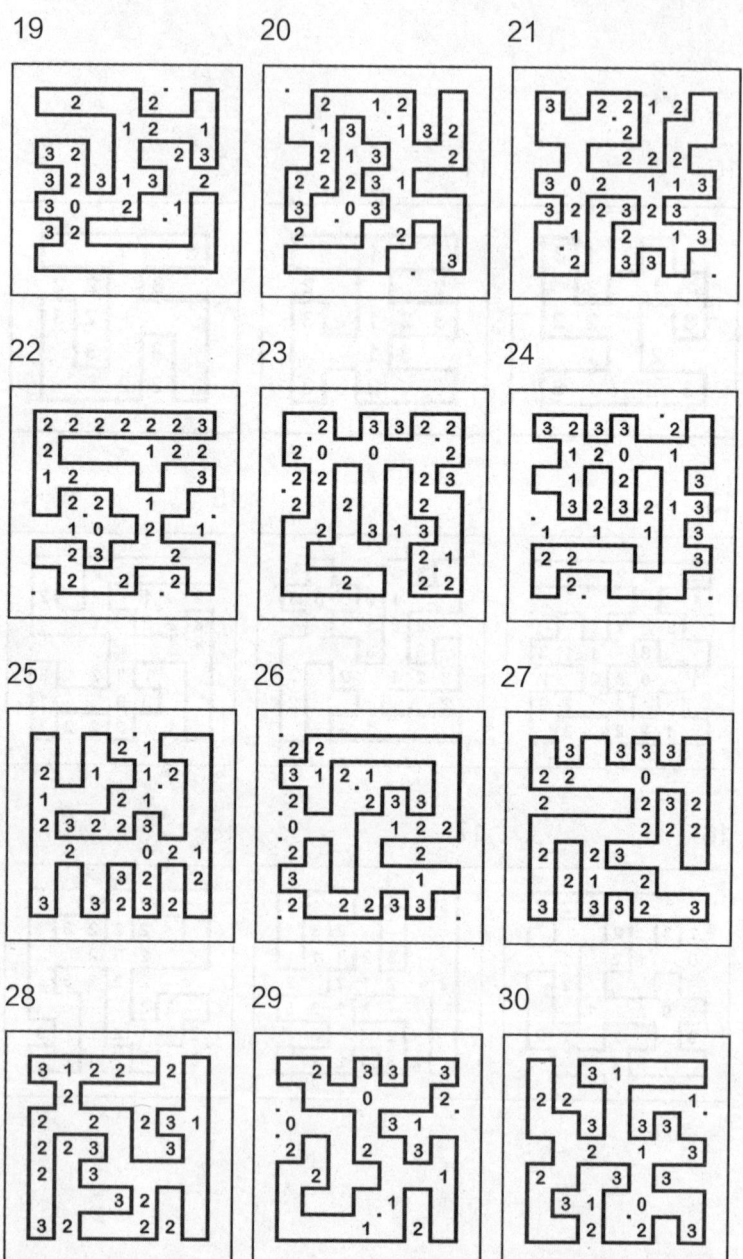

答　案　数回 Slither Link

31
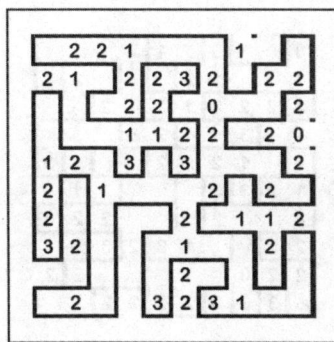

32
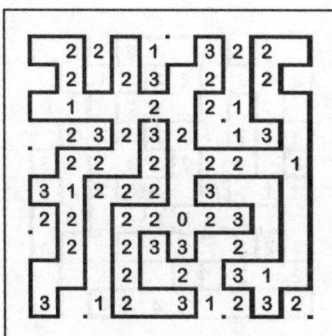

33
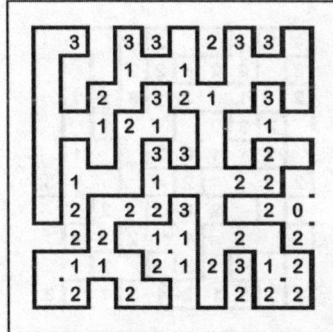

34
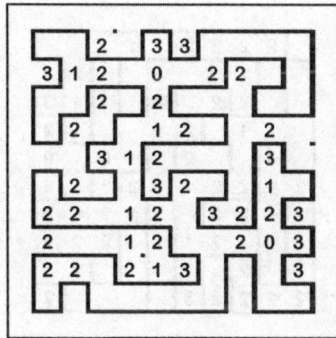

35
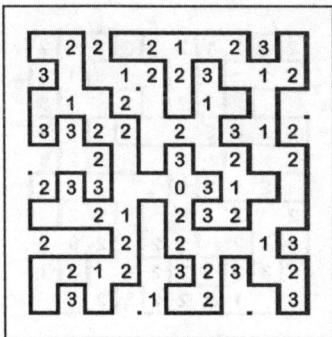

36
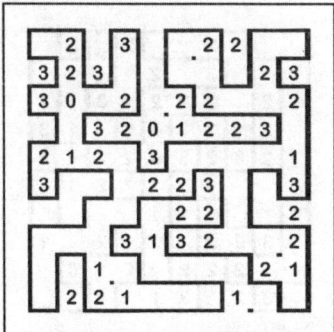

## 第四册 谜题阶梯训练

### 37
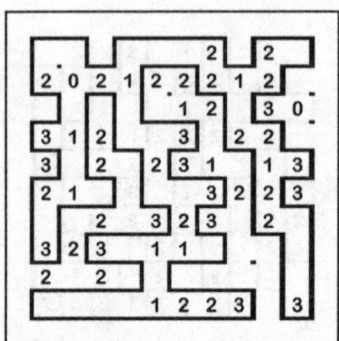

### 38
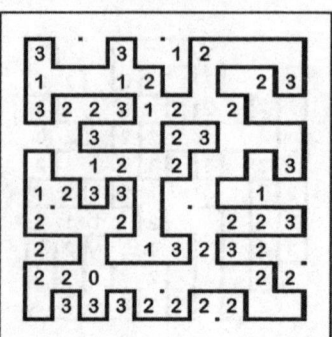

### 39
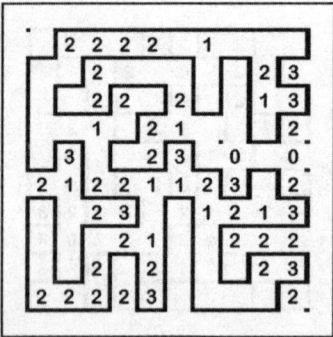

### 40
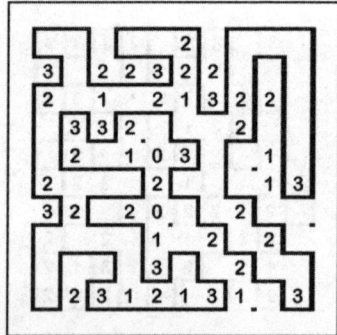

### 41
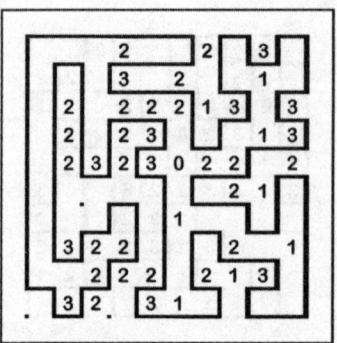

### 42
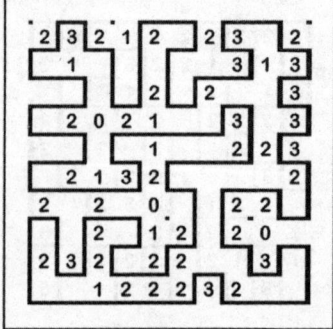

答 案  数回 Slither Link

43
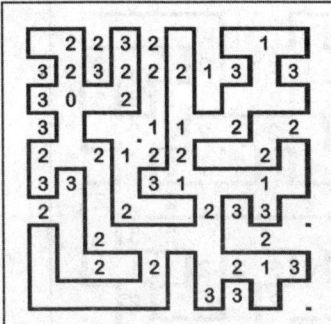

44
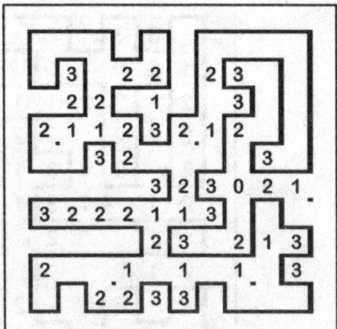

45
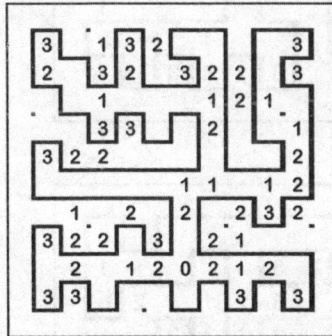

46
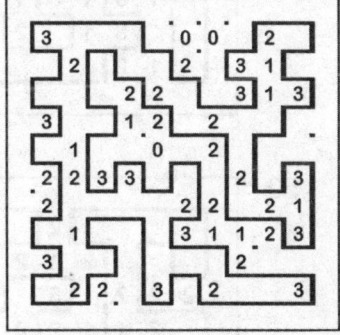

47
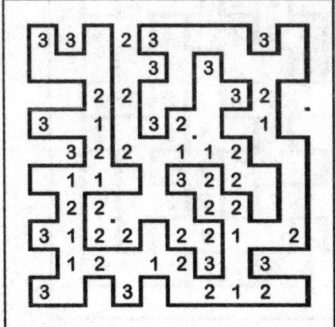

48
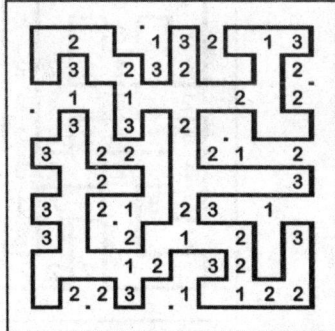

49

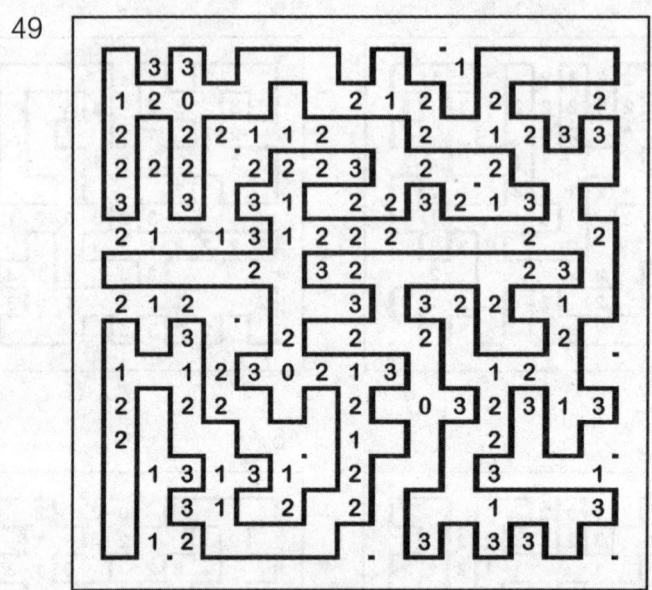

50

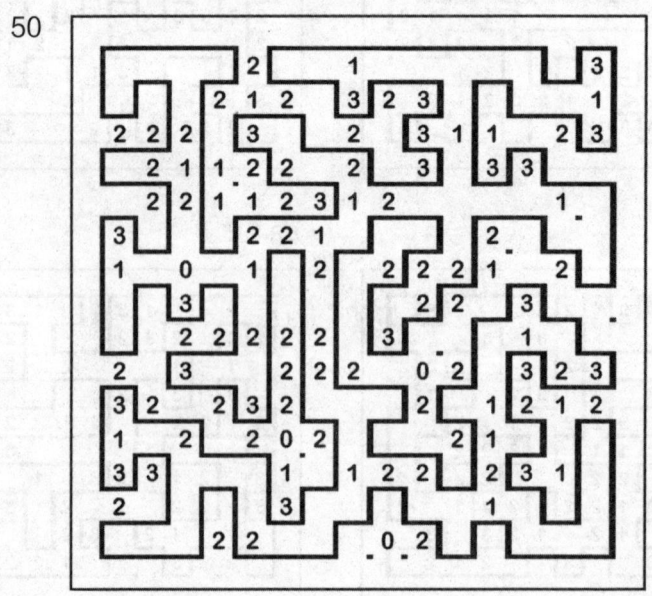

答　案　数回 Slither Link

附赠

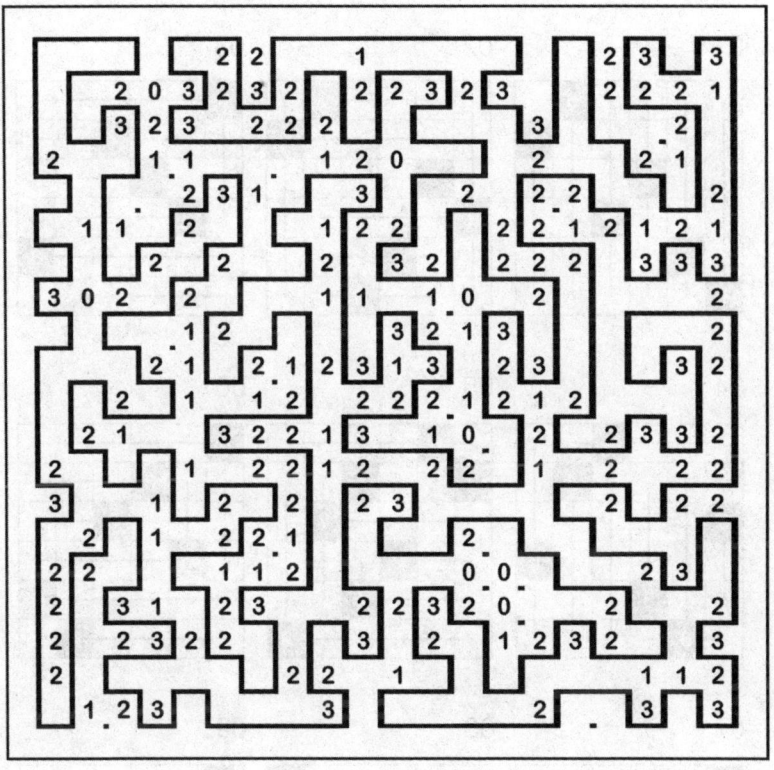

第四册 谜题阶梯训练

## 第二章 四风 Four Winds

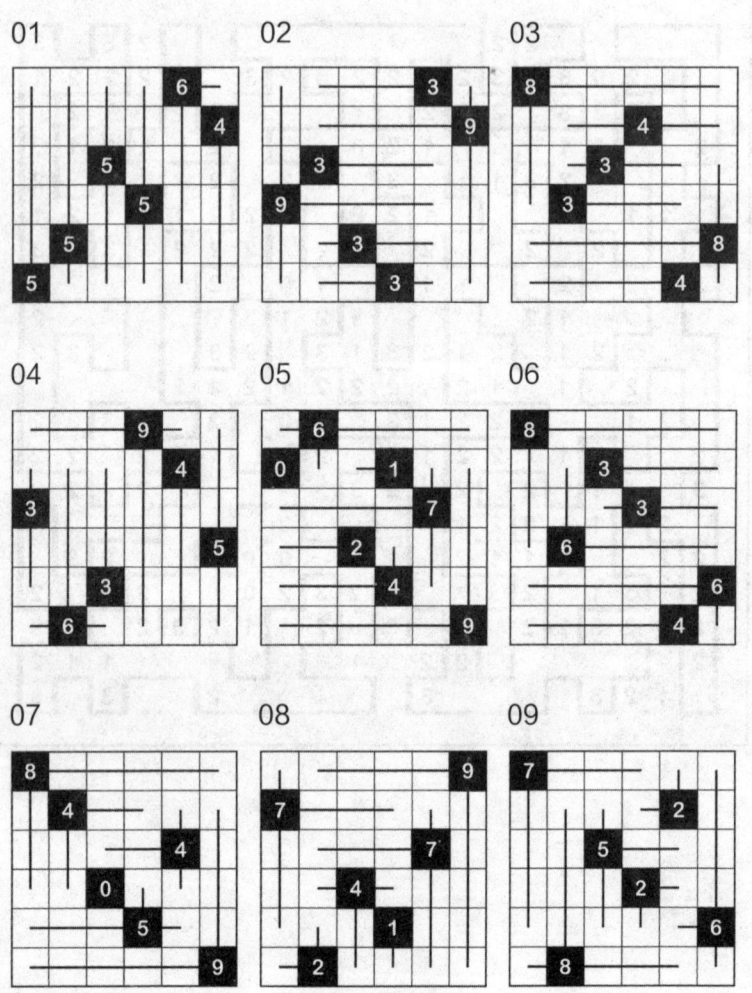

## 答 案 四风 Four Winds

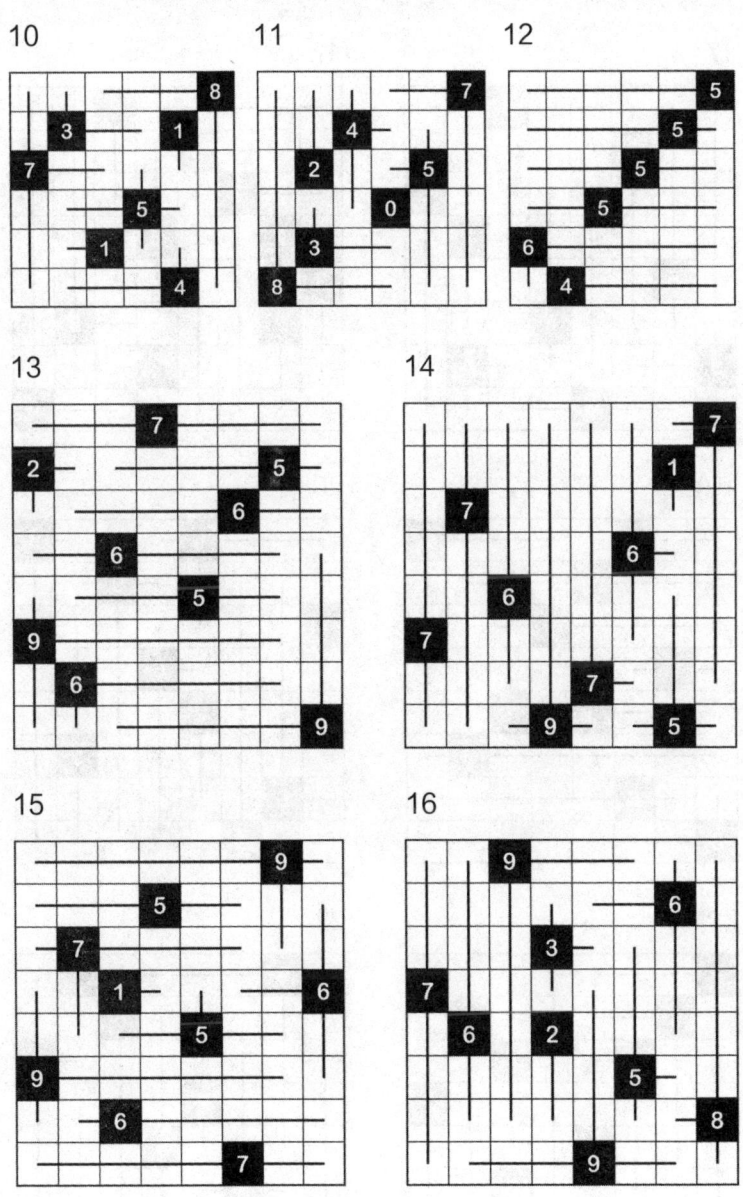

## 第四册 谜题阶梯训练

17
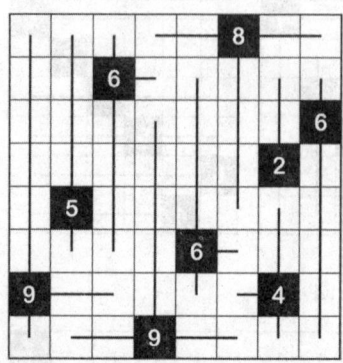

18

19
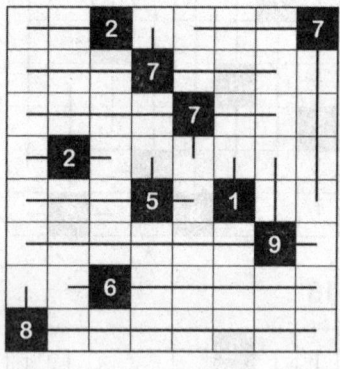

20

21
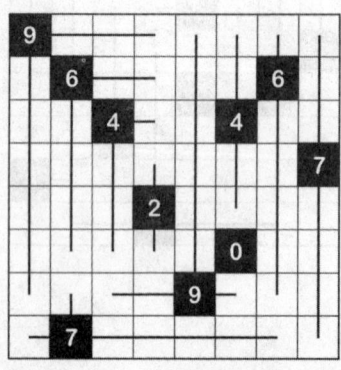

22
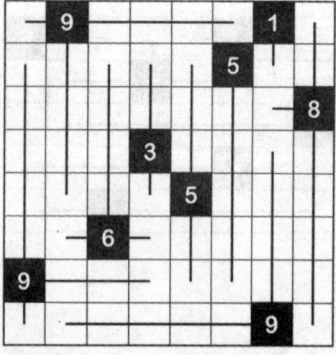

答 案 四风 Four Winds

23
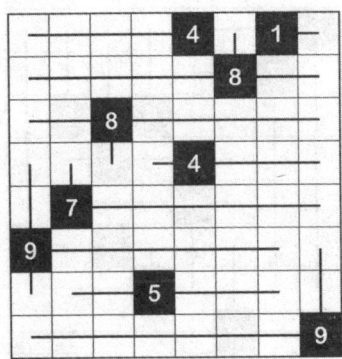

24
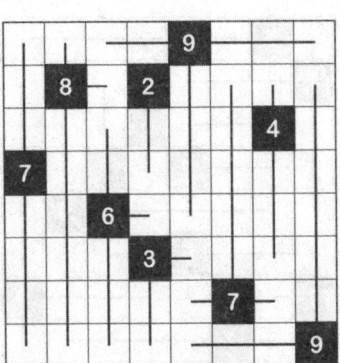

25

26

27
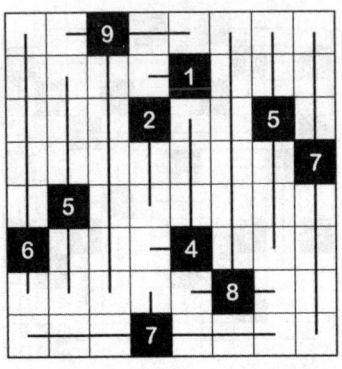

28
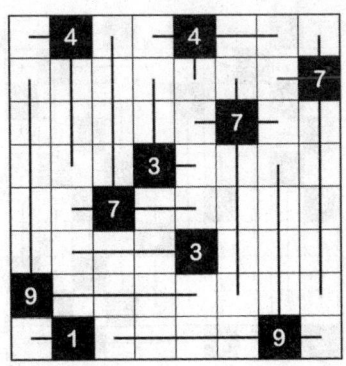

## 29
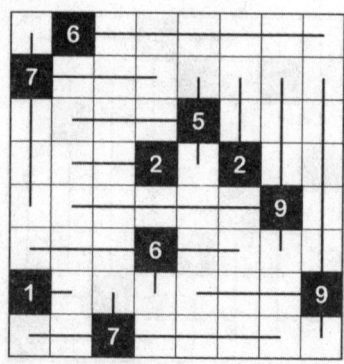

## 30
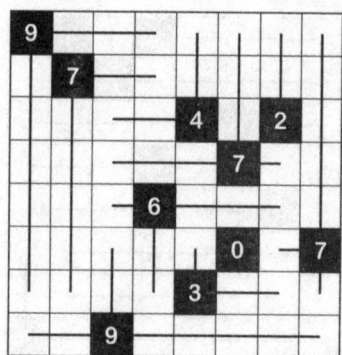

## 31

## 32

## 33

## 34

答 案 四风 Four Winds

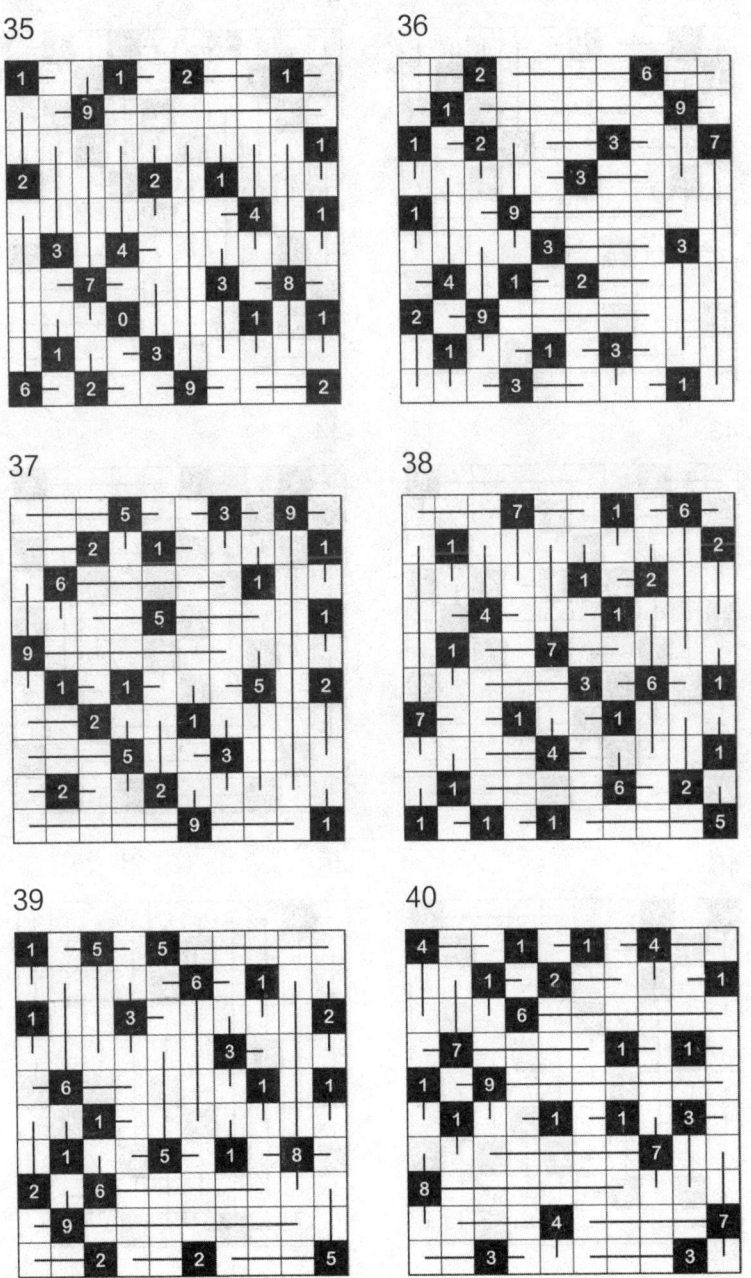

第四册 谜题阶梯训练

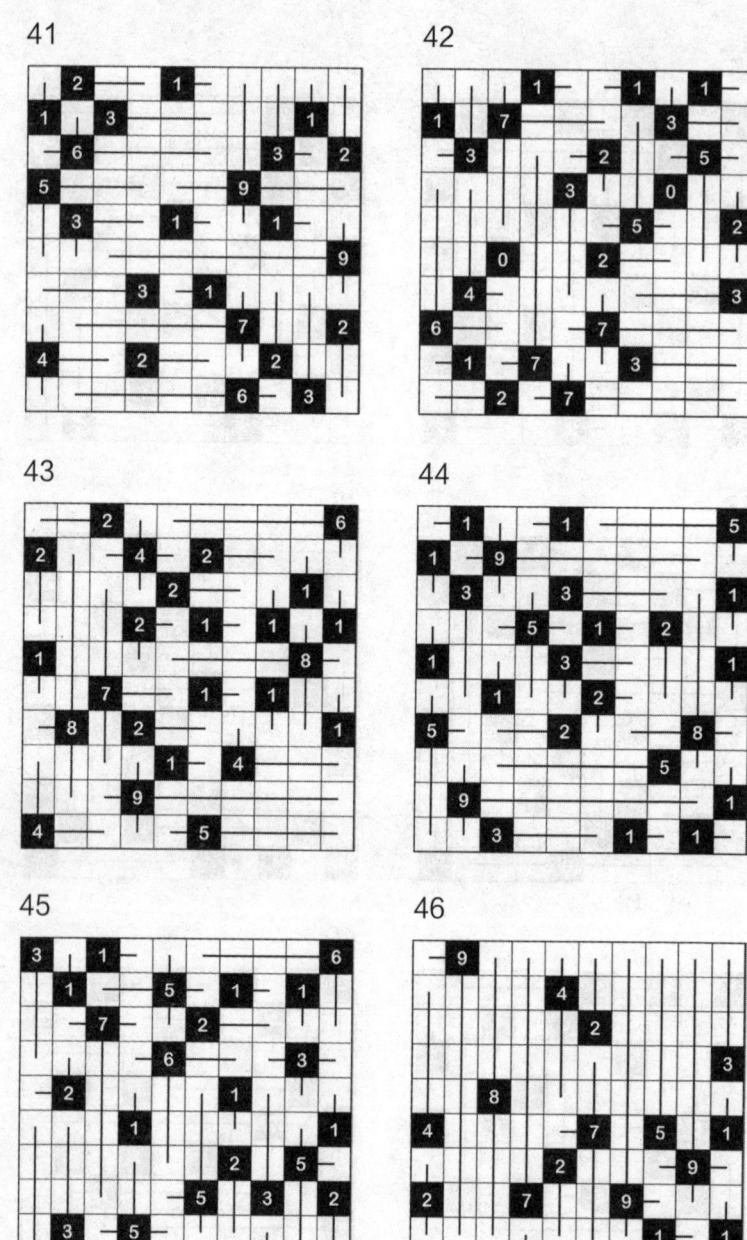

答 案 四风 Four Winds

47

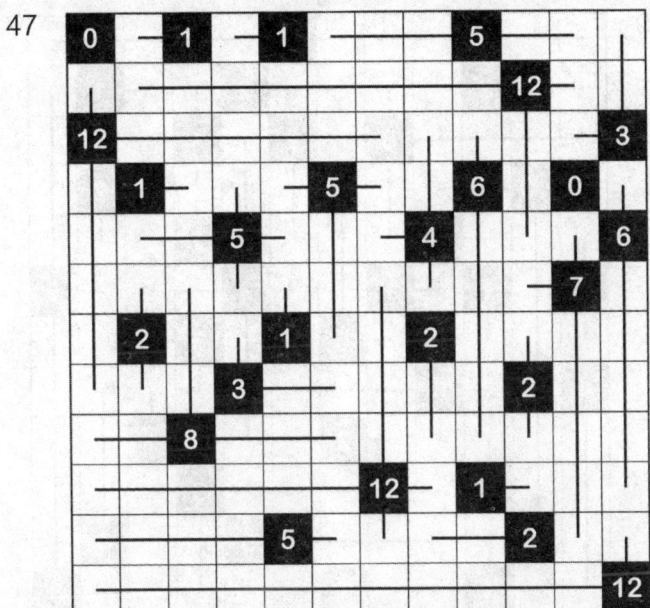

48

第四册 谜题阶梯训练

49

50

答 案 四风 Four Winds

附赠

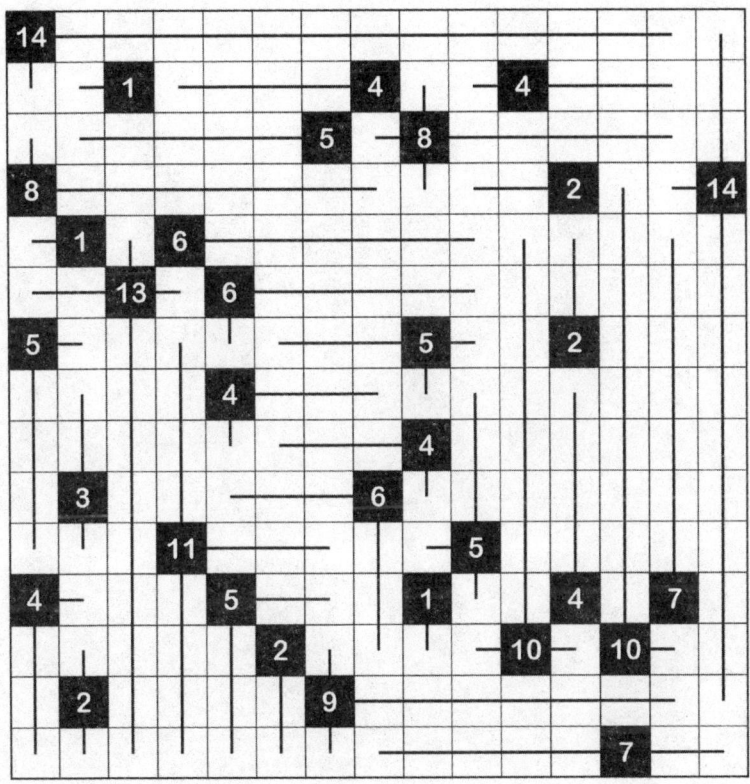

# 谜题

## 阶梯训练

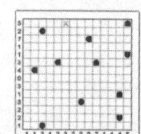

廖然
徐艳　著
黄中华

第5册

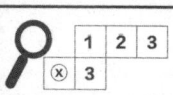

天津出版传媒集团

天津科学技术出版社

# 目 录
## contents

**第一章**
- 战舰 Battleship .................. 001
- 例题及题型说明 .............. 002
- 练习题 ............................. 011

**第二章**
- 星战 Star Battle ............ 033
- 例题及题型说明 ........... 034
- 练习题 ........................... 045

**答案**
- 第一章
  战舰 Battleship ............... 066
- 第二章
  星战 Star Battle ............. 076

# 第一章　战舰 Battleship

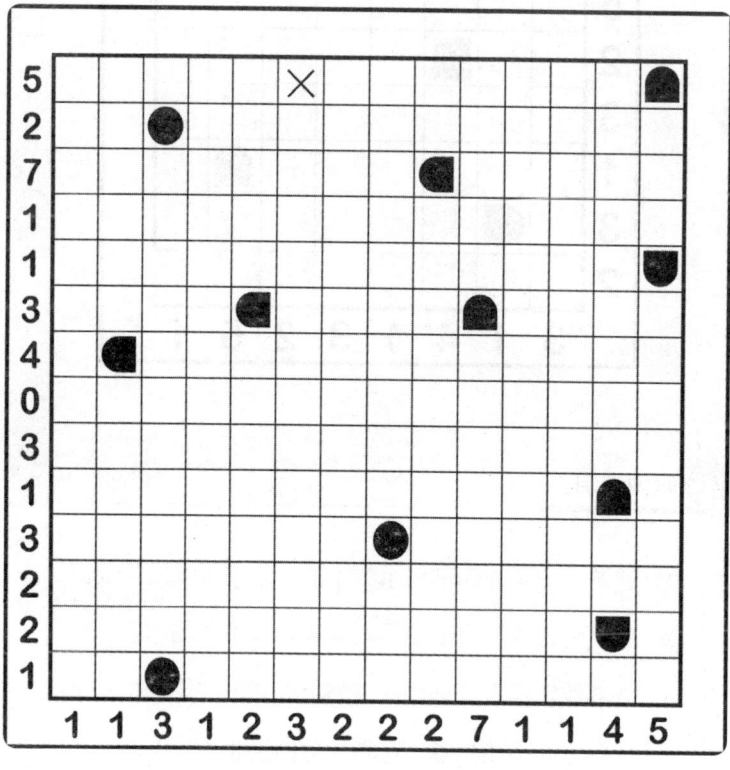

## 第五册 谜题阶梯训练

### 例题：

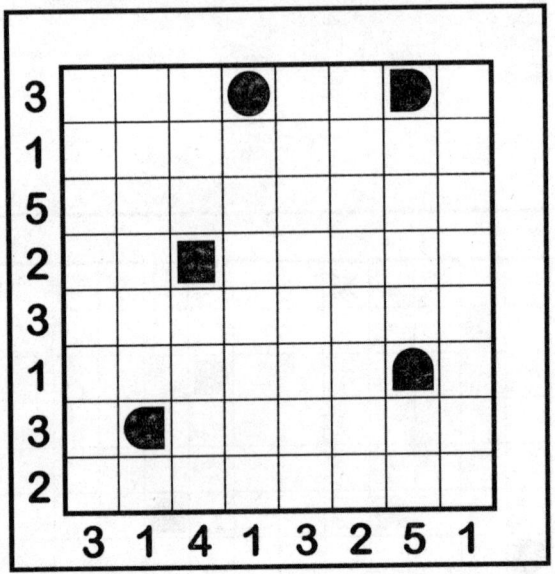

### 题型说明：

1. 谜题由一个外部带提示数字的矩形格子题图构成。
2. 解谜是将题目给出的不同战舰摆放到题图中。
3. 外部数字代表在该行或该列上战舰所占据的格子总数。
4. 战舰之间不能相碰（在斜角方向上也不行）。
5. 部分题目会给出一些战舰的片段或不能放置战舰的格子。

# 第一章 战舰 Battleship

## 背景资料：

1982年，战舰（Battleship）在阿根廷的《幽默与绝望》（*Humor & Juegos*）杂志上首次发表。原创者是杂志创始人海梅·波尼亚奇克（Jaime Poniachik）及其编辑团队的其他几位成员。1992年，在纽约市举行的第一届世界益智锦标赛上，战舰的出现引起了全世界的关注，首次出题时使用的名称为巴塔拉海军（Batalla Naval），此后便风靡全球。

## 例题答案：

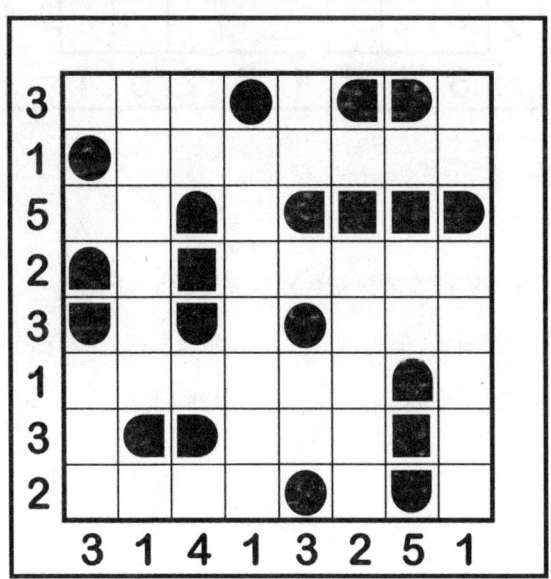

## 例题解答：

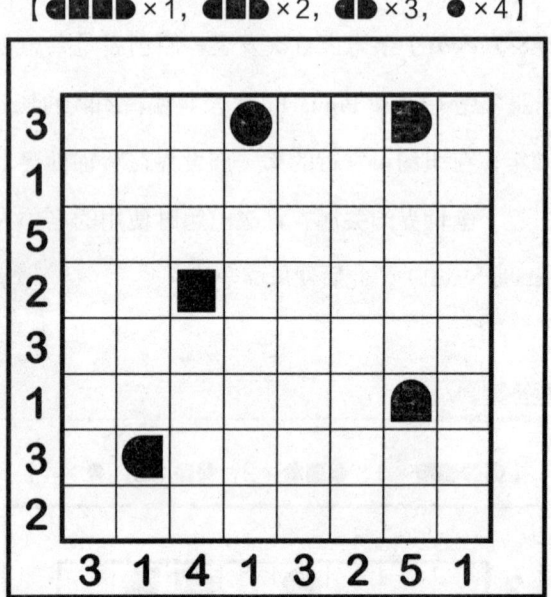

**解题技巧①：满足已知数。**

初始先观察所有的已知数。从完全满足的开始。

本题中没有0，但是观察一下，你会发现已经有3个1完全满足，下一步就是把满足的行或列标记排除点。

第一章 战舰 Battleship

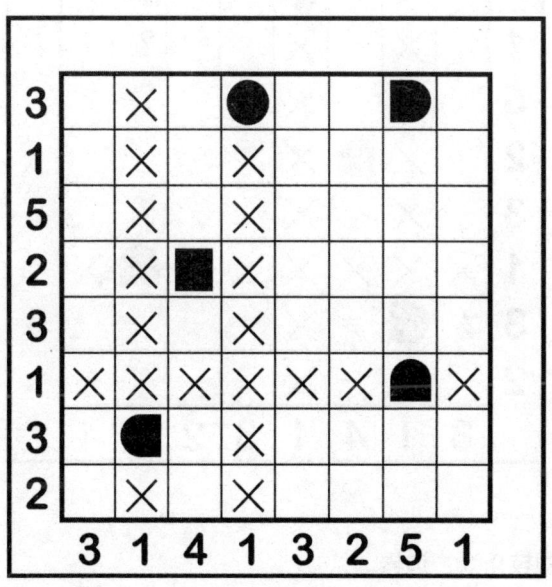

**解题技巧②：排除。**

将可以确定排除的格子全部找到。

用适合自己风格的标记标注，不一定非要用×标记。

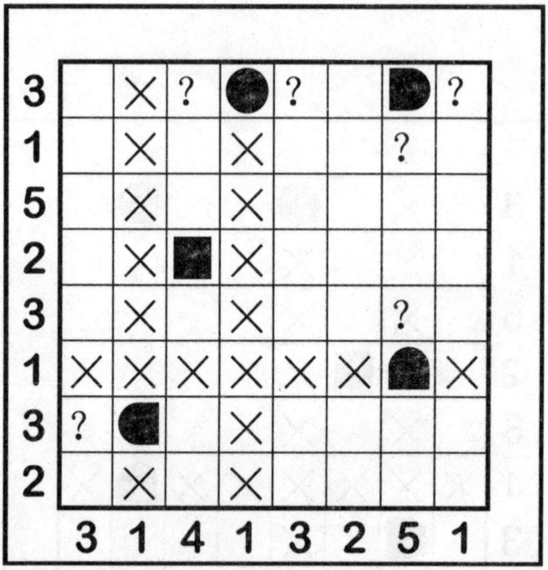

**解题技巧③：边界。**

下一步思考图中几个用问号标记的格子。

很显然，根据已知条件，单格长度的战舰一旦给你，它相邻的格子就可以排除了。

还有那些已经给出头或者尾巴的战舰，它们的相邻格子也都可以排除。

第一章 战舰 Battleship

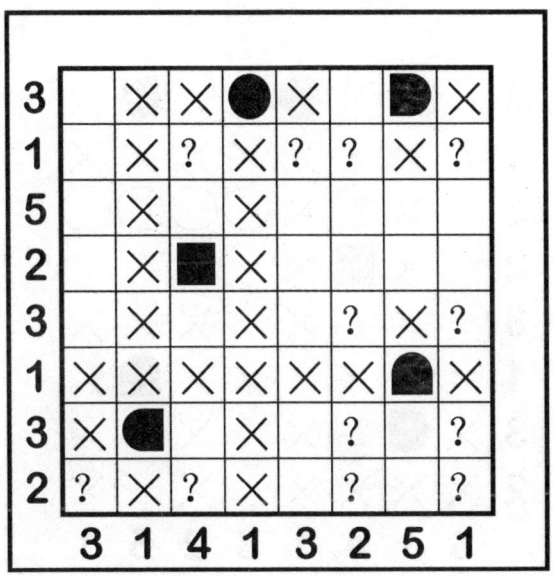

**解题技巧④：斜角。**

边界标记好了以后，下一步就是斜角的格子。一旦某个格子确定属于战舰，它周围所有的斜角格子就可以全部排除了。

总共可以排除12个格子。思考一下，有些格子虽然没有画出战舰，但显然是战舰的一部分，这些格子同样适用本方法。

## 第五册 谜题阶梯训练

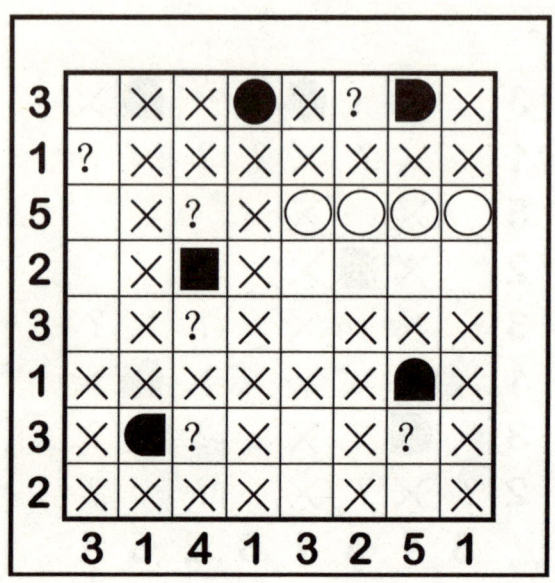

**解题技巧⑤：已知条件。**

把能排除的格子排除一遍之后，再回过头来考虑已知条件。

图中第2行，排除了7个格子，仅剩下1个格子，必然是战舰占据的。

第3列只剩4个格子可放战舰。

画圈的格子是另一种思考，图中仅剩下的可以摆放最长的4格战舰的位置。

第一章 战舰 Battleship

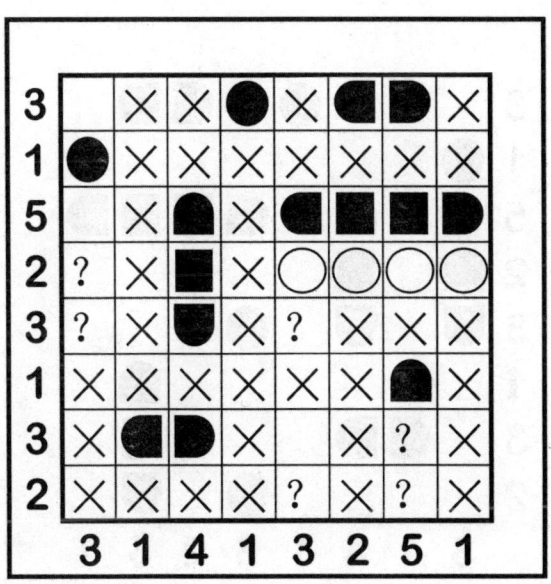

**解题技巧⑥：继续推进。**

解题过程中，会从两个方向延伸思考：一个方向是如何继续排除，另一个方向是结合已知条件如何继续确定。两者相辅相成。

图中问号之处是运用已知条件，画圈之处是考虑排除。

第五册　谜题阶梯训练

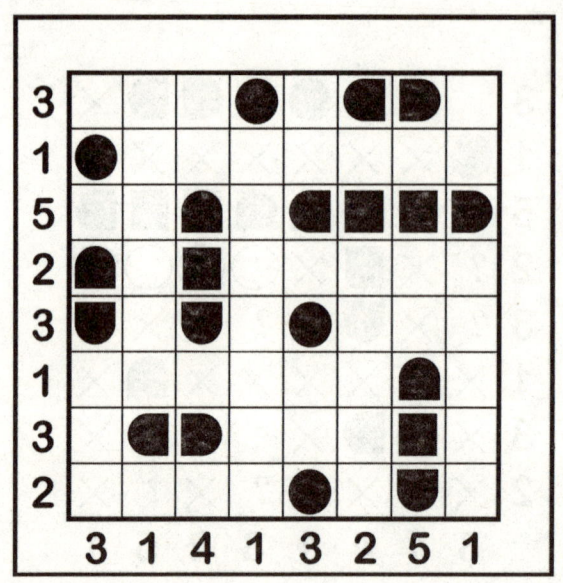

**解题技巧⑦：灵活运用。**

通过反复练习以上技巧，你会发现破解战舰谜题的基本方法。解题没有一定之规，排除和确定两种方法要结合使用。

总之，排除和确定会交替使用，所有的战舰谜题都可以在这两种方法范畴里得到解决。

通过这道简单的战舰例题，可以知道解战舰谜题的方法就是"排除+确定"，所以没有特意去总结，你要在解题过程中熟练运用。

第一章 战舰 Battleship

## 练习题：

### 青铜

【🚢×1，🚤×2，●×3】

01

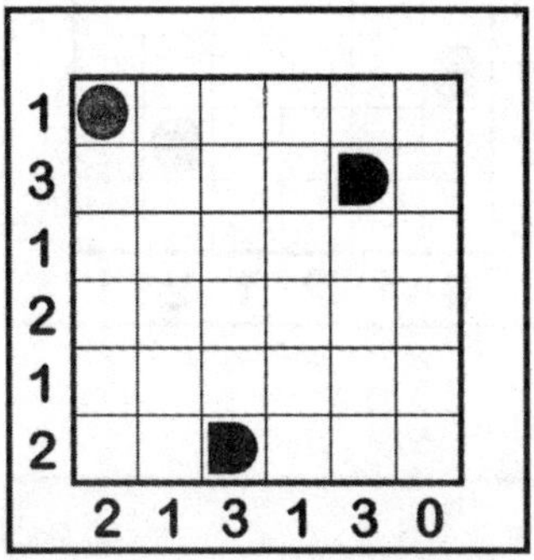

02

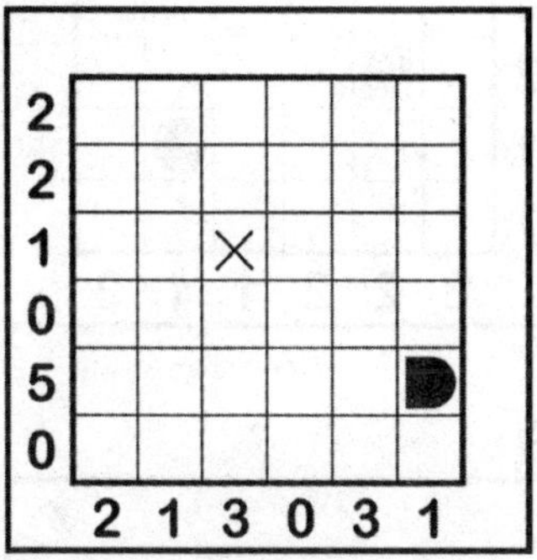

03

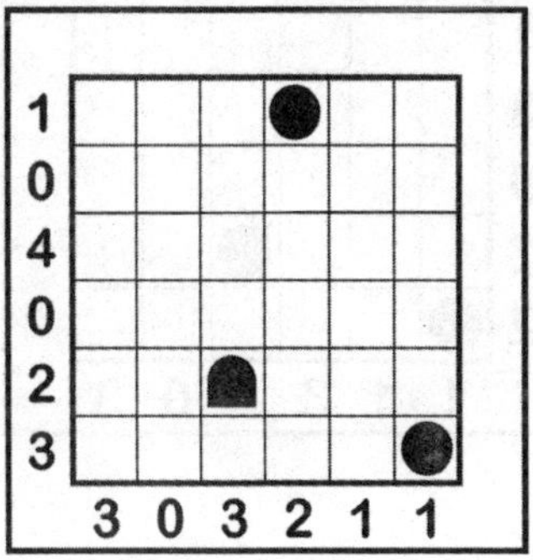

04

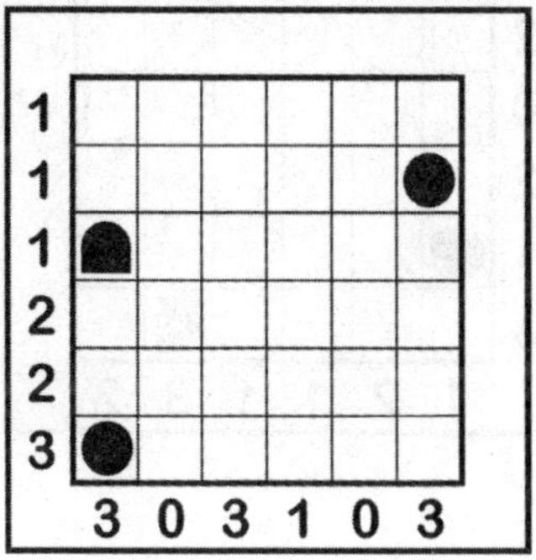

05

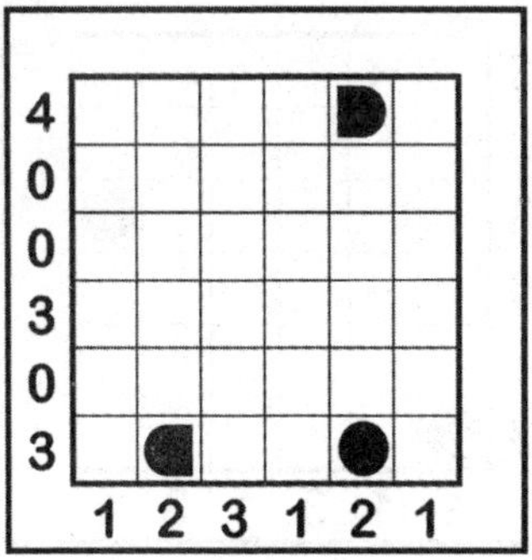

06

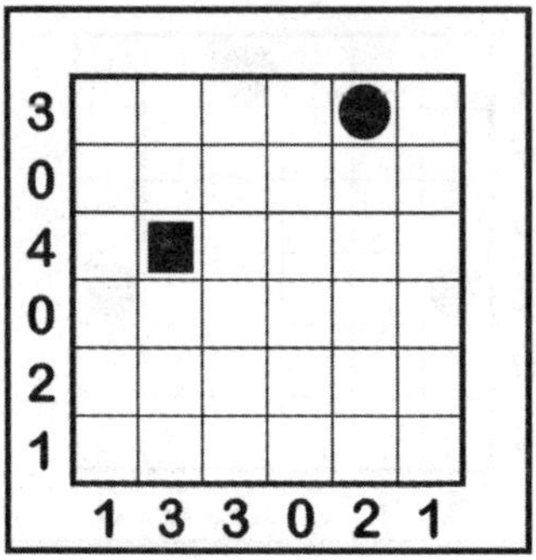

第五册 谜题阶梯训练

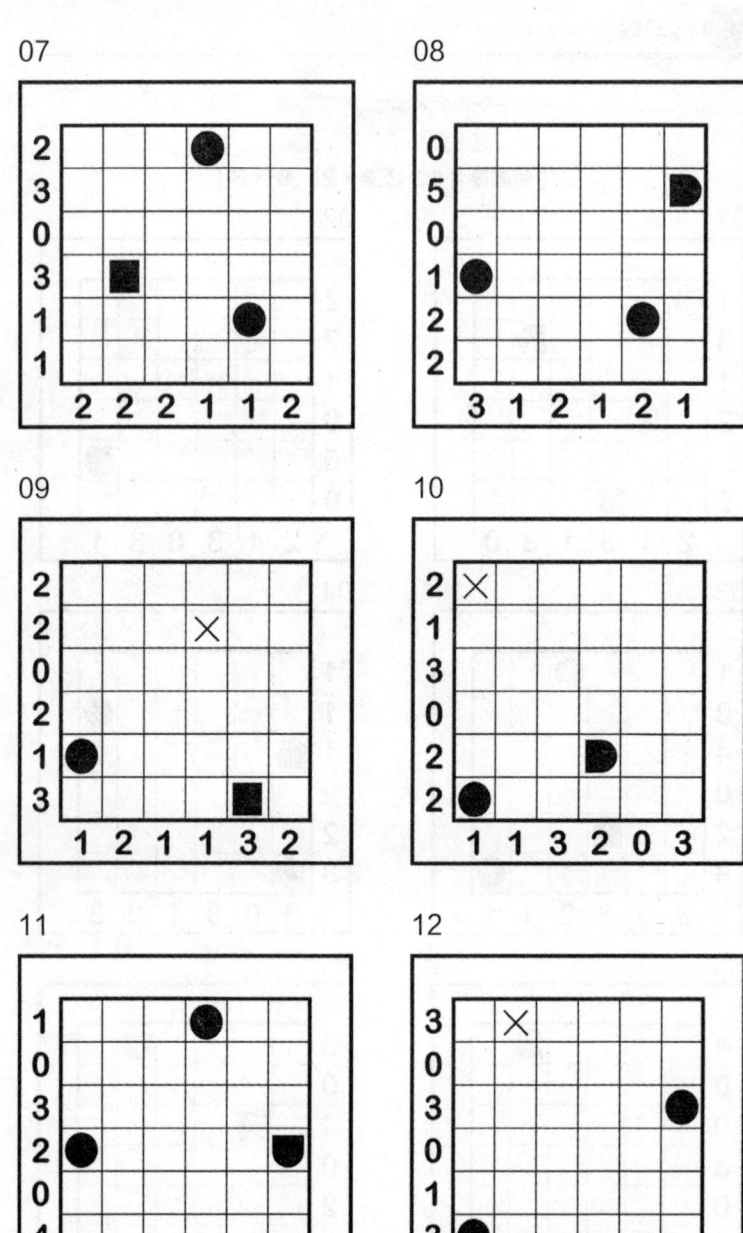

# 第一章 战舰 Battleship

## 白银

【×1, ×2, ●×3】

13

|   | 3 | 1 | 2 | 0 | 1 | 0 | 3 |
|---|---|---|---|---|---|---|---|
| 3 |   |   | ● |   |   |   |   |
| 2 |   |   |   |   |   |   |   |
| 1 |   |   |   |   |   |   | ▐ |
| 0 |   |   |   |   |   |   |   |
| 3 |   | ■ |   |   |   |   |   |
| 1 |   |   |   |   |   |   |   |
| 0 |   |   |   |   |   |   |   |

14

|   | 1 | 2 | 2 | 1 | 3 | 0 | 1 |
|---|---|---|---|---|---|---|---|
| 2 |   | ◗ |   |   |   |   |   |
| 1 |   |   |   |   |   |   |   |
| 1 |   |   |   |   |   |   |   |
| 1 |   |   |   |   |   |   |   |
| 2 |   |   |   |   |   |   |   |
| 0 |   |   |   |   |   |   |   |
| 3 |   |   |   | × |   |   | ● |

013

15

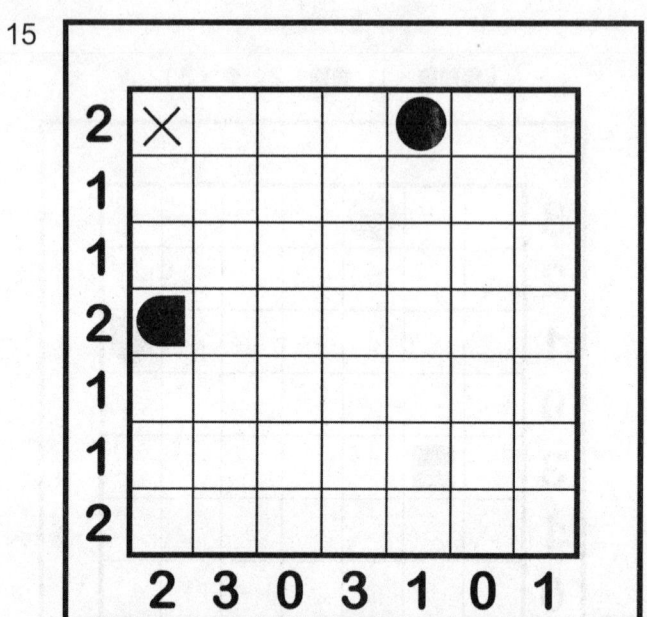

16

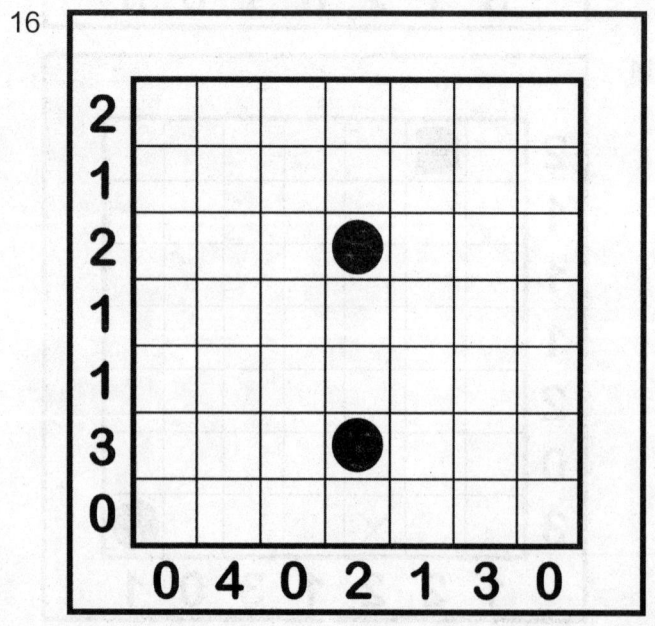

17

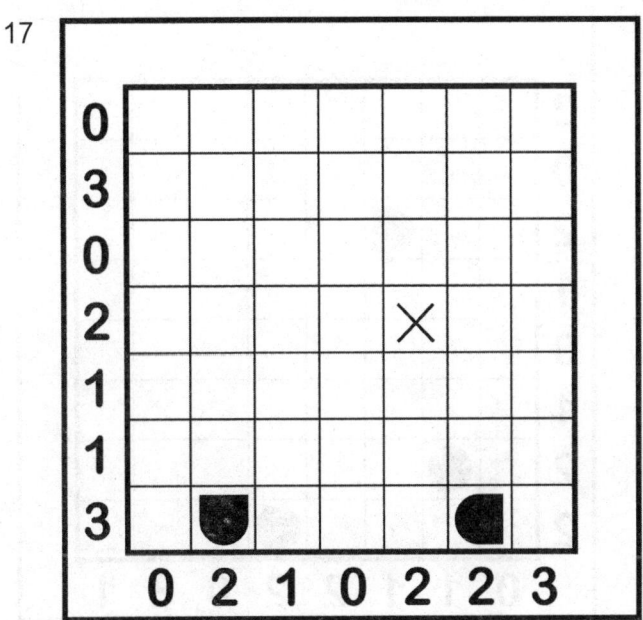

18

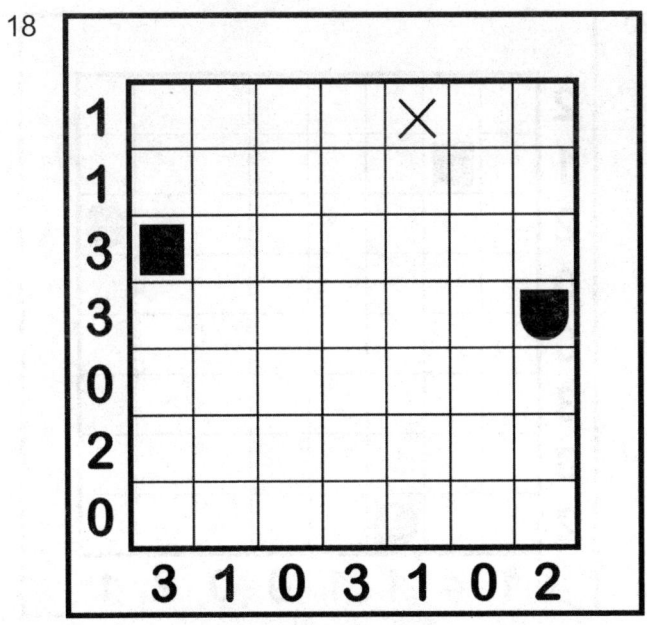

第五册 谜题阶梯训练

19

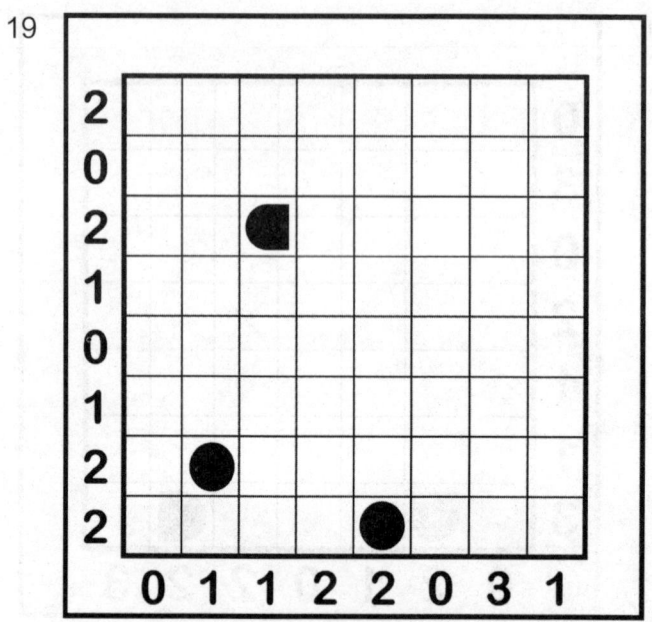

20

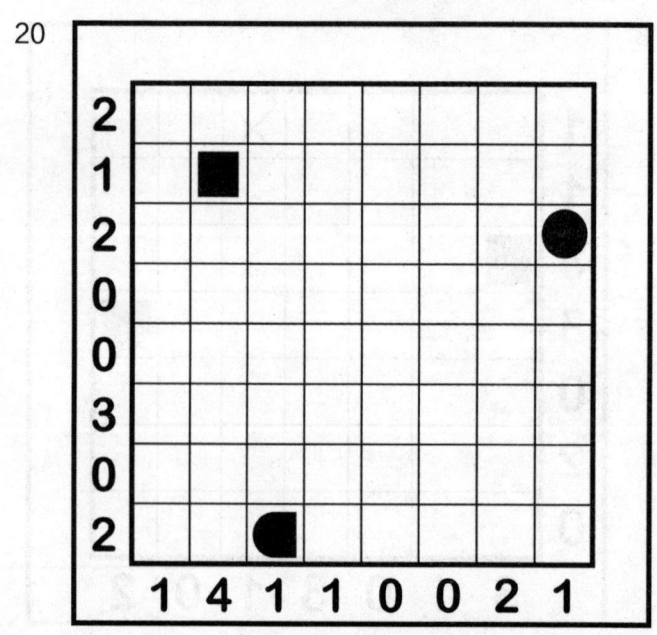

第一章 战舰 Battleship

21
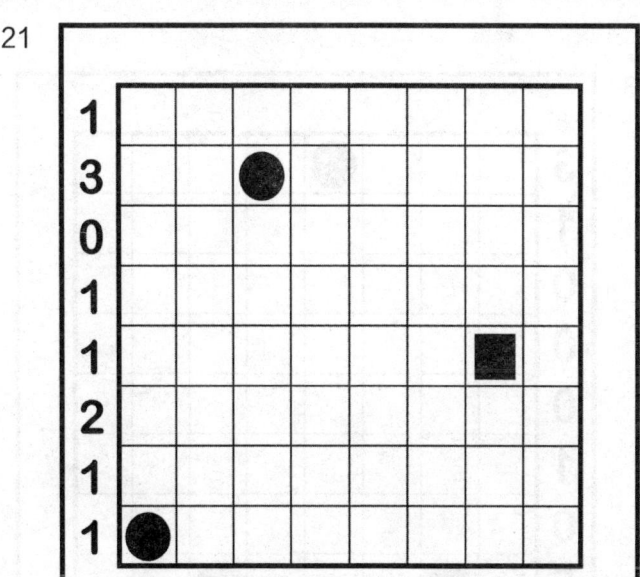

22
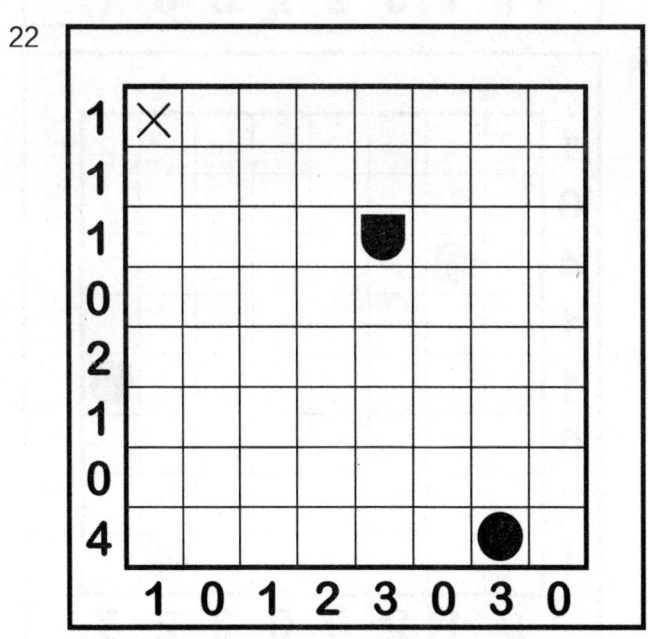

23

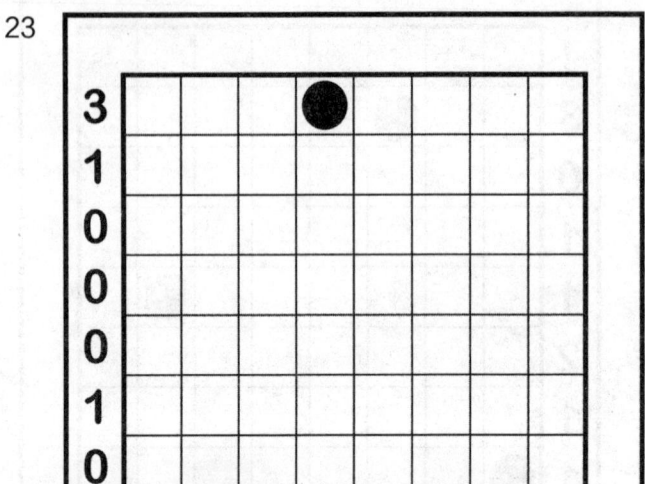

24

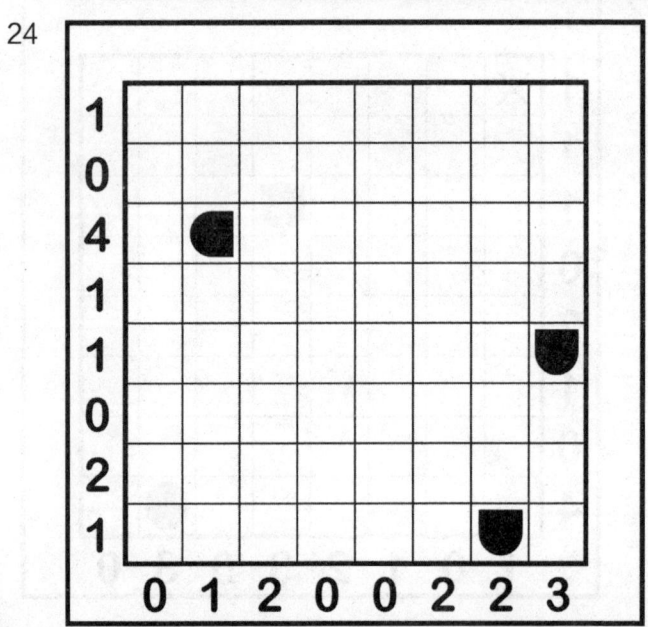

第一章 战舰 Battleship

【■■■■×1, ■■■×2, ■■×3, ●×4】

25
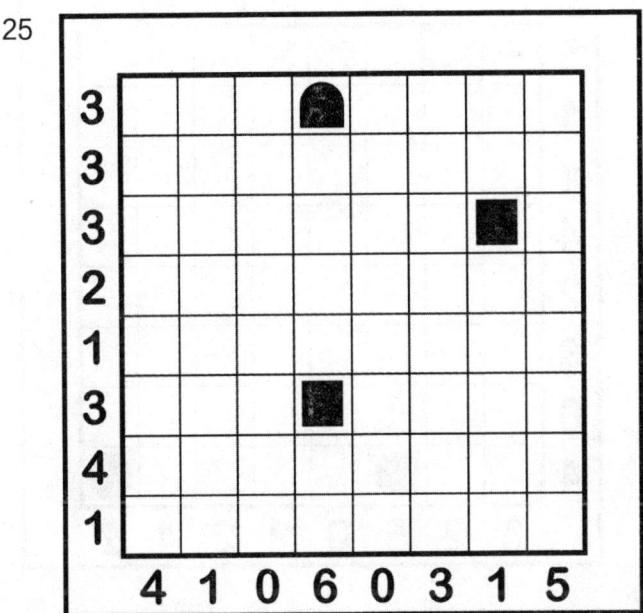

26
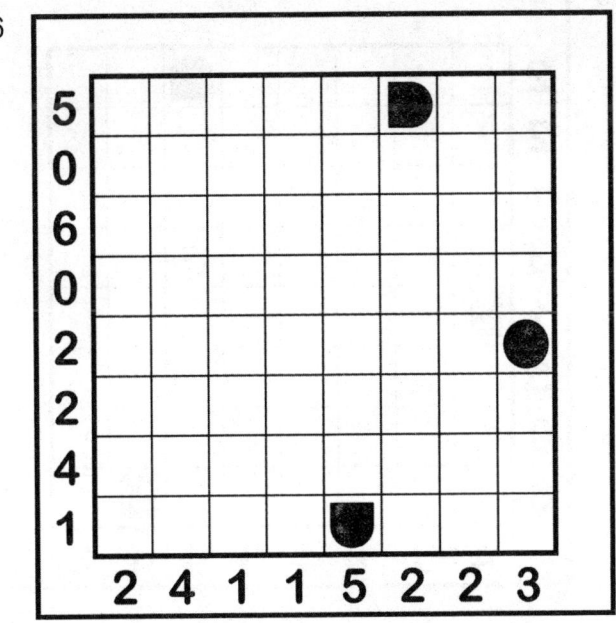

27

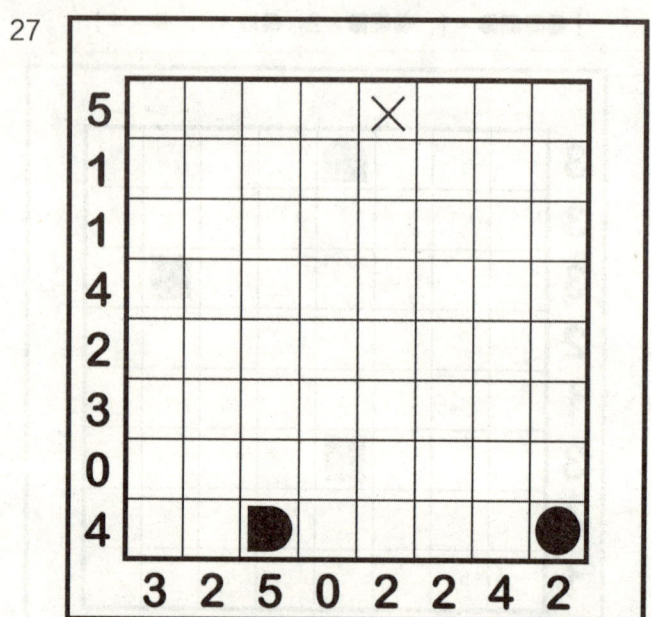

28

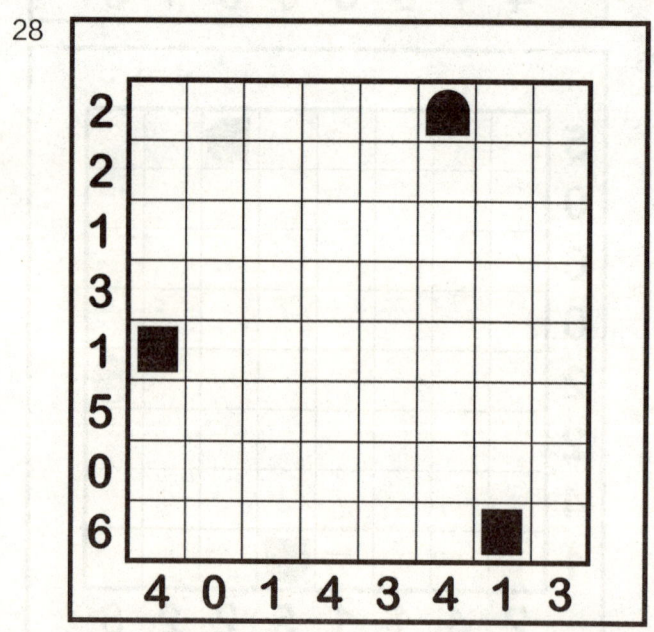

第一章 战舰 Battleship

29
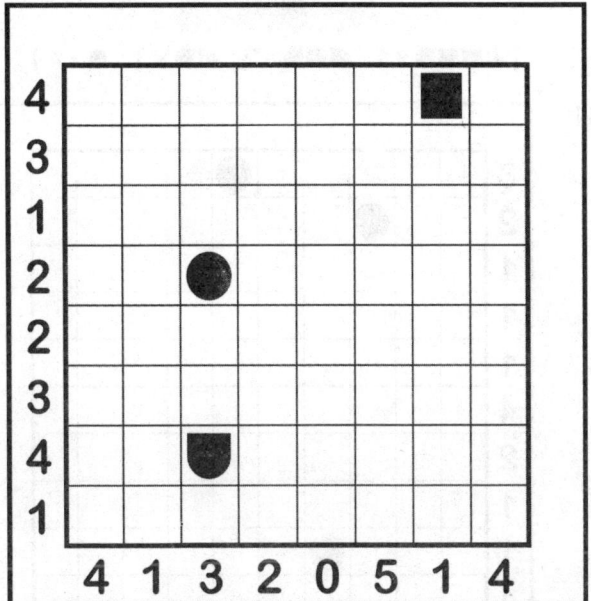

30
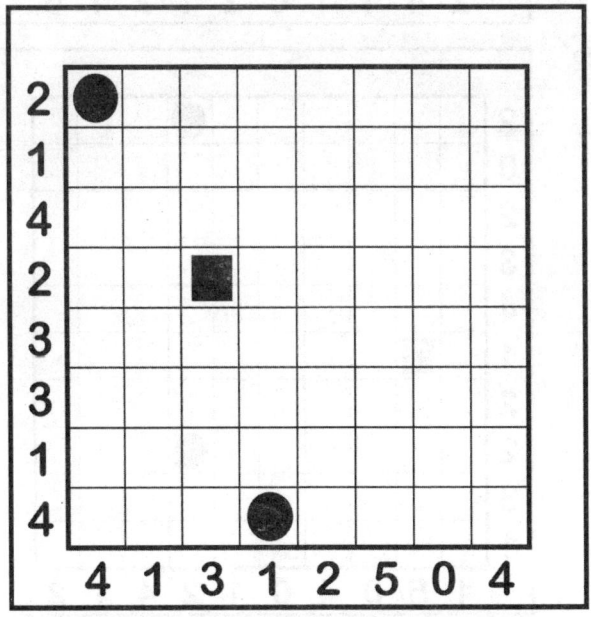

第五册　谜题阶梯训练

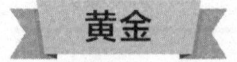

【⬤■■▶×1，⬤■▶×2，⬤▶×3，●×4】

31

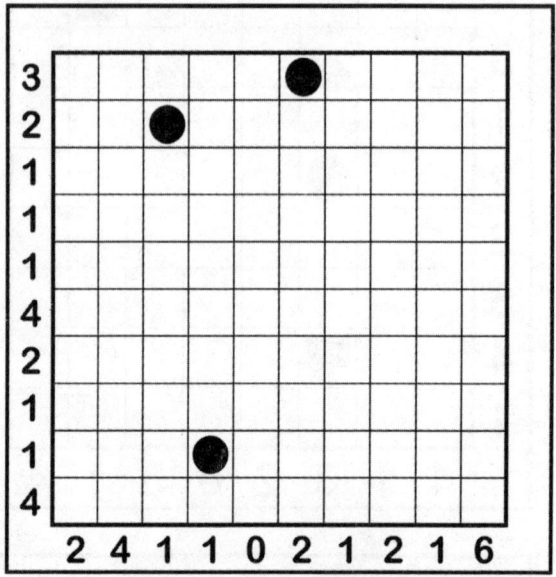

32

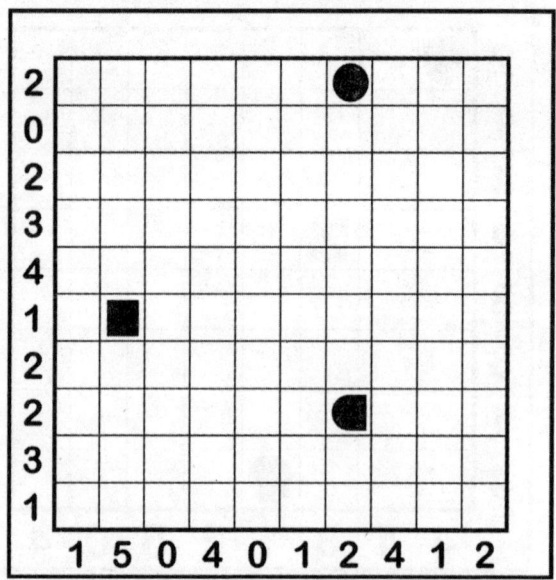

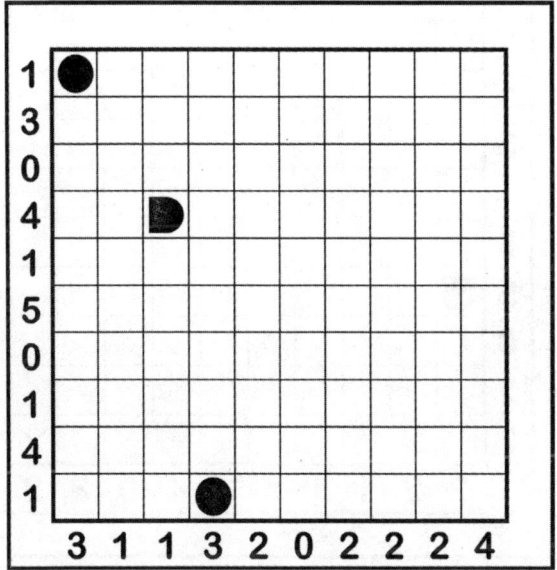

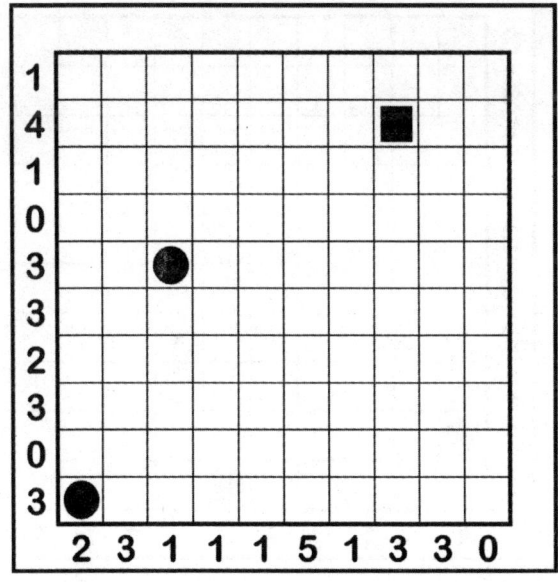

第五册 谜题阶梯训练

35

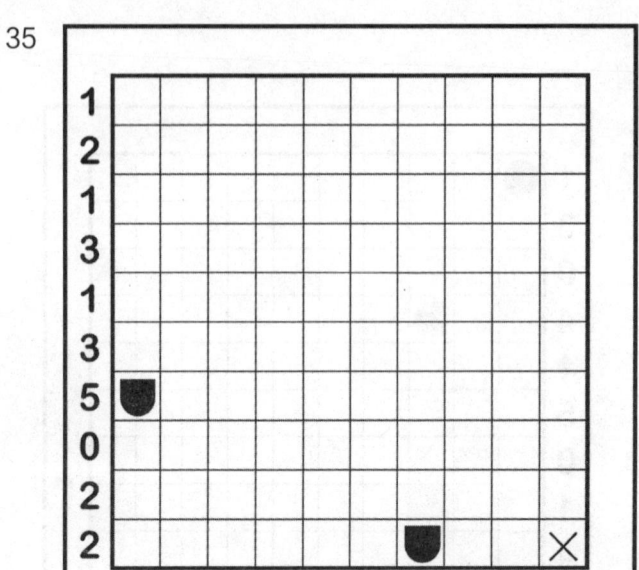

36

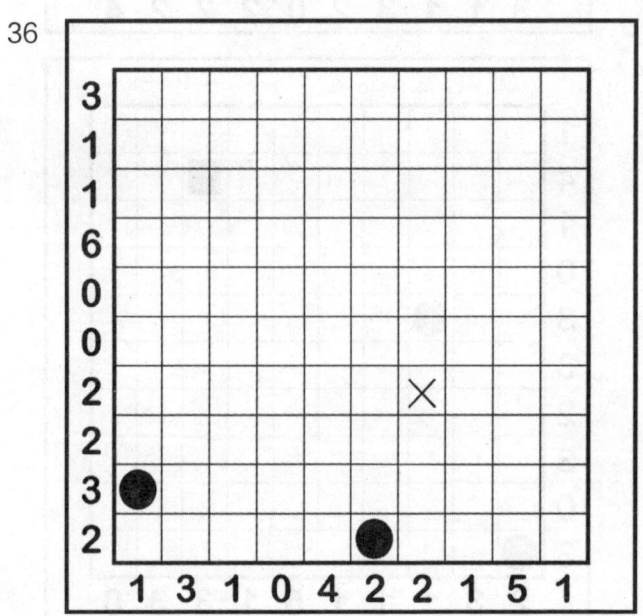

37

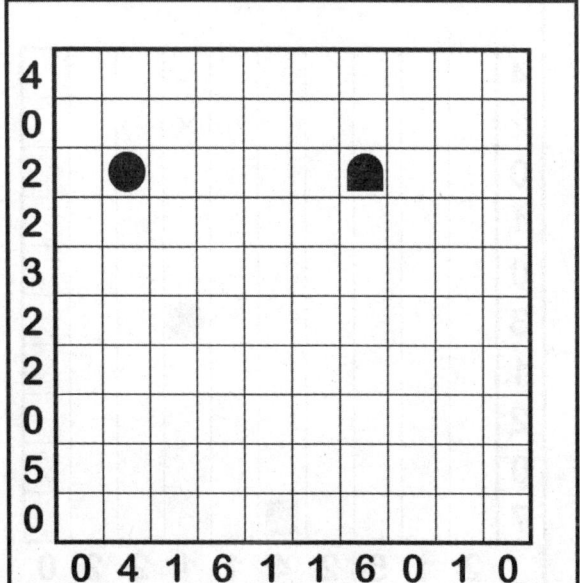

38

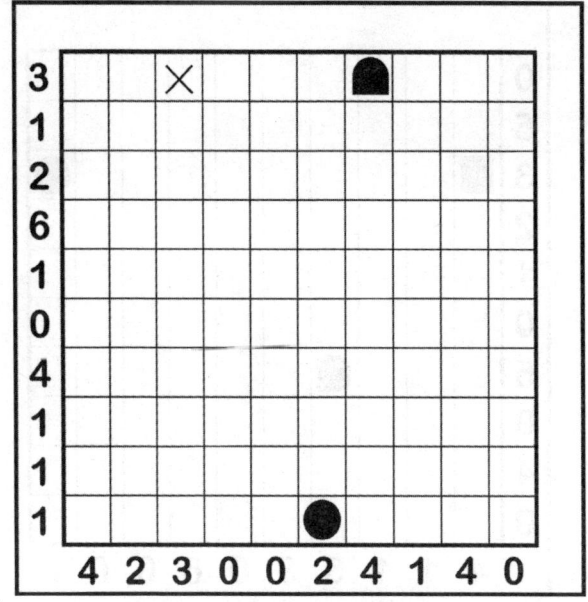

第五册 谜题阶梯训练

39
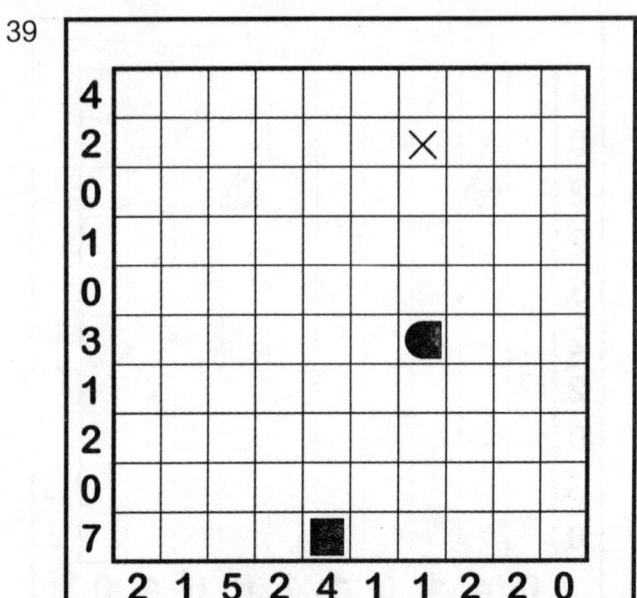

40
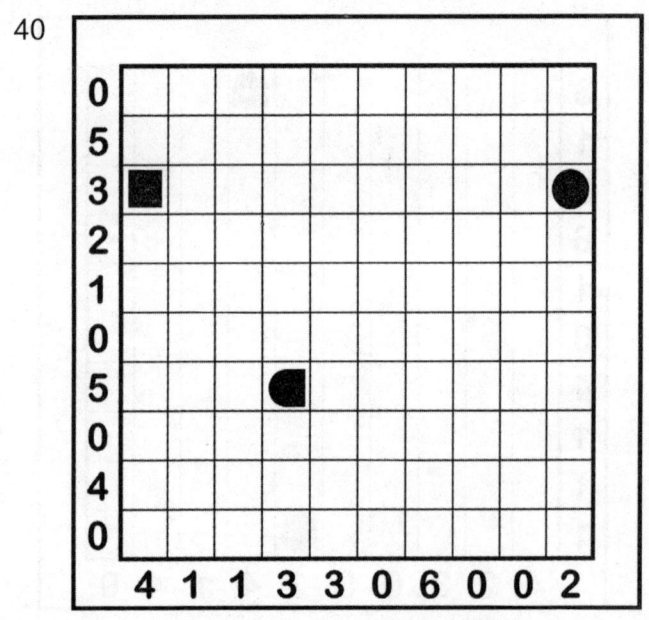

第一章 战舰 Battleship

41
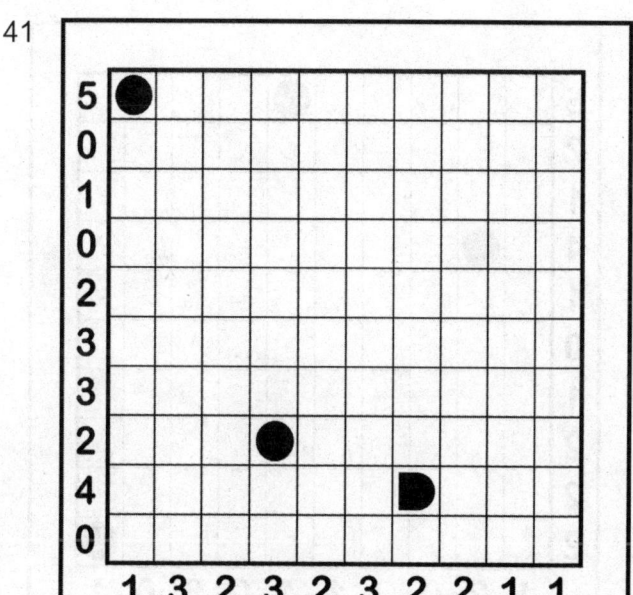

42
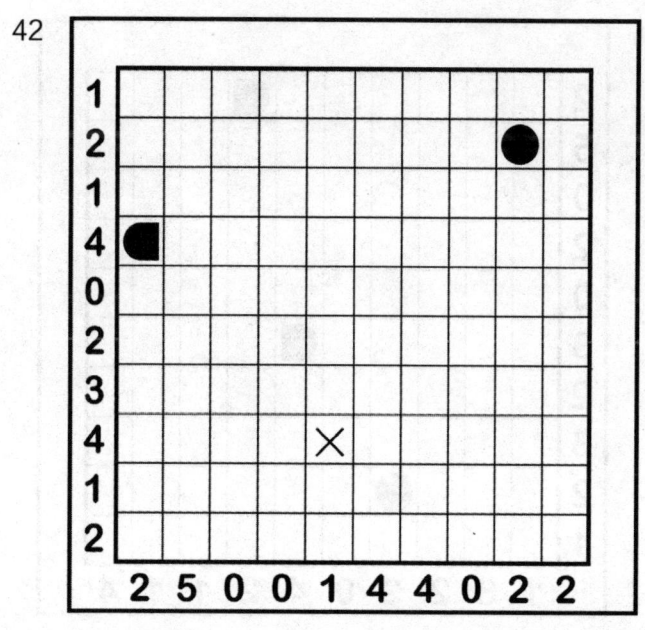

027

第五册 谜题阶梯训练

43

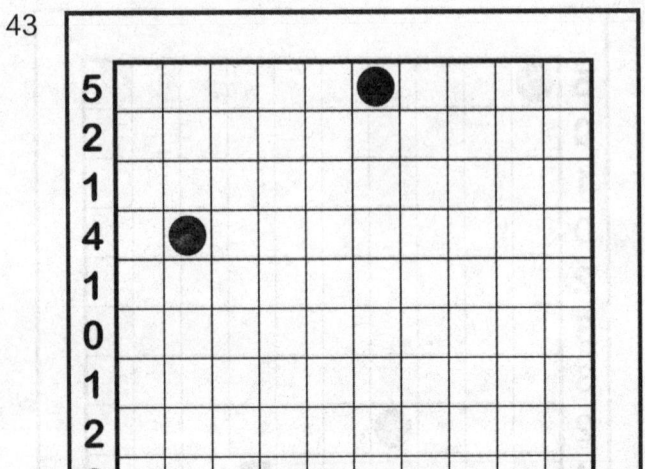

44

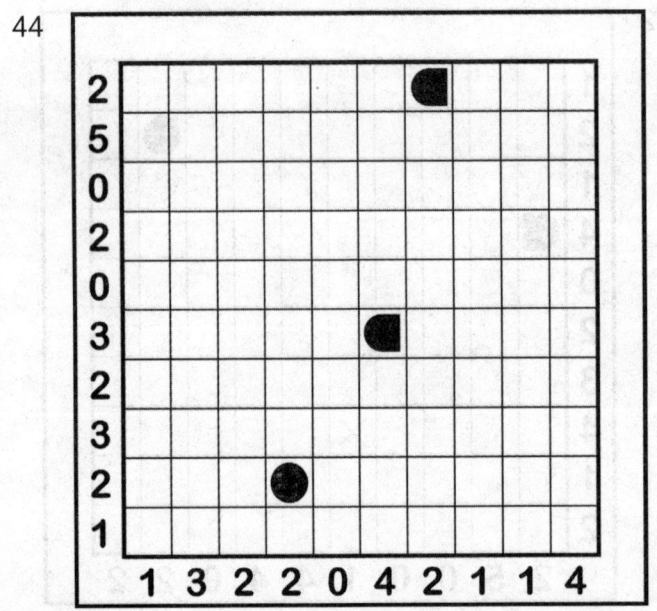

第一章 战舰 Battleship

45

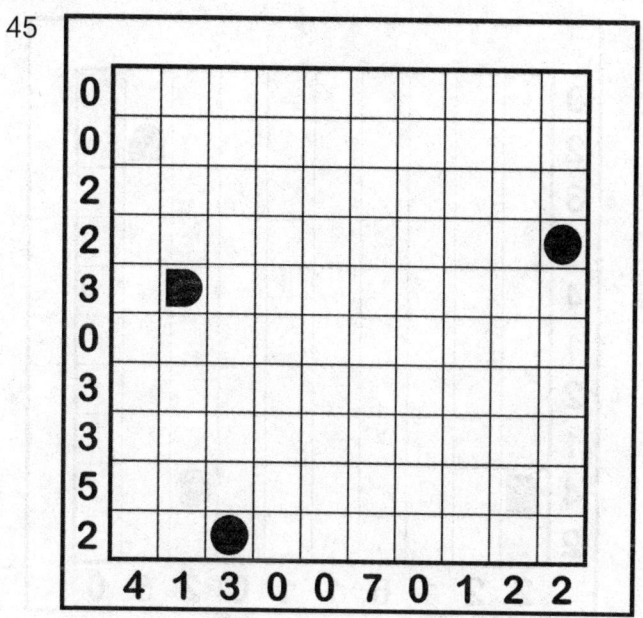

46

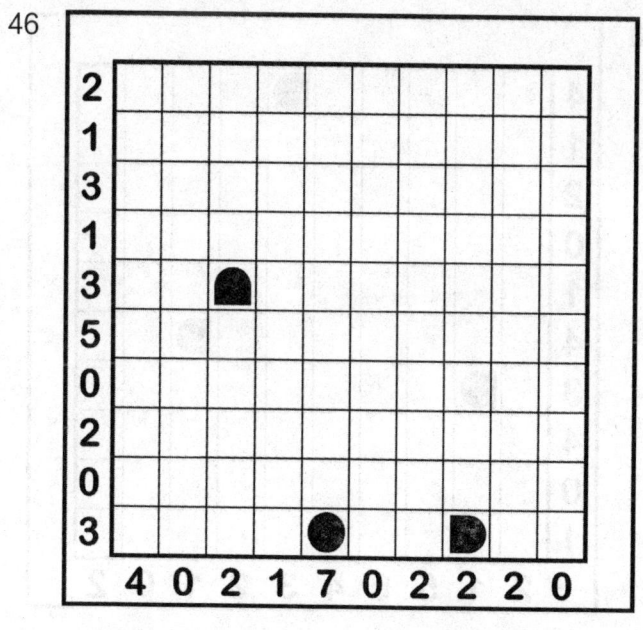

第五册 谜题阶梯训练

47

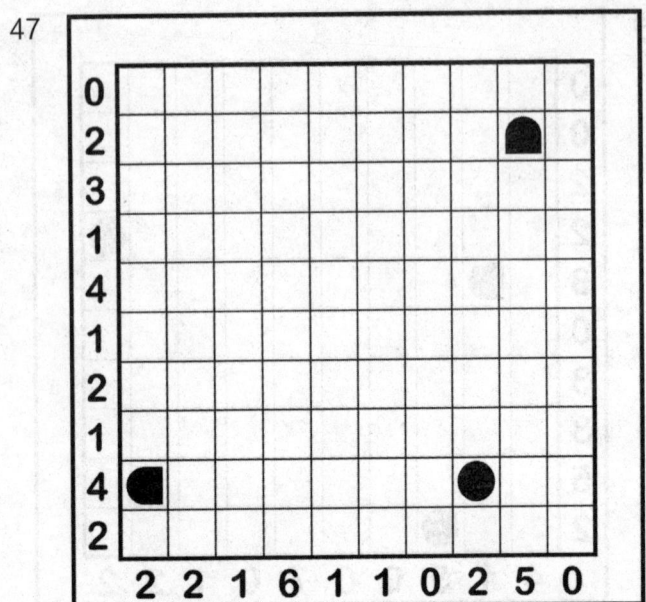

48

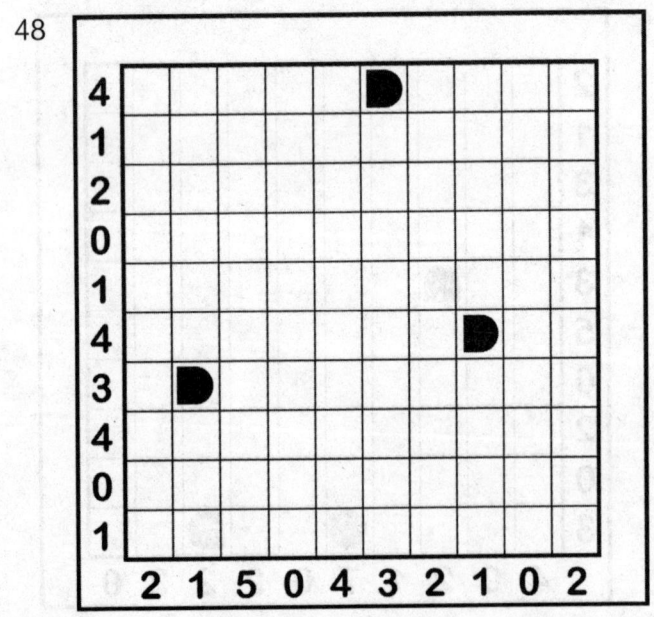

第一章 战舰 Battleship

49

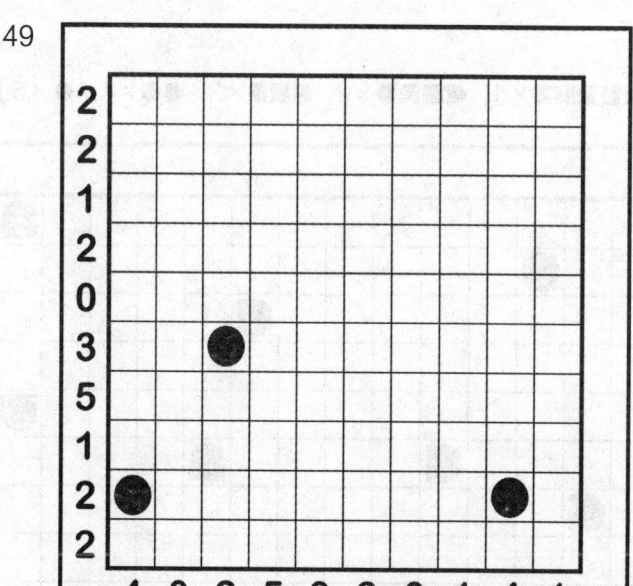

50

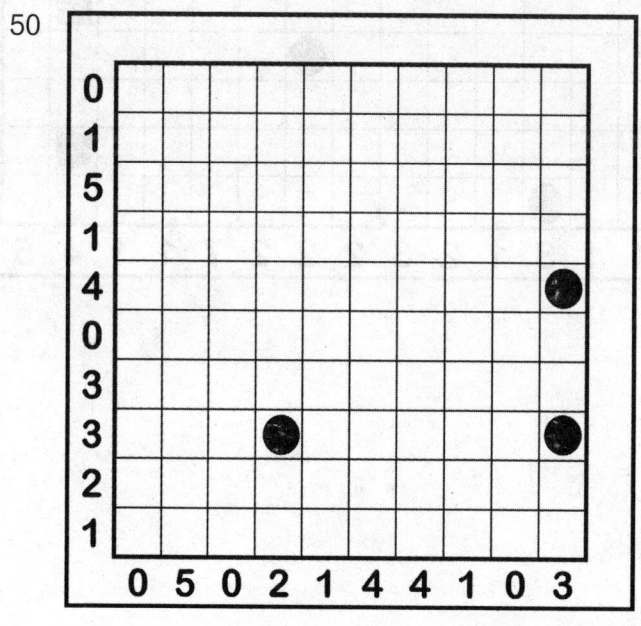

031

## 第五册 谜题阶梯训练

附赠

【■■■■■×1, ■■■■×2, ■■■×3, ■■×4, ●×5】

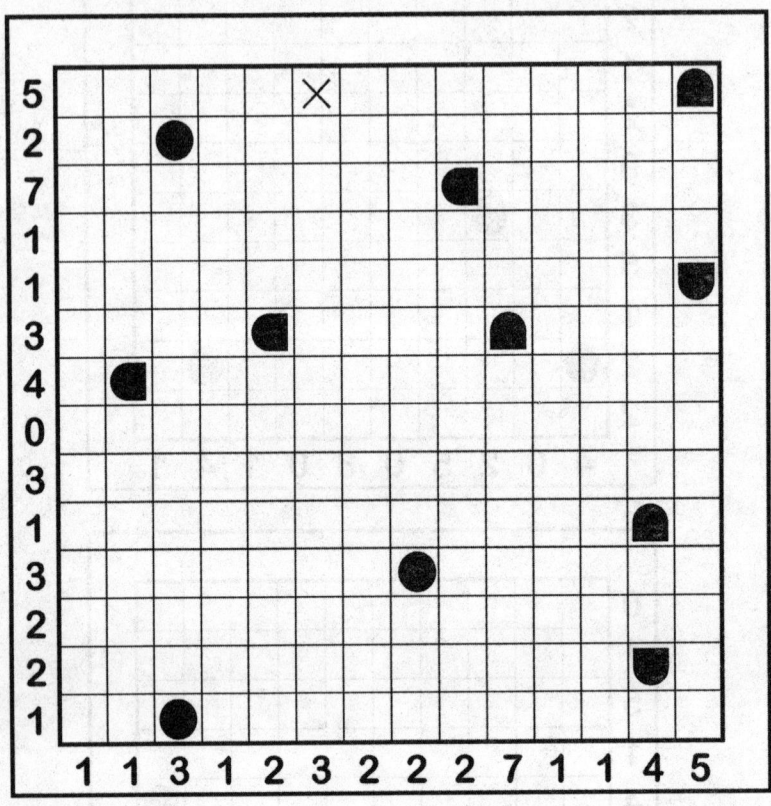

## 第二章　星战 Star Battle

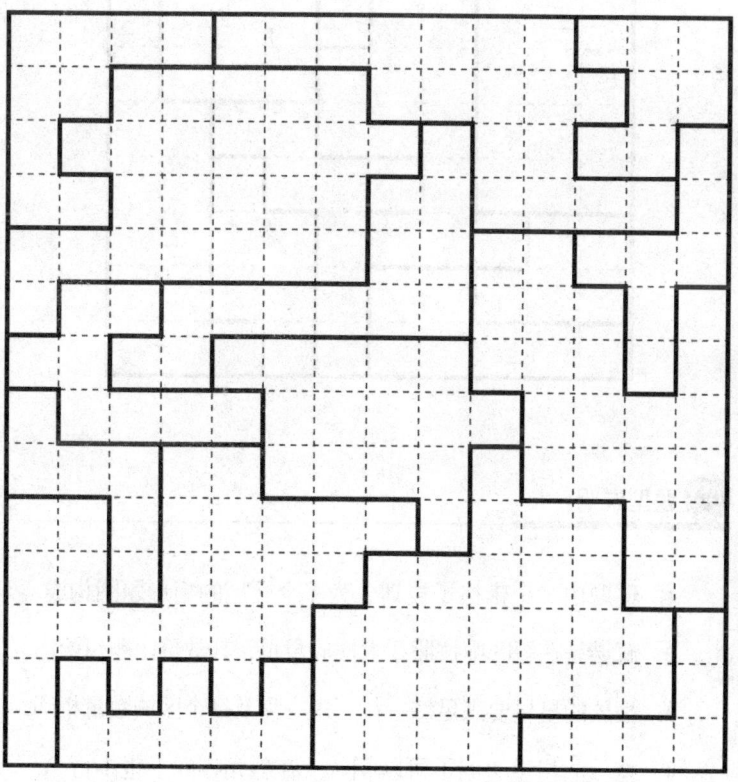

## 第五册 谜题阶梯训练

###  例题:

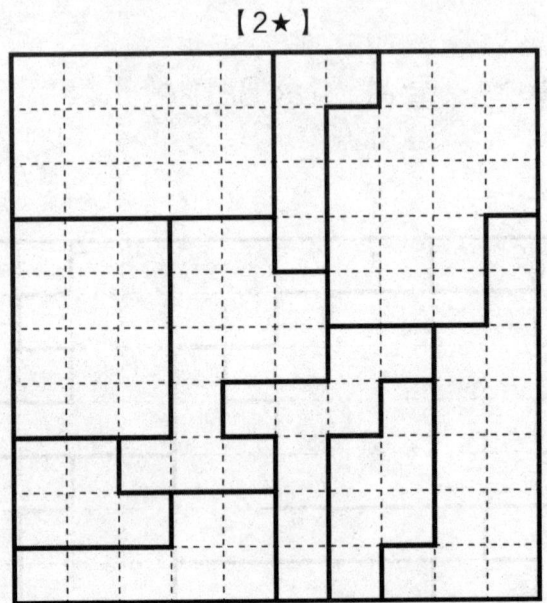

### ① 题型说明:

1. 谜题由一个带格子被划分为多个区域的矩形题图构成。
2. 解谜是在题图中按照要求摆放星星,其数量由题目给出。
3. 摆放的星星要满足每一行、每一列及每个区域数量相同。
4. 摆放的星星之间不可以相碰(在斜角方向上也不行)。

# 第二章 星战 Star Battle

## 背景资料：

星战于1999-2000年由荷兰的蒂姆·皮特斯（Tim Peeters）原创，当时使用的名称为牛（Cattle）。之后于汉斯·恩德贝克（Hans Eendebak）为2003年在荷兰阿纳姆举行的世界谜题锦标赛制作的谜题中出现。经典的摆放类逻辑谜题。

## 例题答案：

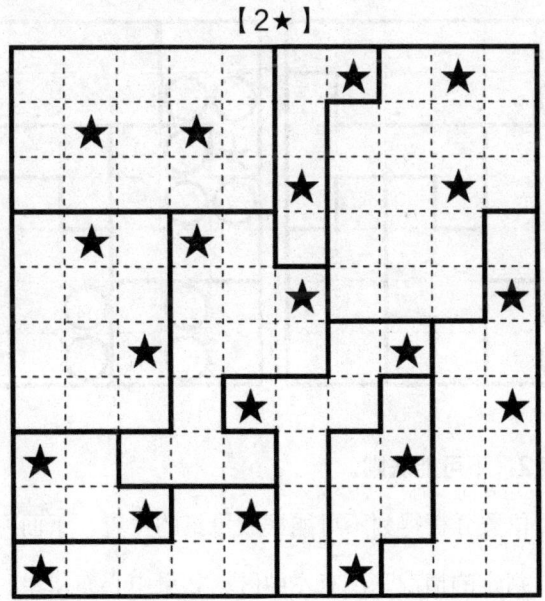

答题之前：

你必须先熟悉解星战谜题的几个要点。

**要点1：四格定法则和八格否法则。**

**四格定：** 以2★题为例（1★过于简单），下面左图的左上角区域里，因为不相碰原则的限制，4个标有圆圈的格子里最多只能有1颗星，所以下面的格子肯定有★，这是典型的刀把五形状；而下方的方六是另一种典型，左方四格有1颗星，右方四格也有1颗星，所以中间公用的两格肯定不能放星。

**八格否：** 右图中确定的星周围最多8格都排除。方六区外两格思考一下。

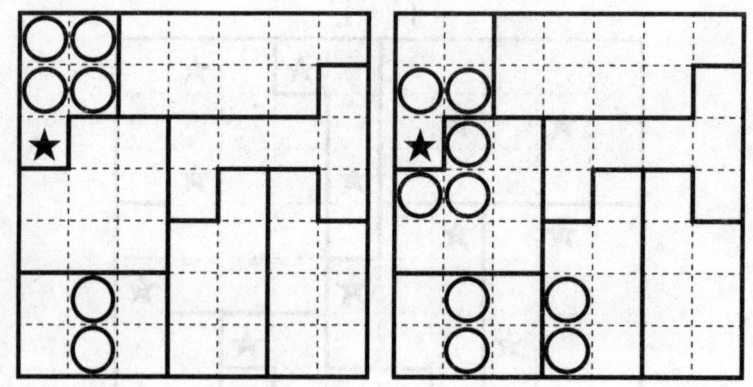

**要点2：不可能法则。**

通过位置分析得到不可能摆放星星的位置。下面左图是开局就可以判定的情况，注意左中区，如果中心有星星，则摆不下第二颗星；右图是在做题过程中发现的，如果×位有星星的话，它左边区域的两星会碰到。

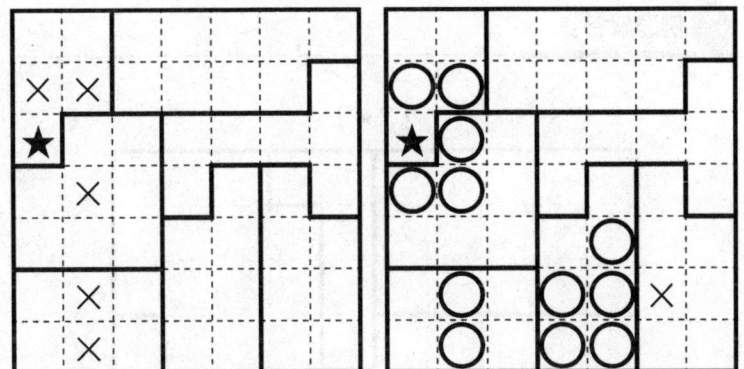

**要点3：区域数量限制原则。**

观察从某些行或列分界后，因为星的数量限制所产生的额外提示。下面左图，观察左边3列，因一共包含6颗星，排除额外的格子；而右图，上面两行要补1颗星。

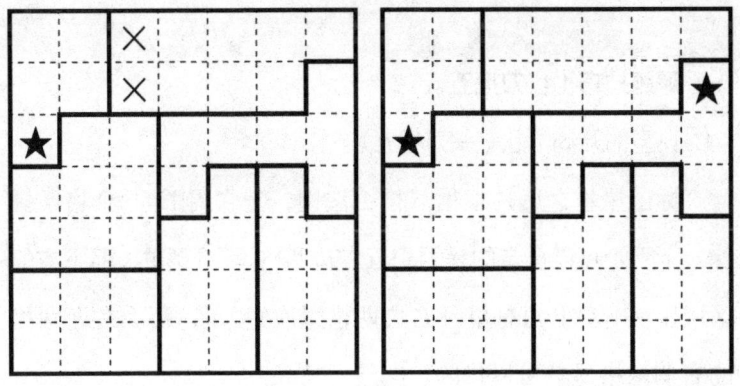

例题解答：

【2★】

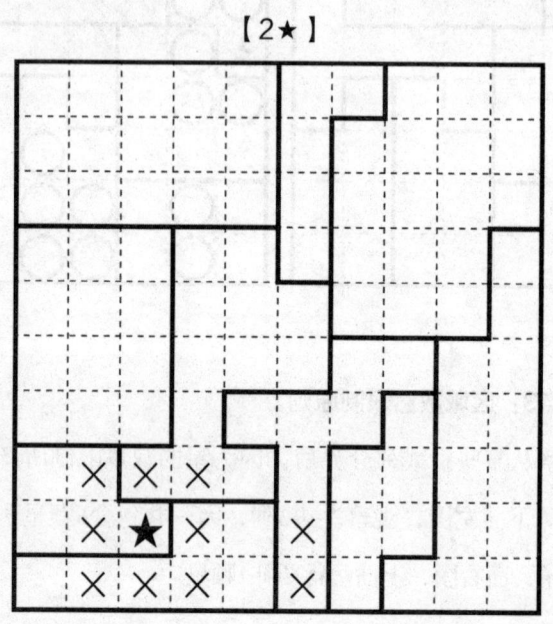

**解题技巧①：刀把五。**

典型的开局形状——刀把五。

标出星星之后，根据八格否法则，把它周围的8个格子排除。下一步可以确定的是刀把五左边两格里有1颗星，而下方的区域显示出左下角有星且右边两格里有1颗星，那么右面两格的右侧两格显然可以排除。

第二章 星战 Star Battle

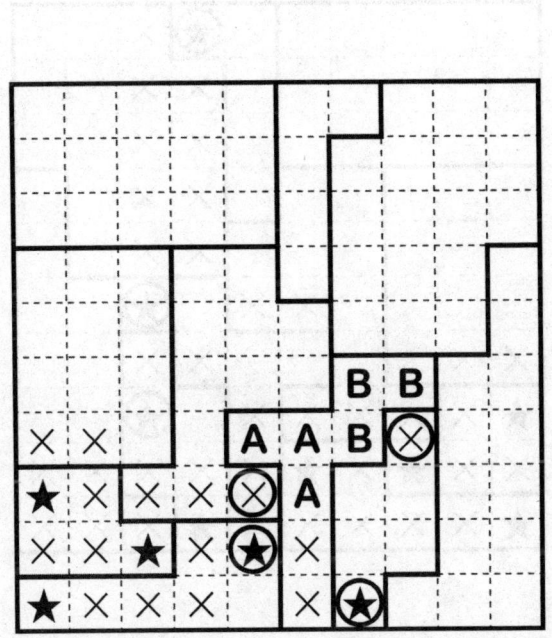

**解题技巧②：推进。**

接下来可以确定左下角以及它上方的星。

思考一下，字母区能分析出左下3格A中有星星和右上3格B有星星，那么根据不可能法则可以确定和它们相接的带圈两格肯定没有星星，打叉排除。

看看最下面一行，由于右面带圈星格的确定（该区被挤成了刀把五），两星已经确定，那么可以确定左面带圈星格。

第五册 谜题阶梯训练

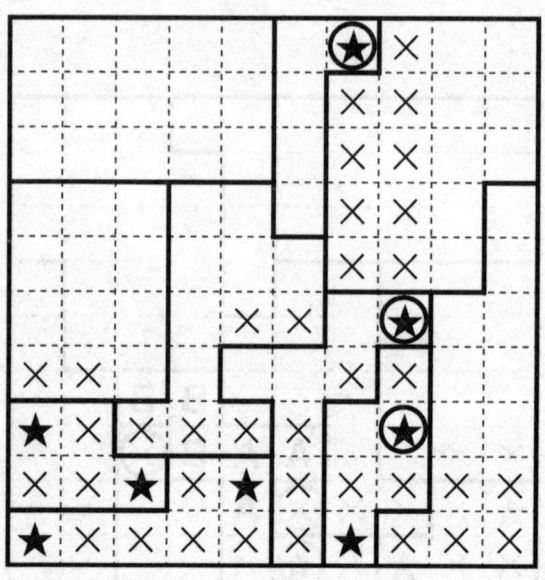

**解题技巧③：区域数量。**

先把所有不可能有星星的格子打叉。

再观察右边两列。

上下两个区域共拥有4颗星，那么右上角区域多出来的格子，统统可以排除。

然后结合第7和第8列的情况，下方已经确定了3颗星，那么上面唯一的一个格子必然也有星星。

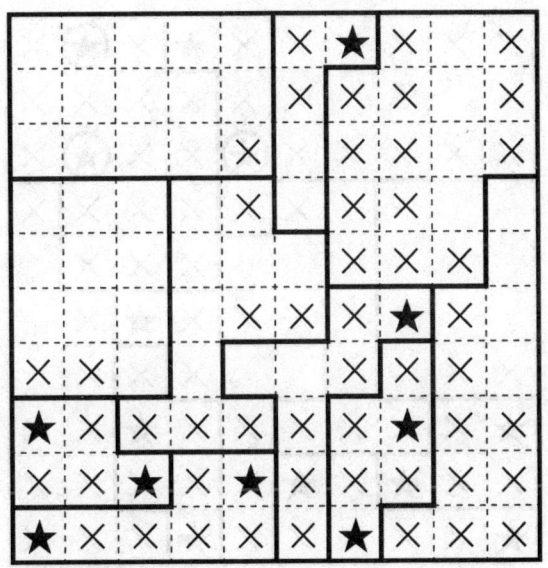

**解题技巧④：推进。**

因为第7列两星已经齐全，所以第7和第8列剩下的星星只能在第8列上出现。

结合八格否法则，打叉标出所有可以确定不含星星的格子。

下一步要关注上面3行的情况，让我们把焦点转移到上方。

## 第五册 谜题阶梯训练

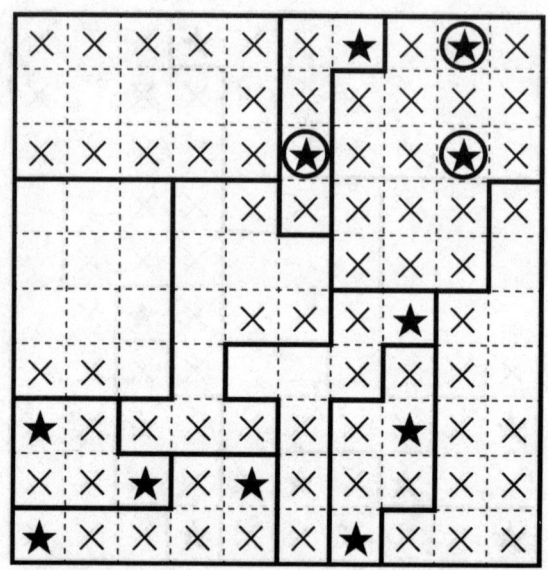

**解题技巧⑤:区域数量。**

把最上面3行作为一个整体看待,发现涉及3个区域共包含6颗星星。

这6颗星肯定都在上面3行的区域范围里。

可以先确定下面两个带圈的星格,那么右上角区域很显然了。

想一想上面3行的中间区域里,剩下的那颗星星应该在哪里。

# 第二章 星战 Star Battle

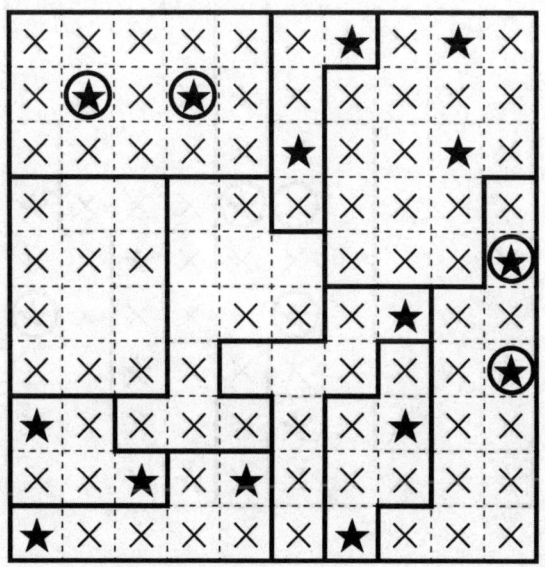

**解题技巧⑥：推进。**

已经推出两颗星星位置的行或列里，以及已经推出两颗星星位置的区域里，其余的格子统统排除掉。

左中区域缩小为一个方六。

至此本题已经很接近破解了。

你有没有发现：每次在确定新的星星之后，需要不断地打叉标记那些不可能有星星的格子。

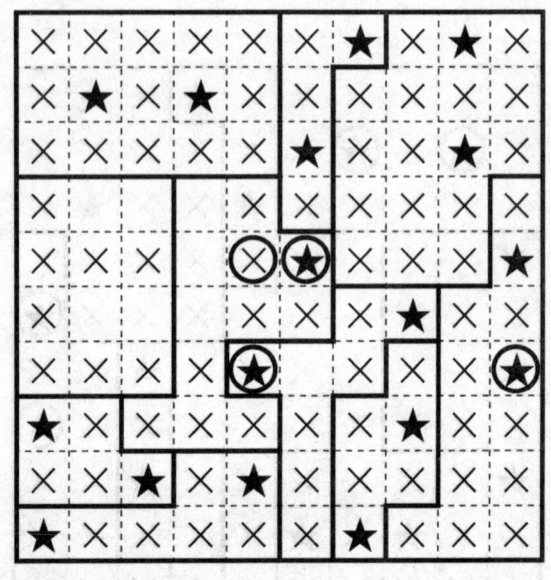

**解题技巧⑦：灵活运用。**

通过反复练习，灵活运用以上技巧。

解题没有一定之规，在推进的过程中可以把各种基本方法都试试。

注意思考带圈的否定格子是如何推导出来的，这个格子一经否定，即可推出两个带圈的星格。自己完成例题。

为了讲清楚解题的步骤，选取的例题是一个常见的2★的题目。当然，更难的题目也可以通过基本方法逐步去解决。

第二章 星战 Star Battle

# 练习题：

## 青铜
【1★】

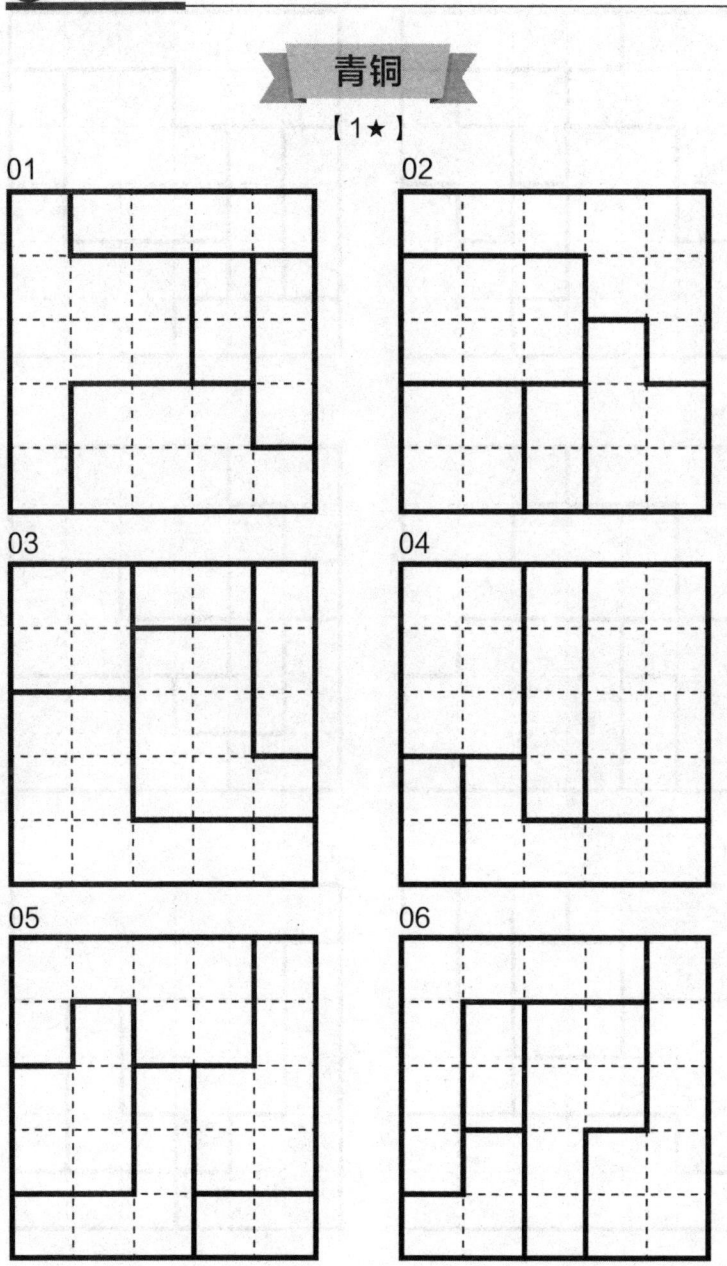

第五册 谜题阶梯训练

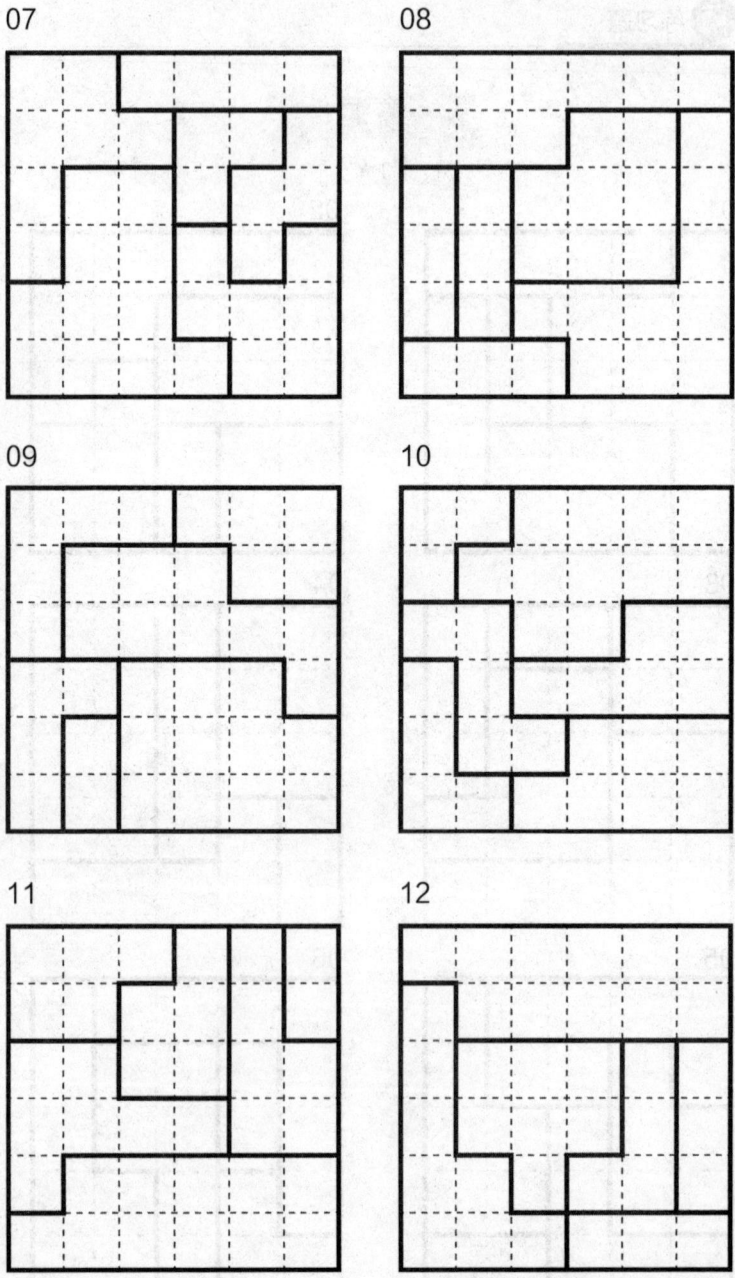

第二章 星战 Star Battle

## 白银
【1★】

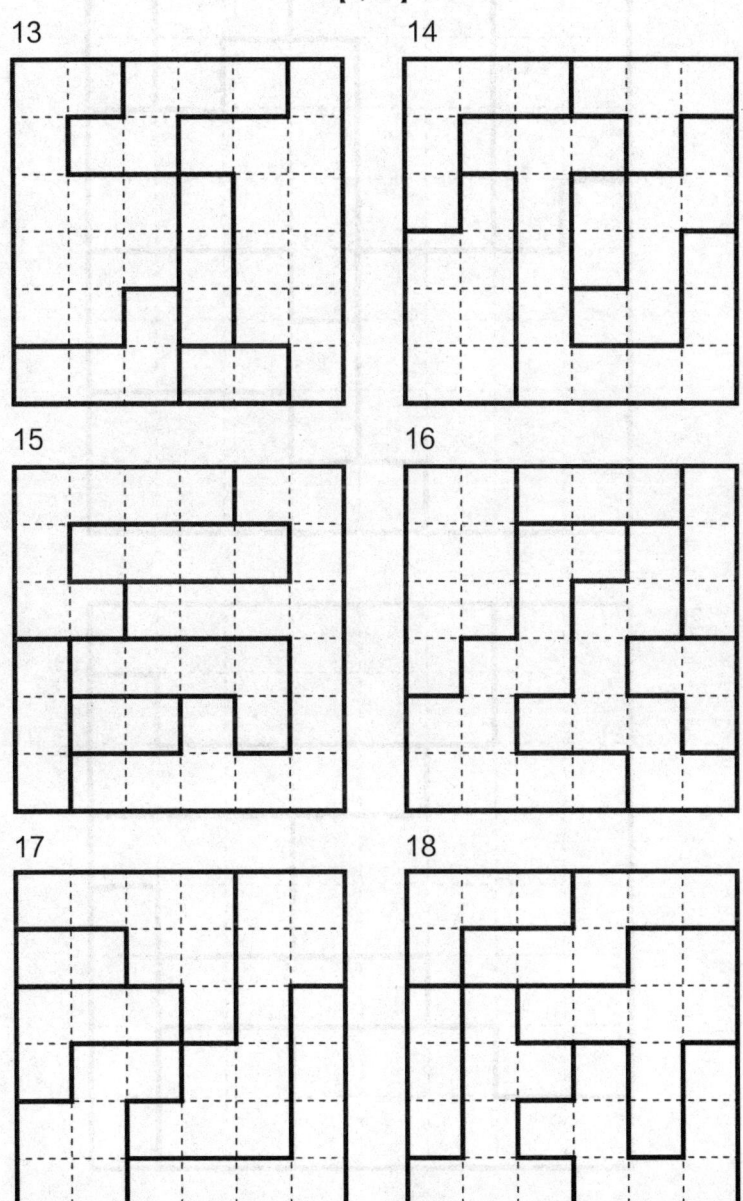

第五册 谜题阶梯训练

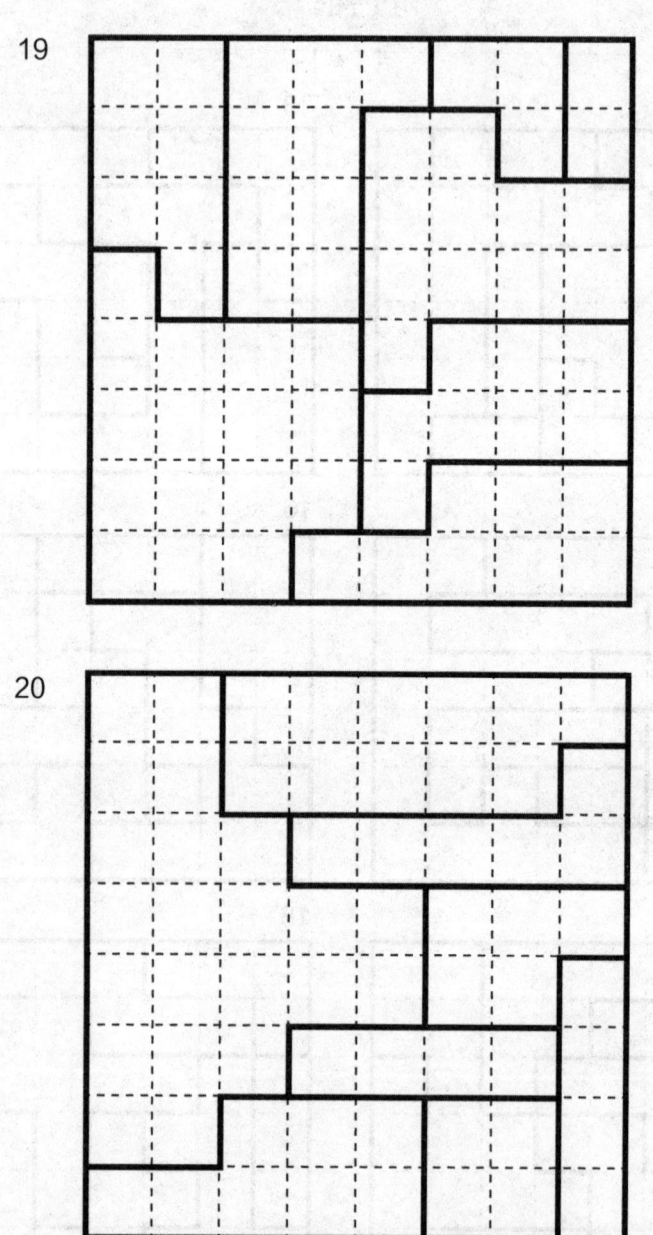

048

第二章 星战 Star Battle

21

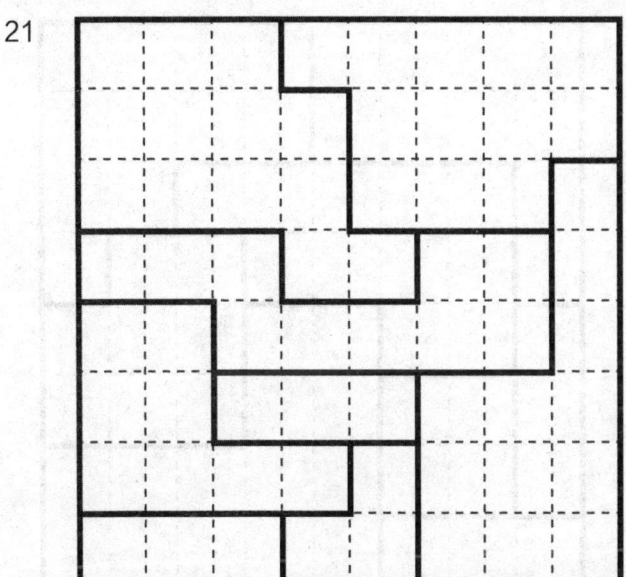

22

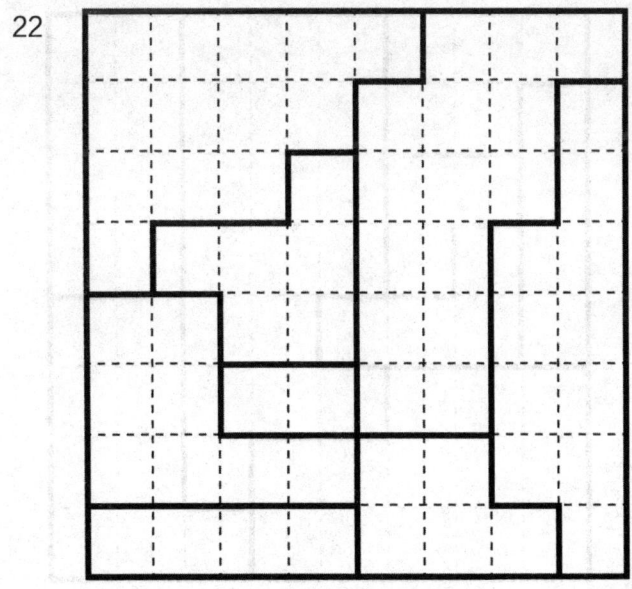

23

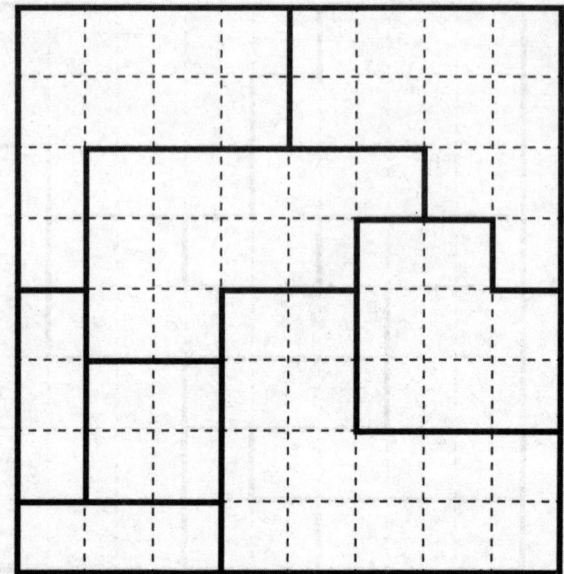

24

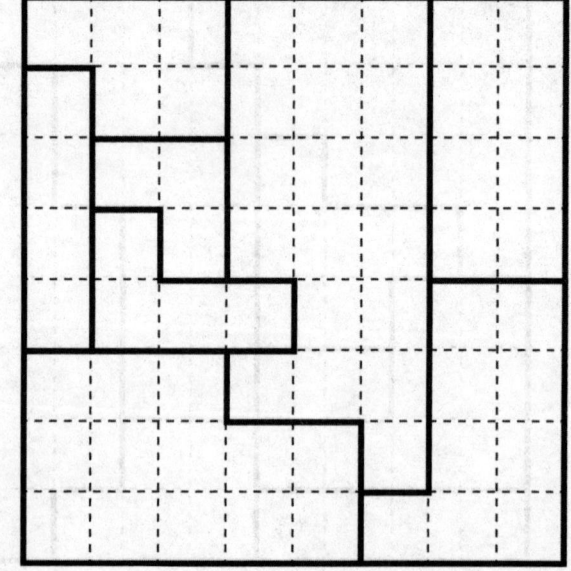

第二章 星战 Star Battle

25

26

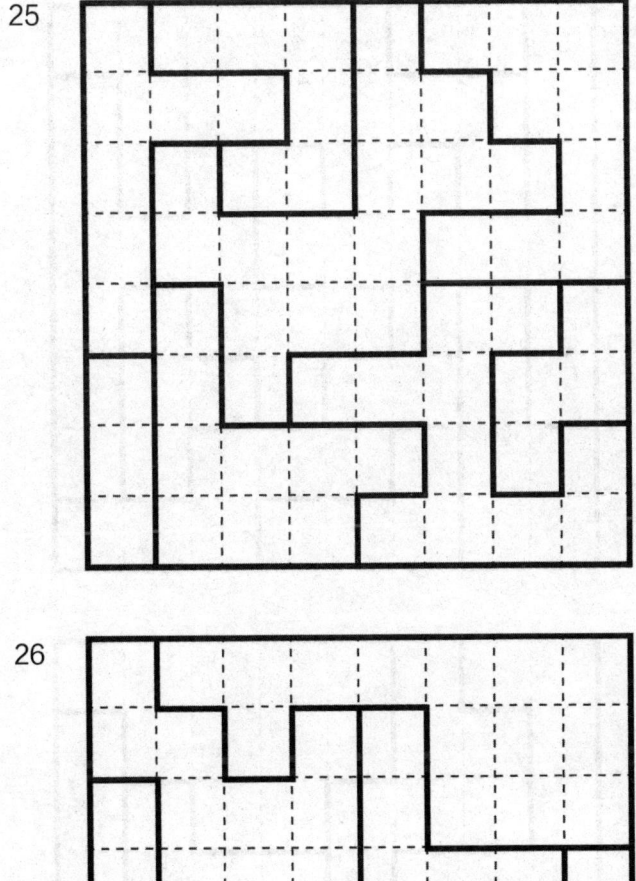

第五册 谜题阶梯训练

27
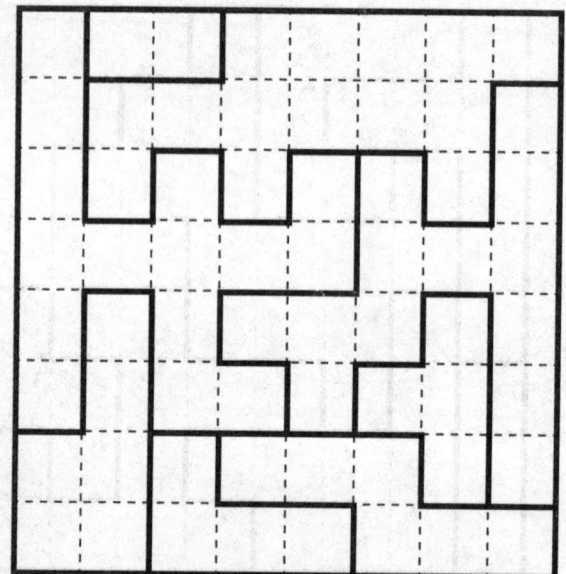

28
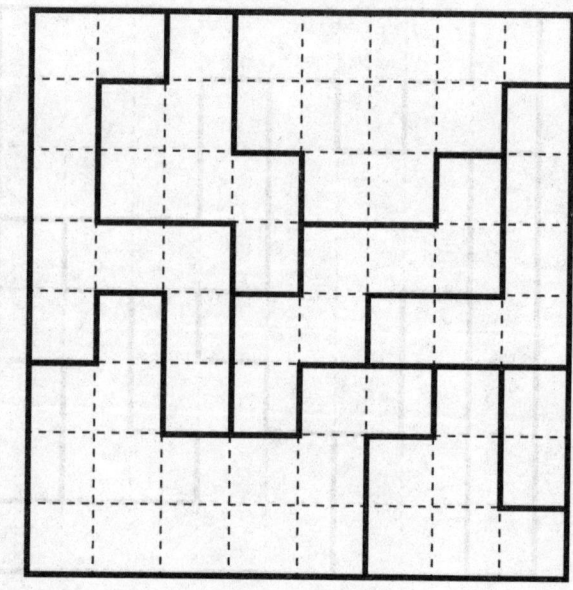

第二章 星战 Star Battle

29

30

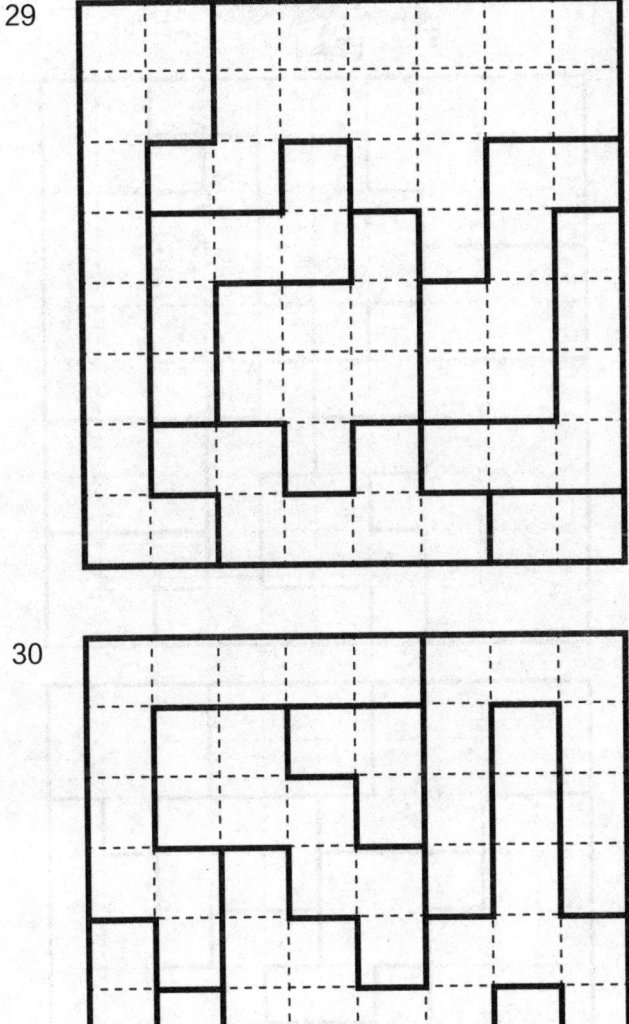

053

# 黄金

【2★】

31

32

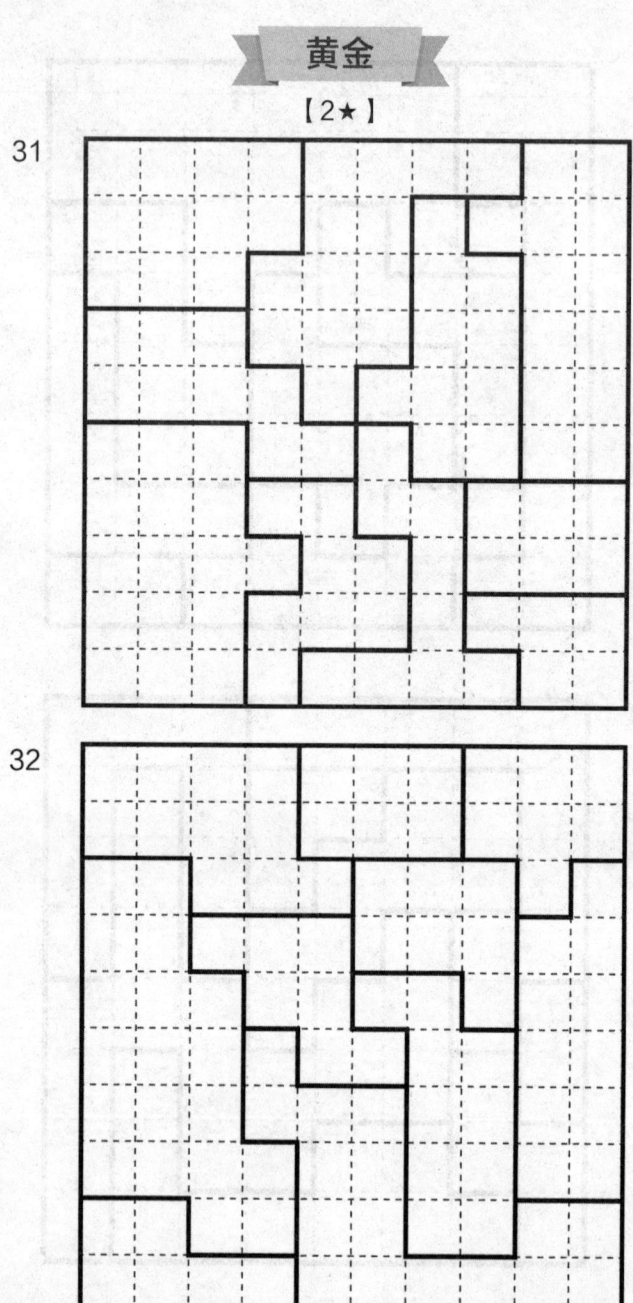

第二章 星战 Star Battle

33

34

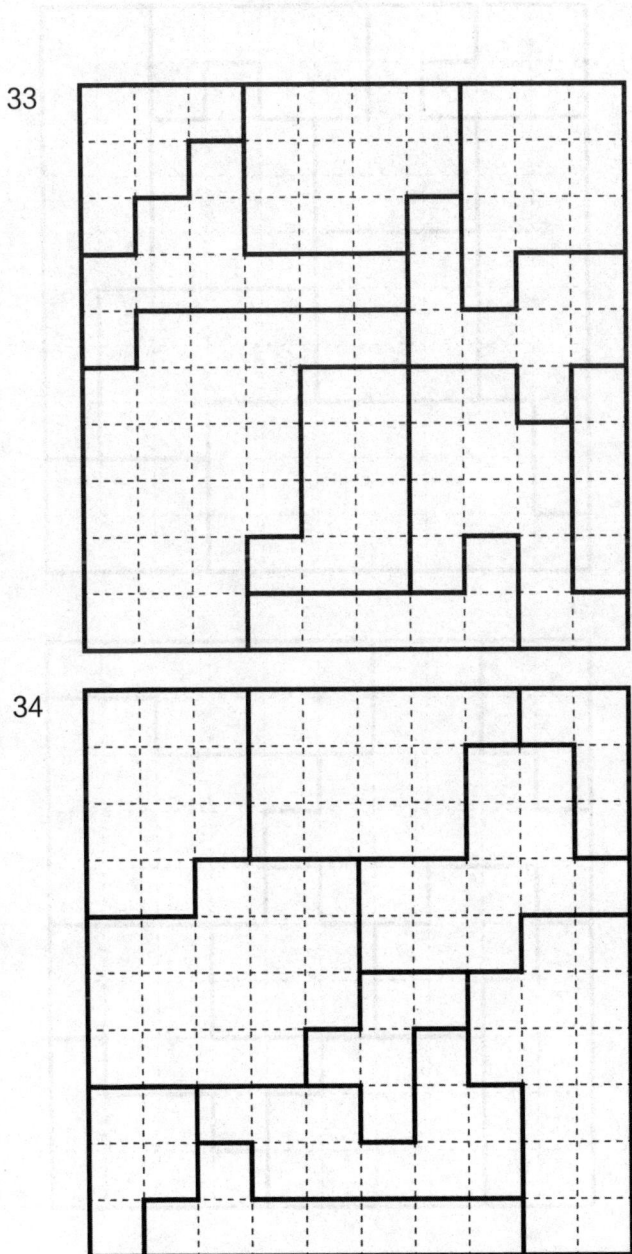

第五册 谜题阶梯训练

35

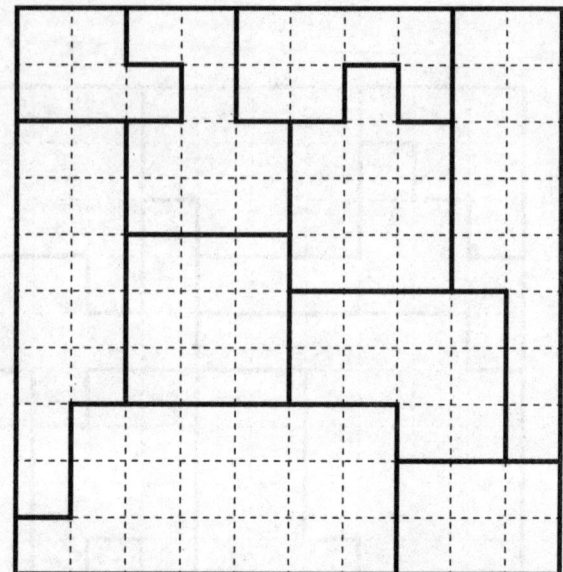

36

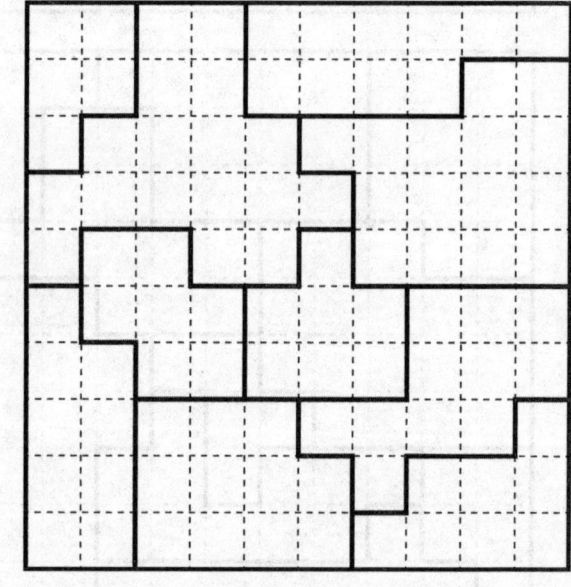

第二章 星战 Star Battle

37
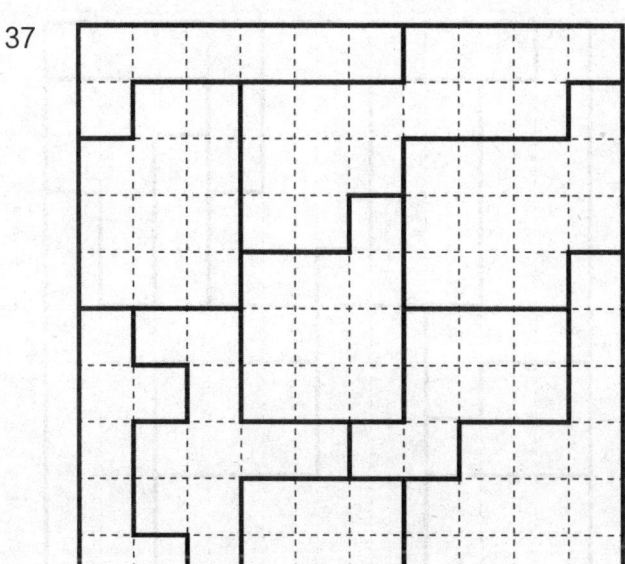

38
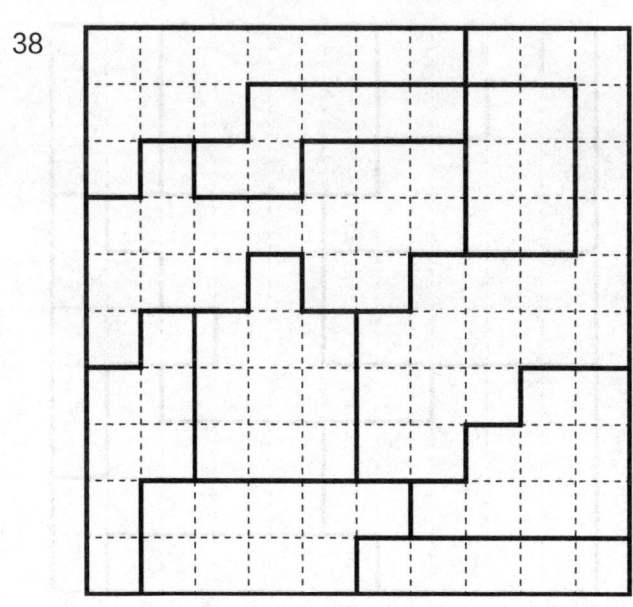

第五册 谜题阶梯训练

39
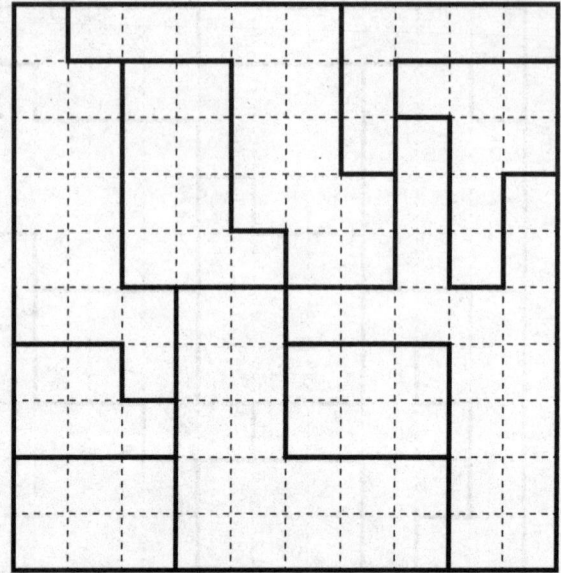

40
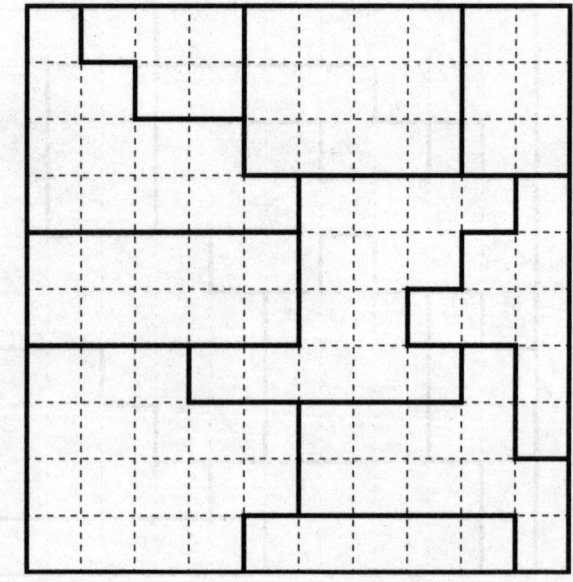

第二章 星战 Star Battle

41
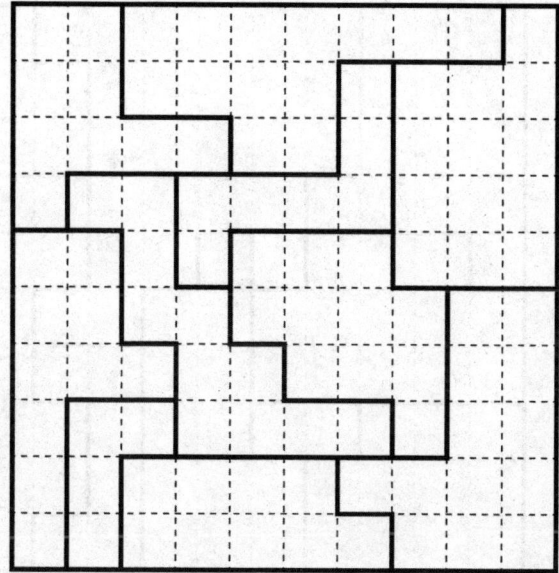

42
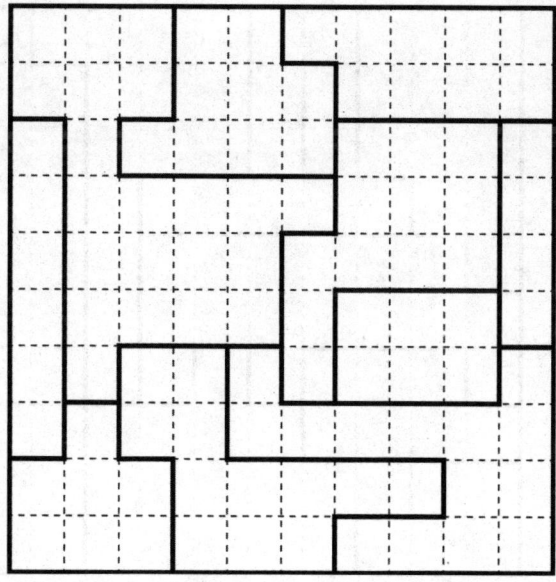

## 第五册 谜题阶梯训练

43

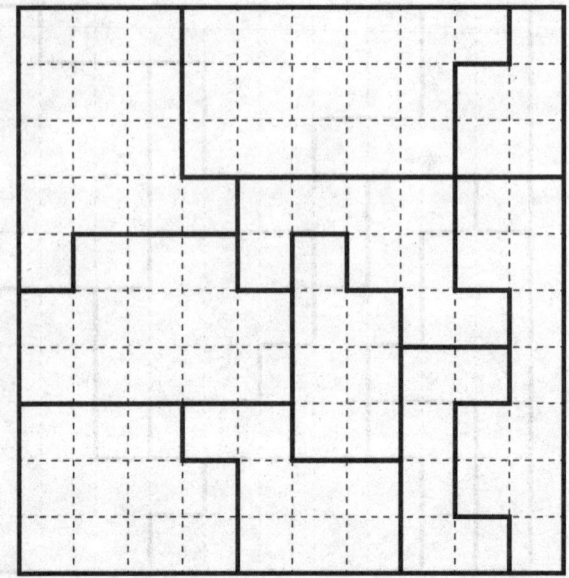

44

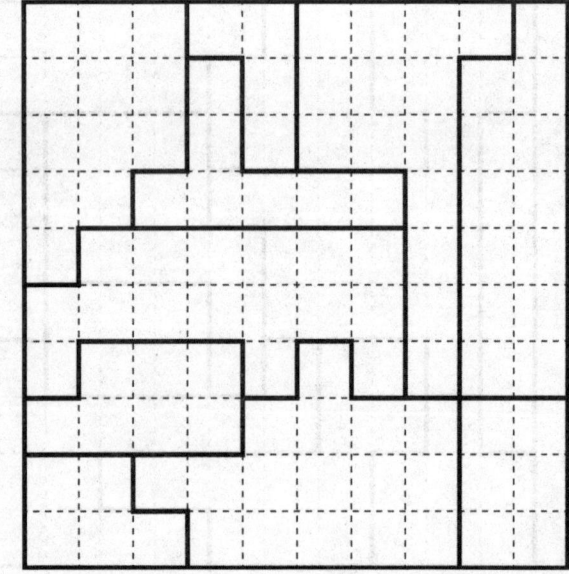

第二章 星战 Star Battle

45

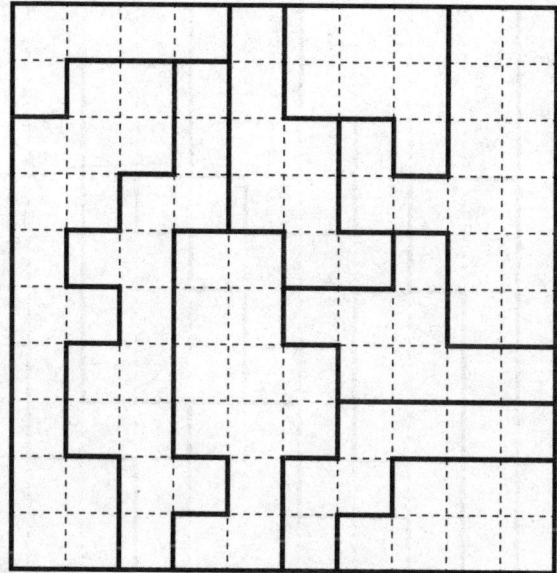

46

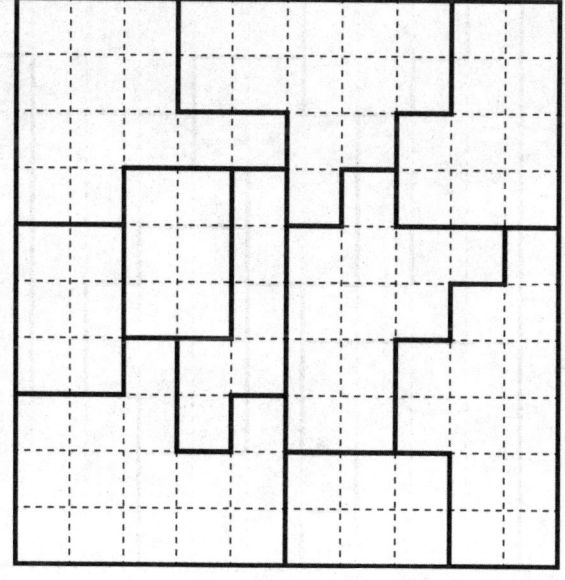

第五册 谜题阶梯训练

47
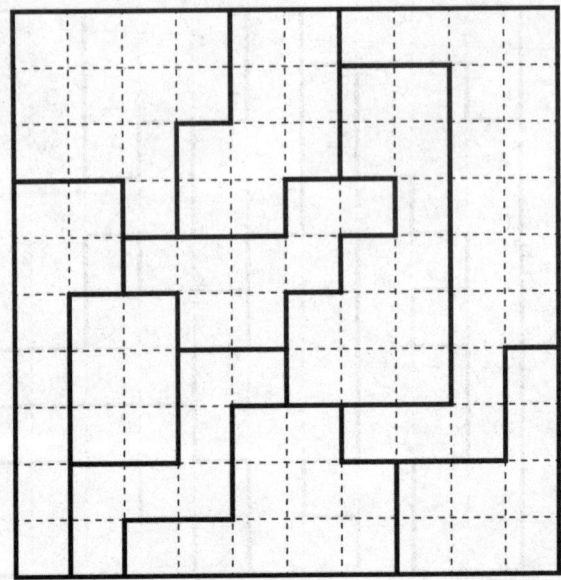

48
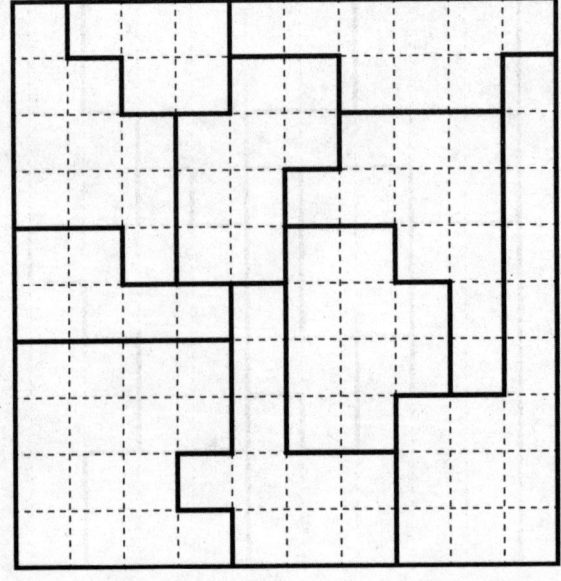

第二章 星战 Star Battle

49
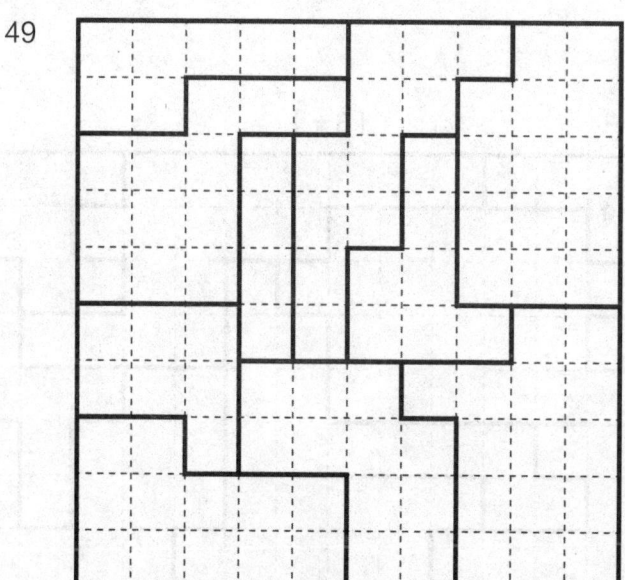

50
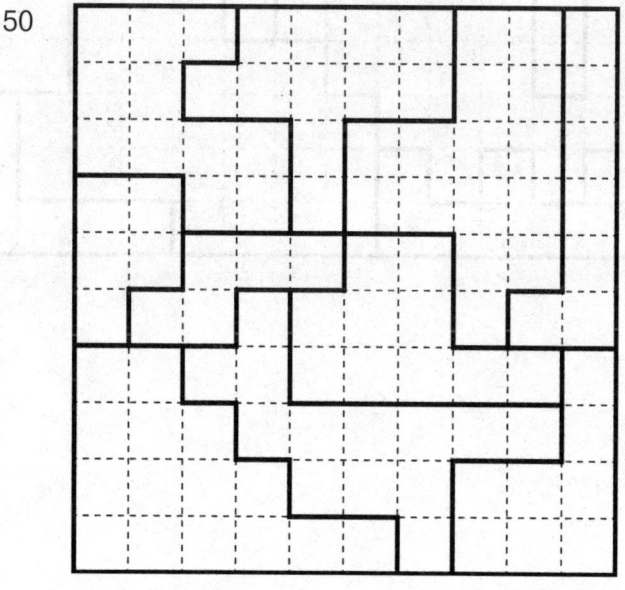

# 第五册 谜题阶梯训练

附赠

【3★】

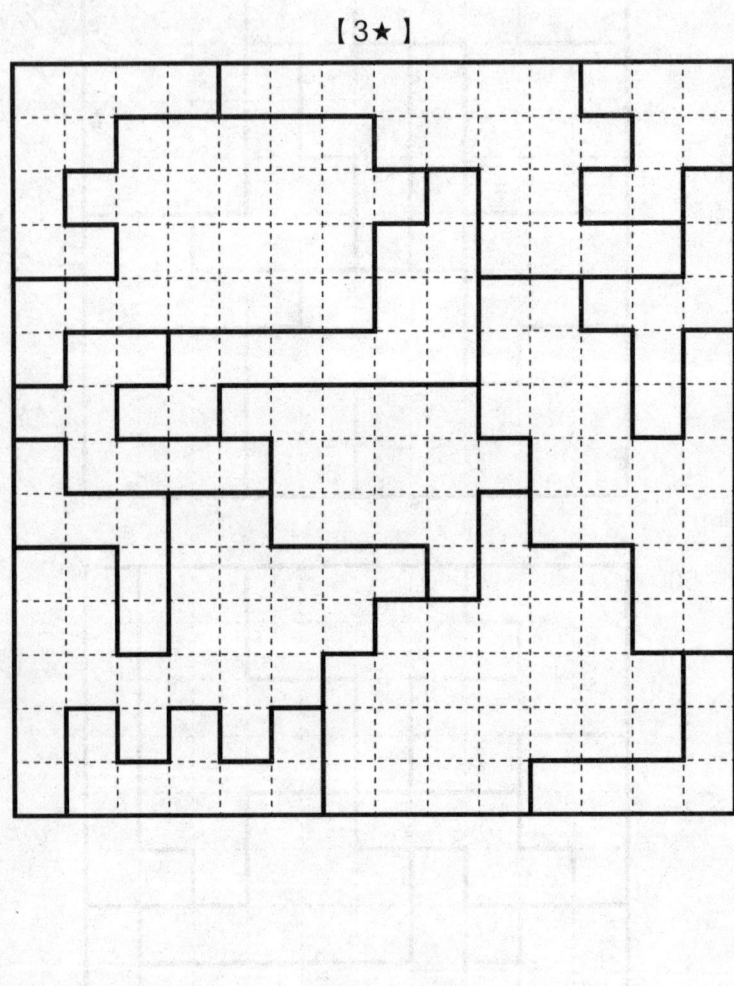

## 答 案

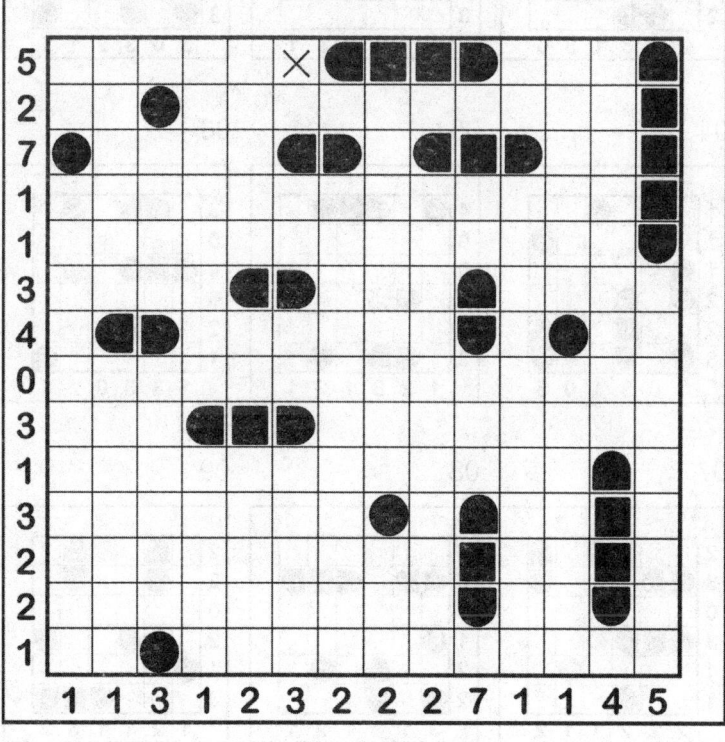

## 第一章 战舰 Battleship

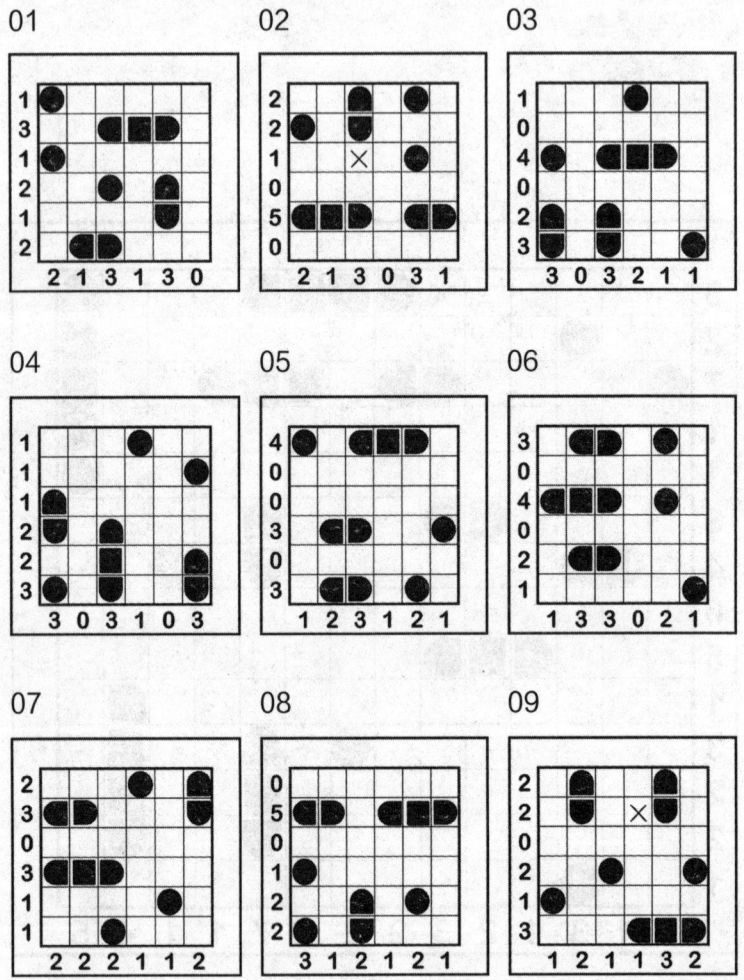

答 案 战舰 Battleship

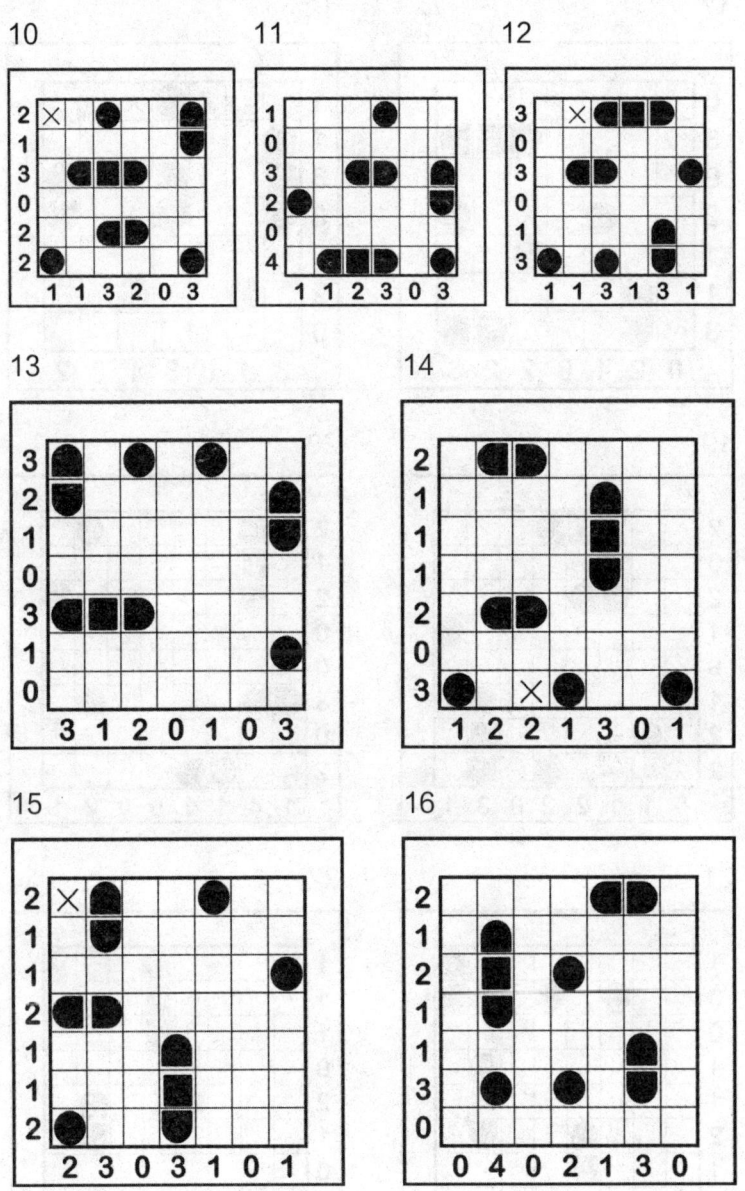

## 第五册 谜题阶梯训练

17
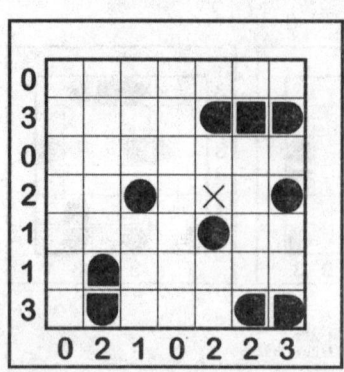

18
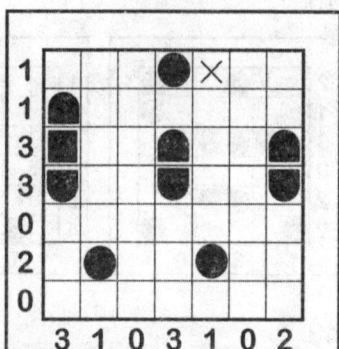

19
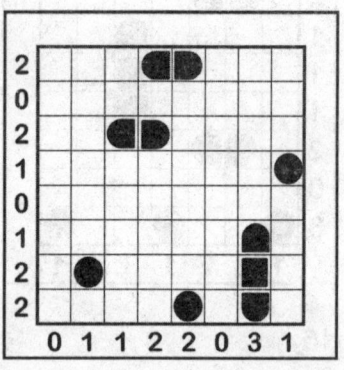

20
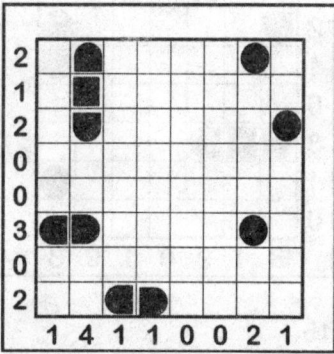

21
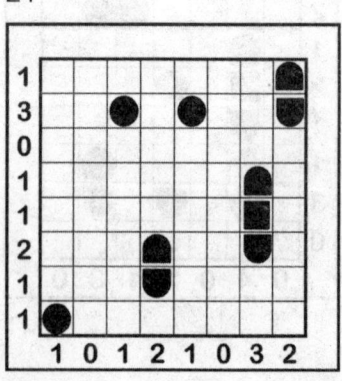

22
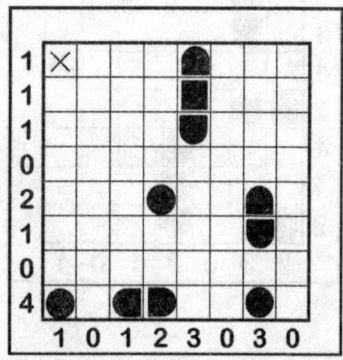

答 案 战舰 Battleship

23
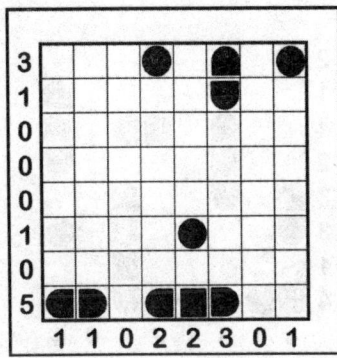

24
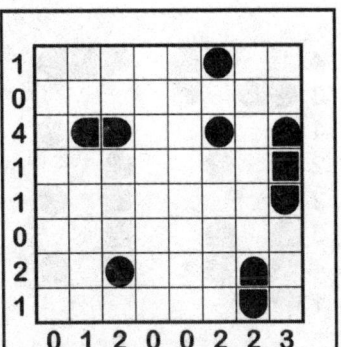

25
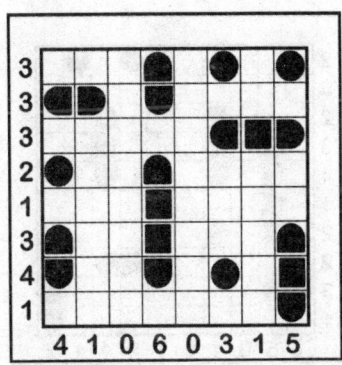

26
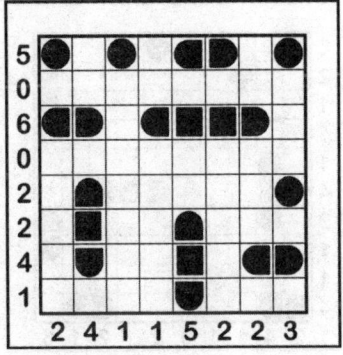

27
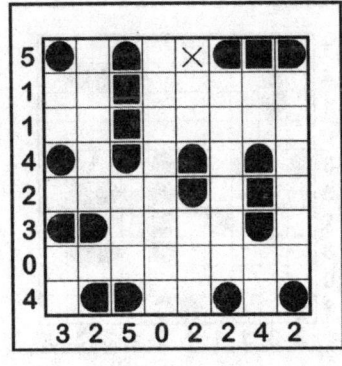

28
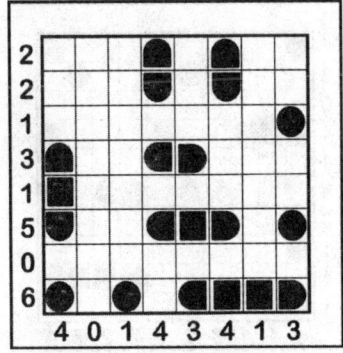

## 第五册　谜题阶梯训练

29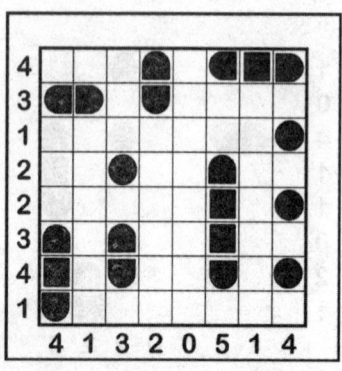

30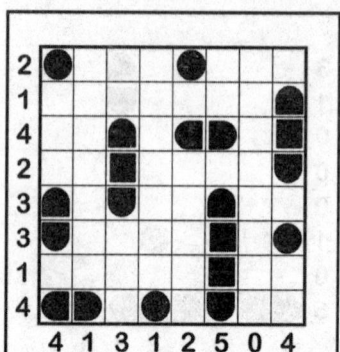

31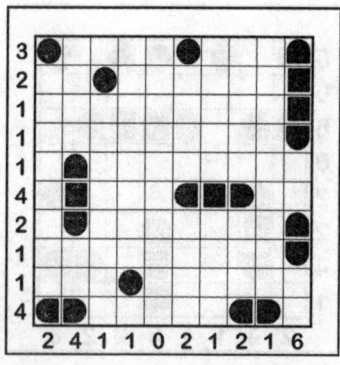

32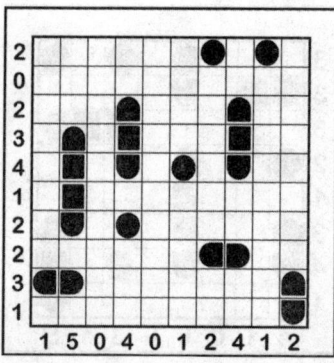

33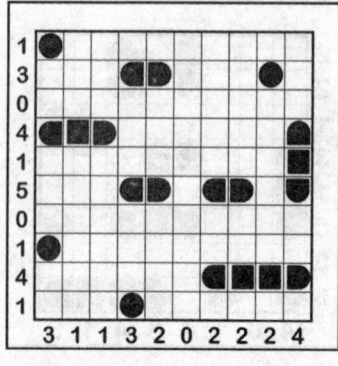

34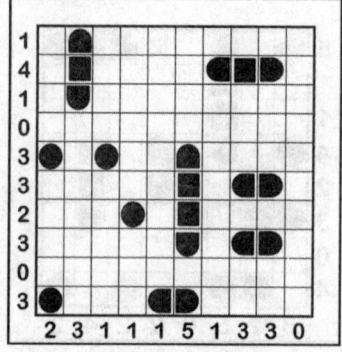

## 答 案 战舰 Battleship

35
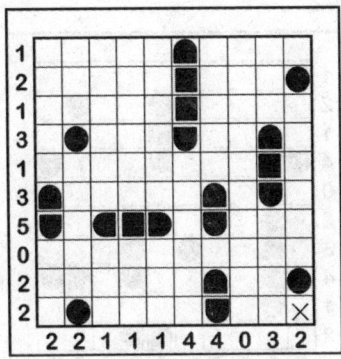

36
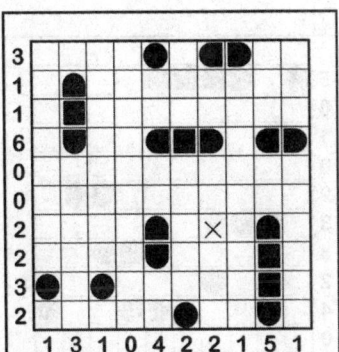

37
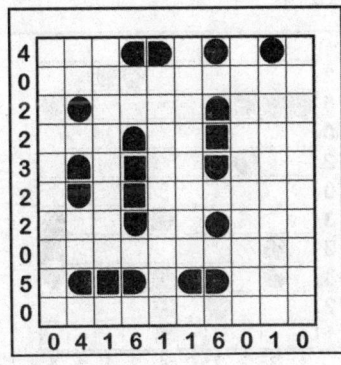

38
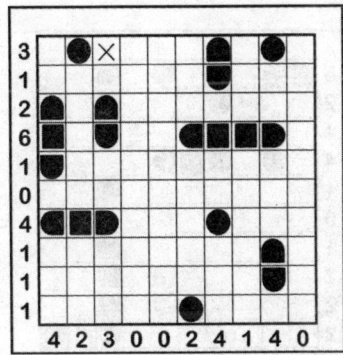

39
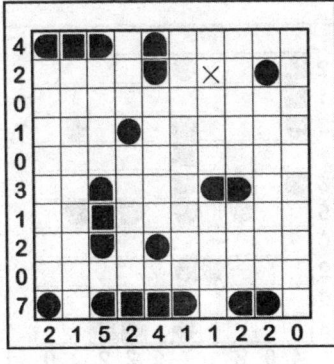

40
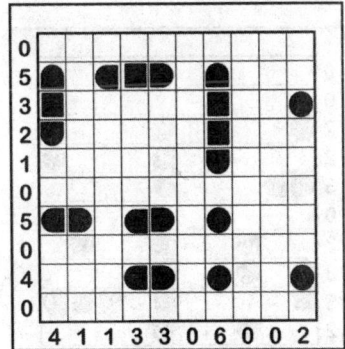

第五册 谜题阶梯训练

41
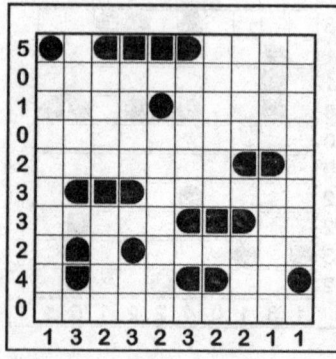

42
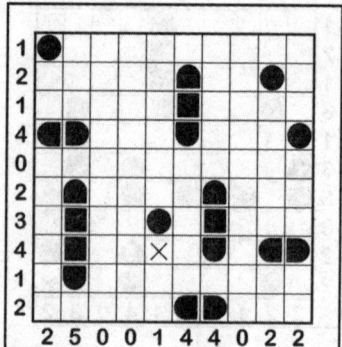

43
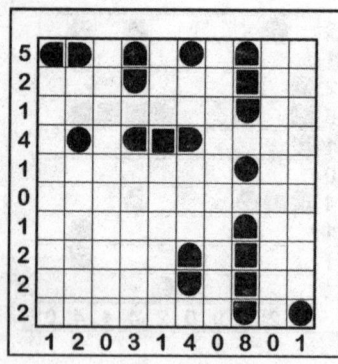

44
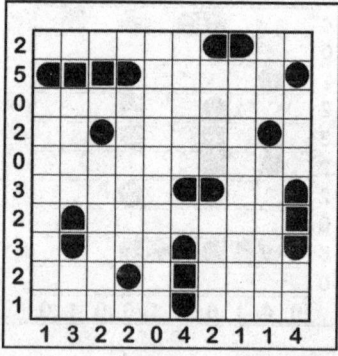

45
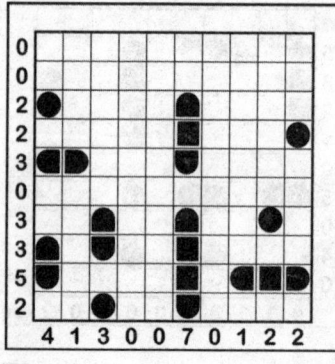

46
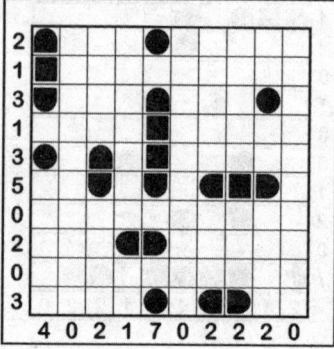

答 案 战舰 Battleship

47
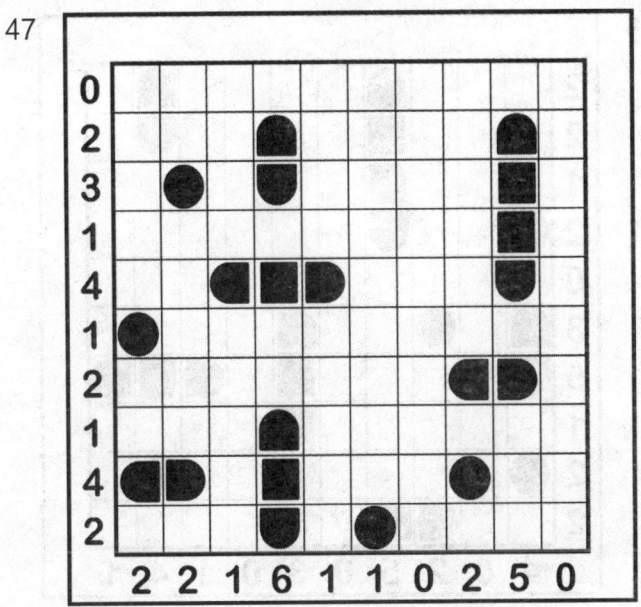

48
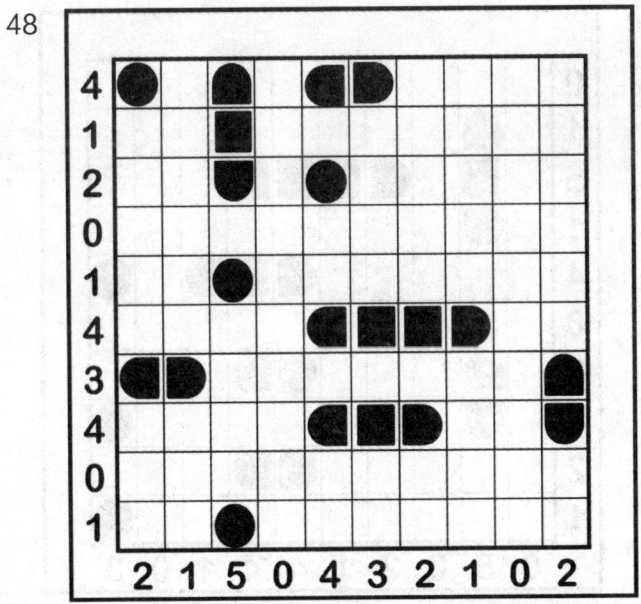

第五册 谜题阶梯训练

**49**

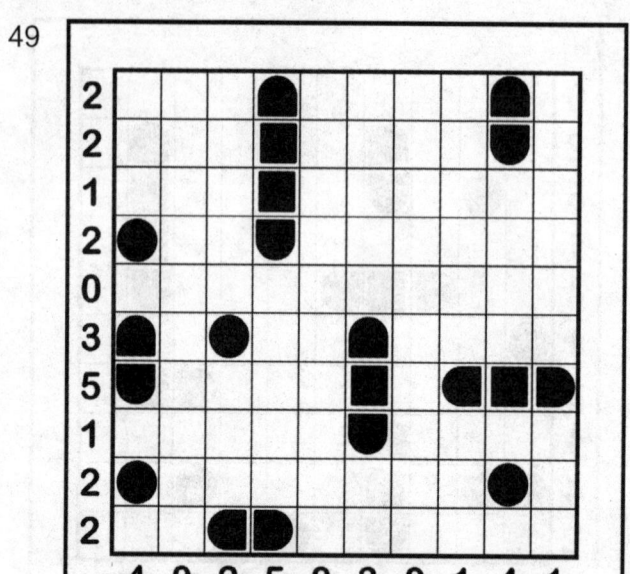

**50**

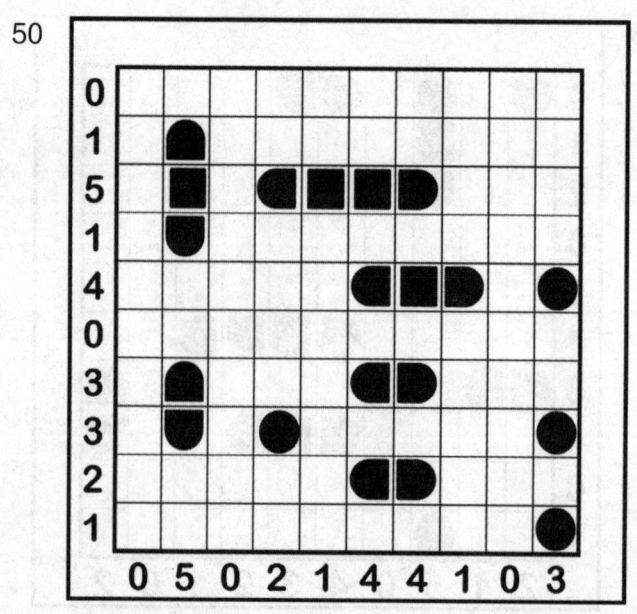

答 案 战舰 Battleship

附赠

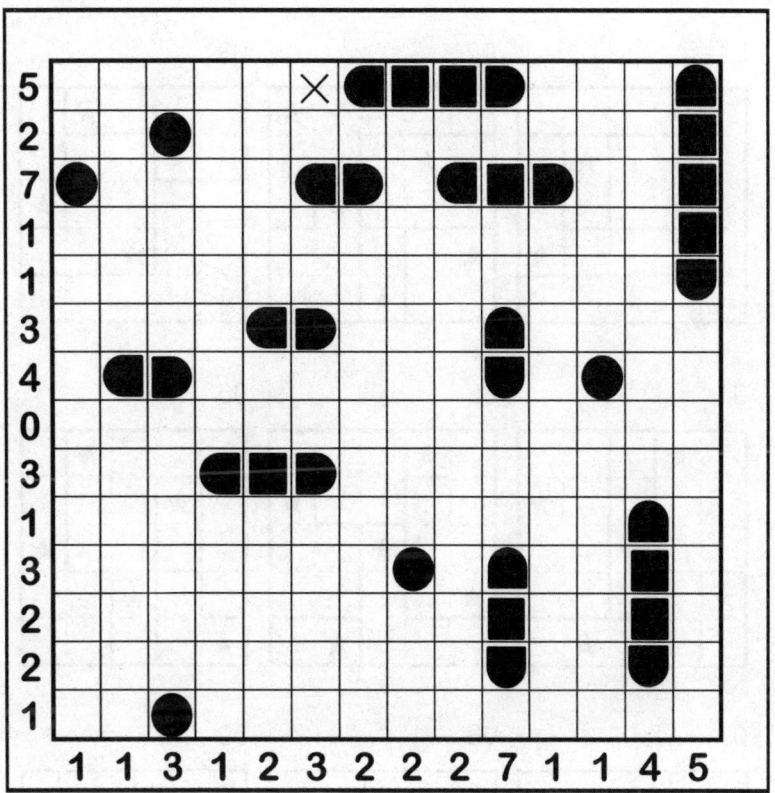

## 第二章 星战 Star Battle

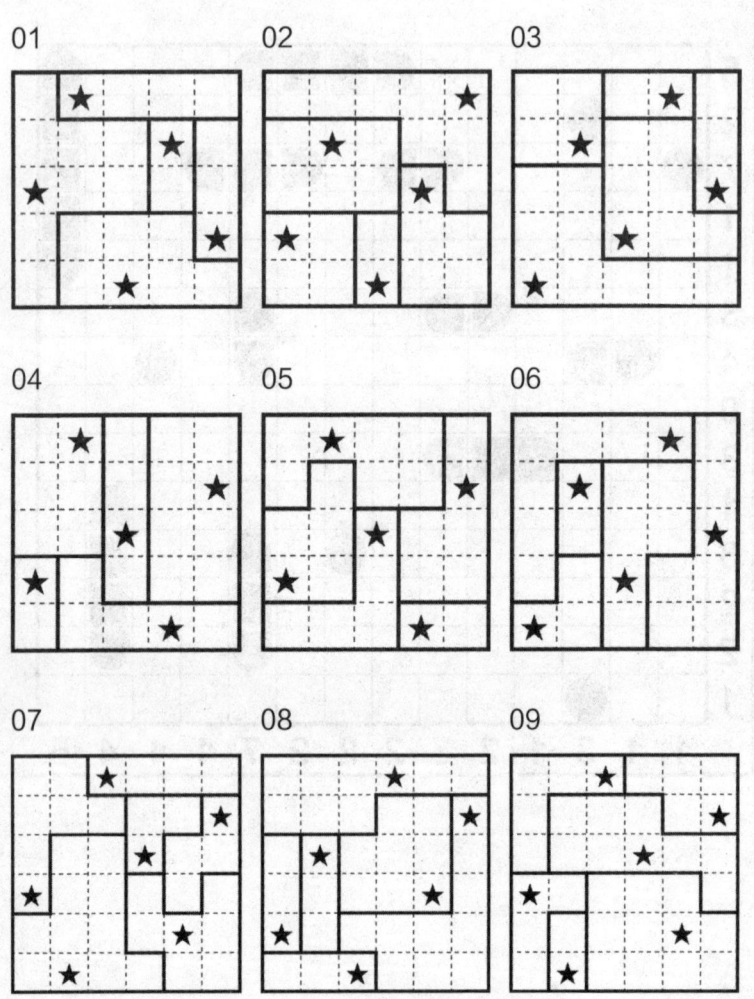

答 案 星战 Star Battle

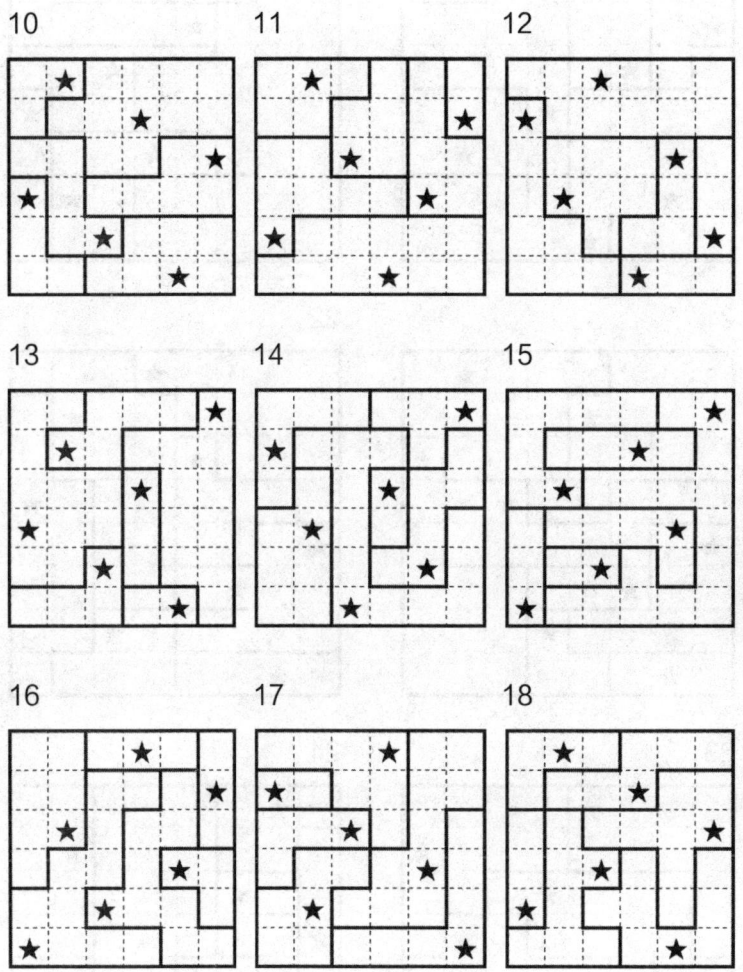

第五册　谜题阶梯训练

19

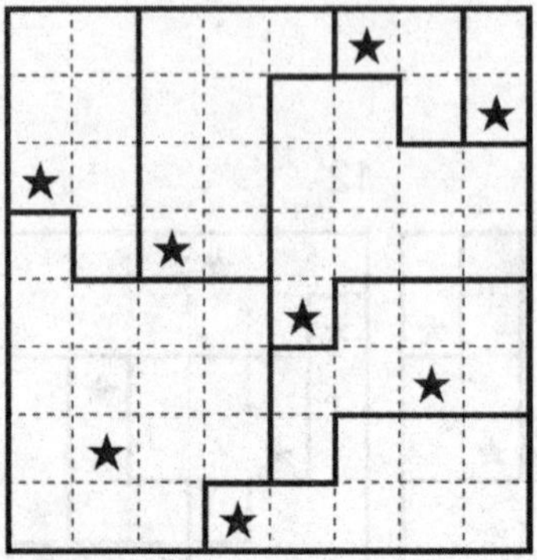

20

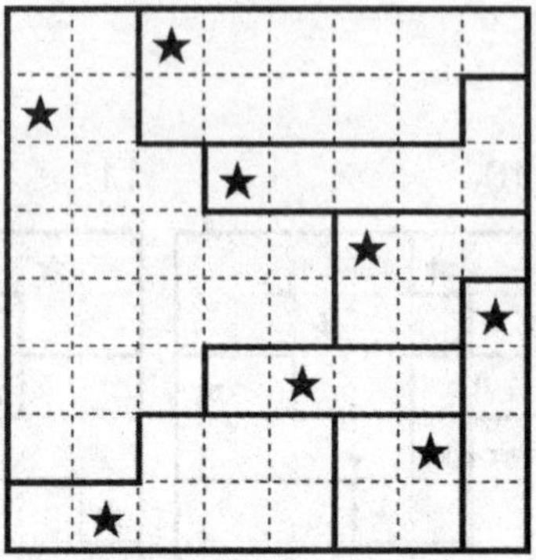

21

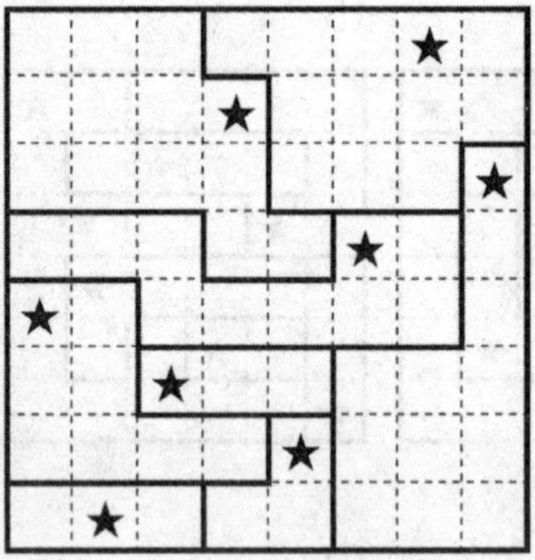

22

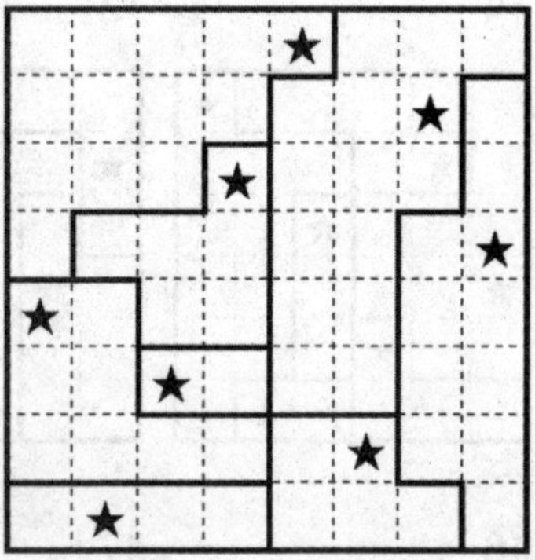

23

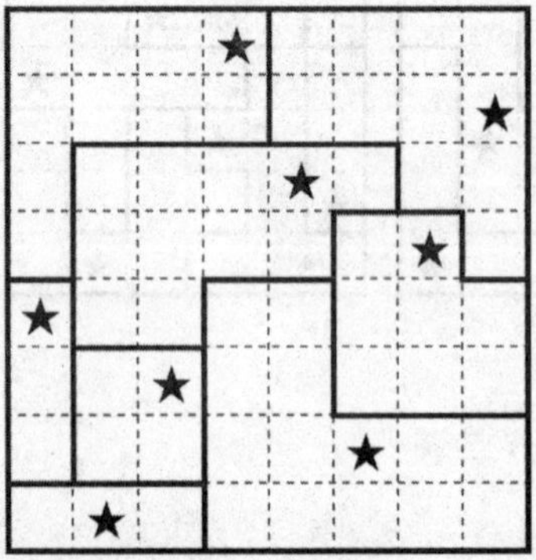

24

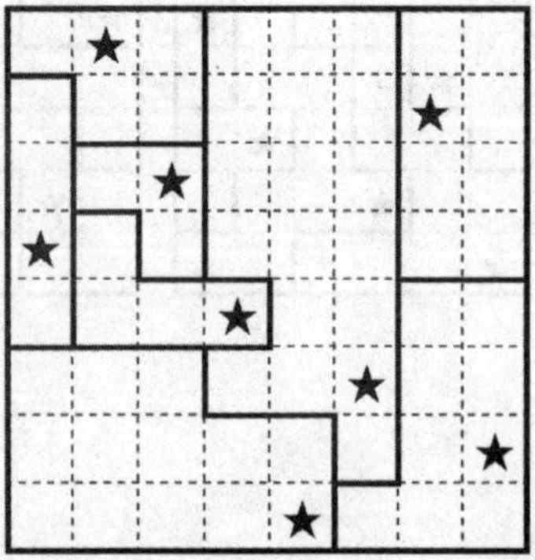

答　案　星战 Star Battle

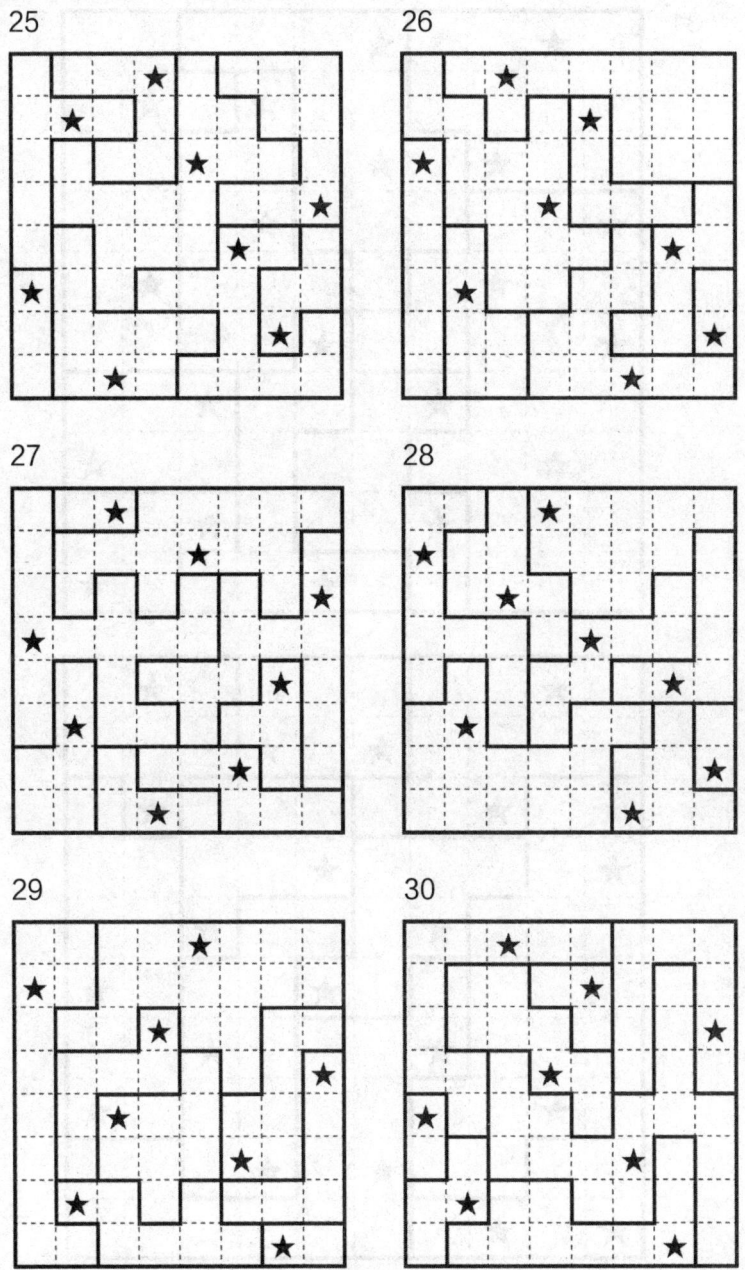

第五册 谜题阶梯训练

31
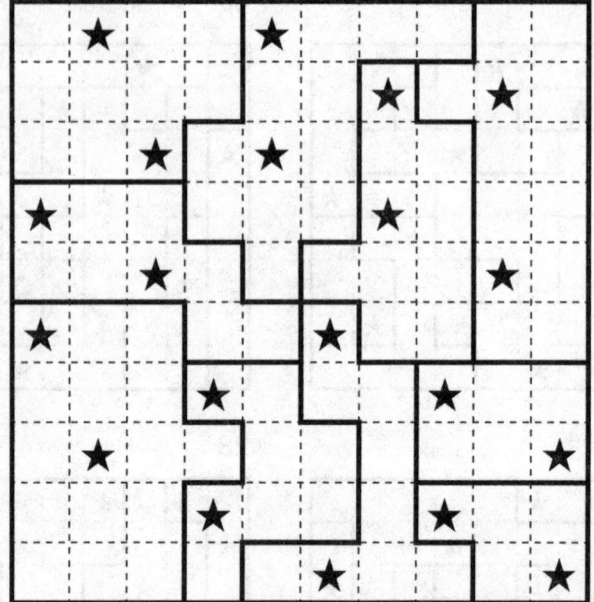

32
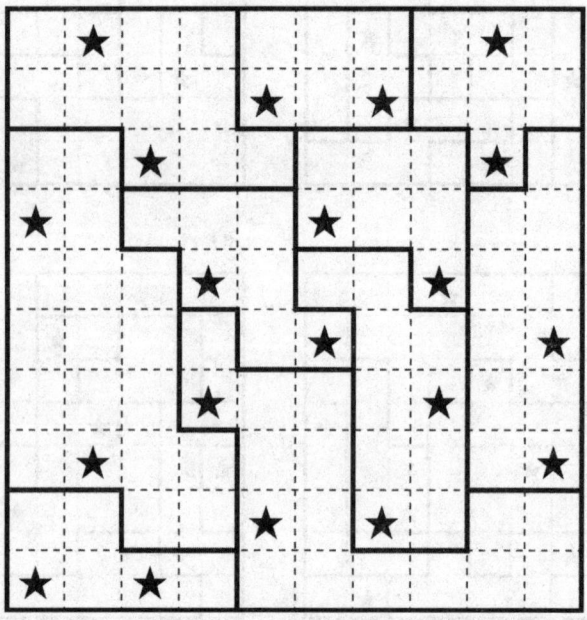

答 案 星战 Star Battle

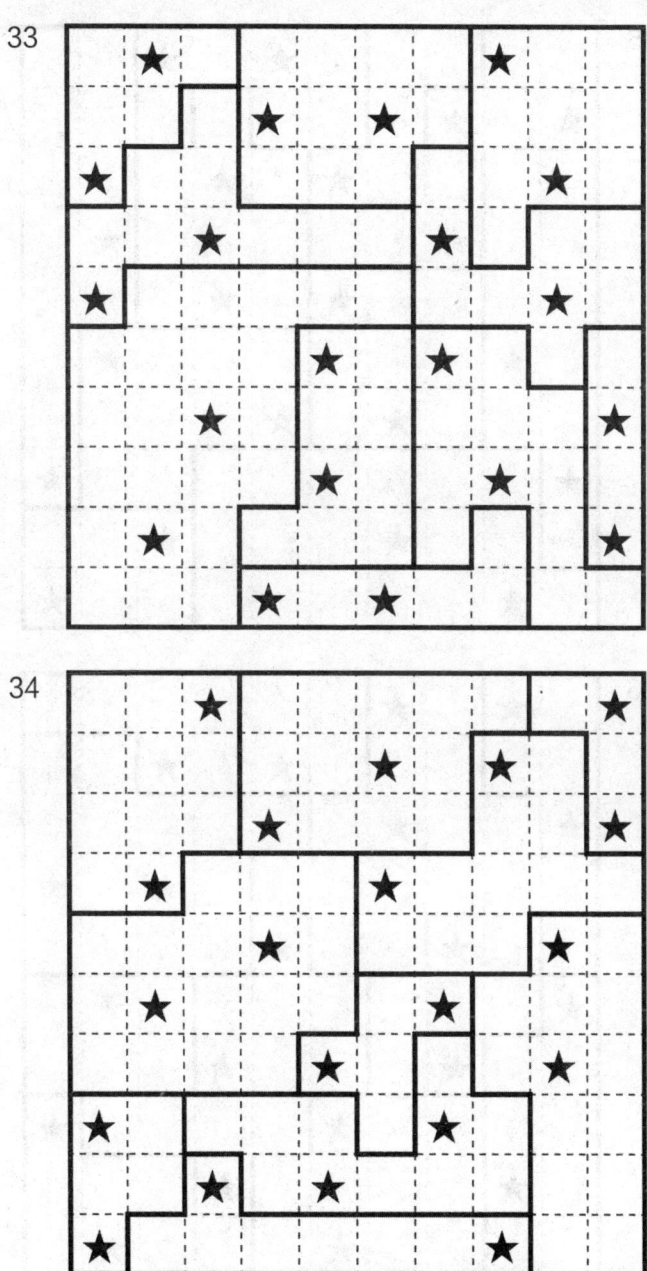

第五册 谜题阶梯训练

35

36

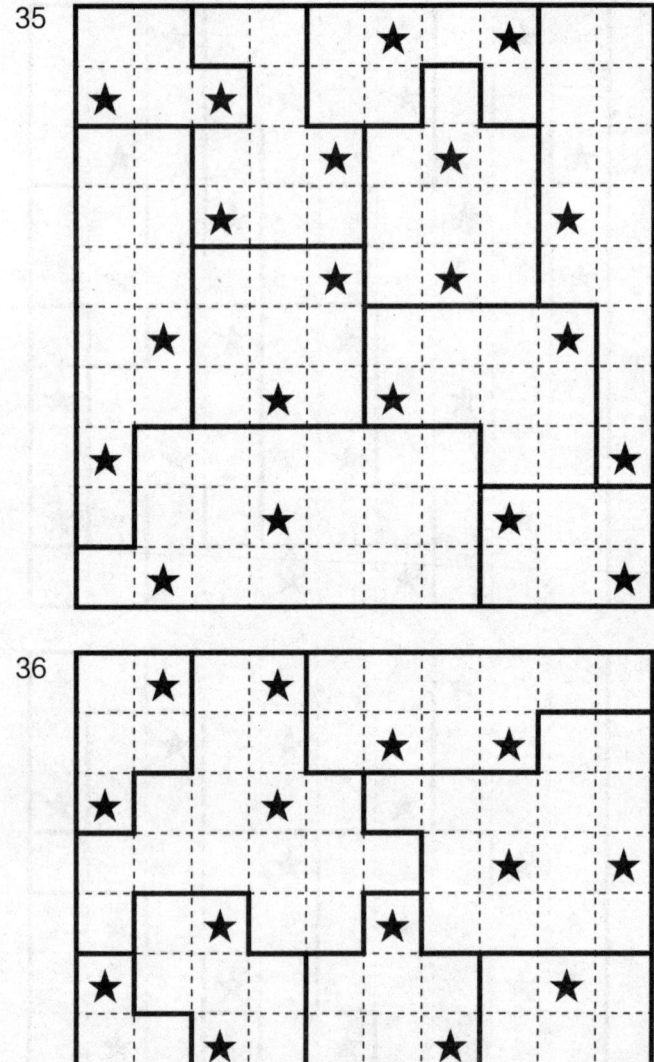

答 案 星战 Star Battle

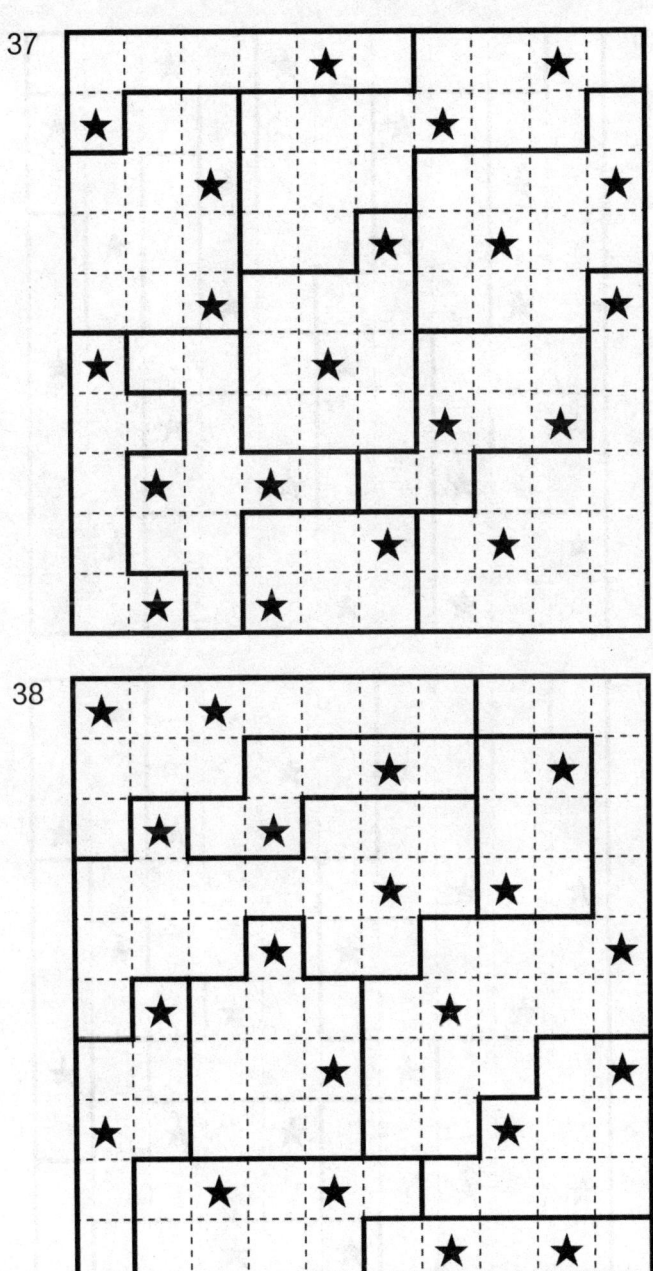

## 第五册 谜题阶梯训练

39

40

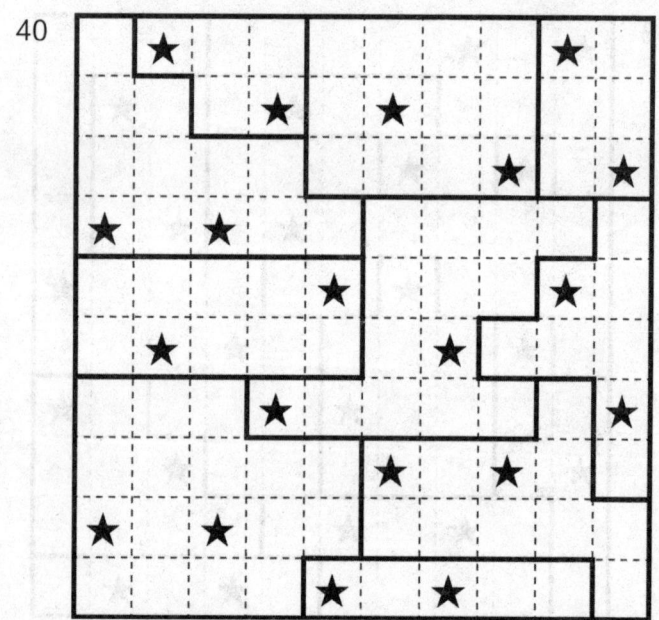

答 案 星战 Star Battle

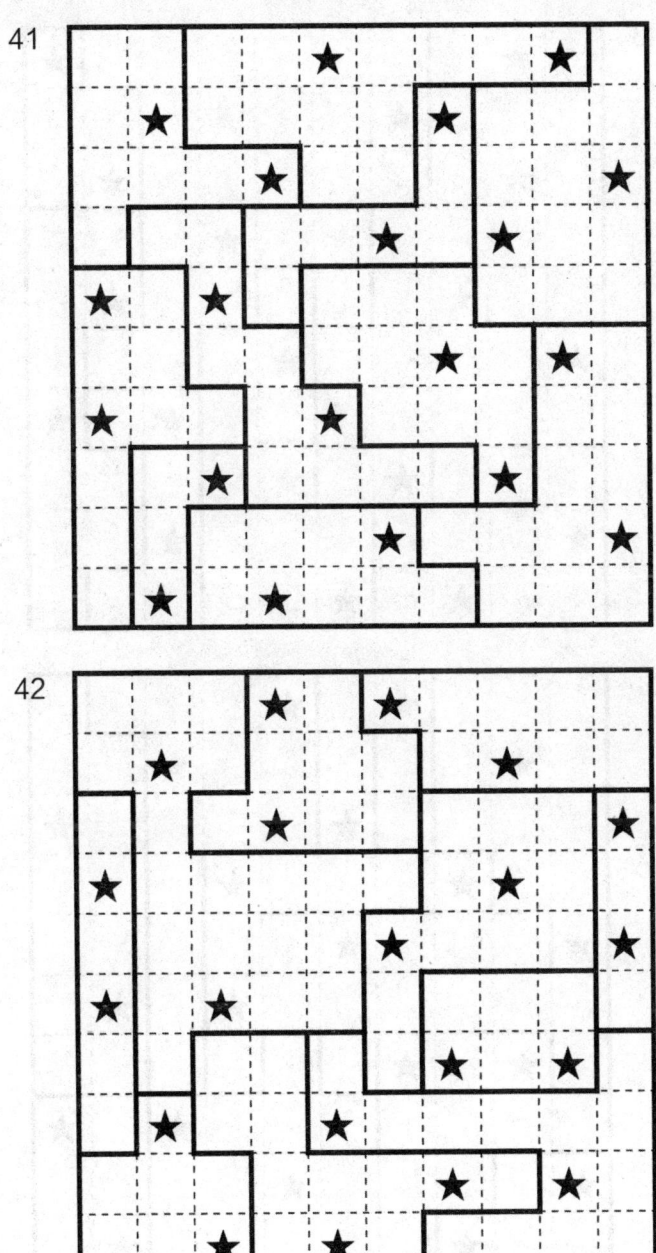

43

44

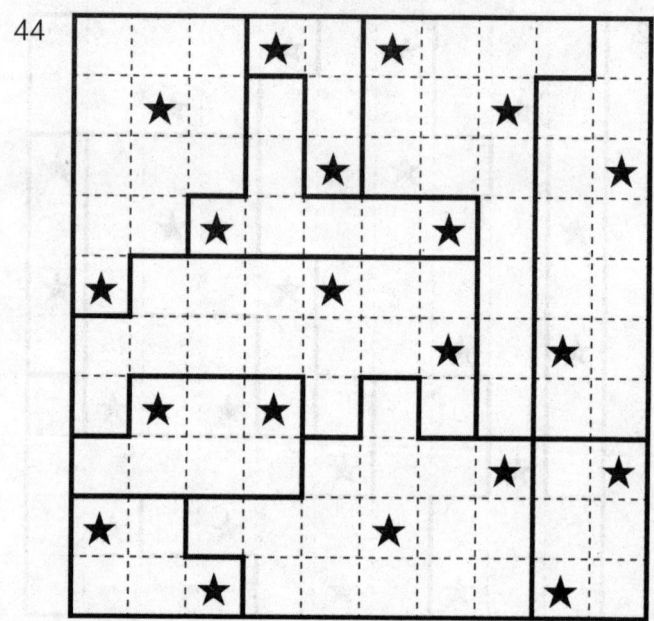

答 案 星战 Star Battle

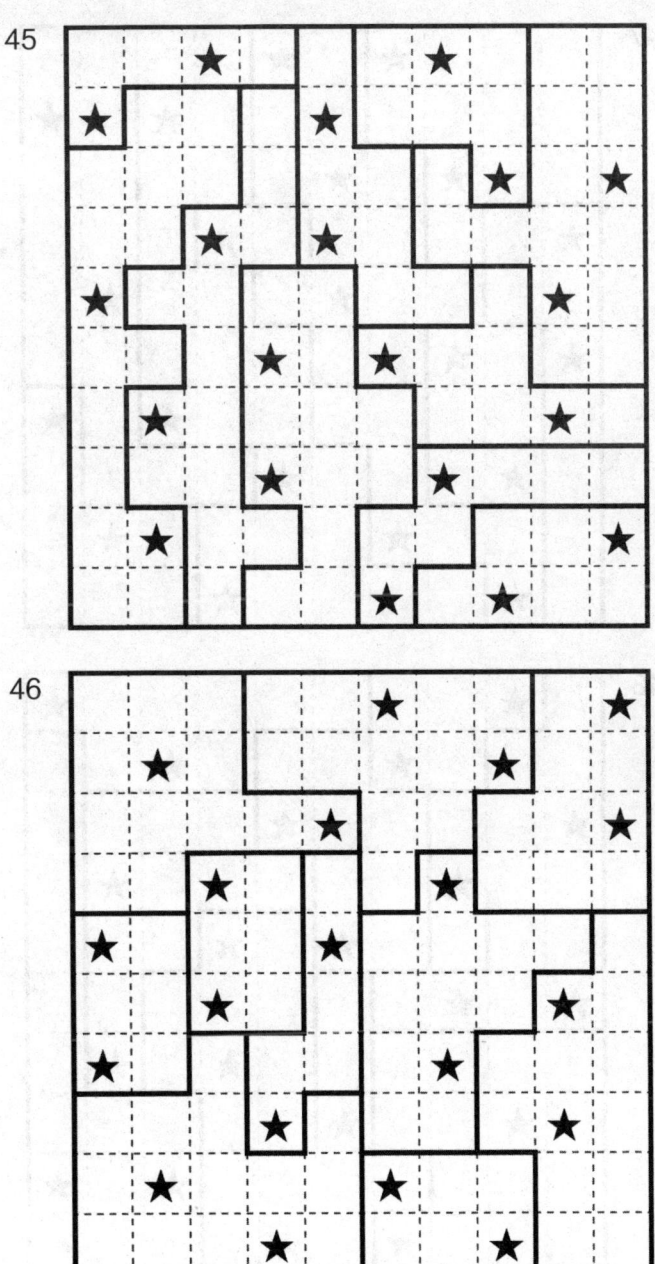

# 第五册 谜题阶梯训练

47

48

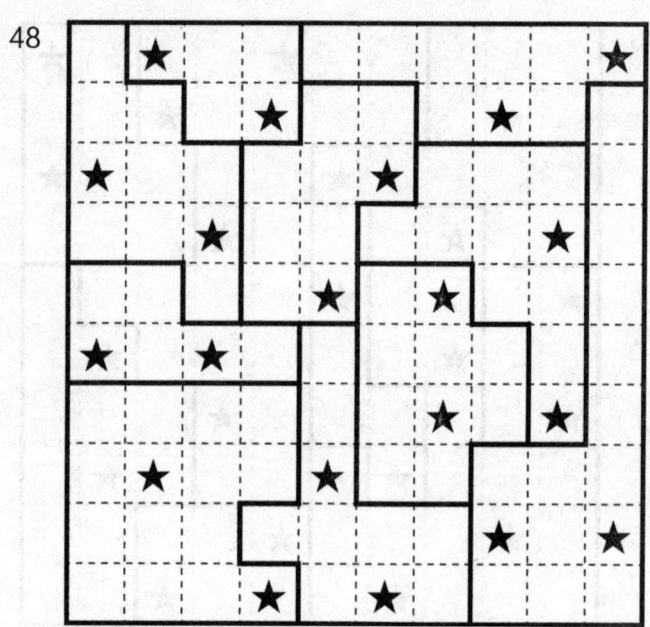

答 案 星战 Star Battle

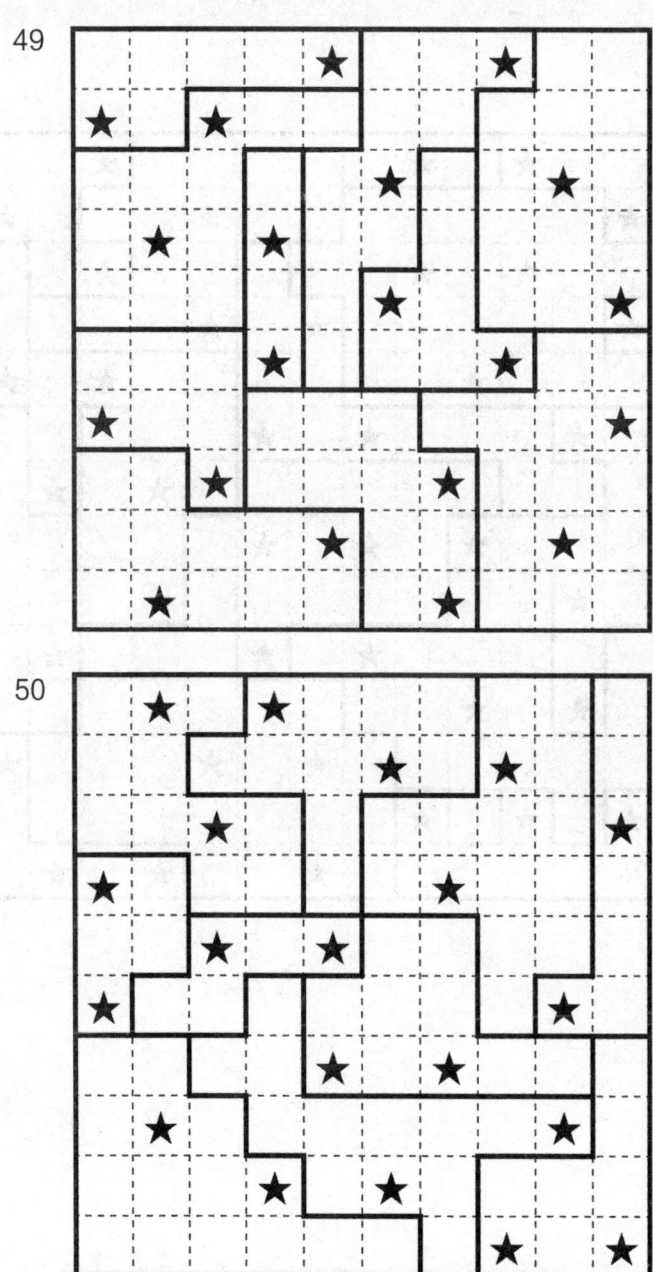

089

## 第五册 谜题阶梯训练

附赠

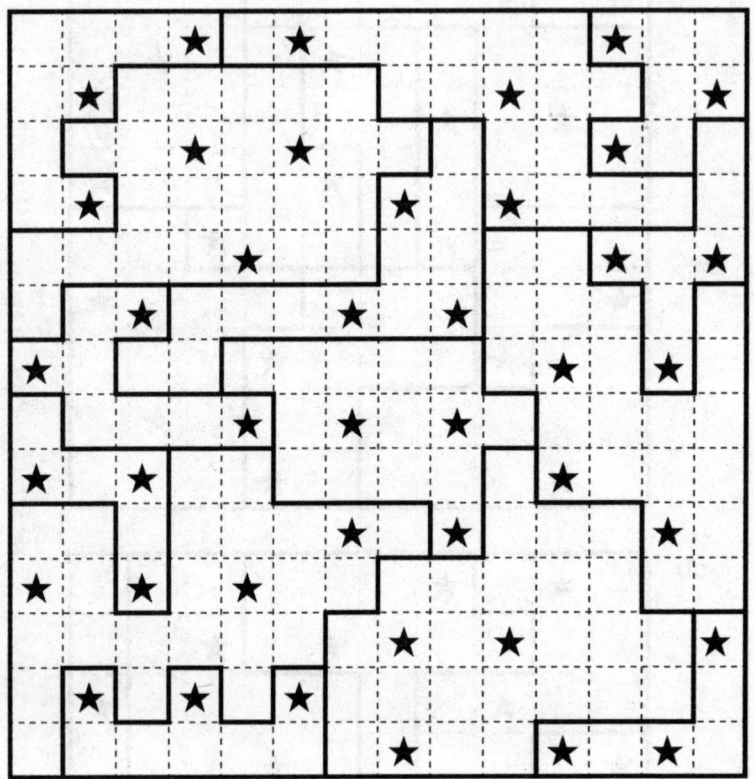

# 谜题阶梯训练

廖 然
徐 艳  著
黄中华

第 6 册

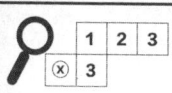

天津出版传媒集团
天津科学技术出版社

# 目录
## contents

**第一章**
- 水族箱 Aquarium ............ 001
- 例题及题型说明 ............ 002
- 练习题 ............ 013

**第二章**
- 美术馆 Akari ............ 031
- 例题及题型说明 ............ 032
- 练习题 ............ 043

**答案**
- 第一章 水族箱 Aquarium ............ 074
- 第二章 美术馆 Akari ............ 090

# 第一章　水族箱 Aquarium

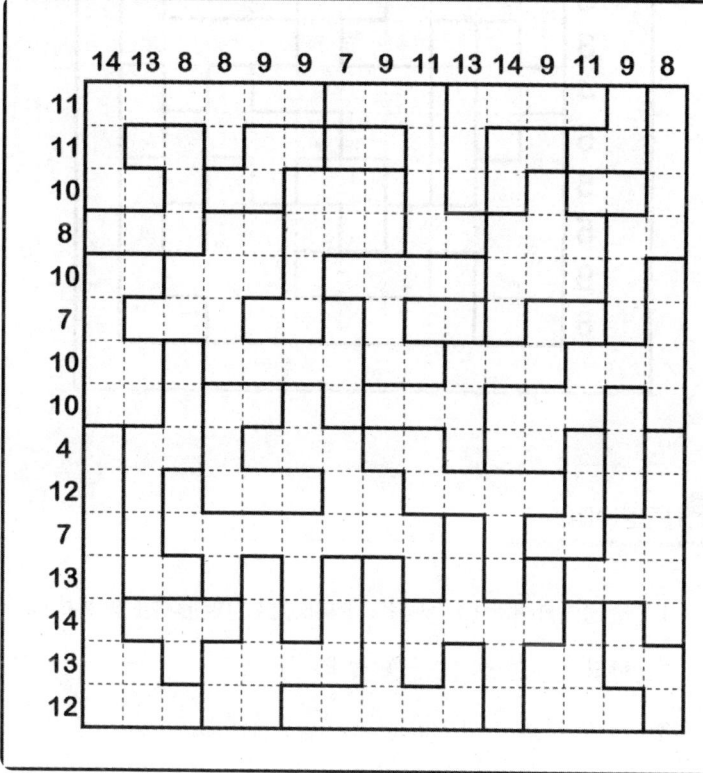

第六册　谜题阶梯训练

例题：

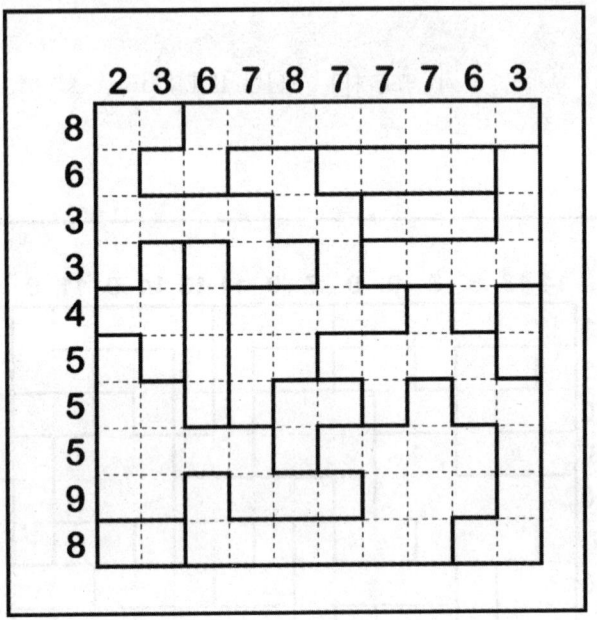

题型说明：

1. 谜题由外部带提示数字、内部分区的矩形格子题图构成。

2. 解谜是在题图内按已知要求注上水。

3. 题图内每一个单独的区域代表一个水族箱。

4. 注水遵循水往低处流的原则：在同一个水族箱中，若高处有水，则它下方所有的格子都要注满水。

5. 给出的已知数字代表该行或该列上注水格子的总数。

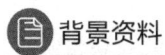 背景资料：

水族箱由稻叶直贵于2004年首次发表，当时使用的名称为 Aqua Place（水族广场）。经典的填充谜题，加上水往低处流动的特性，十分有趣。

例题答案：

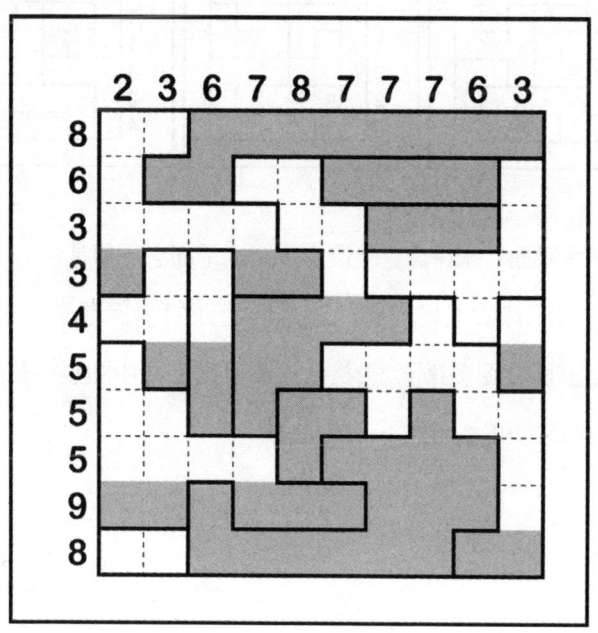

## 答题之前：

你必须先了解解决水族箱谜题的几个基本技巧。

①**小数排除**和②**大数确定**：小数和大数所带来的直接推断。

示例：下面左图中先看行的情况，把所有分段上已经不可能的情况先排除，中图则是从列的情况入手以排除点，两者叠加就是开局所有排除点的集合。右图则是从大数入手的情况，通过简单判断，就能确定含水的格子。

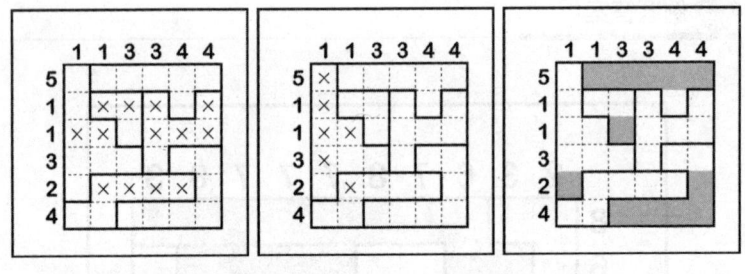

③**水平面**：水平面之上没有水，水平面之下都是水。

示例：其实很好理解。还是以上面的示例题来说明，左图对比上面左图多排除了2格，中图对比上面中图也多排除了2格，右图则多出水自然下落的1格。

第一章 水族箱 Aquarium

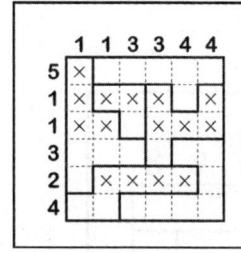 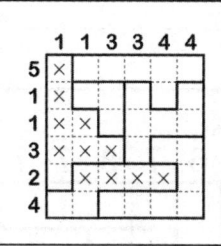 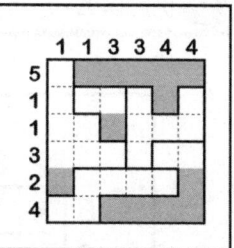

**④计算排除和⑤计算确定**：通过计算，做排除和确定。

示例：下面左图，第1行的水族箱分别是1、2、3宽度，要求是2，1和3都可以排除；同理第6行是2、4分布，要求4个水格，那么排除2。下面中图里第1列至少最上面1格可以排除，第3列排除两格。下面右图示范从大数确定来考虑，第2行也是1、2、3分布，对应5格水的话，只能是2+3组合；第5行是5个水格，至少确定左面2格是肯定会有的，否则就不成立；第6列就算最下一格是水，在上面5格里至少还会有3格是水，从下方注起来。

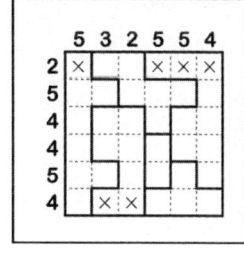 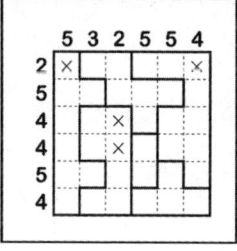 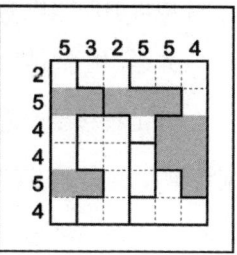

第六册　谜题阶梯训练

例题解答：

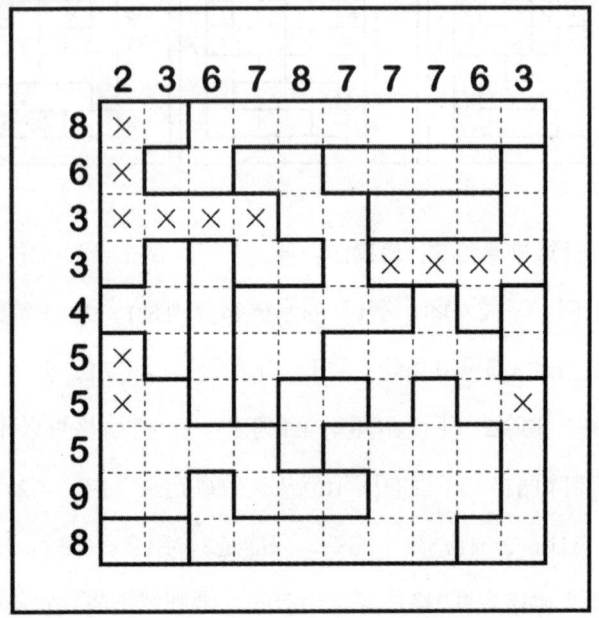

**解题技巧①：小数排除。**

通过前面的讲解，可以知道初盘有两种技巧可用。

先运用小数排除法。

凡是超过要求宽度或高度的格子都可以排除掉。为了能清晰表明，只做单纯的消除判断。

# 第一章 水族箱 Aquarium

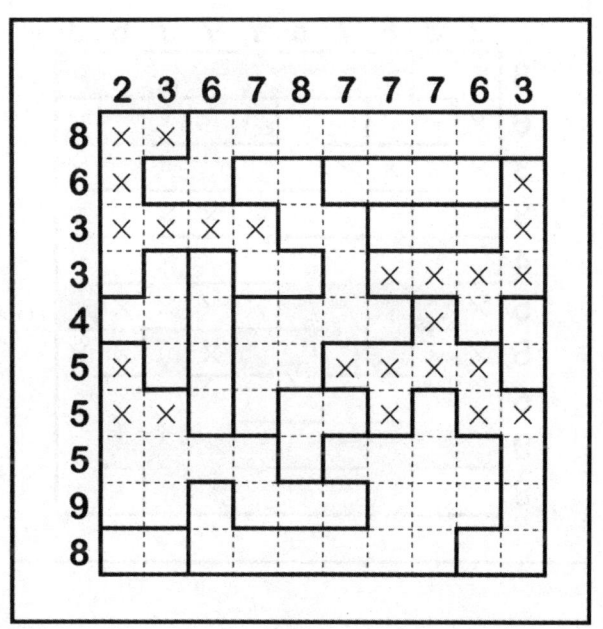

**解题技巧②：水平面。**

根据水平面原则继续解题。

所有在已经确定消除格子上方连通的格子统统消除。

记住，×往上走而水要往下流，在同一水平面上，如果有一个×，则同一水箱里该平面都是×；反之，若是水，则都是水。

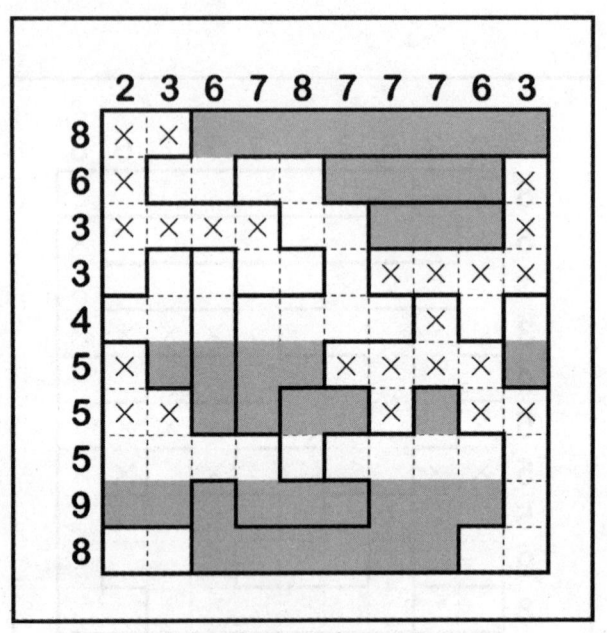

**解题技巧③：大数确定。**

用大数确定法继续解题。

关注每一行和每一列，寻找所有可以确定的水格。

有些非常容易，有些则需要通过简单的计算来确定。比如第9行是1、4、5组合，那么通过简单计算就知道是4、5组合。

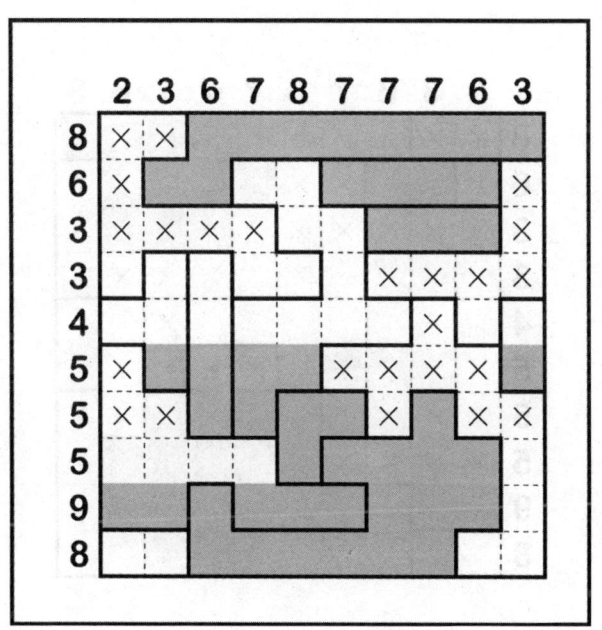

**解题技巧④：水平面。**

这次还是运用水平面法则，不过这次从水格入手。

同一水平面和之下都是水。

至此，我们已经确定了差不多一半格子的属性。

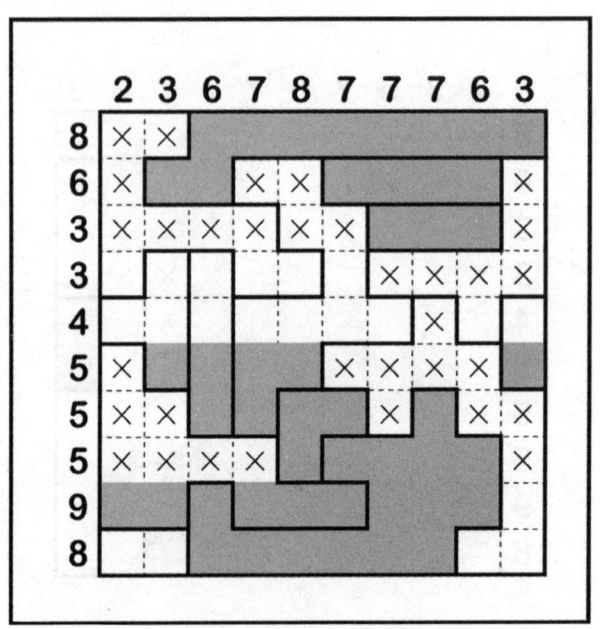

**解题技巧⑤：计算排除。**

再从行的角度继续解题。

对比一下外周的已知数字，看看哪些行已经满足了外部的已知条件。

可以发现第1至3行、第6至9行，实际上所有的格子都已经确定。

第一章　水族箱 Aquarium

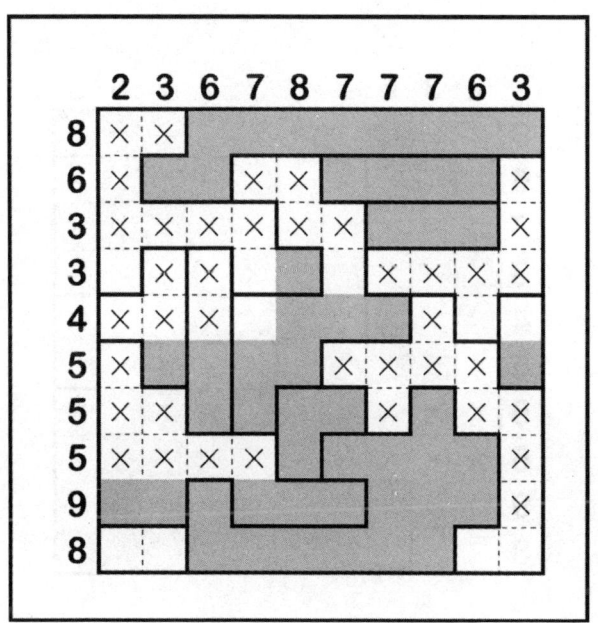

**解题技巧⑥：排除和确定。**

从列的角度再继续题解，又能够确定一些格子。

现在这道例题的完成度已经很高了，你可以自行把它完成。

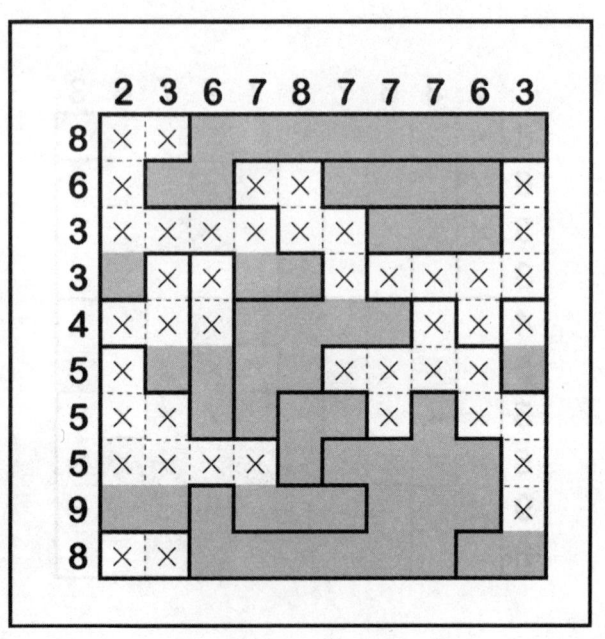

**解题技巧⑦：灵活运用。**

体会一下以上技巧。无非就是之前介绍的几种法则，反复使用。

总之，几种法则交替使用，所有的水族箱谜题都可以得到解决。

通过练习题反复练习这几个技巧，你就可以开始挑战更大盘面的谜题了。

第一章 水族箱 Aquarium

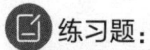 练习题：

## 青铜

01

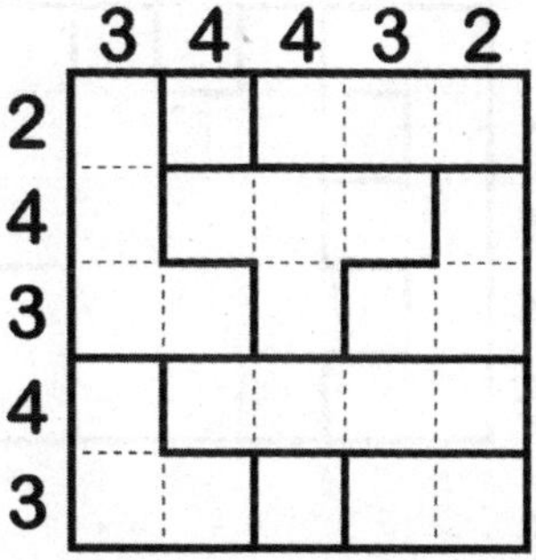

02

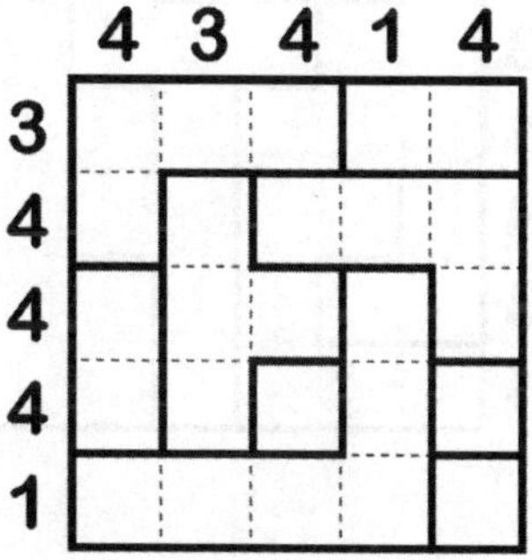

03

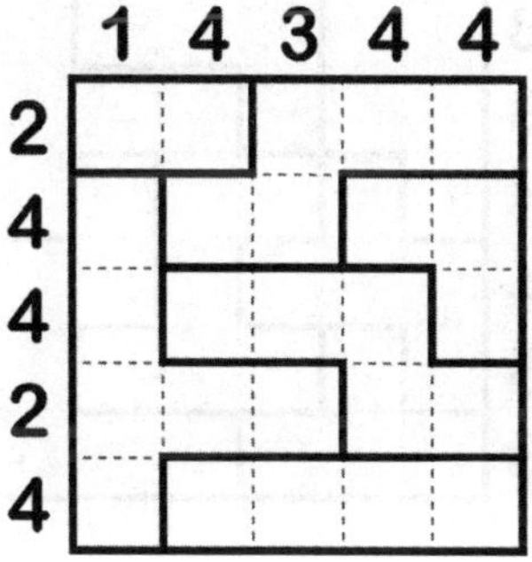

04

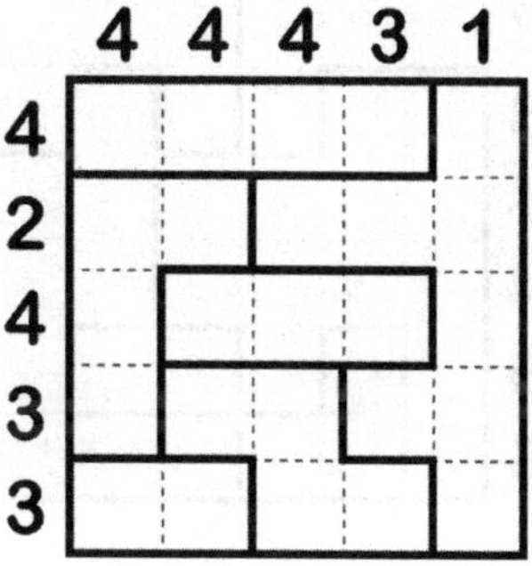

05

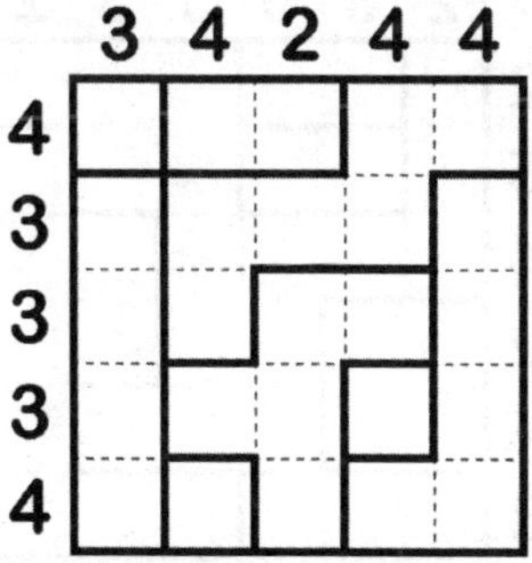

06

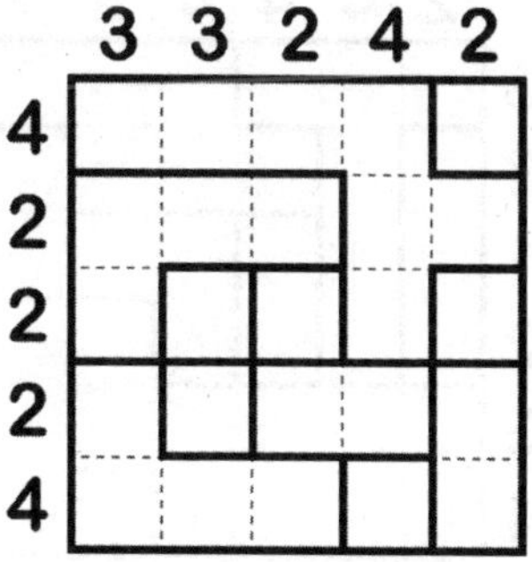

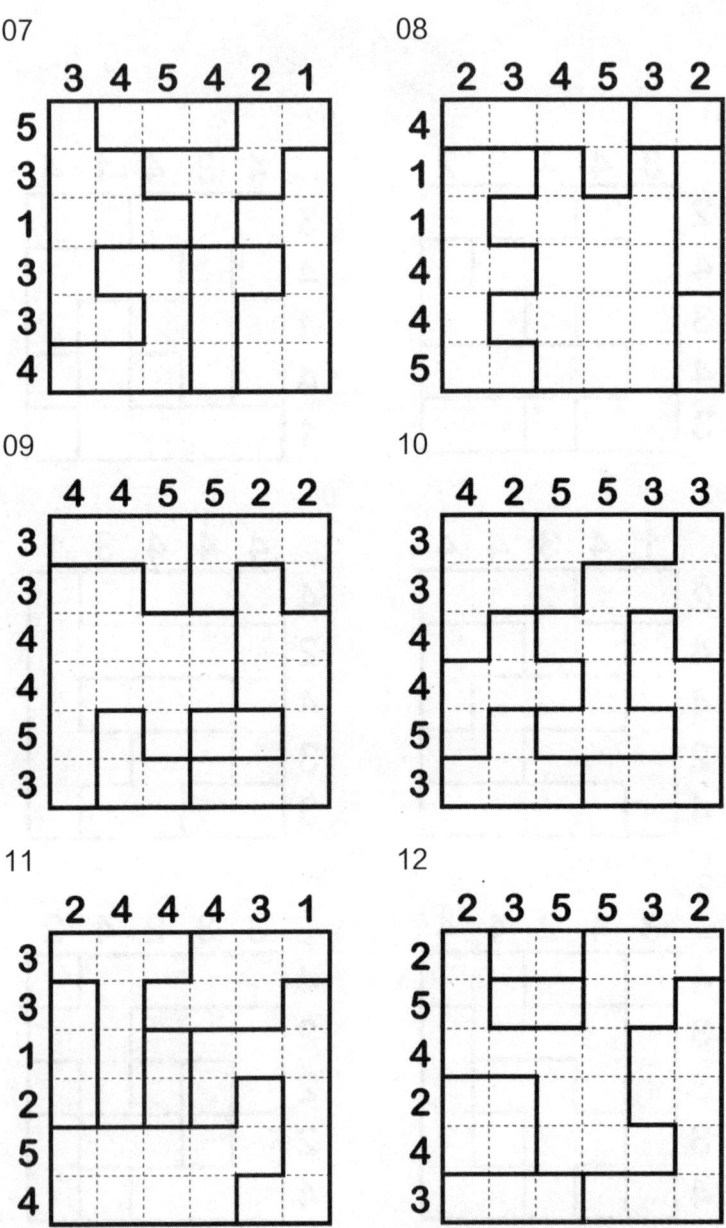

第一章 水族箱 Aquarium

## 白银

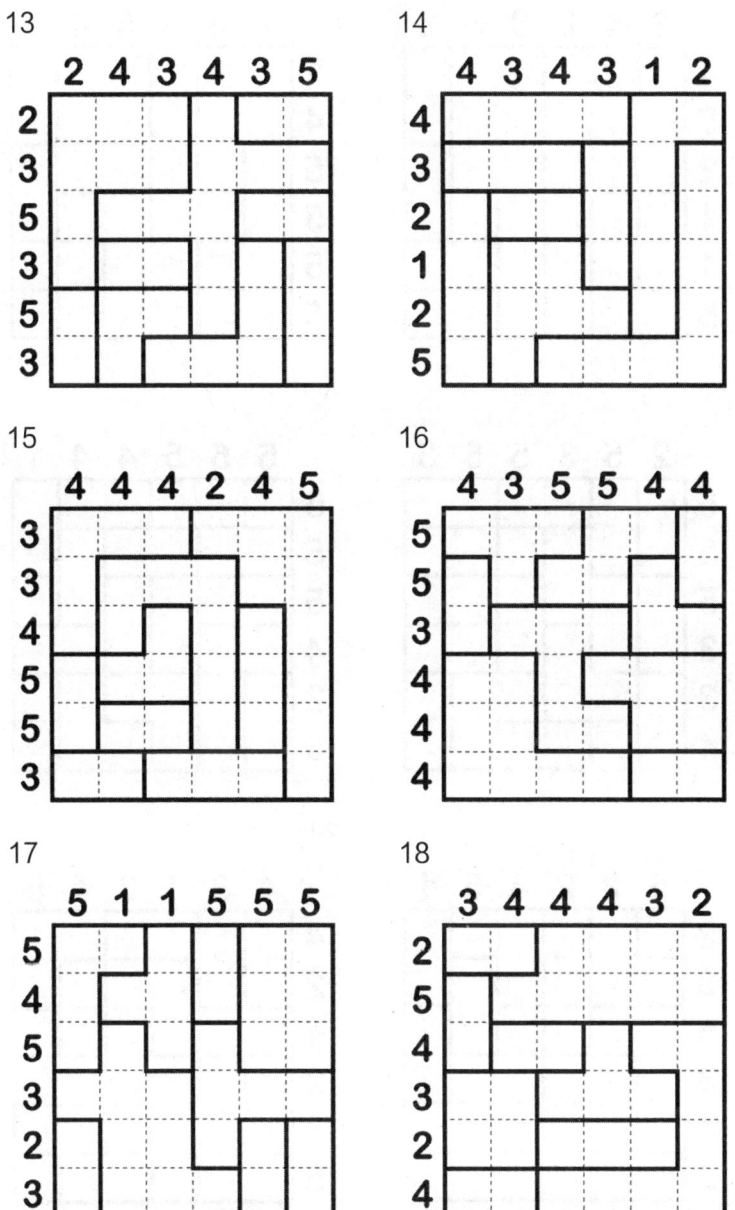

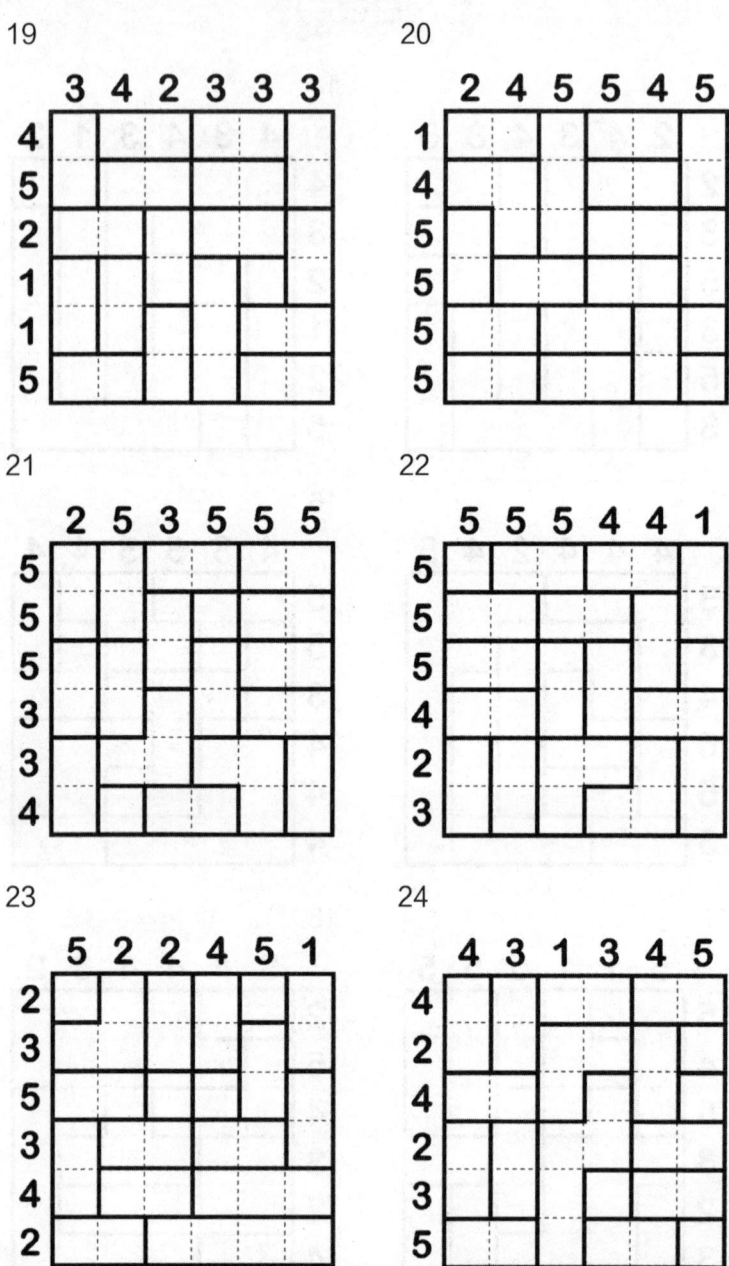

第一章 水族箱 Aquarium

25
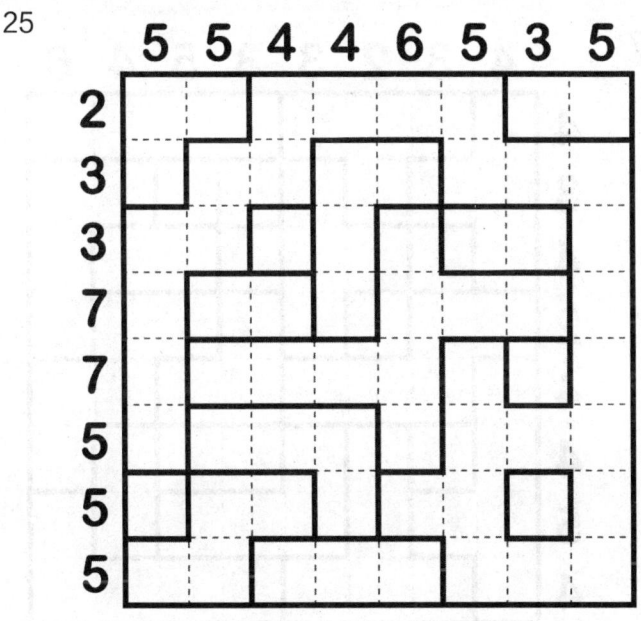

26
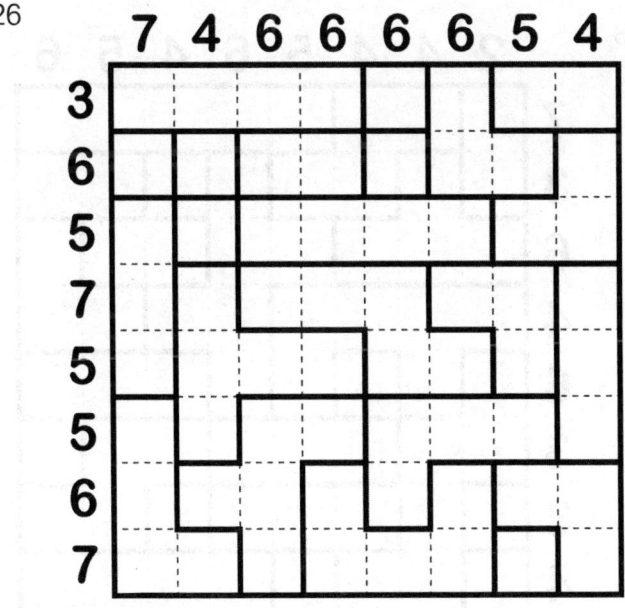

27

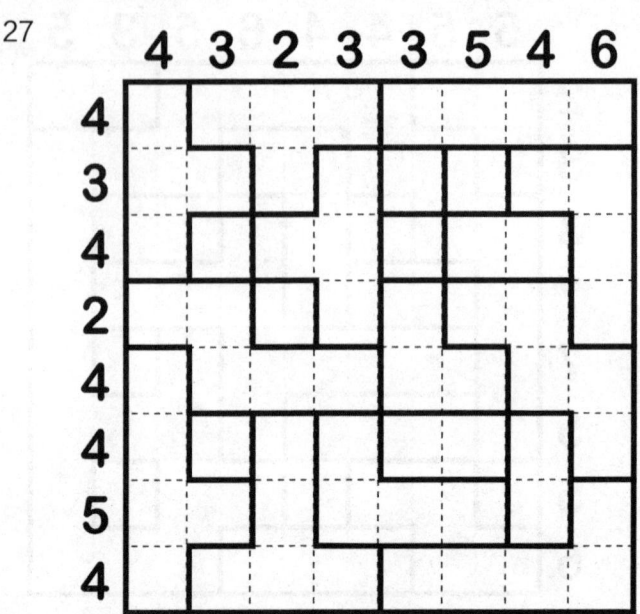

28

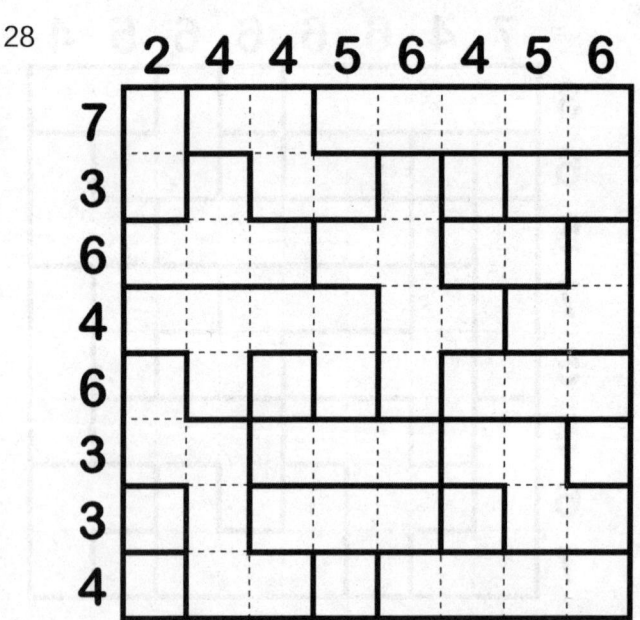

第一章 水族箱 Aquarium

29
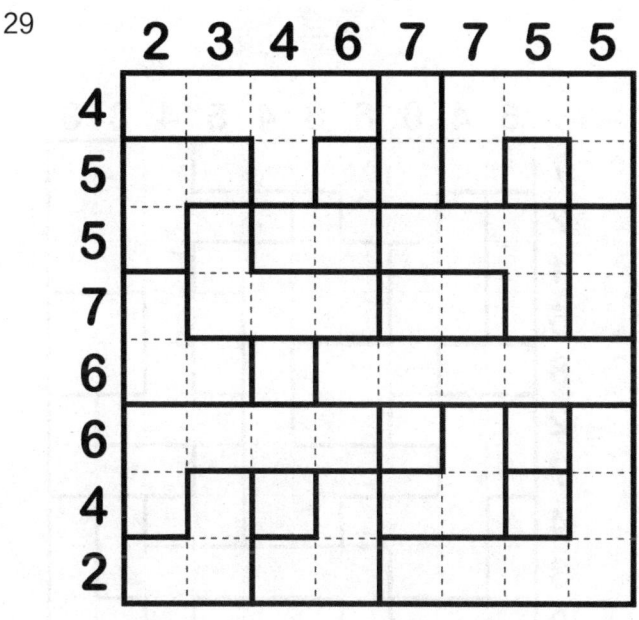

30
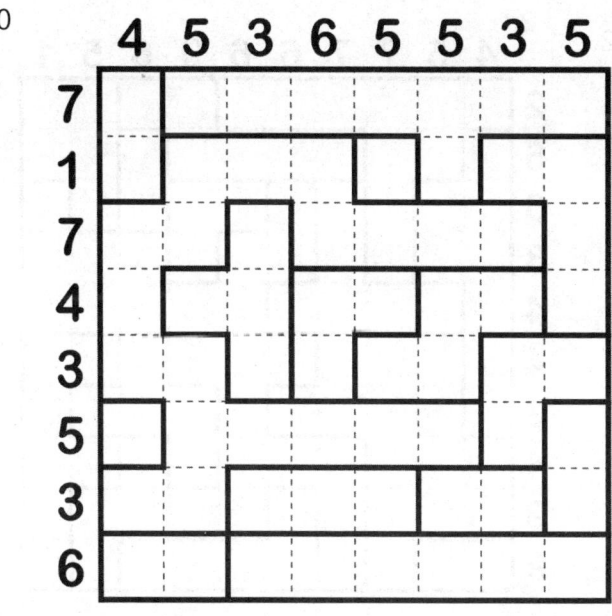

# 第六册 谜题阶梯训练

**黄金**

31

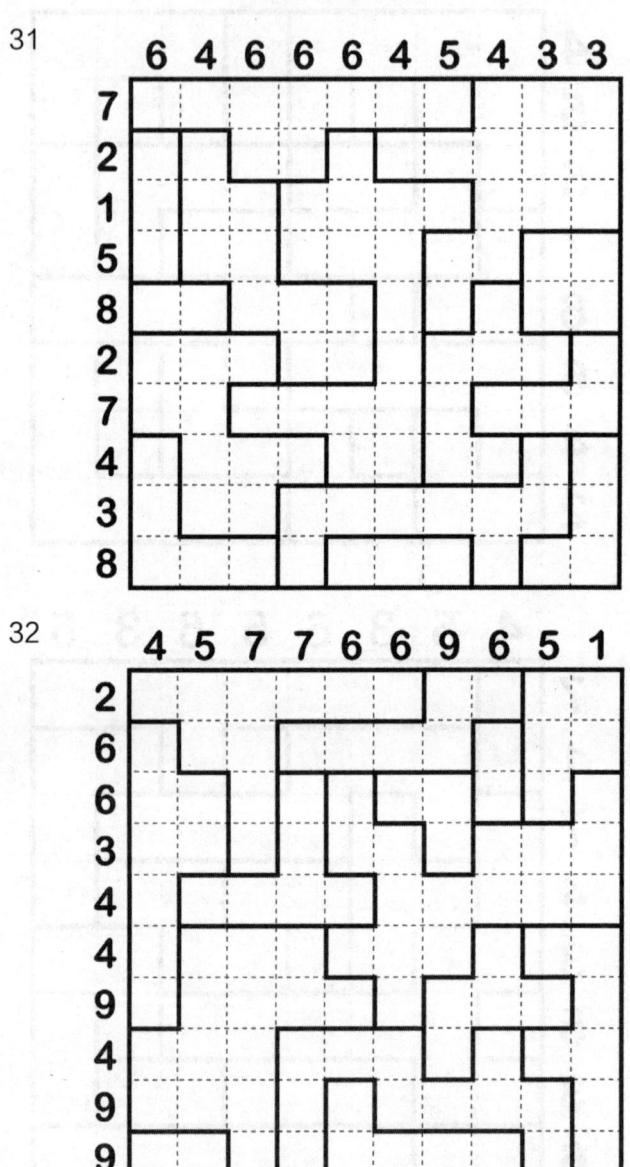

32

# 第一章 水族箱 Aquarium

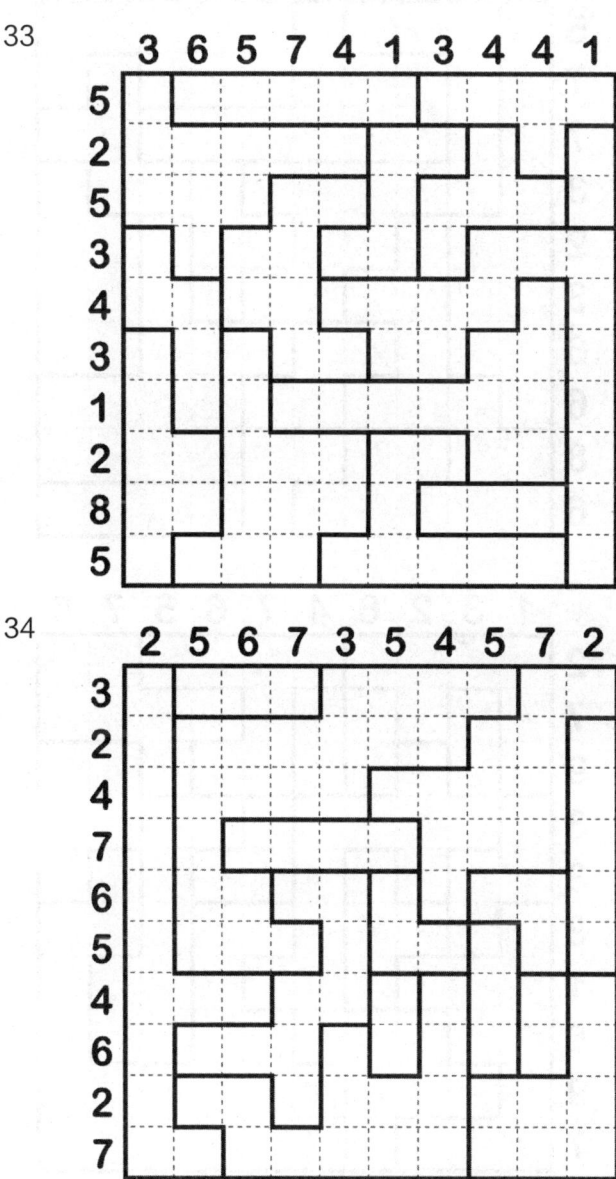

021

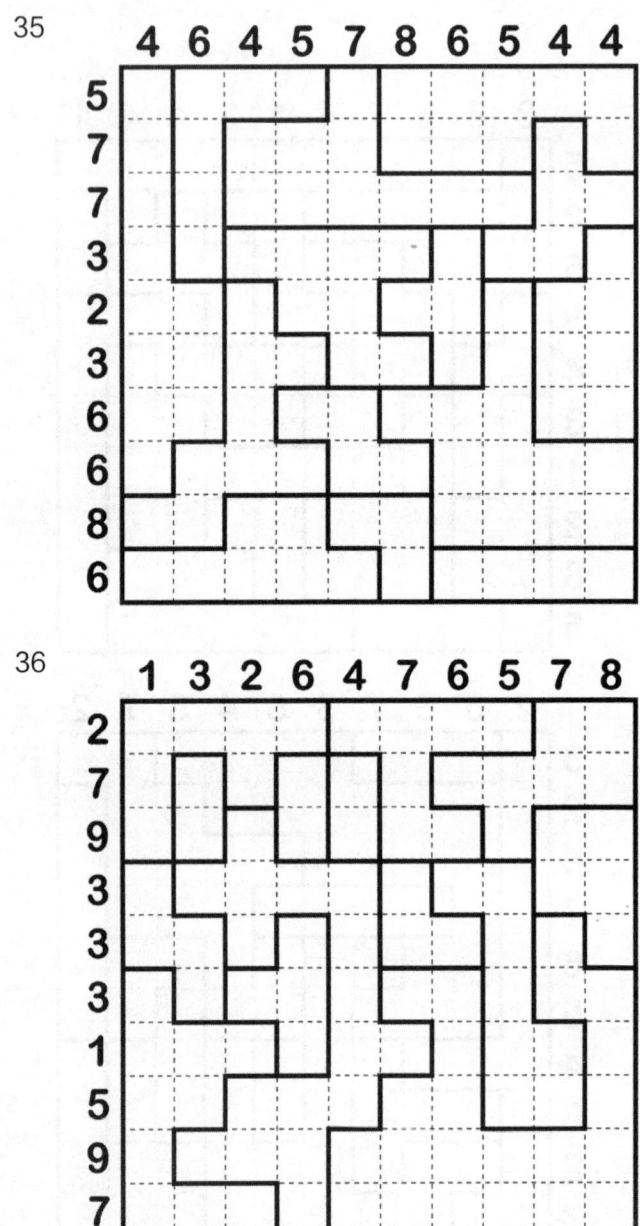

第一章 水族箱 Aquarium

37
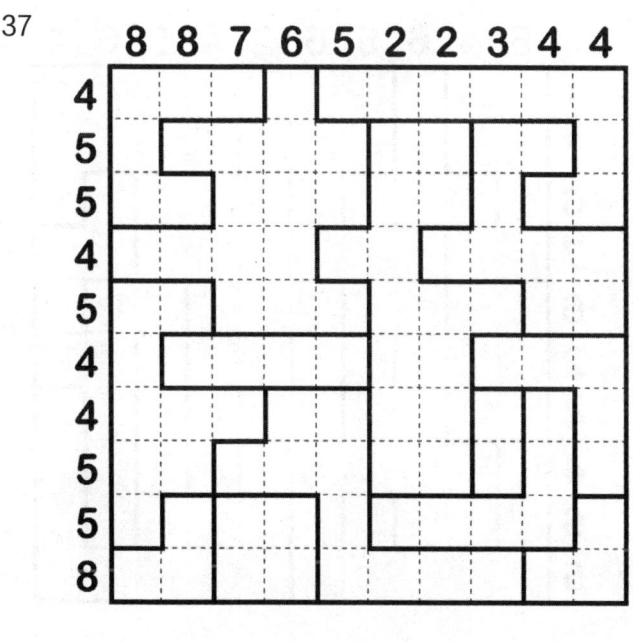

38
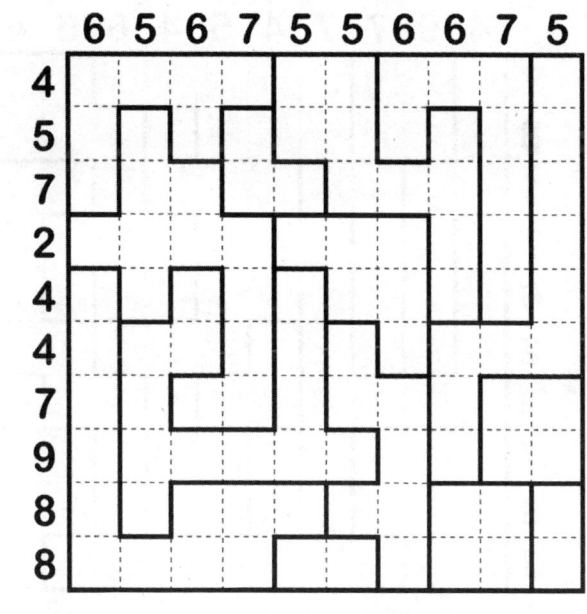

023

39

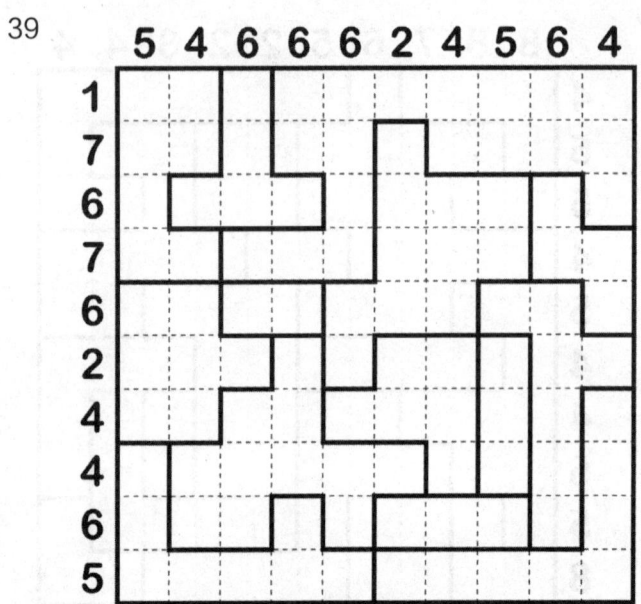

40

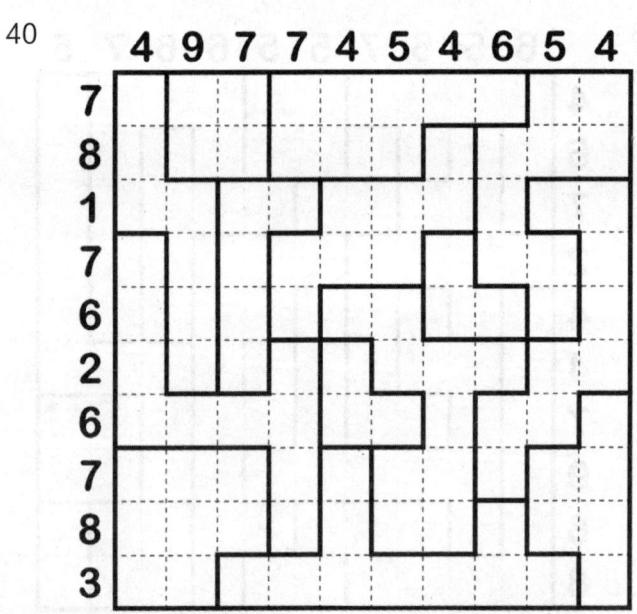

第一章 水族箱 Aquarium

41

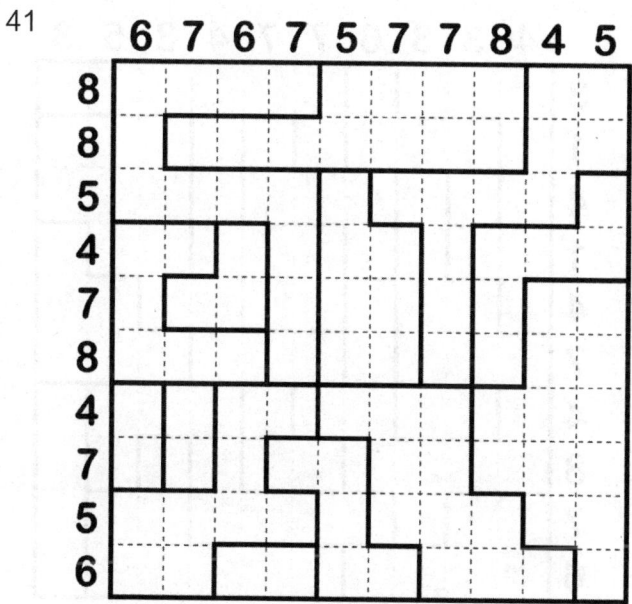

42

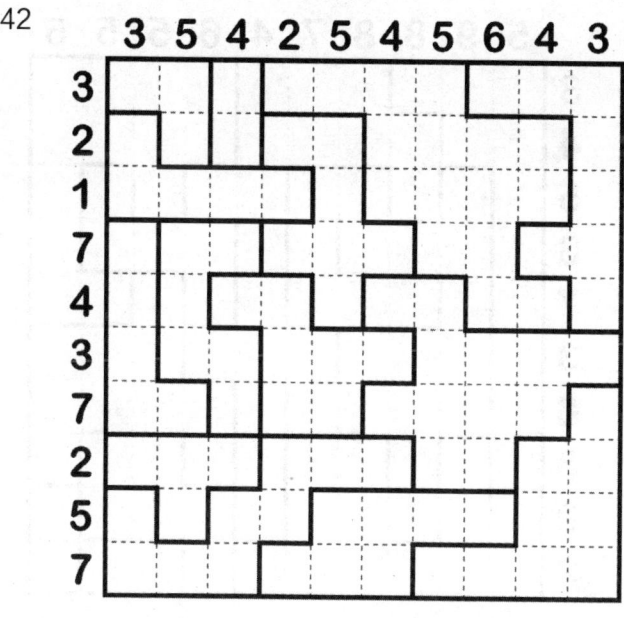

43

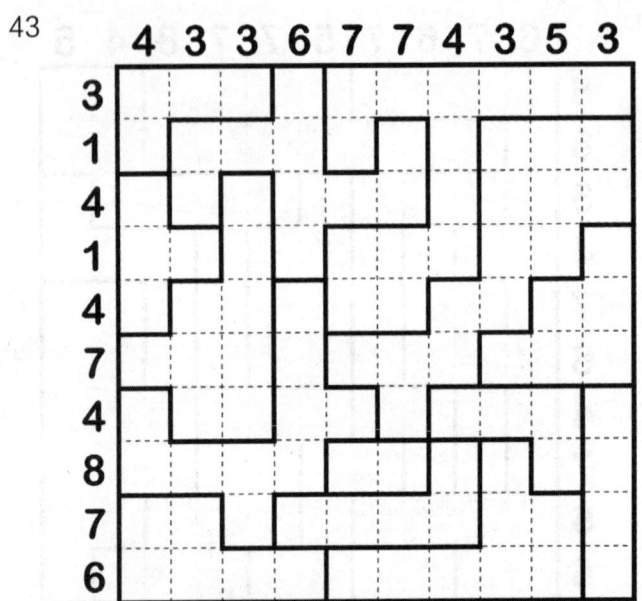

44

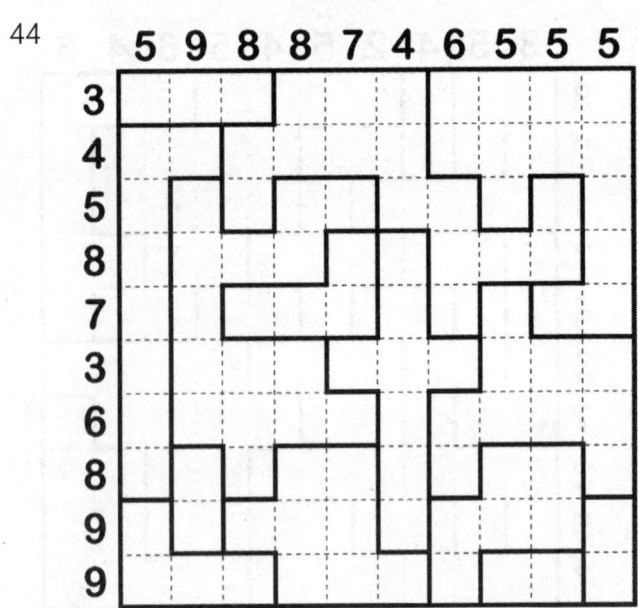

第一章 水族箱 Aquarium

45
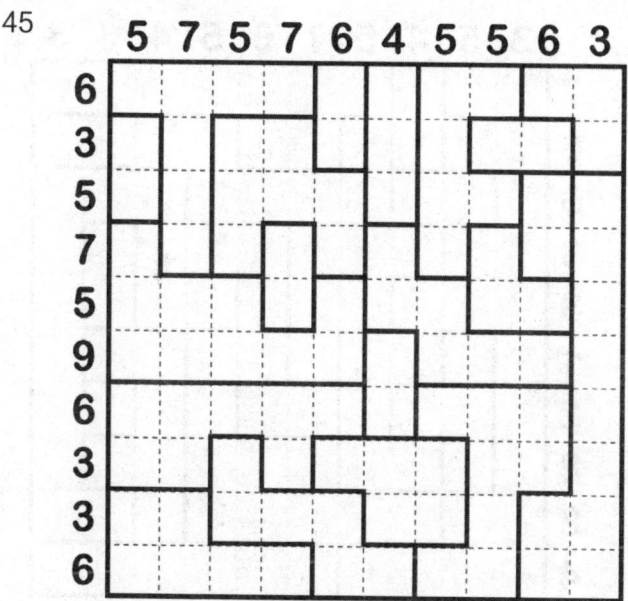

46
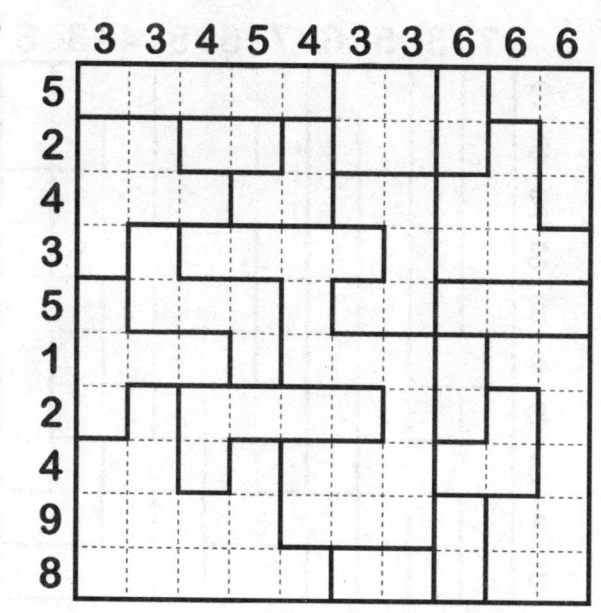

47
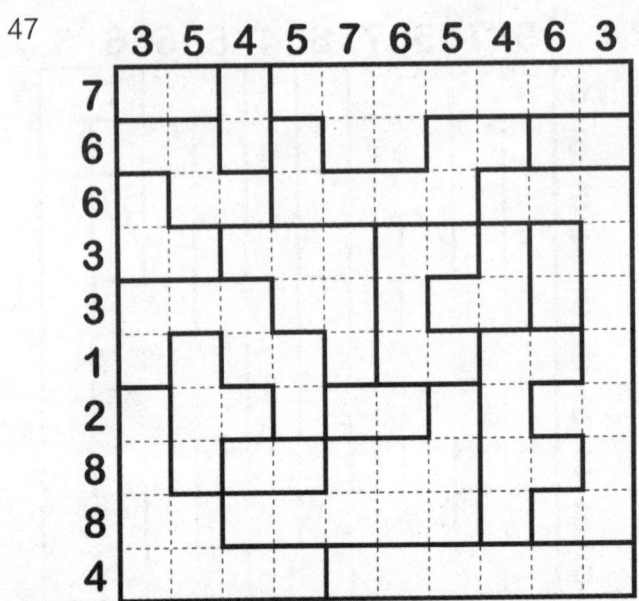

48
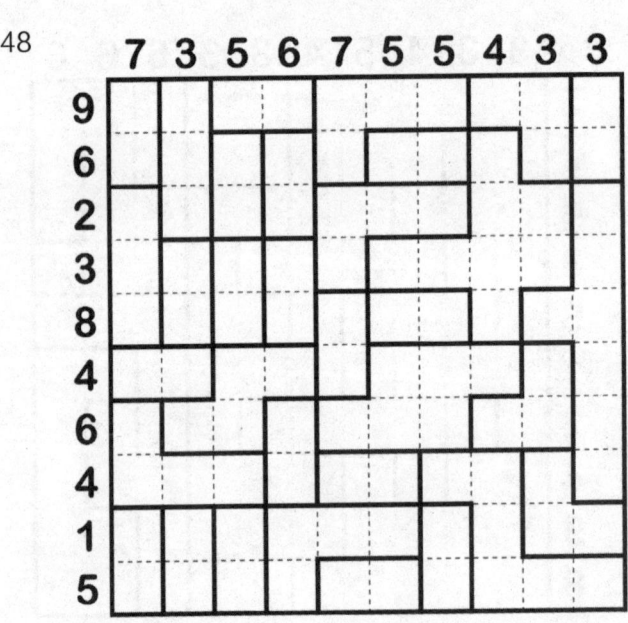

第一章 水族箱 Aquarium

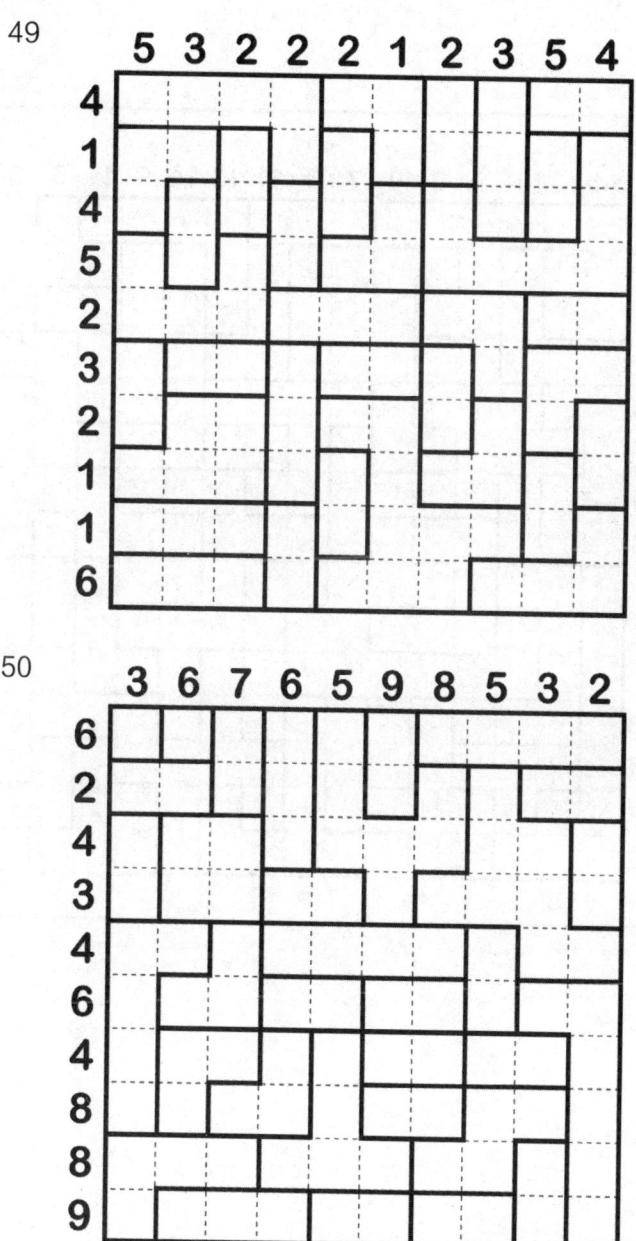

第六册 谜题阶梯训练

附赠

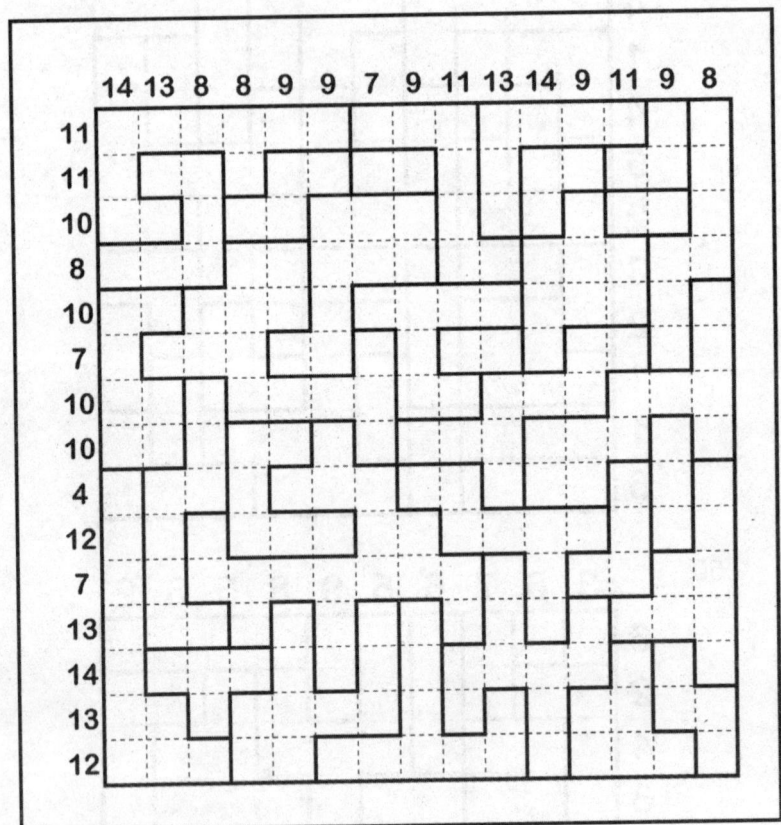

# 第二章 美术馆 Akari

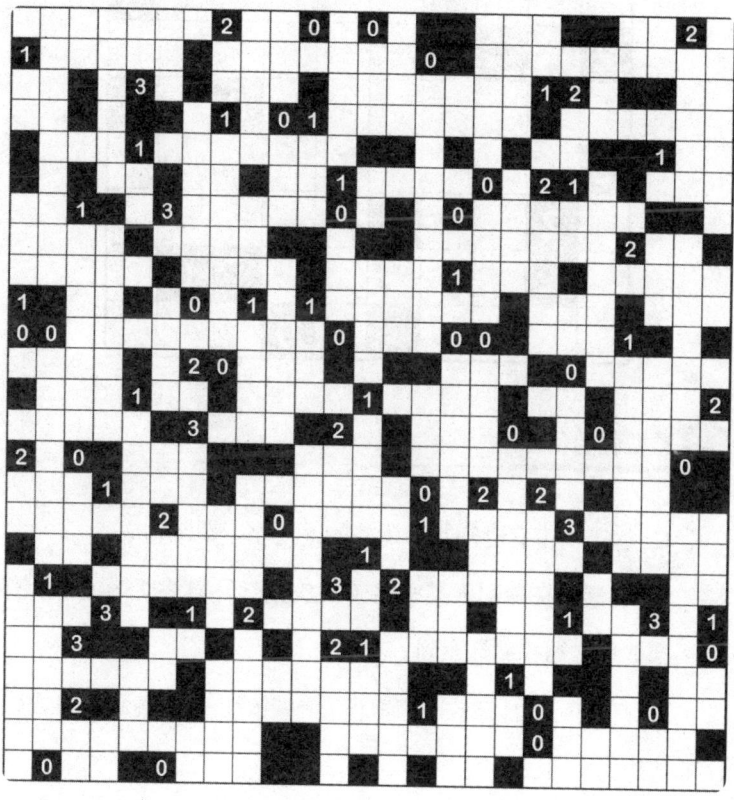

 例题：

 题型说明：

1. 谜题由带有已知数字黑格的矩形格子题图构成。

2. 解谜是在题图内某些格子中放置灯，最终使得图中所有空格都被灯占据或被灯照到。

3. 灯的光亮沿着水平和垂直方向照耀，直至碰到黑格或题图的边缘为止。

4. 带有已知数字的黑色格子，其四面相邻格子放置的灯的数量要符合数字的数量要求。

5. 灯不能相互照到彼此。

## 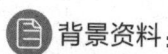 背景资料：

经典摆放类谜题之一，也称博物馆、点灯（Light Up），就像一座放满名画的美术馆，需要点亮各处的灯，让全馆没有光照死角，来防范窃贼一般。美术馆题型首次发表在《谜题通信 nikoli》（nikoli 谜题第95期2001年夏季刊），作者是日本的朝南风（あさおきたん）。

## 例题答案：

## 答题之前：

你必须先熟悉几个最基本的判断定式。

**数字3**：①肩排除；②夹缝灯；③双鼻灯。

示例：右上图是最典型的数字3在边上和中心，且只有3格可放灯的情况。左下图示意当数字3的周围4格全空的情况，那么它的4个肩膀是不能放灯的，类似围棋中的肩冲位置；另外当两个肩膀构成夹缝时，中间格子是灯。右下图是典型的1/3组合，可以马上确定两盏灯，并排除一个格子，因为剩余的灯在两个格子之一。

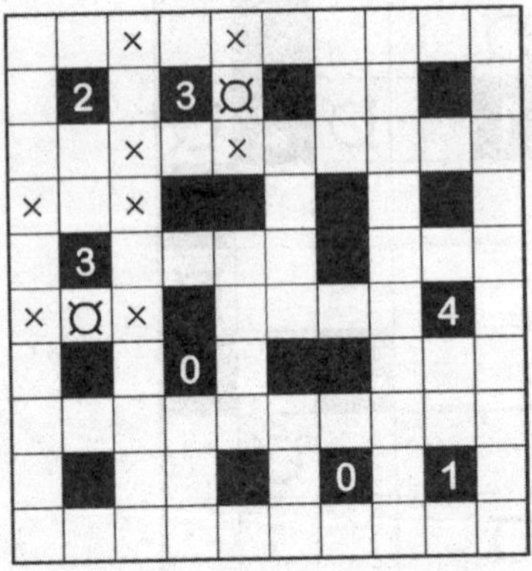

**数字2和1**：①肩排除；②夹缝灯；③单鼻灯。

示例：和数字3的情况类似，注意左下图的1/2灯组合的单鼻灯，但是这次是排除了1后面的2个格子放灯的可能。右下图示意了夹缝灯的样子，同时，为了下面的解题要点——全照到，设立了一个思考点。

**全照到**：①全标到；②全照到。

示例：①全标到，如右图，将所有不可能摆放灯的位置都标出来，很多时候要根据标记的情况来推断放灯位置，

## 第六册 谜题阶梯训练

思考数字3下面的格子是不是要放灯。左下图也是。右下图显示在解题后段基本要靠②全照到来推断，另外2×2区域灯要交错。

### 💡 例题解答：

**解题技巧①：数字2和标记。**

标记初盘的所有线索。

确定所有能确定的灯。

把所有不是灯的位置也全部标记出来。

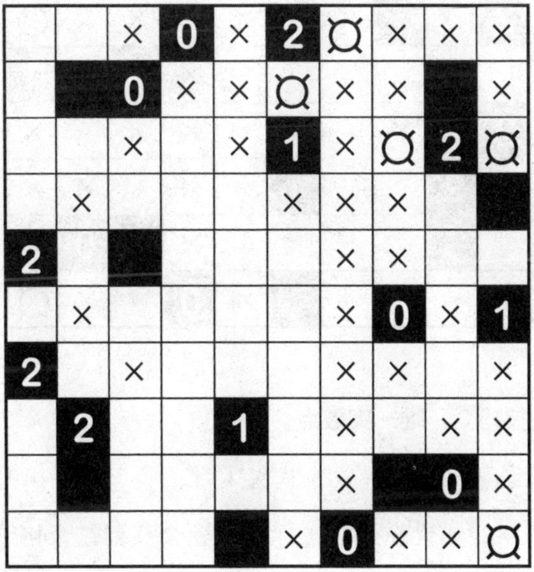

**解题技巧②：全照到。**

从图中可以找到3个格子要放灯，这就是遵循全照到法则而来的全部线索。

放好这3盏灯后，继续从两个方面寻找下一步线索：一个是从确定是灯出发，另一个是从确定不是灯出发。

**解题技巧③：唯一突破点。**

通过仔细标记和寻找，找到了唯一突破点：第9列数字2的下面一格。如果你严格去标记，就会找到这个格子并做好标记。

往下看，这一列3个格子明显不是灯，而想要照到中间的格子，灯应该放在哪儿呢？

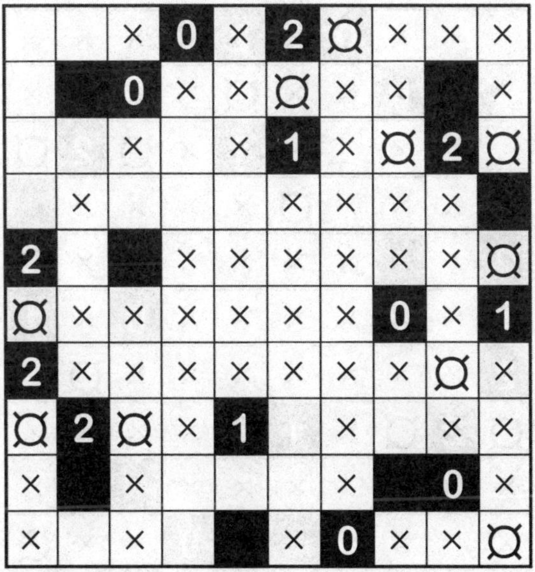

**解题技巧④：走线远近。**

想必你已发现了。

由于这盏灯的放置，左边出现了新的解题线索。

把左边的两个数字2完成后，如图所示。

下一步，思考如何才能照到第1行的第5格，以及第10行的第6格，答案是显然的。

**解题技巧⑤：接近完成。**

把上一步思考处完成。

现在已经接近全部完成了。

接下来是最后一个未确定的数字2，以及下方的一个非灯位置。

有没有发现，只要你按部就班去做，就会不断有新的线索呈现出来。

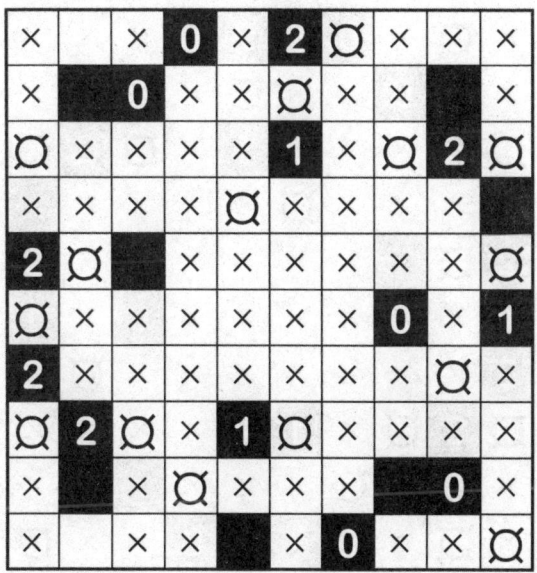

**解题技巧⑥：收尾。**

接下来确定最后的两盏灯。

之前的几个基本技巧会反复使用，一个做完不奏效，可以再尝试运用其他技巧。

其实要点就是：确定灯和确定非灯，在每一步之后都做。

## 第六册 谜题阶梯训练

**解题技巧⑦：灵活运用。**

通过反复练习，你会体会到如何去解决美术馆谜题。

解题没有一定之规，但是基本技巧和定式很重要。

另外，随着做题量的增多，你也会归纳出自己发现的新定式。

这道例题就完成了，在后面的习题里会有更大的盘面和更复杂的数字组合，你会不断发现新的技巧和定式。破解美术馆谜题能提高你的观察力和分析能力。

## 第二章 美术馆 Akari

练习题：

### 青铜

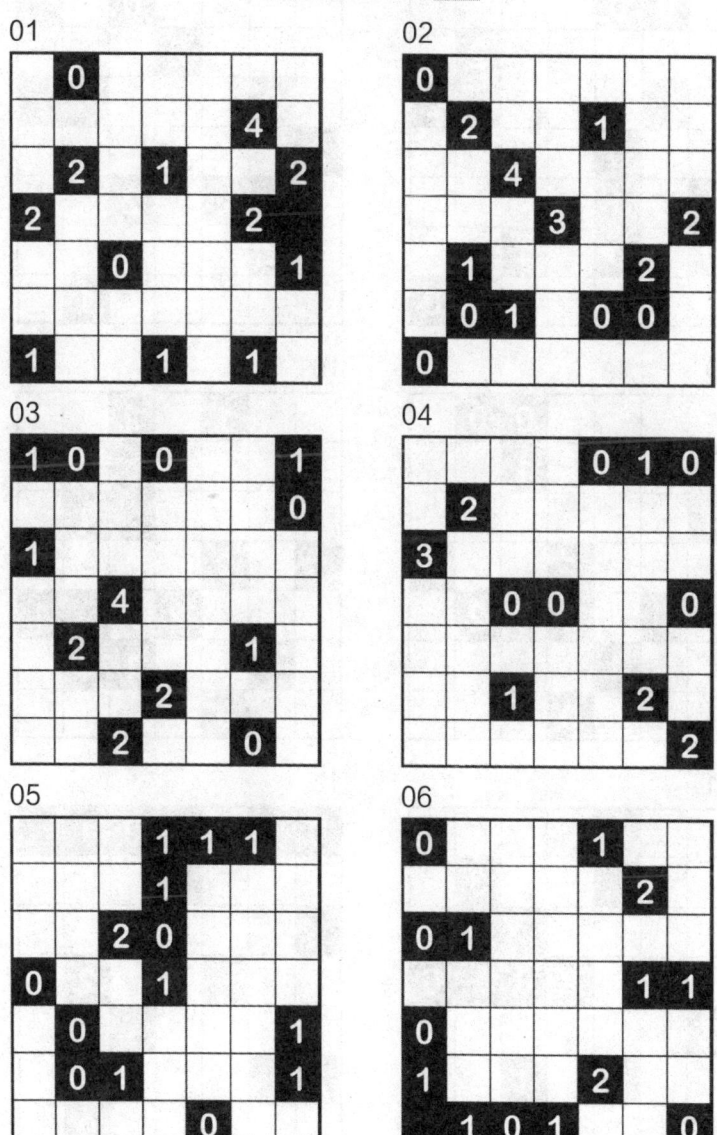

第六册 谜题阶梯训练

044

第二章　美术馆 Akari

## 白银

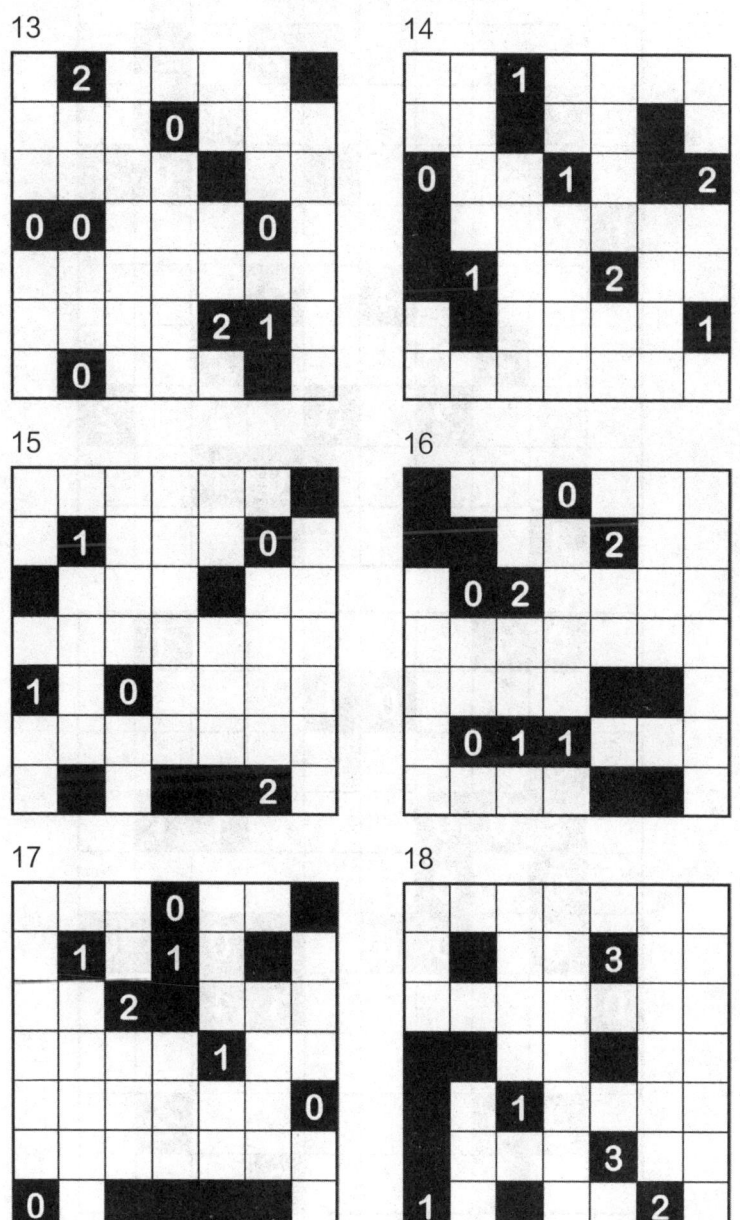

19

20

# 21

# 22

23

24

第二章 美术馆 Akari

25

26

27

28

# 第二章 美术馆 Akari

29

30

## 黄金

31

32

33

34

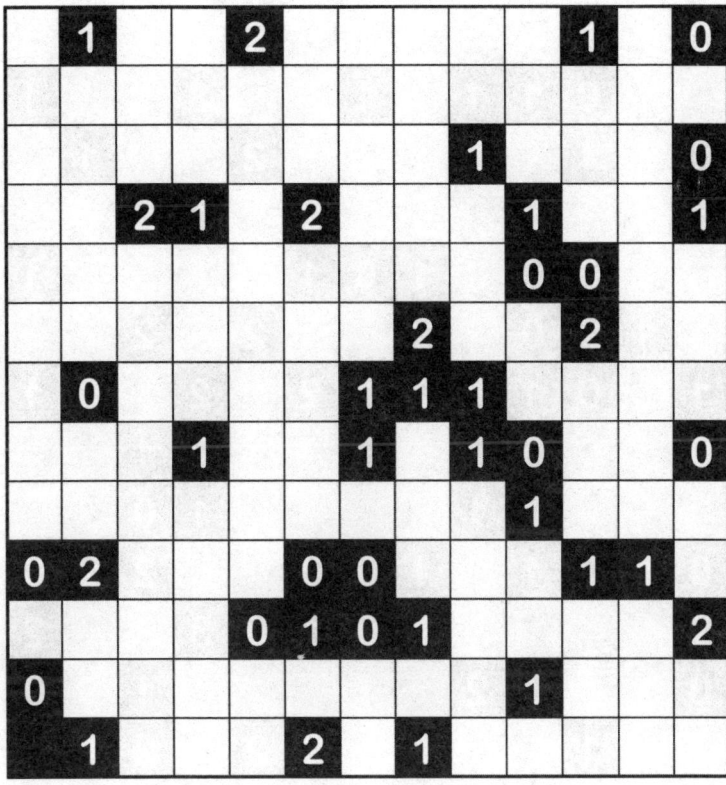

35

## 36

第二章 美术馆 Akari

37

38

39

40

41

42

43

44

45

46

47

48

49

50

## 第六册 谜题阶梯训练

附赠

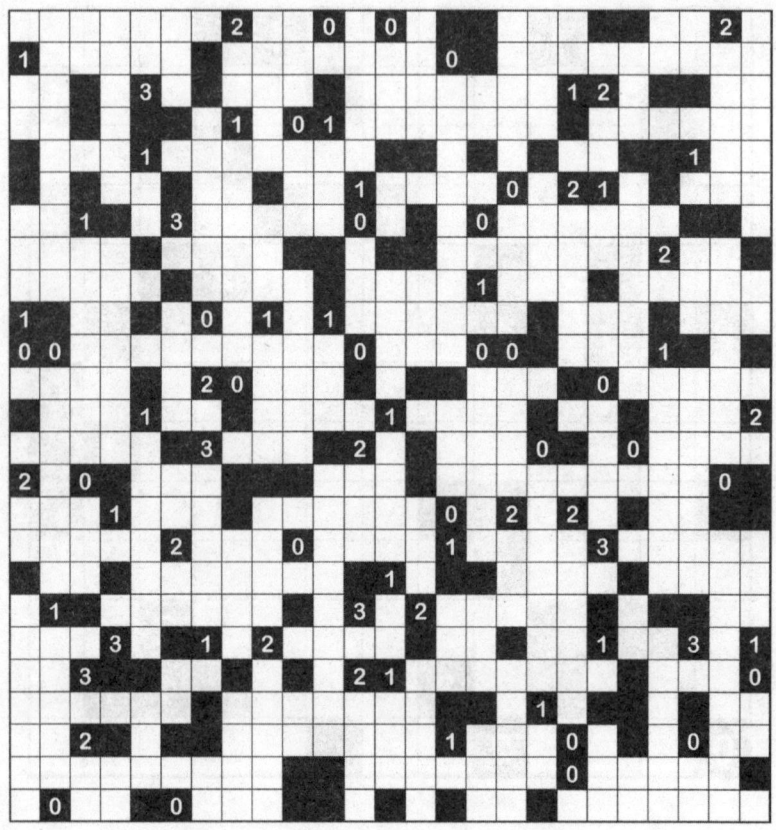

## 答 案

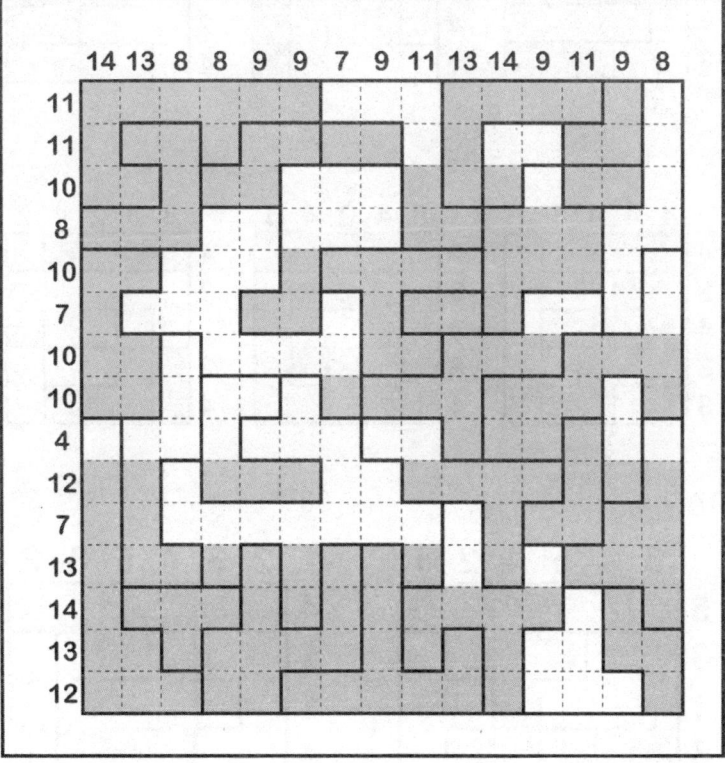

## 第一章 水族箱 Aquarium

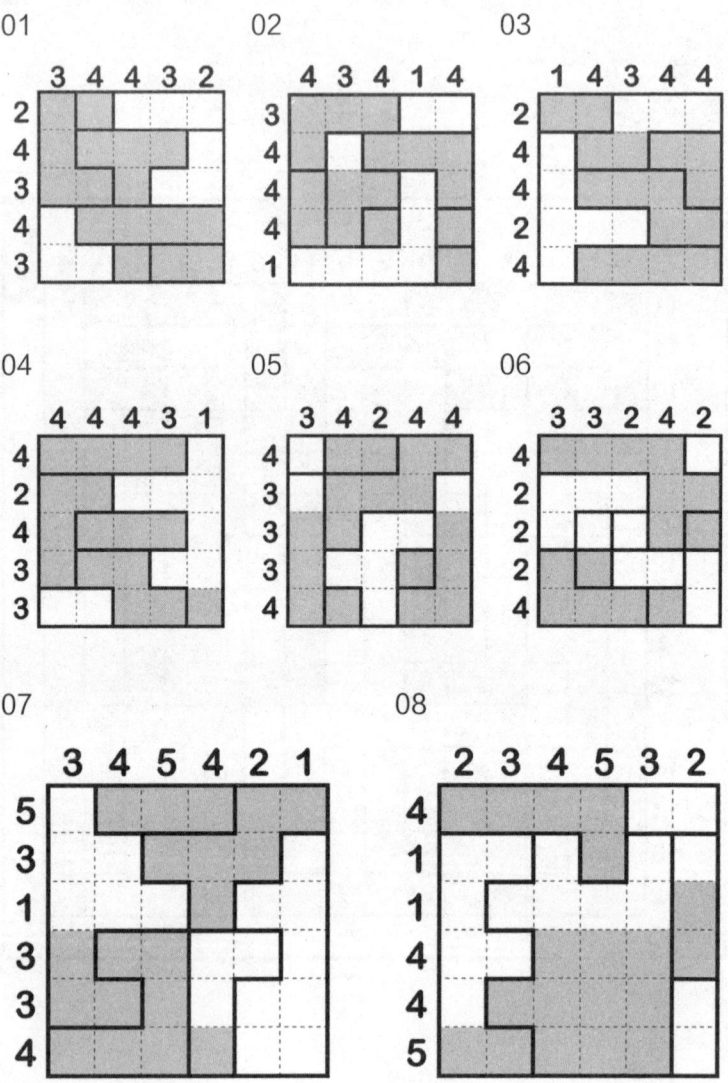

答 案　水族箱 Aquarium

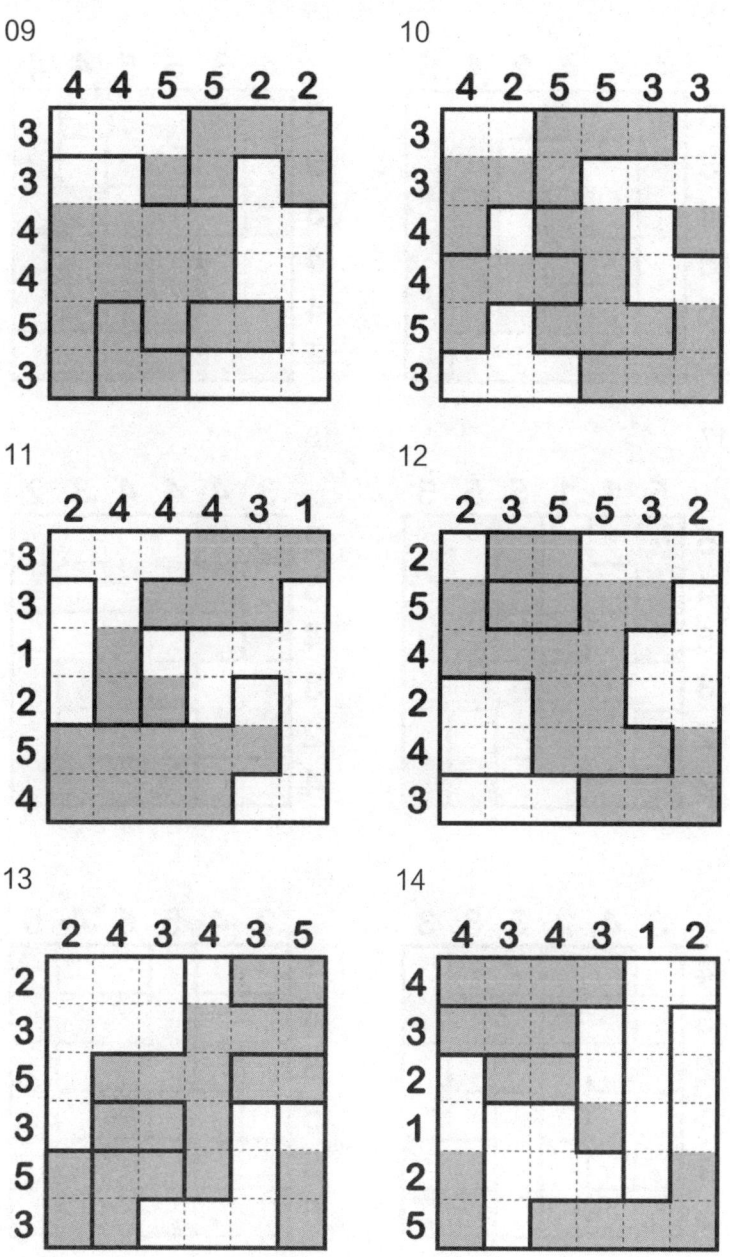

第六册 谜题阶梯训练

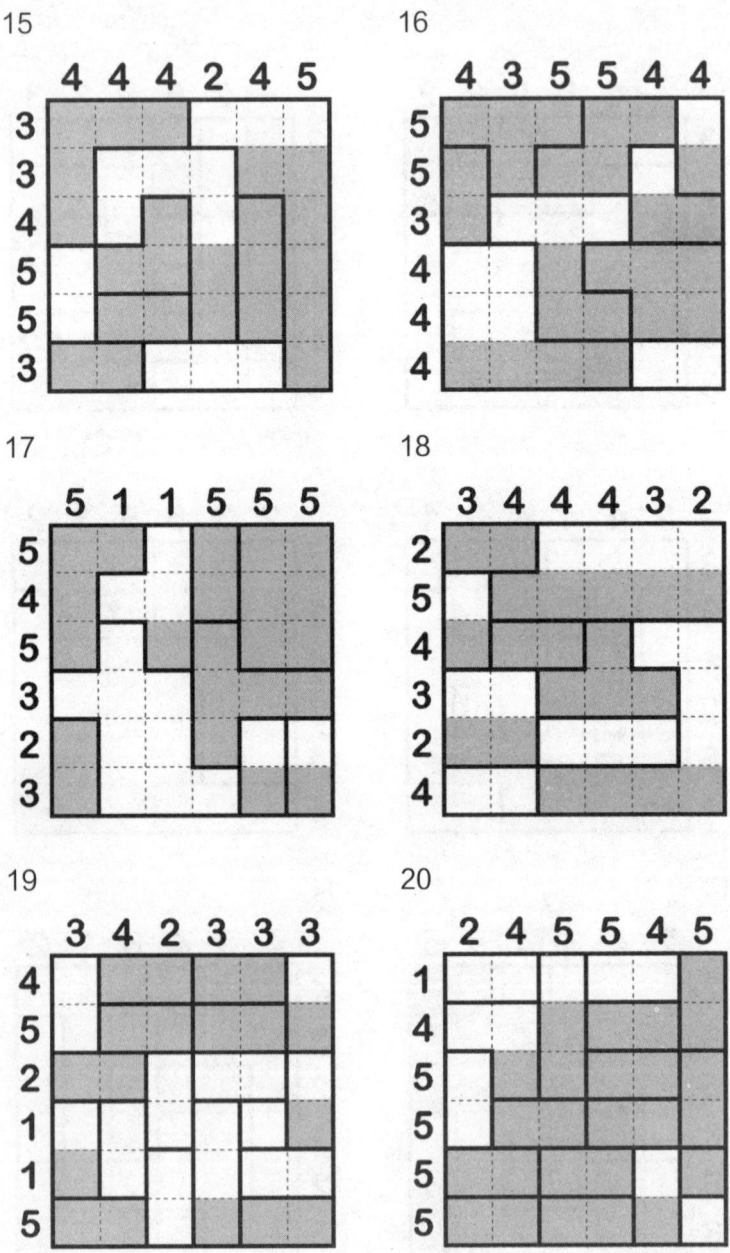

答 案 水族箱 Aquarium

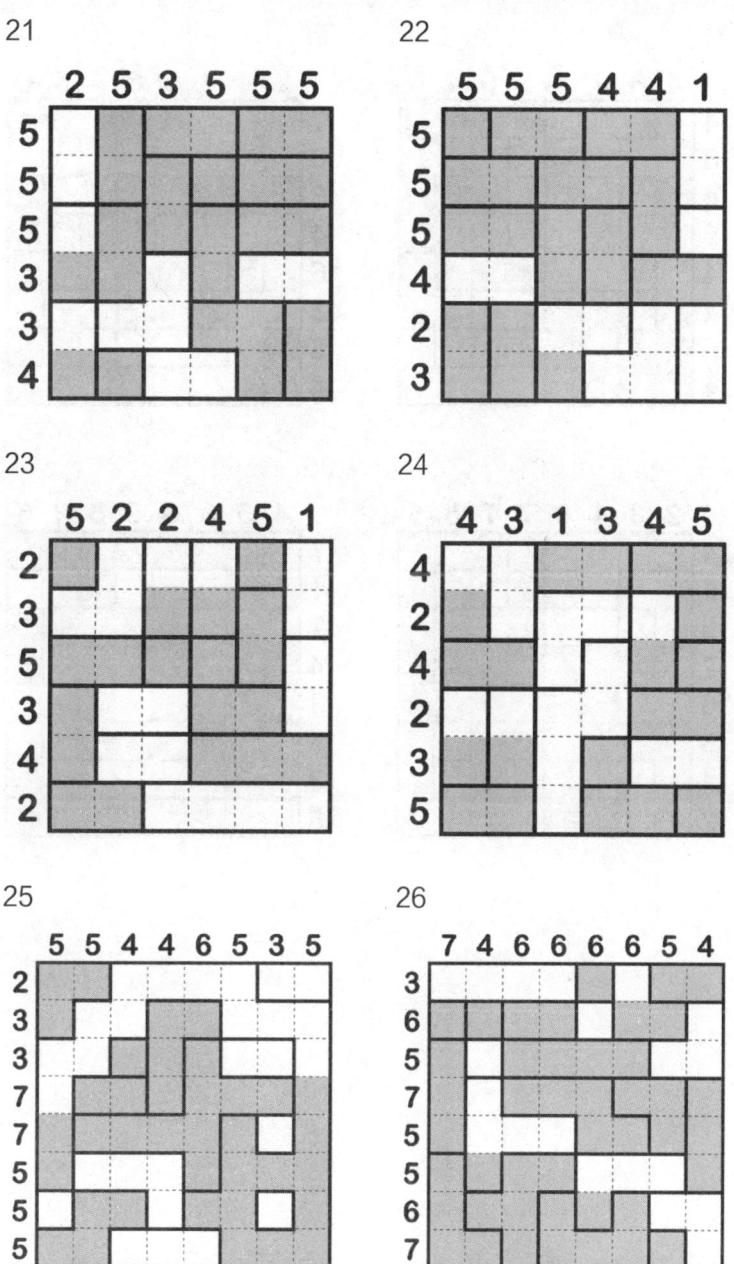

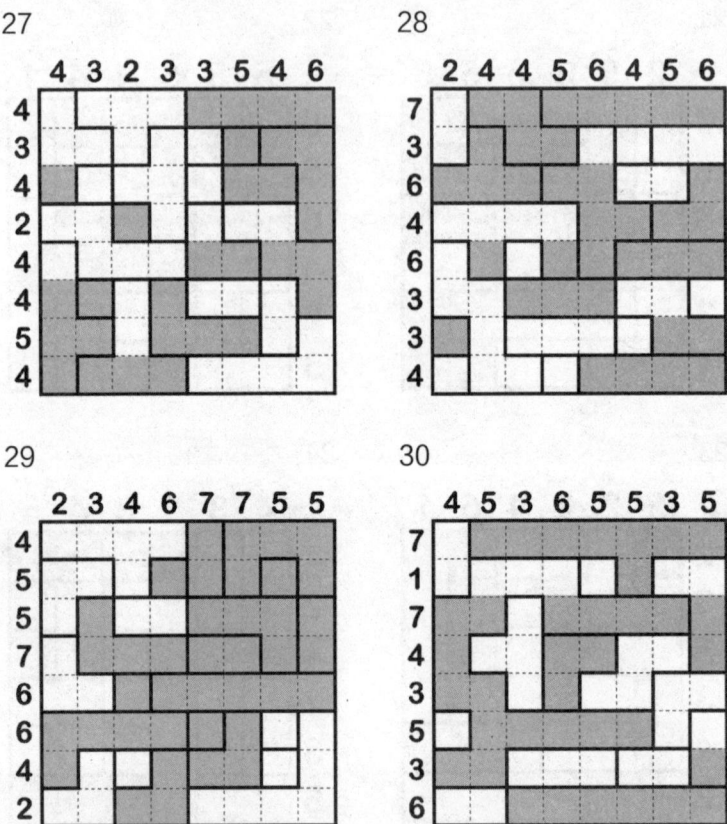

答　案　水族箱 Aquarium

31

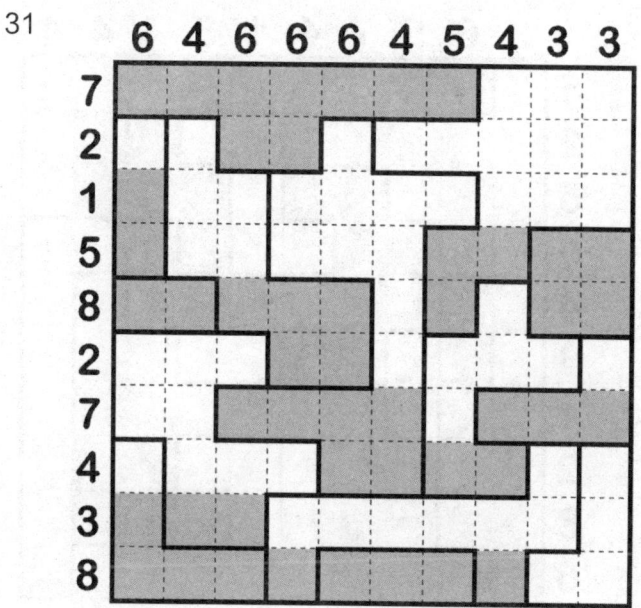

32

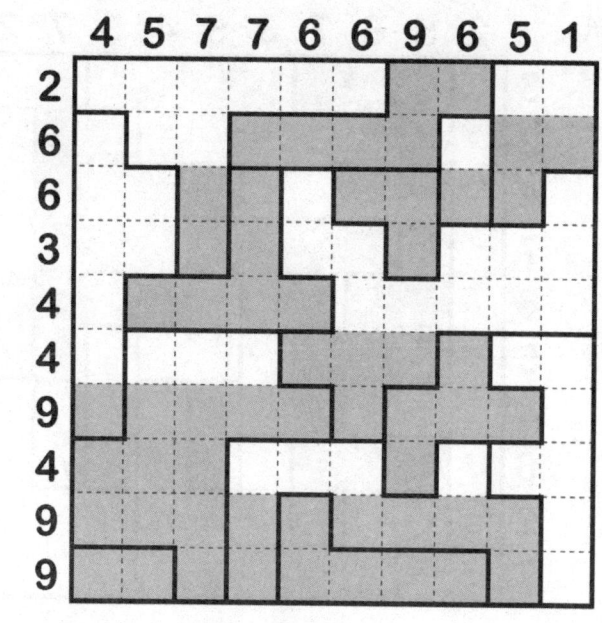

第六册 谜题阶梯训练

33
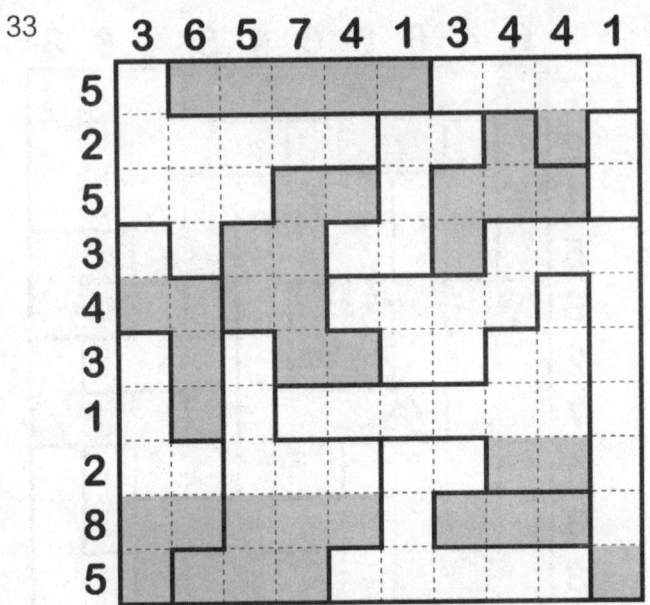

34
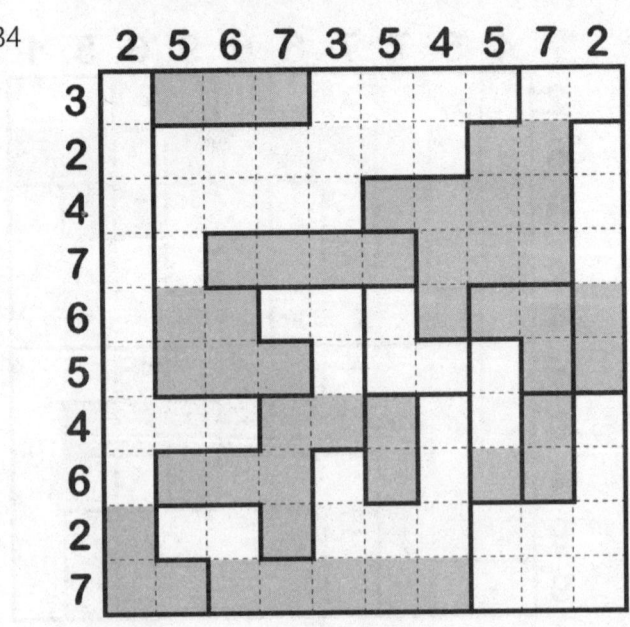

答　案　水族箱 Aquarium

35
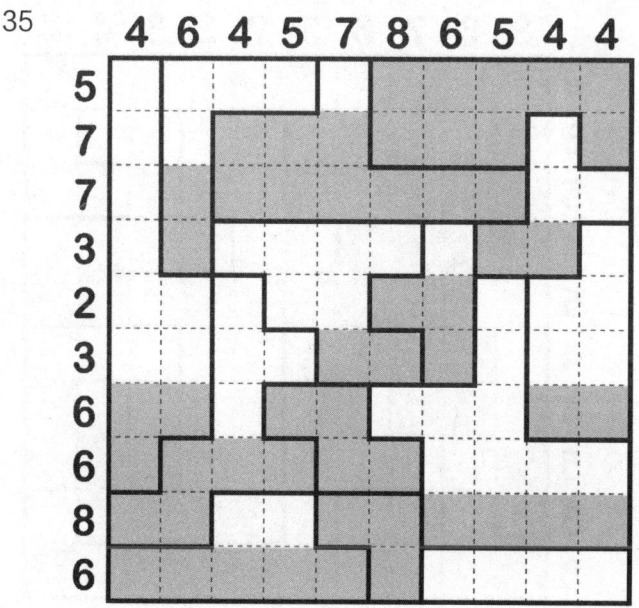

36
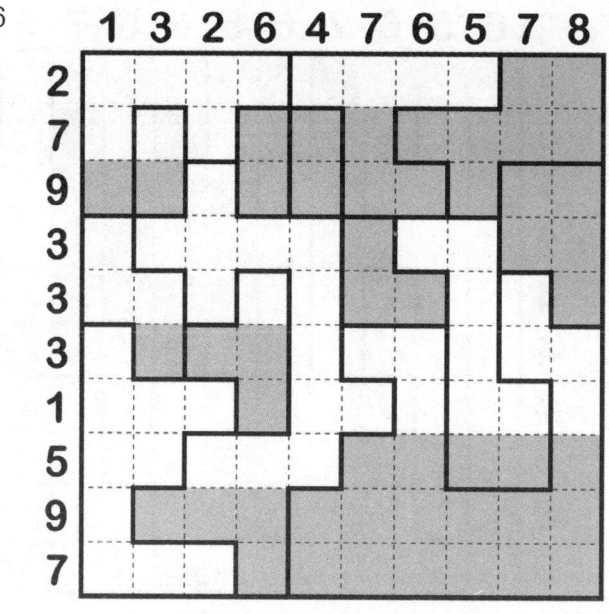

081

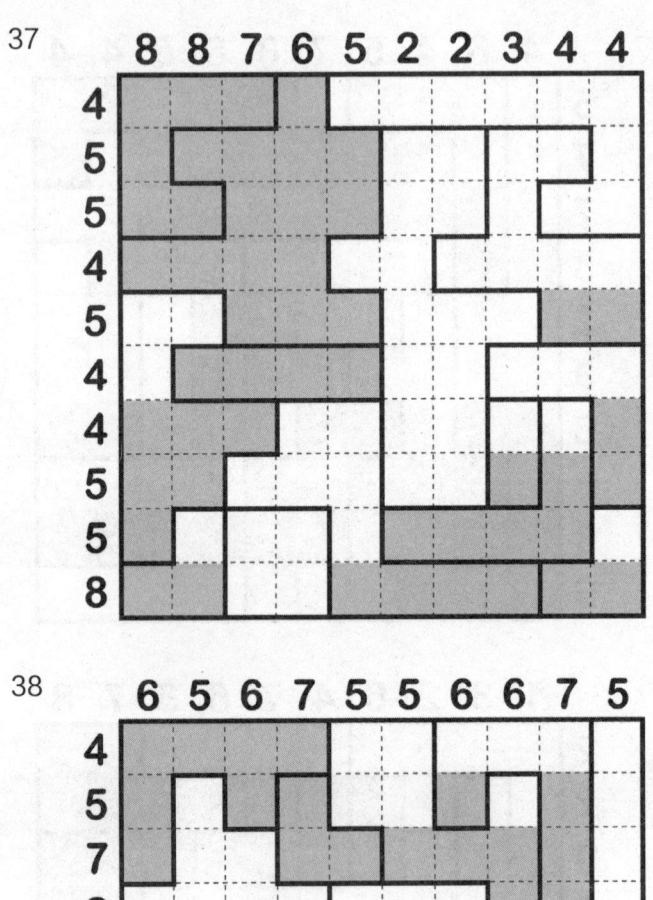

答　案　水族箱 Aquarium

39
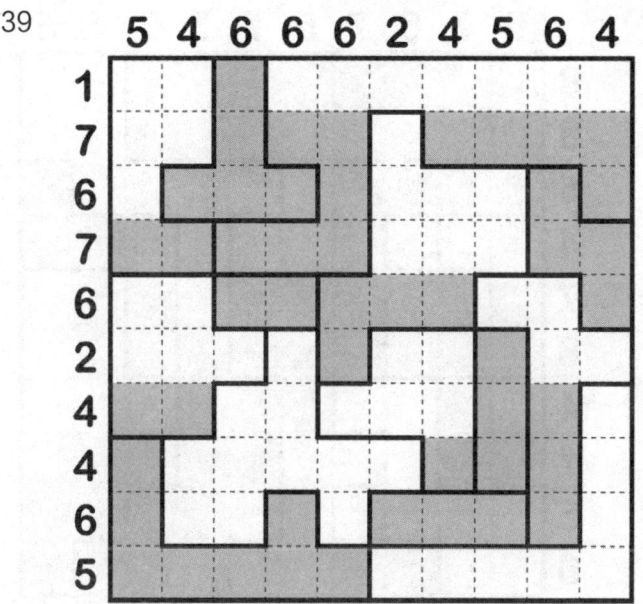

40
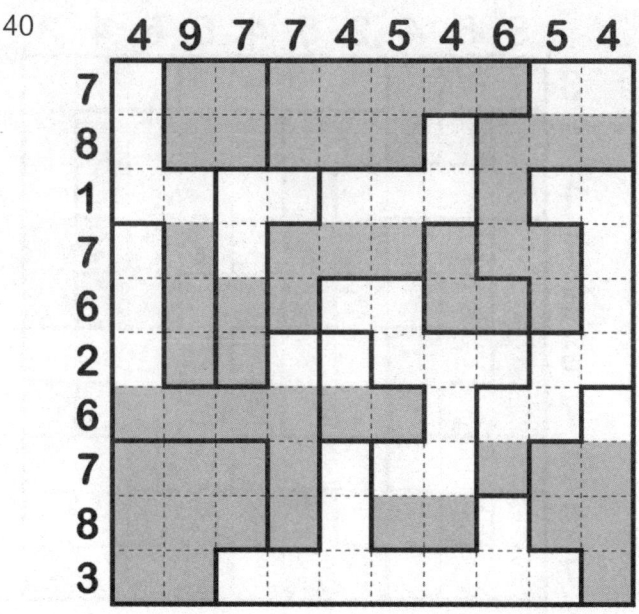

083

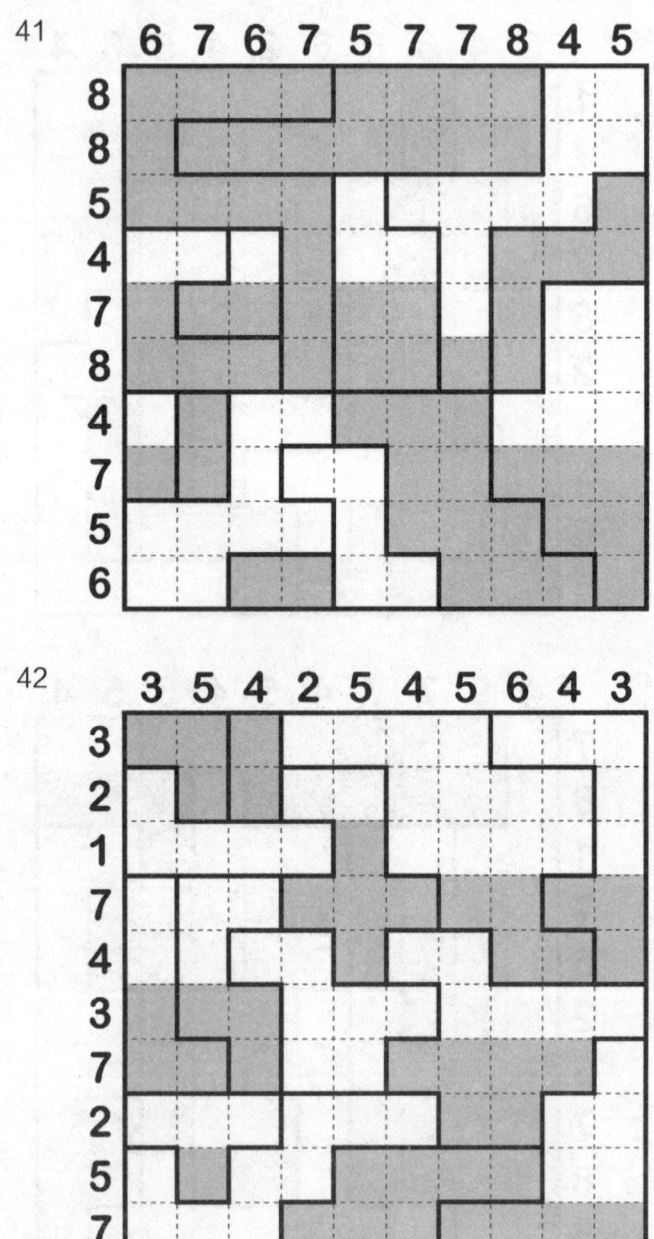

答　案　水族箱 Aquarium

43
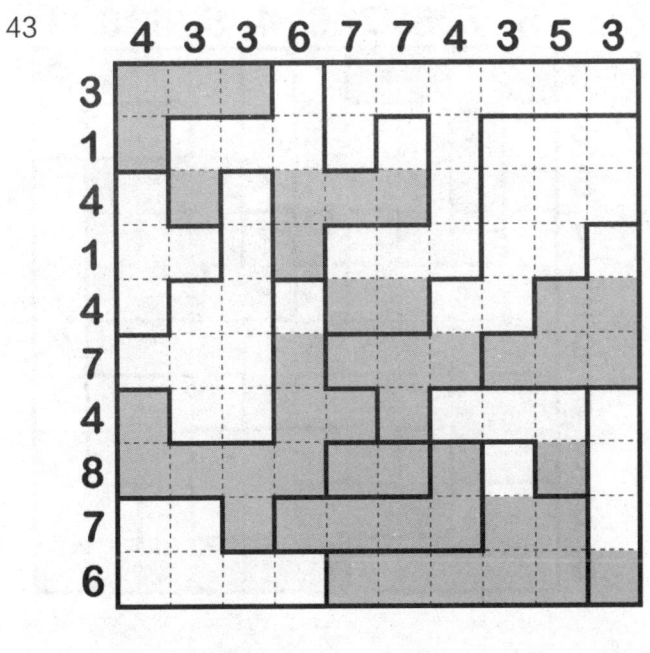

44
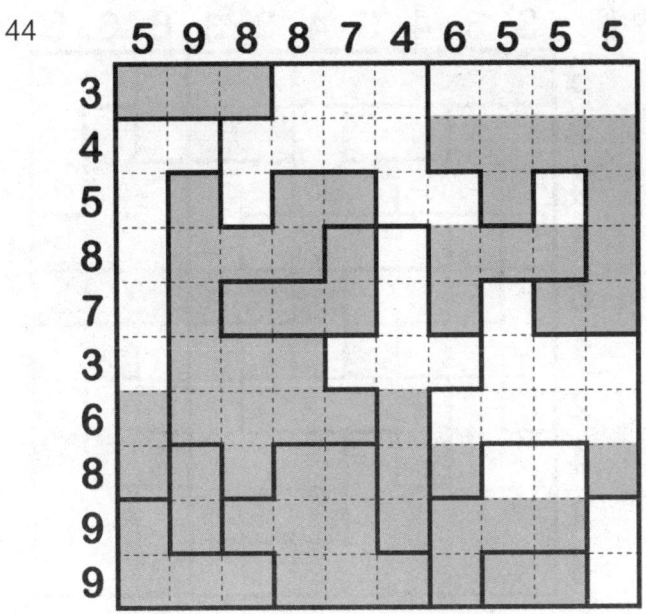

45

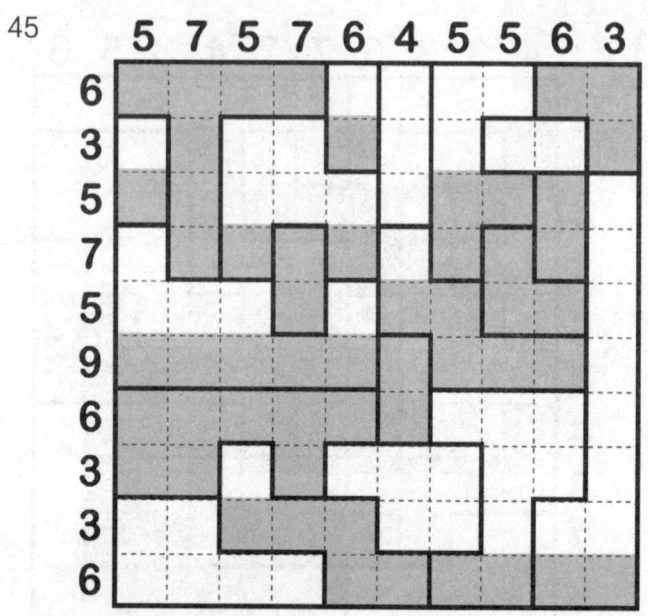

46

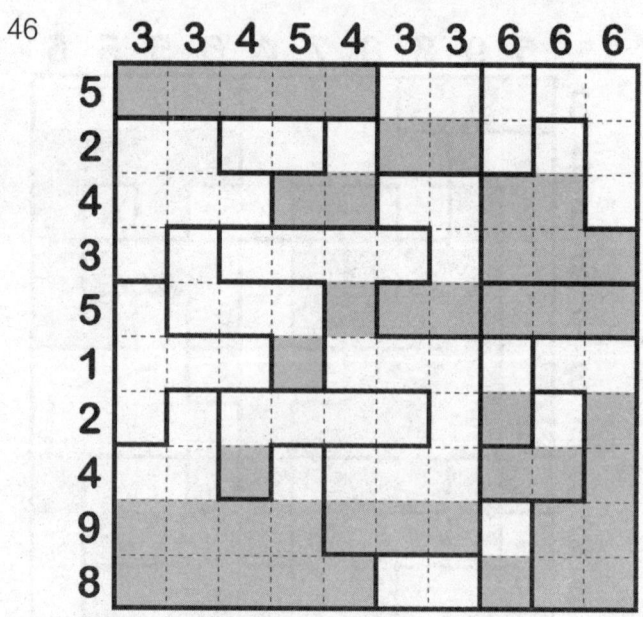

答　案　水族箱 Aquarium

47
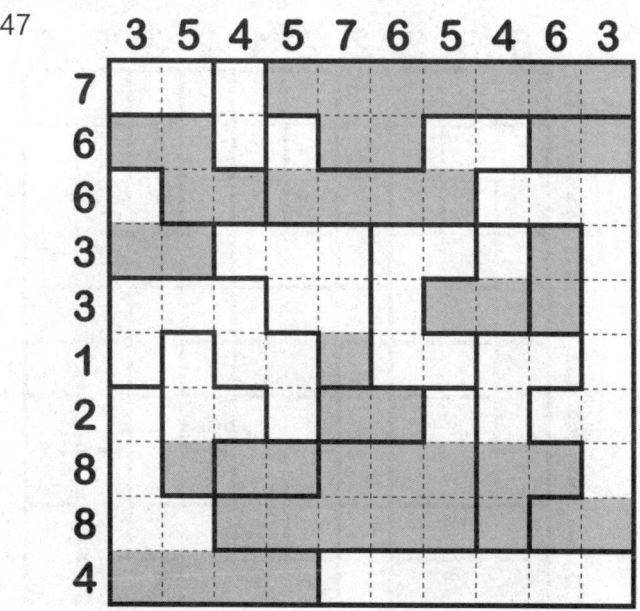

48
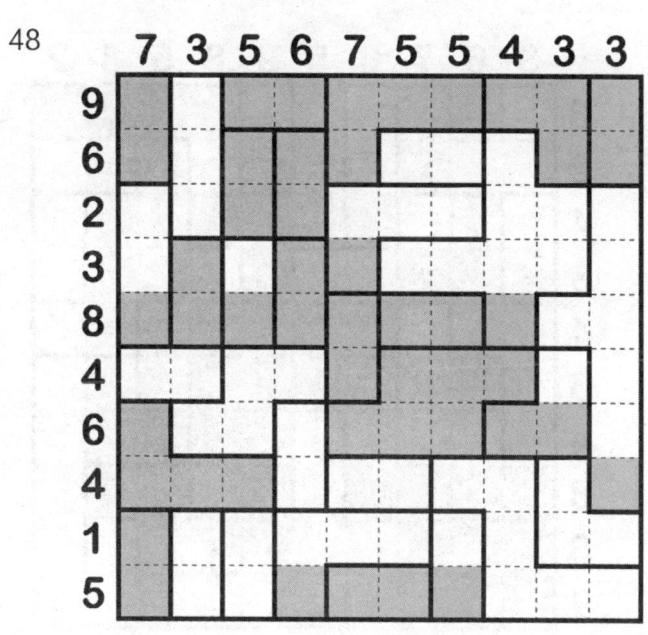

# 第六册 谜题阶梯训练

49

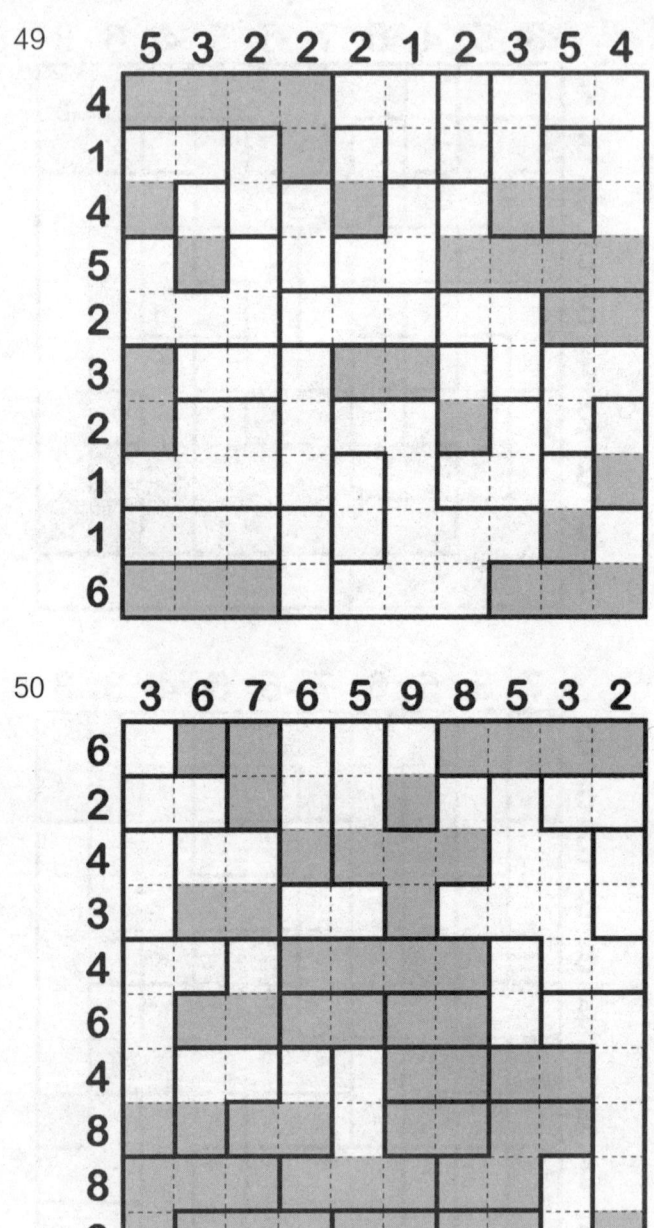

50

答　案　水族箱 Aquarium

附赠

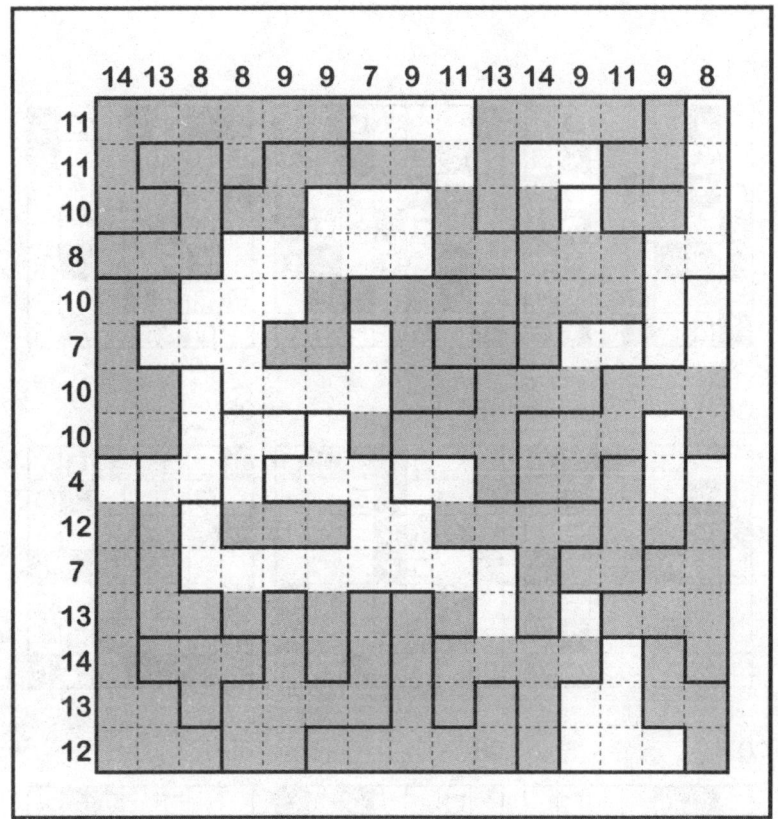

## 第二章 美术馆 Akari

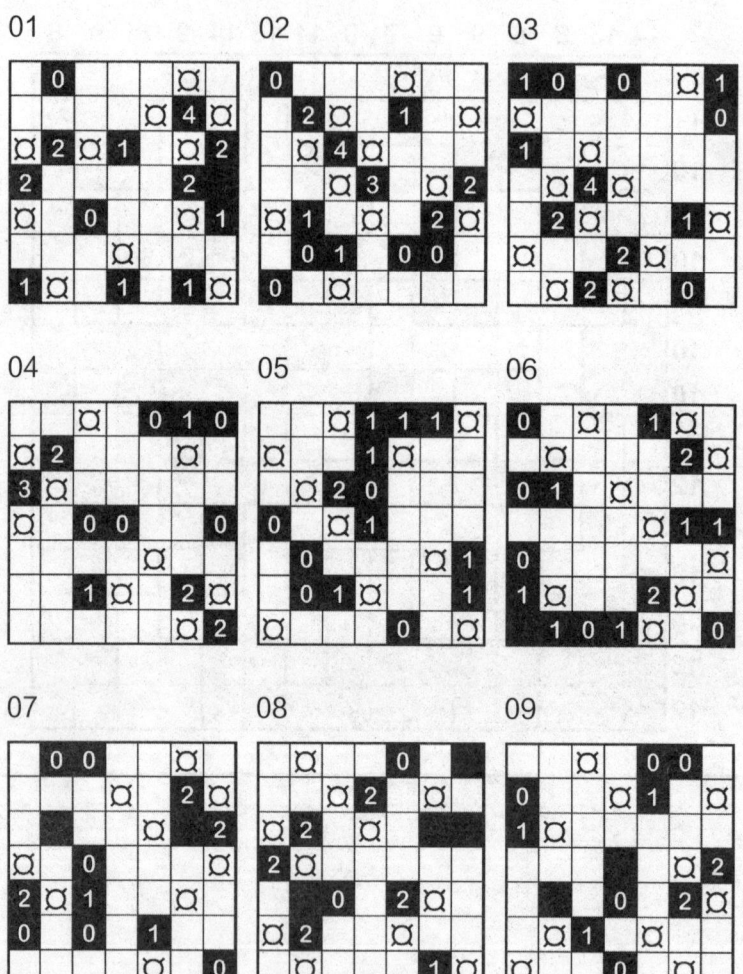

答　案　美术馆 Akari

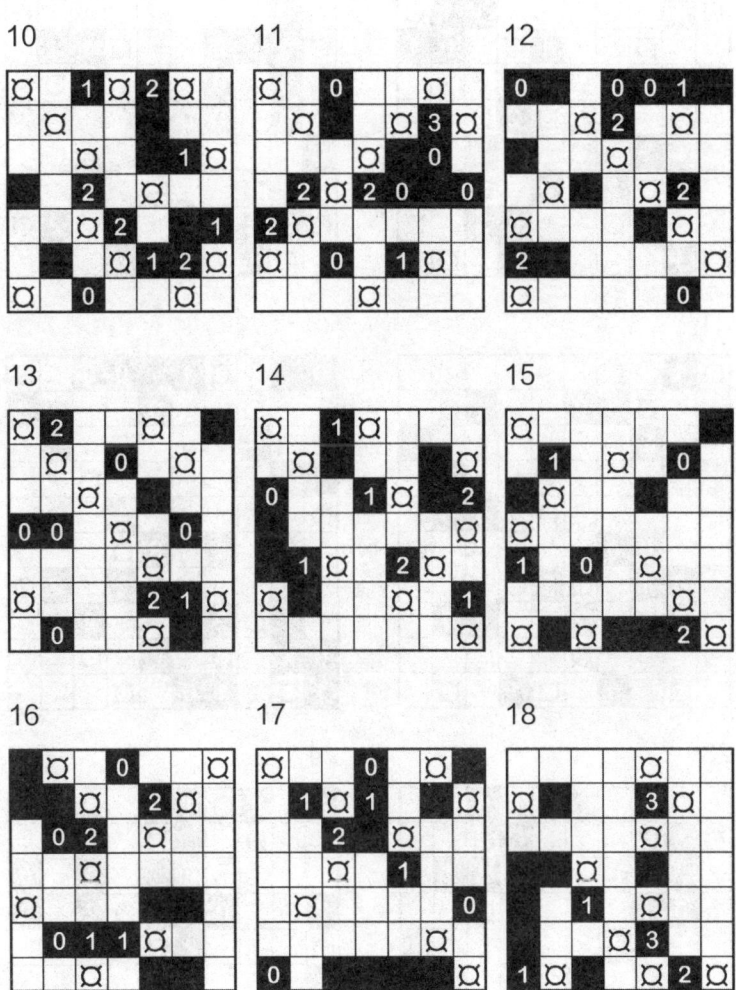

第六册 谜题阶梯训练

19

20

21

22

23

24

答　案　美术馆 Akari

25
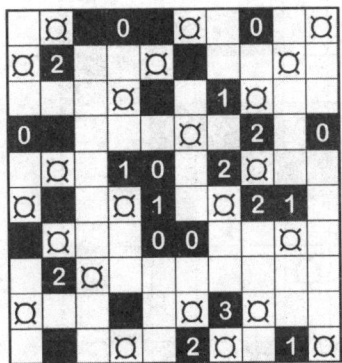

26

27
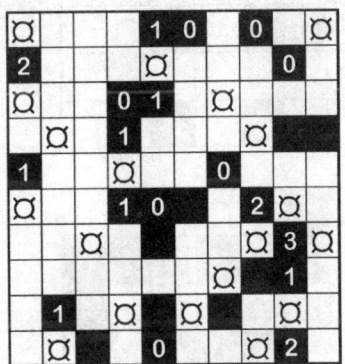

28

29
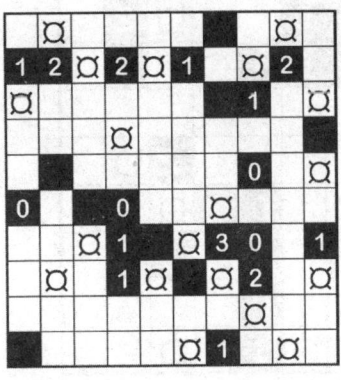

30
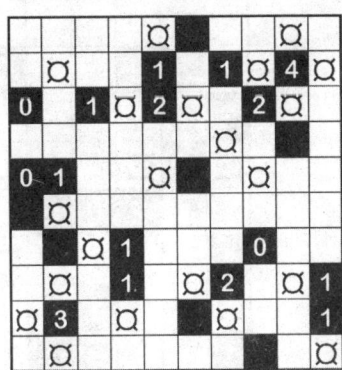

31

32

答　案　美术馆 Akari

第六册　谜题阶梯训练

35

## 答 案  美术馆 Akari

**37**

**38**

39

40

答　案　美术馆 Akari

41

42

# 第六册 谜题阶梯训练

43

44

100

答　案　美术馆 Akari

第六册 谜题阶梯训练

47

48

102

答 案 美术馆 Akari

## 第六册 谜题阶梯训练

附赠

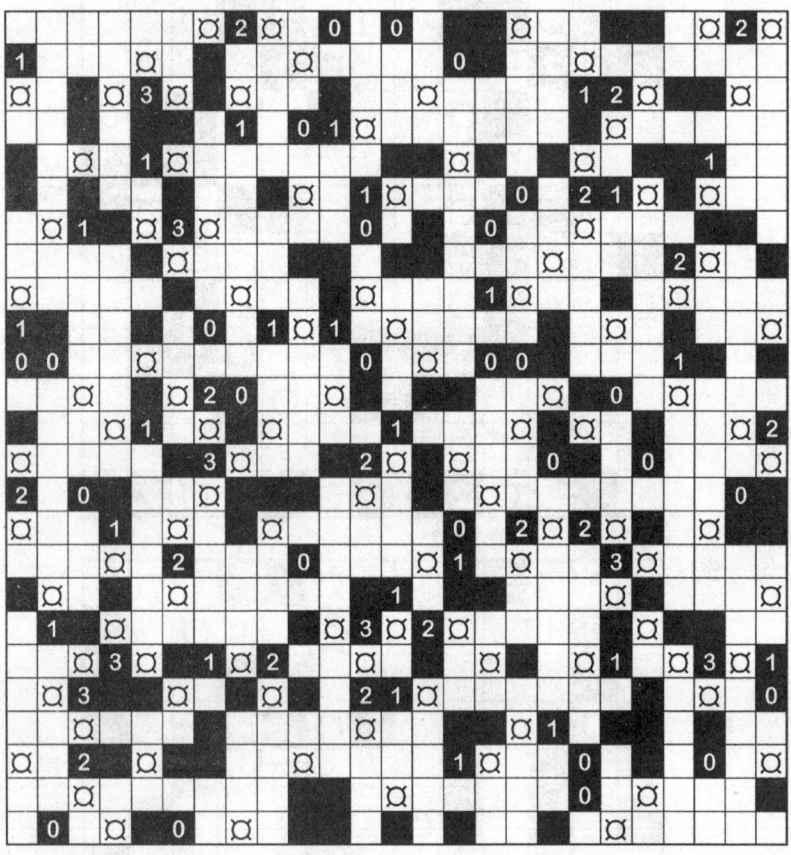